Günter Scheipermeier / **Erfahrung und Methode**

Volkswirtschaftliche Schriften

Herausgegeben von Dr. J. Broermann, Berlin

Heft 238

Erfahrung und Methode

Logische, empiristische und hermeneutische Aspekte einer Theorie der Erfahrungswissenschaft im Hinblick auf die Sozialwissenschaften, insbesondere die Nationalökonomie

Von

Dr. Günter Scheipermeier

DUNCKER & HUMBLOT / BERLIN

Gedruckt 1975 bei Berliner Buchdruckerei Union GmbH., Berlin 61
Printed in Germany

ISBN 3 428 03465 1

Meinem Vater
zum Gedächtnis

Inhaltsverzeichnis

Einleitung

Die Beschäftigung mit den erkenntnistheoretischen Grundlagen und den Methodenfragen hat in der Wirtschaftswissenschaft und auch in den übrigen Sozialwissenschaften immer eine zweideutige Rolle gespielt. In englischsprachigen Gebieten stand sie über lange Perioden hinweg weitgehend unbeachtet im Hintergrund; es sind kaum Ansätze einer expliziten Methodologie der Wirtschaftswissenschaften zu finden[1]. Hier ist vielmehr der R. F. *Harrod* zugeschriebene Ausspruch: "Stop talking and get on with the job![2]" repräsentativ. Es herrschte ein erkenntnistheoretischer Pragmatismus, der die Relevanz von Methodenfragen nur in der Praxis der Forschung erkennen ließ[3], und erst in neuerer Zeit ist das Problem einer erkenntnistheoretischen Grundlegung unter dem Einfluß der „philosophy of science" in den Vordergrund getreten. Im deutschen Sprachraum dagegen sind erkenntnistheoretische und methodische Kontroversen stets mit außerordentlicher Dauer und Leidenschaft ausgefochten worden. Dies läßt sich über lange Perioden vom Streit zwischen *Menger* und *Schmoller*[4] über die Werturteilsdebatte um Max *Weber*[5], die Fragen des Verstehens in der Nationalökonomie bis zu dem neuer-

---

[1] Dies gilt jedoch nur bedingt für die englischen Klassiker; siehe dazu F. Jonas: Das Selbstverständnis der ökonomischen Theorie, Berlin 1964.

[2] Zitiert nach H. K. *Schneider:* Methoden und Methodenfragen der Volkswirtschaftstheorie, in: W. *Ehrlicher* u. a. (Hg.): Kompendium der Volkswirtschaftslehre, Bd. I, Göttingen 1969, S. 1.

[3] Überhaupt zeigen die anglo-amerikanischen Methodendiskussionen einen starken Bezug auf die Praxis der Forschung. Das Methodenverständnis äußert sich hier meist in der Forschung selber; siehe dazu den Literaturbericht von J. *Habermas:* Zur Logik der Sozialwissenschaften, Frankfurt 1971, S. 125 ff.

[4] *Hansen* hat eine Neuinterpretation dieser Kontroverse im Lichte der neueren Wissenschaftstheorie vorgenommen, die aus der traditionellen Sicht wie ein Rollentausch zwischen *Menger* und *Schmoller* anmutet; siehe R. *Hansen:* Der Methodenstreit in den Sozialwissenschaften zwischen Gustav Schmoller und Karl Menger — Seine wissenschaftshistorische und wissenschaftstheoretische Bedeutung, in: A. *Diemer* (Hg.): Beiträge zur Entwicklung der Wissenschaftstheorie im 19. Jahrhundert, Meisenheim am Glan 1968, S. 137 - 173. Interessant ist in diesem Zusammenhang auch der Aufsatz von T. W. *Hutchison:* Some Themes from Investigations into Method, in: J. R. *Hicks*, W. *Weber* (Hg.): Carl Menger and the Austrian School, Oxford 1973, S. 15 - 37, wo betont wird, auch *Menger* habe die verstehende Wesensschau anerkannt, und der Methodenstreit sei eher ein Streit um die Forschungsrichtung.

[5] Siehe dazu den Sammelband von H. *Albert*, E. *Topitsch* (Hg.): Werturteilsstreit, Darmstadt 1971.

lichen „Positivismusstreit“[6] zwischen *Popper* und *Albert* einerseits und den Erkenntnistheoretikern der „*Frankfurter Schule*“ andererseits beobachten[7]. In diesen Auseinandersetzungen hat sich stets ein Aufeinanderprallen extrem konträrer Auffassungen gezeigt, das das Aufkommen pragmatisch vermittelnder Meinungen verhindert hat. Es herrschte vielmehr ein Denken von sich gegenseitig ausschließenden Schulen, das Prinzip des „tertium non datur“, wodurch häufig die Offenheit und Überzeugungsbereitschaft für die Argumente des anderen unterdrückt wurden. Ein Neuaufgreifen der Methodenfrage, das sich im Rahmen dieser Auseinandersetzungen bewegt, ist daher wenig ergiebig.

Dennoch gilt die grundsätzliche Bedeutung erkenntnistheoretischer Erörterungen für die Wirtschafts- und Sozialwissenschaften unverändert. Wenn auch die oben aufgeführten Methodenkontroversen niemals entschieden worden sind und niemals Sieger und Besiegte ermittelt wurden — die Entwicklung ist vielmehr über sie hinweggegangen —, so wäre es dennoch ein Fehler, zu glauben, erkenntnistheoretische Erörterungen blieben ohne Wirkung auf die Fachdisziplin. Hieran ändert auch der Umstand nichts, daß diese sich in einem rapiden Fortschritt weiterentwickeln. Gerade die Wirtschafts- und Sozialwissenschaften bilden sich nicht in einem Vakuum. Sie stehen vielmehr in einem Kontext der übrigen Wissenschaften und sind daher Bestandteil einer allgemeinen Grundströmung, aus der sich generelle Gesichtspunkte und erkenntnisleitende Interessen ergeben. Nur so lassen sich generelle Tendenzen, die sich in historischen Anschauungen, ganzheitlichen Auffassungen oder ahistorisch-technologischen Aspekten äußern, erklären. Die Überführung dieser Gesichtspunkte in die Einzelwissenschaft erfolgt zum Teil über die Erkenntnistheorie, wobei diese dann sowohl als apriorisch-normative Disziplin als auch als theoretische Analyse empirischer Vorgänge verstanden wird.

Daher sind diese Zusammenhänge auch in zweifacher Hinsicht zu hinterfragen: apriorisch hinsichtlich der abstrahierenden Normierung und empirisch hinsichtlich der Würdigung und Beurteilung des Tatsächlichen. Diese doppelte Sicht vermeidet jene Gefahren, denen ein eingleisiges Vorgehen ausgesetzt ist. Eine rein apriorische Erkenntnistheorie tendiert nicht nur dazu, die Vernünftigkeit des Faktischen zu unterschätzen, sondern sie unterwirft die Realität möglicherweise noch einem System von

---

[6] Th. *Adorno* u. a.: Der Positivismusstreit in der deutschen Soziologie, Neuwied und Berlin 1970.

[7] Die ursprüngliche Polemik dieser Auseinandersetzung ist inzwischen einer wesentlich sachlicheren Betrachtung gewichen. *Habermas* hat die Notwendigkeit monologischen und empirischen Vorgehens betont (siehe J. *Habermas:* Logik der Sozialwissenschaft, op. cit., S. 127 ff.); *Albert* hat die Bedeutung einzelner Aspekte der Hermeneutik betont (siehe H. *Albert:* Hermeneutik und Realwissenschaft, in: Plädoyer für kritischen Rationalismus, München 1971, S. 106 ff.).

Normen und Regeln, die auf diese überhaupt nicht anwendbar sind[8]. Eine empirische Betrachtung der Praxis der Forschung dagegen ist der Gefahr ausgesetzt, aufgrund der normativen Kraft des Faktischen diesem das Siegel der Vernünftigkeit zu verleihen. Beiden Wegen ist das Ziel gemeinsam, die Grundlage der disziplinären Erkenntnis zu festigen und zu überprüfen und die Konsequenzen aus der Warnung *Kants* zu ziehen: „Es ist ein gewöhnliches Schicksal der menschlichen Vernunft in der Spekulation, ihr Gebäude so früh wie möglich fertig zu machen, und hintenach erst zu untersuchen, ob der Grund dazu gut gelegt sei[9]."

Zwar darf nicht verkannt werden, daß der ständige Kontakt der Einzelwissenschaft zu der erkenntnistheoretischen Grundlage angesichts der zunehmenden Komplexität und Differenziertheit nicht immer leicht ist, doch der Verlust dieses Kontaktes kann nichts anderes bedeuten als ein zusammenhangloses Forschen ohne erkenntnistheoretisches Fundament. Ist dies dennoch der Fall, so kommt es dazu, daß entweder gar keine erkenntnistheoretischen Grundlagen vorliegen oder daß die erkenntnistheoretische Basis mit jahrzehntelanger Verzögerung hinter der Entwicklung der allgemeinen Erkenntnistheorie hinterherhinkt, wofür die bisherige Entwicklung im Bereiche der Wirtschaftswissenschaften typisch ist. Hier läßt sich sagen, daß die herrschende Auffassung bezüglich der erkenntnistheoretischen Basis, die sich erst seit relativ kurzer Zeit durchgesetzt hat, weitestgehend an den Ansätzen der analytischen Philosophie und des logischen Empirismus bzw. an deren Fortentwicklung im kritischen Rationalismus orientiert ist[10]. Diese gehören jedoch im Bereich der eigentlichen Erkenntnistheorie schon fast zur Philosophiegeschichte. Sie entstanden zu einer Zeit, als die Nationalökonomie und die Sozialwissenschaften noch ein ganz anderes erkenntnistheoretisches Verständnis hatten, das sie auch noch lange Zeit hindurch beibehalten haben. Die geistige Urzelle des logischen Empirismus und der analytischen Philosophie, der „*Wiener Kreis*"[11], entstand schon in den Jahren nach

[8] Neuere Untersuchungen zeigen ein krasses Mißverhältnis zwischen der Theorie der Wissenschaft und der Entwicklung der Wissenschaft, das auf dem apriorischen Charakter der traditionellen Wissenschafts- und Erkenntnistheorie sowie der Methodologie beruht; siehe P. K. *Feyerabend:* Von der beschränkten Gültigkeit methodologischer Regeln, in: Neue Hefte für Philosophie, Heft 2/3, Göttingen 1972, S. 124 ff.

[9] I. *Kant:* Kritik der reinen Vernunft, ed. W. *Weischedel,* Darmstadt 1968, S. 51.

[10] Siehe H. K. *Schneider:* Methoden und Methodenfragen, op. cit., S. 3 ff. und H. *Albert:* Probleme der Wissenschaftslehre in der Sozialforschung, in: R. *König* (Hg.): Handbuch der empirischen Sozialforschung, Bd. I, Stuttgart 1967, S. 39 ff., wo die Hermeneutik noch ausschließlich in die Heuristik verwiesen wird.

[11] Siehe dazu V. *Kraft:* Der Wiener Kreis. Der Ursprung des Neopositivismus, Wien 1950 und L. *Kolakowski:* Die Philosophie des Positivismus, München 1971, S. 203 ff.

dem ersten Weltkrieg; das gegenwärtige Standardwerk, *Poppers* „Logik der Forschung“[12], erschien erstmals 1934; einer der geistigen Väter der analytischen Philosophie, *Wittgenstein*[13], hat eine Wende vollzogen, die weitgehend unbeachtet blieb.

Eine ähnliche Situation ist zur Zeit zu verzeichnen. Während die Wirtschaftswissenschaften einem erkenntnistheoretischen Monismus huldigen, ist dieser auf philosophischer Ebene bereits seit einiger Zeit erheblich modifiziert worden. *Wittgenstein* hat sich Fragen zugewandt, die die Hermeneutik *Heideggers*[14] tangieren. Während *Stegmüller*[15] einst eine nicht rückgängig zu machende gegenseitige Entfernung und zunehmende Kommunikationslosigkeit zwischen der analytischen Philosophie und dem modernen Empirismus einerseits und der Hermeneutik andererseits konstatierte, die soweit ging, daß nicht einmal mehr ein gemeinsamer Intentionszusammenhang bestand, spricht man gegenwärtig von einer „Hermeneutik naturwissenschaftlicher Entdeckungen“[16] und einer Dialektik analytischer und hermeneutischer Methoden[17]. *Popper* selber hat dem — hermeneutisch zu reflektierenden — Einfluß der Metaphysik auf die Wissenschaft in seiner Spätphilosophie wesentliche Betrachtungen gewidmet[18]. *Latakos* betrachtet unter dem Einfluß der Wissenschaftstheorie *Polanyis*[19] gar die „Metaphysik als integralen Bestandteil der Wissenschaft“[20].

---

[12] K. R. *Popper:* Logik der Forschung, Tübingen 1971.

[13] Siehe L. *Wittgenstein:* Schriften, Bd. I, Frankfurt 1960, „Tractatus logico-philosophicus“, S. 1 - 83 und „Philosophische Untersuchungen“, S. 279 - 544.

[14] M. *Heidegger:* Sein und Zeit, Tübingen 1972.

[15] W. *Stegmüller:* Hauptströmungen der Gegenwartsphilosophie, Stuttgart 1969, S. XLI.

[16] Th. *Kiesel:* Zu einer Hermeneutik naturwissenschaftlicher Entdeckungen, in: Zeitschrift für allgemeine Wissenschaftstheorie, Bd. II, 1971, S. 195 - 221.

[17] K. O. *Apel:* Szientistik, Hermeneutik, Ideologiekritik, in: K. O. *Apel* u. a.: Hermeneutik und Ideologiekritik, Frankfurt 1971, S. 7 - 44, stellt die These auf, daß Szientistik und Hermeneutik einander ausschließen, dadurch komplementär sind und dialektisch eine Einheit bilden.

[18] K. R. *Popper:* Objective Knowledge, Oxford 1972, insbesondere: On the Theory of the Objective Mind, S. 153 ff., wo *Popper* die Hermeneutik im Rahmen einer „Drei-Welten-Theorie“ entwickelt (S. 183 ff.). *Latakos* geht sogar soweit, in einigen Bereichen zwischen „Popper 1“ und „Popper 2“ zu unterscheiden; siehe I. *Latakos:* Popper zum Abgrenzungs- und Induktionsproblem, in: H. *Lenk* (Hg.): Neue Aspekte der Wissenschaftstheorie, Braunschweig 1971, S. 80.

[19] M. *Polanyi:* Personal Knowledge, New York and Evanston 1964.

[20] I. *Latakos:* Popper zum Abgrenzungs- und Induktionsproblem, op. cit., S. 86; P. K. *Feyerabend:* Wie wird man ein braver Empirist? Ein Aufruf zur Toleranz in der Erkenntnistheorie, in: L. *Krüger* (Hg.): Erkenntnisprobleme der Naturwissenschaften, Köln, Berlin 1970, betont ebenfalls die Bedeutung der Metaphysik: „Neuartige metaphysische Theorien, die hinreichend detailliert sind, um auch für die alltäglichsten Beobachtungen und Tatsachen eine neue Erklärung zu bieten, spielen demnach eine entscheidende Rolle in der Kritik

So wird die Wissenschaft und die Wissenschaftstheorie als wesentlich komplexer gesehen, als dies der ursprüngliche logische Empirismus, die ältere „philosophy of science" und die Frühphilosophie *Poppers* vermuten lassen. Die Wissenschaftstheorie hat ein „post-positivistisches"[21] Stadium erreicht, in dem psychologische, historische und hermeneutische Elemente in die Analyse eingeschlossen sind[22]. Die Wissenschaft wird nicht mehr als ein System oder Gebilde von Aussagen gesehen, sondern als ein evolutorischer Prozeß, in den das Subjekt miteinbezogen wird. Die ausschließliche Konzentration der Methodologie auf den Begründungszusammenhang wissenschaftlicher Systeme weicht einer umfassenden Betrachtung, die auch genetische Aspekte im Entstehungszusammenhang wissenschaftlicher Hypothesen zu berücksichtigen sucht, wodurch die Wissenschaftstheorie zusehends ihren apriorisch-theoretischen Charakter verliert. Die von *Hanson*[23] entwickelte Logik der Entdeckung trägt überwiegend empirische Züge, und *Polanyis* „tacit dimension"[24] verweist in die Hermeneutik des Vorverständnisses[25].

Das Bemerkenswerte an dieser Entwicklung ist, daß zu einem Zeitpunkt, wo im deutschsprachigen Raum sowohl die eigentliche Erkenntnistheorie als auch die Wirtschafts- und Sozialwissenschaften in ihrer Methodologie das dem anglo-amerikanischen Denken entstammende szientistische Methodenverständnis übernommen haben, aus eben diesem

jener Ideen, die allgemein anerkannt sind und als ‚sehr gut bestätigt' gelten. Solche metaphysischen Theorien müssen auf jeder Stufe der Entwicklung unseres Wissens vorhanden sein. Eine Wissenschaft ohne Metaphysik ist auf dem besten Wege, ein dogmatisches metaphysisches System zu werden." (S. 305 f.)

[21] D. *Shapere:* Notes Toword a Post-Positivistic Interpretation of Science, in: P. *Achinstein,* St. F. *Barker* (Hg.): The Legacy of Logical Positivism, Baltimore 1969, S. 115.

[22] Der Begriff der Erkenntnistheorie bzw. genauer der Theorie der wissenschaftlichen Erkenntnis, der Wissenschaftstheorie, sprengt hierbei den Rahmen des sonst meist analytisch ausgerichteten konventionellen Begriffs. Angebracht scheint eine Unterscheidung zwischen analytischer und nicht-analytischer Wissenschaftstheorie (so z. B. R. *Lay:* Grundzüge einer komplexen Wissenschaftstheorie, Frankfurt am Main, Bd. I, 1971, S. 9 ff.; Bd. II, 1973, S. 9 ff.), wo dann in den nicht-analytischen Theorien neben der Hermeneutik die wissenschaftstheoretisch relevanten Aspekte der Wissenssoziologie und der Wissens- und Wissenschaftsgeschichte zuammengefaßt sind.

[23] N. R. *Hanson:* Patterns of Discovery, Cambridge 1958.

[24] M. *Polanyi:* Tacit Dimension, London 1967; ders.: Personal Knowledge, op. cit., S. 69 ff.

[25] Spätestens seit D. *Shapere:* Meaning and Scientific Change, in: R. *Colodny* (Hg.): Mind and Cosmos, Pittsburgh 1966, S. 41 - 85, kann man von einer eigenständigen Richtung sprechen, die als „new philosophy of science" eine „rebellion against logical empiricism" (S. 45) beinhaltet; siehe die Zusammenfassung dieser Ansätze bei Th. *Kiesel:* Zu einer Hermeneutik naturwissenschaftlicher Entdeckungen, op. cit., S. 195 ff. und I. *Scheffler:* Science and Subjectivity, Indianapolis, New York, Kansas City 1967.

Raume Ansätze auftreten, die — teils unbewußt — ein Gedankengut verarbeiten, das im deutschsprachigen Raume eine lange Tradition hat, die jedoch hier vernachlässigt wird[26]. Während die deutschsprachige Erkenntnistheorie immer von einem erkenntnistheoretischen Dualismus von Natur- und Geisteswissenschaften ausgegangen war und den Sozialwissenschaften die Aufgabe gestellt hatte, sich in diesem Dualismus einzuordnen, und hiermit den Anlaß für die meisten Methodenkontroversen gegeben hatte, hat die anglo-amerikanische Erkenntnistheorie die Wirtschafts- und Sozialwissenschaften stets der „science" zugeschlagen und dieser die „humanities" gegenübergestellt[27]. Hierbei hat ein konsequentes Zuendedenken der erkenntnistheoretischen Probleme der empiristisch orientierten „science" zu eben jenen Problemen geführt, die im deutschsprachigen Denken an der Frontenbildung von Natur- und Geisteswissenschaften gescheitert sind, zum Ineinanderübergehen jener Methoden, die ursprünglich als „geisteswissenschaftlich" und als „naturwissenschaftlich" gesehen wurden[28].

Einzig Max *Weber* hat den Versuch unternommen, diesen Dualismus pragmatisch zu überwinden: „Soziologie soll heißen: eine Wissenschaft, welche soziales Handeln deutend verstehen und dadurch in seinen Wirkungen ursächlich erklären will[29]." Wenn nun die von Max *Weber* aufgeworfene Fragestellung neu aufgegriffen wird, so kann dies nicht dadurch geschehen, daß die gesamte neuere Wissenschaftstheorie umgangen wird[30]. Die Strategie muß vielmehr eine andere sein. Wenn *Weber* mit seinen Gedanken im Ergebnis recht gehabt hat, so muß ein konsequentes Zuendedenken der wissenschaftstheoretischen Diskussion zu ähnlichen Resultaten führen, wie sie *Weber* aufgrund seiner Vorstellungen von der Praxis der Forschung vorschwebten, ohne daß hierbei die Argumentation *Webers* übernommen werden muß.

Um dieses Ziel zu erreichen, sind prinzipiell zwei Wege möglich. Der erste besteht darin, von dem historischen Dualismus von Natur- und Geisteswissenschaften auszugehen und im Rahmen dieses Dualismus die Frage nach dem Status der Wirtschafts- und Sozialwissenschaften am

---

26 So wurde *Polanyi* erst durch eine *Heidegger*-Schülerin auf die Parallele seines Denkens zu *Heidegger* hingewiesen; vgl. Th. *Kiesel:* Zu einer Hermeneutik naturwissenschaftlicher Entdeckungen, op. cit., S. 205.

27 Siehe J. K. *Feibleman:* The Scientific Philosophy, in: Philosophy of Science, Bd. 28, 1961, S. 238 ff.

28 Beispielhaft ist hier *Feyerabend,* der, aus der Schule *Poppers* kommend, zu einer immer mehr metaphysisch durchsetzten Wissenschaftstheorie gelangt.

29 M. *Weber:* Soziologische Grundbegriffe, in: Methodologische Schriften, Frankfurt 1968, S. 280.

30 Diesen Vorwurf kann man P. *Winch* machen: Die Idee der Sozialwissenschaft und ihr Verhältnis zur Philosophie, Frankfurt 1966, der seine Hermeneutik der Sozialwissenschaft nur aus *Pareto, Weber* und dem späten *Wittgenstein* entwickelt.

Beispiel der Nationalökonomie neu zu stellen. Das Problem eines solchen Vorgehens besteht jedoch darin, daß dann zunächst die Notwendigkeit oder die Berechtigung dieses Dualismus nachgewiesen werden muß, und diese Berechtigung wird von den Vertretern der einheitlichen Methodologie bestritten. Andererseits ist diese Dichotomie durchaus noch aktuell, denn die Praxis sozialwissenschaftlicher Forschung zeigt, daß sie hier noch besteht. Der zweite Weg ist der, daß die im Zeichen des Neopositivismus aufgetretene Einheitswissenschaft an ihrem eigenen Anspruch, den Dualismus auf erkenntnistheoretischer Ebene zu überwinden, gemessen wird. Kann dagegen der logische Empirismus diesen Anspruch nicht erfüllen — d. h. ist er entweder als erkenntnistheoretisches Programm der Erfahrungswissenschaften nicht durchführbar oder auf die Nationalökonomie nicht anwendbar bzw. mit ungelösten Problemen behaftet — so erhebt sich erneut die Frage, wie die sozialwissenschaftliche Forschung dann erkenntnistheoretisch zu würdigen ist.

Im folgenden sollen beide Wege miteinander verbunden werden. Die Begründung hierfür entspringt dem Ergebnis dieser Untersuchung. Sie führt nicht zu einem halbherzigen Eklektizismus des Sowohl-als-auch, sondern entstammt der aufzuzeigenden Relativierung des Absolutheitsanspruchs der Einheitswissenschaft, die sich schon aus der wissenschaftstheoretischen Analyse ergibt. Es wird zu zeigen sein, daß der logische Empirismus, die analytische Philosophie und der kritische Rationalismus *Poppers* zwar wesentliche Beiträge zur Erkenntnistheorie der Erfahrungswissenschaften, insbesondere im Bereiche der Logik, geleistet haben, daß aber diese Programme in bezug auf die Erfahrung mit ungelösten und wahrscheinlich unlösbaren Problemen behaftet sind, deren Überwindung die Hinzuziehung subjektiver, interpretativer und damit hermeneutischer Elemente notwendig macht. Und hier verbinden sich die beiden obigen Strategien; denn wenn der Empirismus auch im Rahmen der Erfahrungswissenschaften in Reinkultur nicht durchführbar ist, sondern um hermeneutische Faktoren ergänzt werden muß, so müssen diese auch in einer umfassenden Theorie der Hermeneutik einer erkenntnistheoretischen Analyse unterzogen werden. Damit erhält die dem Dualismus von Natur und Geisteswissenschaften entstammende geisteswissenschaftliche Methode eine neue Bedeutung. Dies bedeutet, daß die geisteswissenschaftlichen Faktoren zwar erkenntnistheoretisch reflektiert werden, was jedoch nicht besagt, daß der alte Dualismus zu neuem Leben erweckt werden soll. Dies zeigt nur, daß eine notwendige Komplementarität der Methoden besteht, wobei es durchaus vertretbar ist, daß die Methoden von Natur- und Geisteswissenschaften einander ausschließen. Hier läßt sich dialektisch argumentieren, wonach der gegenseitige Ausschluß erst die Komplementarität ermöglicht[31]. Für diese Untersuchung bedeutet dieses, daß sowohl die „naturwissenschaftliche" als auch die „geisteswissenschaftliche" Methode neu durchdacht werden müssen. Hierbei wird sich zeigen, daß der Dualismus dieser Methoden nicht nur im Bereiche der Nationalökonomie und der Sozialwissenschaften nicht haltbar ist, sondern daß darüber hinaus die Wissenschaft — gleichgültig welcher Art — sich auf eine Art und Weise konstituiert, die als logisch, empiristisch und hermeneutisch anzusehen ist.

So geht denn die eigentliche Wissenschaftstheorie als ein apriorisches System von Regeln, die die Erkenntnis normieren, wie sie beispielsweise *Popper* versteht, in eine Wissenschaftsanalyse oder Wissenschaftstheorie im weiteren Sinne über, die nicht mehr ausschließlich mit einem vorgefertigten Schema an die Wissenschaft herangeht und diese dem Schema unterwirft, sondern die vielmehr von der Wissenschaft ausgeht und deren Tun erkenntnistheoretisch zu würdigen versucht. Damit verbinden sich empirische und theoretische Ansätze.

Welches sind die Konsequenzen einer solchen Wissenschaftstheorie für die Nationalökonomie? Die Nationalökonomie ist unter den Sozialwissenschaften diejenige Disziplin, die am weitesten formalisiert und analytisch durchdrungen ist, wobei nicht verkannt werden soll, daß gerade unter dem positivistischen Methodenverständnis diesbezüglich erhebliche Fortschritte gemacht wurden. Dies bedeutet allerdings nicht, daß die Entwicklung der Wirtschaftstheorie ausschließlich dem empiristischen Denken zuzuschreiben ist. Im Gegenteil, *Albert*[32] hat ausführlich und überzeugend dargestellt, daß die in der Entwicklung der mathematischen Wirtschaftstheorie zunehmende Verwendung mathematischer Hilfsmittel durchaus mit einem Verlust an empirischem Bezug verbunden sein kann. Kritik an einem positivistischen Methodenverständnis muß daher nicht mit einer Kritik an den mathematischen Operations- und Darstellungsmethoden verbunden sein. Man kann sogar die These aufstellen, daß der Formalismus der auf die Gewinnung von Existenzbeweisen ausgerichteten Modelltheorie eher geeignet ist, die Wirtschaftstheorie in eine formalisierte Geisteswissenschaft zu überführen, als empirische oder positivistische Elemente zu charakterisieren. Im hohen Abstraktionsniveau und der Verwendung mathematischer Darstellungsmethoden äußert sich nichts anderes als ein — wenn auch formalisiertes — Element der Spekulation oder der Metaphysik; und gerade dies ist es, was *Albert* aus erfahrungswissenschaftlicher Intention heraus als „Modellplatonismus"[33], als Verlust an Empirie und Realität kritisiert. So liegen hier die Fronten

[31] Siehe K. O. *Apel:* Szientistik, Hermeneutik, Ideologiekritik, op. cit., S. 7 ff.; eine Analogie hierzu findet sich im „Komplementaritätsprinzip" der Physik: Zwei Versuchsanordnungen schließen sich gegenseitig aus, und dennoch sind beide für das Verständnis eines Seinszusammenhanges notwendig.

[32] H. *Albert:* Marktsoziologie und Entscheidungslogik, Neuwied 1967.

entgegen der landläufigen Auffassung quer. Akzeptiert man die Faustregel, daß, je höher das Abstraktionsniveau und je höher die Formalisierung der Theorie ausfallen, um so mehr spekulative Elemente eingreifen, dann ist diese Entwicklung kaum durch einen Rekurs auf das Gegebene, auf die empirische Erfahrung, also auf positivistische Elemente gekennzeichnet. Je mehr durch logischen Formalismus abstrahiert wird, desto größer wird die Notwendigkeit, mit Hilfe der Interpretation die Beziehungen zwischen Theorie und Realität herzustellen, und diese Interpretation ist nichts anderes als ein genuin hermeneutisches Verfahren. Daß ein solcher Trend zu einer mehr spekulativ-abstrakten Theorie besteht, läßt sich gut anhand der modernen Präferenztheorie belegen, wo nach einem Zwischenstadium des Ordinalismus eindeutig eine Rückkehr zur kardinalen Nutzenmessung zu verzeichnen ist. Ähnlich ist es in der neoklassischen Wachstumstheorie, in der die Verwendung der Grenzproduktivitätstheorie eher ein Ausdruck der Spekulation als des empirischen Bezugs ist.

So ist denn zu fragen, wie die spekulative Modelltheorie, wenn sie nicht Ausdruck positivistischen Denkens ist und keinen erfahrungswissenschaftlichen Bezug hat, überhaupt erkenntnistheoretisch gerechtfertigt werden kann. Wird nämlich der konsequente Versuch unternommen, die Wirtschaftstheorie in ein Schema zu pressen, in dem alle Hypothesen und Theorien an der Erfahrung falsifizierbar sein müssen, so müßte der überwiegende Teil der Theorie als nicht falsifizierbar und damit entsprechend dem *Popper*schen Abgrenzungskriterium[34] als metaphysisch und nicht zur Wissenschaft gehörend eliminiert werden. Unterwirft sich die Wirtschaftstheorie einer solchen Methodologie so bewirkt deren konsequente Anwendung die Liquidation ihres überwiegenden Teils. Übrig blieben eine praktizierte Logik, die sich Theorie der Wirtschaft nennt, und allenfalls die Ökonometrie sowie institutionalistische Theorien. Soweit sich die Wirtschaftstheorie dann als Logik versteht, muß sie notwendig auf die Hermeneutik zurückgreifen und sich hierin ein sinnbestimmendes Fundament geben; denn erstens ist kein Weg außer dem des interpretierenden Verstehens ersichtlich, durch den eine Verbindung zwischen dem logischen Kalkül und der „ökonomischen Welt" hergestellt werden kann, und zweitens bedarf auch die Logik in der Wissenschaftstheorie einer nur hermeneutisch zu begreifenden Bestimmung ihrer Sinnhaftigkeit, wenn sie nicht „l'art pour l'art" sein will.

Es wird zu zeigen sein, daß die Nationalökonomie zwar durchaus erkenntnistheoretisch als eine erfahrungswissenschaftliche Disziplin inter-

---

[33] Ders.: Modell-Platonismus: Der neoklassische Stil des ökonomischen Denkens in kritischer Beleuchtung, ebenda, S. 331 ff.

[34] Siehe K. R. *Popper:* The Demarcation Between Science and Metaphysics, in: Conjectures and Refutations, London 1963, S. 253 ff.

pretiert werden kann, daß aber eine solche Interpretation das Wesen der Nationalökonomie als einer historisch gewachsenen Disziplin nicht voll ausschöpfen kann. Es wird daher die Aufgabe einer sich theoretisch und empirisch verstehenden Methodologie sein, in Übereinstimmung mit den im methodischen Teil der Arbeit auszuarbeitenden erkenntnistheoretischen Ansätzen das gesamte Spektrum der Nationalökonomie erkenntnistheoretisch zu würdigen. Nur so kann eine Hypertrophie der Methodologie abgebaut werden. Die erkenntnistheoretische Analyse verbindet dann drei Intentionen. Zunächst ist sie deskriptiv, d. h. sie versucht die Methodologie so, wie sie ist, genau zu erfassen und darzustellen. Hier ist zu fragen, wie die Nationalökonomie sich entwickelt, mit welchen Methoden sie arbeitet und wie sie ihre Methoden selber versteht. Man könnte es — wenn man dem Ausdruck „Wissenssoziologie" entsprechend interpretiert — auch als ein wissenschaftssoziologisches Vorgehen bezeichnen. Darüber hinaus greifen normative Faktoren ein, die eine regulative Funktion haben. Diese zweite Intention ist deswegen normativ, weil sie die Realität der Praxis mit den Ansprüchen und Forderungen der eigentlichen Erkenntnis- oder Wissenschaftstheorie konfrontiert und diese ihrem Urteil unterwirft. Die dritte Intention, die aus der Verbindung der beiden ersten resultiert, ist die reflexive; sie beinhaltet die aufklärende und korrektive Wirkung eines Bewußtseins der Diskrepanz von Sein und Sollen, von Realität und Norm oder Standard. Die Verbindung dieser drei Intentionen führt zu einer wesentlich pragmatischeren Beurteilung, die nur daraus resultieren kann, daß das apriorische Denken in der Erkenntnistheorie aufgegeben wird zugunsten einer kritisch-reflexiven Betrachtung effektiver Geschehensabläufe und Zusammenhänge.

So soll daher im letzten Teil der Arbeit der Versuch unternommen werden, den Einschnitt zwischen reiner Erkenntnistheorie einerseits und der Realität der Forschung andererseits zu überwinden. Daß bei der Überwindung dieses zusammenhanglosen Nebeneinanders von Theorie der Erkenntnis und Praxis der Forschung die modelltheoretische Reinheit der Erkenntnistheorie zugunsten einer komplexeren, der Realität gerechten, aber auch möglicherweise unvollkommenen Betrachtung weichen muß, ist zu erwarten. Dieser Versuch des „good reason" ist dann danach zu beurteilen, wieweit er der hierbei zweifelsohne auftretenden Gefahr einer Apologetik des Faktischen erliegt.

I. Philosophie und Sozialwissenschaft

A. Wissenschaftliche Philosophie

Auf die Frage, was Philosophie sei, sind in der Geschichte der Philosophie viele Antworten gegeben worden, möglicherweise so viele, wie es Philosophen gibt. Es wäre daher nicht nur außerordentlich schwierig, sondern auch wenig sinnvoll, dieses Spektrum der Meinungen um eine weitere Definition zu bereichern. Dieser Pluralismus der Meinungen legt jedoch den Schluß nahe, daß die Bestimmung des Wesens der Philosophie nicht frei und unabhängig von subjektiven oder individuellen Erwägungen erfolgt. Insofern gilt das angebliche Diktum *Fichtes,* was für eine Philosophie man wähle, hänge davon ab, was für ein Mensch man sei[1]. Offensichtlich äußert sich in der Art, wie Philosophie betrieben und verstanden wird, bereits ein bestimmtes Vorverständnis, das auf einer vorgängigen Sinndeutung basiert. In diesem Sinne ist alle Philosophie — auch wenn sie sich ausdrücklich als „antimetaphysisch" versteht — hermeneutisch. Da, wie die Geschichte der Philosophie zeigt, dieses Vorverständnis subjekt- und auch epochenspezifisch ist, könnte man Philosophie auch als die allgemeinste Methode der Artikulation des Weltverständnisses bezeichnen, oder, wie *Hegel* in der Vorrede zur Rechtsphilosophie sagt: „Philosophie ist ihre Zeit, in Gedanken erfaßt[2]."

Ein „Angelpunkt der Philosophie"[3] ist die Erkenntnistheorie. Als Brücke zwischen Philosophie und Wissenschaft bestimmt sie den kategorialen Rahmen philosophischen und wissenschaftlichen Denkens. In ihr äußert sich das Selbstverständnis, und sie ist dadurch sowohl Grundlage als auch Disziplin. Von einigen modernen Philosophen wird sie im Verbund mit der Wissenschaftstheorie als der einzig relevante Inhalt der Philosophie angesehen. Hier reduziert sich Philosophie auf den Torso der Erkenntnistheorie. Man könnte auch sagen, daß in Analogie zur scholastischen Vorstellung der „ancilla theologiae" eine von den „Scheinproblemen der Philosophie"[4] gereinigte Erkenntnistheorie zur „Handlangerin der Wissenschaft"[5] wird.

---

[1] Zu *Fichte* siehe J. *Habermas:* Dogmatismus, Vernunft und Entscheidung — Zu Theorie und Praxis in der verwissenschaftlichten Zivilisation, in: Theorie und Praxis, Frankfurt 1972, S. 310 ff.

[2] Siehe R. *Bubner:* „Philosophie ist ihre Zeit, in Gedanken erfaßt", in: K. O. *Apel* u. a.: Hermeneutik und Ideologiekritik, op. cit., S. 210 ff.

[3] P. *Winch:* Die Idee der Sozialwissenschaft, op. cit., S. 29.

Philosophiegeschichtlich ist die Erkenntnistheorie relativ jung. Die griechische Philosophie geht beispielsweise von einer begrifflichen und materiellen Einheit von Philosophie und Wissenschaft aus, die bis *Hegel* grundsätzlich nicht in Frage gestellt wird. Erst das Aufkommen der Naturwissenschaft als eine der philosophischen Fakultät entsprungene, sich jedoch verselbständigende Disziplin problematisiert das Verhältnis von Philosophie und Wissenschaft und begründet dadurch die Erkenntnistheorie. Dies führt in der Folgezeit dazu, daß viele Naturwissenschaftler sich auf der Suche nach einer philosophischen Grundlegung ihres Tuns erkenntnistheoretischen Fragen widmen, ihre Vorstellungen in diese hineinprojizieren und so zum Teil eine eigene Basis ihrer Disziplin schaffen. Erkenntnistheoretisch bedeutet dies die Dichotomie von Natur- und Geisteswissenschaften, praktisch ein zusammenhangloses Nebeneinander im Forschungsbetrieb und geschichtlich die Ursache vieler Methodenkontroversen.

Der Terminus „wissenschaftliche Philosophie" wäre sowohl für die griechische Philosophie der platonisch-aristotelischen Richtung als auch für den deutschen Idealismus ein Pleonasmus[6]. Die Griechen gehen von einer doppelten Bedeutung des Begriffes Philosophie aus. In ihrer theoretischen Variante beinhaltet sie eine Methodik des Denkens, die auf das Erkennen des Seienden ausgerichtet ist. Sie unterteilt sich in Einzeldisziplinen, die sich mit den verschiedenen Arten des Seienden beschäftigen. Insofern ist hier der Philosophiebegriff weitgehend identisch mit dem deutschsprachigen Begriff Wissenschaft. In der zweiten Variante hat Philosophie eine praktische Bedeutung. Sie hat eine Wissenschaft zum Inhalt, deren Ziel und Zweck die Untersuchung und das Lehren der richtigen Lebensführung ist. Auch der deutsche Idealismus geht von einer Synonymität von Wissenschaft und Philosophie aus. Bei *Hegel* beispielsweise findet sich eine Unterscheidung, die trotz entgegengesetzter Richtung der Begriffsbestimmung inhaltlich zu dem gleichen Ergebnis wie die griechische Philosophie kommt. Er unterteilt in Wissenschaft im eigentlichen Sinne und in eine andere, die sich fälschlicherweise als eine solche bezeichnet. Letztere besteht für ihn in einem ausschließlichen „Aggregat von Kenntnissen", das der Dignität des Wissenschaftlichen entbehrt. Eigentliche Wissenschaft konstituiert sich vielmehr erst durch ihren philosophischen Bezug und ihre Integration in das System der Metaphysik. So begründet er einerseits erstmals die Dichotomie von Wissenschaft und Philosophie, hebt sie jedoch andererseits durch einen definitorischen Akt, den er jedoch selber zweifelsohne nicht als einen solchen verstanden haben will, wieder auf[7].

---

[4] R. *Carnap:* Scheinprobleme in der Philosophie, Frankfurt 1966.

[5] P. *Winch:* Die Idee der Sozialwissenschaft, op. cit., S. 12.

[6] Siehe F. *Kambartel:* Erfahrung und Struktur, Frankfurt 1968, S. 63 ff.

Vor *Hegel* bestimmt das *Galilei-Newton*sche Wissenschaftsbild das Verhältnis von Philosophie und Wissenschaft, was zu dem Versuch einer Übertragung der auf der Erfahrung basierenden Naturphilosophie auf die allgemeine Philosophie führt. Insofern ist auch *Galilei* der eigentliche Begründer der Theorie der Erfahrung und nicht *Bacon*, der sie nur als erster explizit formulierte. In der Folgezeit beschäftigt insbesondere *Kant* sich mit der Frage der Wissenschaftlichkeit der Philosophie. Im Bereiche der Natur geht er von *Newton*schen, d. h. mechanischen Vorstellungen aus, muß dann aber als Folge der Dichotomie von Natur und Metaphysik die Frage stellen: „Wie ist Metaphysik als Naturanlage möglich[8]?" Als Kriterium der Wissenschaftlichkeit der Philosophie sieht er hierbei Sicherheit und Strenge des Denkens an, die ihre Krönung in der Allgemeingültigkeit und Notwendigkeit der Aussagen haben. Verfahrensmäßig sichert er dies durch Aufstellen von Prinzipien a priori, denen eben diese Eigenschaften zukommen. Sein Verfahren begründet jedoch nur die Form und nicht den Inhalt, weswegen er selber es als propädeutische Methodik und nicht als begründete Metaphysik sieht. Auch *Kant* sieht den Zirkel, daß eine Zusammenstellung von Begründungen für die Wissenschaftlichkeit von Philosophie sich selber den Status, den sie erst begründen soll, nicht zusprechen kann. *Kant* glaubt, dieses Problem umgehen zu können, indem er die Möglichkeit synthetischer Aussagen a priori zu beweisen versucht. Wieweit ihm dieser Beweis überzeugend gelungen ist, kann und soll hier nicht diskutiert werden. Daß er ihm aber nicht in zwingender Form gelungen ist, läßt sich daraus schließen, daß der ganze Empirismus nach ihm die Möglichkeit synthetischer Aussagen a priori schlichtweg leugnet[9]. Wenn dies stimmt, so rückt auch *Kants* Transzendentalphilosophie in den metaphysisch-spekulativen Bereich.

Soll der Terminus „wissenschaftliche Philosophie" kein Pleonasmus sein — und das schließt seine pointierte Verwendung in der modernen Philosophie aus —, so artikuliert die Zusammensetzung von „Wissenschaft" und „Philosophie" eine bestimmte Vorstellung über das Wesen und die Funktion der Philosophie. Eine generelle Bestimmung des Wesens der Philosophie ist nicht angebracht, denn sie liefe auf eine Definition von Philosophie hinaus, die nur eine unter vielen möglichen wäre. Jedes Philosophieren gibt sich jedoch dadurch, daß es betrieben wird, ein Selbstverständnis. Es bestimmt sich durch die Art seines Fragens, durch die Perspektive zu den Dingen und die Formen seines Denkens. Schon die Auswahl eines bestimmten Objektes und seine Thematisierung ge-

---

[7] Vgl. ebenda, S. 50 ff. und H. *Schnädelbach:* Erfahrung, Begründung und Reflexion, Frankfurt 1971, S. 185 ff.

[8] I. *Kant:* Kritik der reinen Vernunft, op. cit., S. 60.

[9] Vgl. A. J. *Ayer:* Sprache, Wahrheit und Logik, Stuttgart 1970, S. 41 ff. und F. *Kambartel:* Erfahrung und Struktur, op. cit., S. 87 ff.

schieht ja nicht willkürlich[10]. Bereits hierin äußert sich eine Intention, und sei es auch in ihrer allgemeinsten Form als Suche nach der Wahrheit oder in der kosmologischen Absicht, die Welt zu verstehen.

Es ist ein altes, aber nie erreichtes Postulat, daß Philosophie voraussetzungslos sein soll; doch vollkommene Voraussetzungslosigkeit würde ein Selbstverständnis, das vor der Philosophie liegt und in diese hineinfließt, ausschließen. Hierdurch könnte sich Philosophie außerhalb ihrer selbst bestimmen, was wiederum nicht möglich sein kann, denn dies wäre ja nur eine neue Art von Philosophie mit einem neuen Verständnis. Dennoch ist das Postulat einer voraussetzungslosen Philosophie oder einer Philosophie mit minimalen Voraussetzungen immer wieder angestrebt worden. Dies verbindet sogar so extrem unterschiedliche Strömungen wie die Phänomenologie und den Phänomenalismus. Die Phänomenologie sucht das Ziel in einer geistigen Wesensschau und der Phänomenalismus in der unmittelbaren Wahrnehmung durch die Sinnesorgane. Auch die analytische Philosophie ist hiervon nicht ausgeschlossen. Indem sie sich auf die Konstruktion künstlicher und formalisierter Sprachen und Systeme konzentriert, will sie all jene Elemente, insbesondere die sprachlichen, die eine logische Struktur transzendieren, ausschließen[11]. Die Alternative hierzu liegt in einer Philosophie, die bewußt die Idee der Voraussetzungslosigkeit aufgibt und das Vorverständnis explizit erkenntnistheoretisch thematisiert. Dieser Ansatz beruht auf der konsequenten Anwendung des Gedankens, daß es in der Philosophie und Erkenntnistheorie eine Voraussetzungslosigkeit im obigen Sinne genauso wenig wie eine feste Bezugsgröße — einen „archimedischen Punkt" — gibt. Er führt daher die Philosophie in eine notwendige Zirkelhaftigkeit, die mit Hilfe einer generellen Seinshermeneutik erschlossen werden kann.

Fraglich ist jedoch, ob dieses Vorgehen dem Begriff der „wissenschaftlichen Philosophie" gerecht wird. Hierbei zeigt sich, daß die eigentliche Problematik dieses Terminus ausschließlich in der Normierung von „Philosophie" durch „wissenschaftlich" liegt. Geht man beispielsweise von

---

[10] Sowohl *Polanyi* als auch *Heidegger* gehen von der *Menon*-Frage aus, wieso es möglich ist, nach etwas zu fragen, das man nicht kennt; siehe M. *Polanyi:* Tacit Dimension, op. cit., S. 11, und M. *Heidegger:* Sein und Zeit, op. cit., S. 310 ff., S. 356 ff.; siehe auch M. *Grene:* The Knower and the Known, London 1966, S. 17 ff.

[11] Beispielhaft ist hier R. *Carnap:* Der logische Aufbau der Welt, Berlin-Schlachtensee 1928, der ein wissenschaftliches System nur mit Definitionen, logischen Beziehungen und Elementarerlebnissen aufzubauen versucht. Auch die konstruktive Semantik versteht sich, soweit sie vom pragmatischen Aspekt abstrahiert, in diesem Sinne als voraussetzungslos. Andererseits muß sie doch ein implizites Sinnverständnis haben, anderenfalls wäre sie ein willkürliches Spiel. Ähnliches gilt für den Formalismus überhaupt; siehe J. M. *Bochenski:* Die zeitgenössischen Denkmethoden, München 1971, S. 47 f.

einem existenzialen Wissenschaftsbegriff[12] aus, so entstehen im Verhältnis von hermeneutischer Philosophie und Wissenschaft keine Spannungen. Wird dagegen „wissenschaftlich" ohne Bezug auf die Philosophie normiert, so fehlt der Zusammenhang zwischen den beiden Formen menschlicher Aktivität, und die Einführung von Konventionen zur Überbrückung dieser Dichotomie wird erforderlich. Viele Definitionen gehen diesen Weg, indem sie mit Hilfe von Konventionen Kriterien festlegen. Diese sind[13]:

— die Erfahrung und/oder logisches Denken als einzige Wahrheitskriterien, durch die die Sätze des Systems von Wissen getestet werden;

— die Forderung nach intersubjektiver Gültigkeit und Überprüfbarkeit;

— die Kommunizierbarkeit der Resultate;

— die Möglichkeit der Satz- und Theoriebildung.

Damit ist das Problem der Wissenschaftlichkeit von Philosophie auf eine einfache Weise gelöst. Jedes System philosophischer Aussagen, das eben diesen Kriterien genügt, ist wissenschaftliche Philosophie. Ein solches Vorgehen nennt man dezisionistisch, da es Philosophie konventionellen Kriterien der Wissenschaftlichkeit unterwirft, statt Wissenschaft in den systematischen Bezug der Philosophie zu setzen. Das eigentliche Problem liegt in der Normierung von Philosophie durch Wissenschaft und in der Begründung eben dieser Norm; denn hierzu ist wiederum eine Obernorm notwendig, die wiederum selber zu begründen ist, und so fort. Dieses Verfahren endet in einem infinitiven Regreß auf immer höhere Normen oder ist zirkelhaft. Hier bietet auch der Rückgriff auf die Konvention keinen Ausweg, denn die Konvention besagt nur, wie etwas bezeichnet wird; sie kann jedoch die eigentliche Frage nach dem Warum, die wohl als essentiell wissenschaftlich angesehen werden kann, gerade nicht beantworten. Wird aber auf die Beantwortung dieser Frage verzichtet, so sind Konventionen stets dem Vorwurf prinzipieller Willkürlichkeit ausgesetzt[14].

---

[12] *Heidegger* bestimmt den existenzialen Wissenschaftsbegriff wie folgt: „Der existenziale Begriff versteht Wissenschaft als Weise der Existenz und damit als Modus des In-der-Welt-seins, der Seiendes bzw. Sinn entdeckt bzw. erschließt. Die vollreichende existenziale Interpretation läßt sich jedoch erst dann durchführen, wenn der Sinn von Sein und der ‚Zusammenhang' zwischen Sein und Wahrheit aus der Zeitlichkeit der Existenz aufgeklärt wird." M. *Heidegger:* Sein und Zeit, op. cit., S. 357.

[13] Vgl. G. *Frey:* Möglichkeiten und Grenzen einer wissenschaftlichen Philosophie, in: Zeitschrift für allgemeine Wissenschaftstheorie, Bd. 2, 1971, S. 17 f.; zur Begründung solcher Konventionen siehe V. *Kraft:* Erkenntnislehre, Wien 1960, S. 23 ff.

[14] In diesem Sinne wird auch die Kritik am Konventionalismus des kritischen Rationalismus entwickelt; siehe A. *Wellmer:* Methodologie als Erkennt-

Man kann die Frage nach der Philosophie in eine Frage nach dem „Ob" und in eine Frage nach dem „Wie" aufspalten. Die Frage nach dem „Ob" liegt bereits vor der Philosophie, und sie wird schon beantwortet, indem sie gestellt wird. Ihren eigenen Charakter durch eine Normierung bestimmen zu wollen, hieße, sie selber zu umgehen. Philosophie konstituiert sich dadurch, daß sie betrieben wird. Die Frage nach dem „Wie" dagegen ist eine Frage nach ihrem Selbstverständnis, d. h. wie sie sich selber durch das sieht, was sie sagt und tut; und da sie selber ein Teil dieser Welt ist, artikuliert sie hier ihre Weltanschauung. Wird sie hierbei selbst zur Weltanschauung, so degeneriert sie zur Dogmatik, deren Klassifizierung als Wissenschaft umstritten ist. Hinsichtlich der Frage nach dem „Wie" kann man drei grundsätzliche Standpunkte unterscheiden:

(1) Der szientistische[15] Standpunkt: Unter dem Begriff des Szientismus versteht man jenes Selbstverständnis, das das Wesen der Philosophie in den Grenzen der Erfahrungserkenntnis und der logischen Analyse bestimmt. Philosophie sieht sich hier als „Antiphilosophie"[16], deren Ziel in der Reinigung der traditionellen Philosophie von ihren „Scheinproblemen", insbesondere der Metaphysik besteht. Auf die Frage „Wozu noch Philosophie?" würde der Szientismus antworten, daß es unmöglich ist, ohne jede Erfahrung Aufschlüsse über das reale Sein zu gewinnen, und daß deswegen Philosophie nur noch die Methodik, die Möglichkeiten und die Grenzen wissenschaftlicher Welterkenntnis zum Inhalt haben kann. Philosophie gibt ihren Anspruch auf, „Königin der Wissenschaften" zu sein, und reduziert sich auf den Torso der Erkenntnis- und Wissenschaftstheorie. Sie wird zur Dienerin einzelwissenschaftlicher Erkenntnis und bestimmt sich als eine Grundlagendisziplin der Einzelwissenschaften („philosophy of science")[17]. Philosophie gewinnt keine Erkenntnis, denn diese vollzieht sich in den Wissenschaften, und es gibt keine Erkenntnis, die nicht in den Einzelwissenschaften gewonnen werden kann. Inhaltlich ist sie Methode, die sich als Sprachanalyse äußert.

(2) Der transzendentale Standpunkt: Die transzendentale Auffassung sieht in der Philosophie eine Wissenschaft eigener Art, die hinsichtlich ihrer wissenschaftlichen Dignität anderen Disziplinen, wie beispiels-

---

nistheorie, Frankfurt 1967, S. 139 ff. und J. *Habermas:* Dogmatismus, Vernunft und Entscheidung, op. cit., S. 316 ff.; ders.: Gegen einen positivistisch halbierten Rationalismus, in: Zur Logik der Sozialwissenschaften, op. cit., S. 53 ff.

[15] Zum Begriff „Szientismus" siehe F. *Fiedler:* Einheitswissenschaft oder Einheit der Wissenschaft, Berlin 1971, S. 77 ff.

[16] V. *Kraft:* Der Wiener Kreis, op. cit., S. 9.

[17] Sie wird zu einer „philosophy for science", J. K. *Feibleman:* The Scientific Philosophy, op. cit., S. 242.

weise den Naturwissenschaften, bezüglich wissenschaftlicher Strenge und Genauigkeit nicht nachzustehen braucht. „Transzendental" ist hier zu verstehen als ein Überschreiten der vorhandenen Erkenntnis oder des erreichten Denkhorizonts durch Erschließen einer neuen Dimension oder Schicht des geistigen Seins, wodurch die bisherigen Standpunkte und Perspektiven hinsichtlich ihrer Bedeutung aus der Sicht des Ganzen relativiert werden. Philosophie sieht sich hier gewissermaßen als eine Treppe der Erkenntnis, die von Stufe zu Stufe höhere Ebenen der Reflexion erschließt und so eine immer umfassendere Schau gewinnt. Ihre Wissenschaftlichkeit basiert auf dem Versuch der Voraussetzungslosigkeit ihres Denkens; diese sucht sie, indem sie alle vorgefundenen Meinungen, Wertungen und Theorien immer wieder in einem Prozeß des Fragens und Antwortens reflektiert.

(3) Der dialektische Standpunkt: Die dialektische Sicht sieht Philosophie als eine Wissenschaft, die sich mit den Grundlagen beschäftigt, wobei Grundlagen nicht im Sinne des Szientismus als Voraussetzung oder Methode der Wissenschaft, sondern als jene Erkenntnisse zu verstehen sind, die aufgrund ihrer Allgemeinheit die fachspezifische Sicht der Einzelwissenschaften überschreiten. Philosophie steht mit den Einzelwissenschaften in einem dialektischen Prozeß der gegenseitigen Beeinflussung zwischen dem Allgemeinen und dem Besonderen auf dem Wege der Gewinnung neuer Erkenntnis.

Diese verschiedenen Standpunkte zeigen, daß schon die Suche nach einem Anfangspunkt oder nach einer Grundlage des Philosophierens einen wesentlichen Einfluß auf die Resultate ausübt. Dieses Dilemma kann auch die konventionelle Methode nicht vermeiden, denn die Wahl bestimmter Festsetzungen befreit nicht von der Pflicht, die Gründe oder zumindest die Motive hierfür anzugeben[18]. Als Alternative bietet sich nur, Philosophie als ein reflexives Verfahren zu verstehen, dessen zirkulärer Charakter in einem deduktiven Begründungszusammenhang nicht erfaßbar ist. Inhaltlich wird Philosophie so zur Reflexion, die formal als Kritik auftritt. So kann sie sich selber immanent bestimmen als Reflexion, denn eben diese betreibt sie, wenn sie nach sich selber fragt; und sie hat dann, indem sie sich konstituiert, keine Bestimmung außer

[18] V. *Kraft:* Erkenntnislehre, op. cit., zeigt die Probleme solcher Konventionen am Beispiel des Erkenntnisbegriffs: „Es gibt keinen einzig und allein möglichen, keinen absoluten Erkenntnisbegriff" (S. 29). „Die Aufstellung eines Erkenntnisbegriffs kann nicht anders als durch Festsetzung erfolgen, und seine Gültigkeit beruht auf Übereinkunft" (S. 28). „Damit ist die Erkenntnislehre von durchaus anderer Art als die Realwissenschaften: Sie erkennt nicht ein Sein, sondern setzt ein Ziel und Normen für geistiges Handeln. Sie gleicht vielmehr der Ethik als normativer Disziplin." (S. 32). Die Konsequenzen sind also die, daß das Erkennen und wertgebundenes Handeln prinzipiell genauso wenig unterscheidbar sind wie Theorie und Praxis.

sich selbst[19]. Von der Intention her zielt sie sowohl auf Kritik als auch auf Vermittlung. Als kritische Reflexion dient sie der Läuterung der Vernunft und realisiert so das Postulat der Voraussetzungslosigkeit, indem sie jene Voraussetzungen, die der Philosophie vorausgehen, zu hinterfragen versucht. Als Vermittlung ist sie hermeneutisch und offenbart eine verstehende Sinndeutung in ihrer Zeit.

Was nun die Problemstellung der Erfahrungswissenschaften anbetrifft, so wird zu zeigen sein, daß die Relevanz dieser Überlegungen zum Selbstverständnis der Philosophie davon abhängt, wieweit eine rein empiristische Erkenntnistheorie ohne diesen philosophischen Hintergrund auszukommen vermag. Daher ist es die Aufgabe einer Kritik der Theorie der reinen Erfahrung[20], darzulegen, ob und wieweit eine rein empiristische Erkenntnistheorie von einem Erfahrungsbegriff ausgeht, der diese philosophischen Überlegungen unzulässigerweise eliminiert. In diesem Falle gilt auch für den neueren Empirismus der Einwand, den *Cassirer* bereits gegen den Positivismus *Mill*scher Provenienz formuliert hat:

> „Der Mangel des dogmatischen Empirismus besteht nicht darin, daß er alles Wissen an der Erfahrung festhalten will und diese als alleiniges Kriterium der Wahrheit anerkennt, sondern darin, daß er die Analyse der Erfahrung nicht weit genug treibt und daher bei einem ungeklärten Begriff von ihr stehen bleibt. Er wird hierzu nicht selten durch eine vage Kontinuitätsannahme veranlaßt; er will die verschiedenen Erkenntnisstufen nicht streng voneinander scheiden, um sie statt dessen auseinander entwickeln zu können. Aber diese Entwicklung ist trügerisch, wenn man sie als eine bloße Reproduktion des Gleichartigen zu verstehen sucht. Irgendwo müssen wir im Fortgang der Erkenntnis eine echte ‚Mutation' anerkennen, die zu etwas Neuem und Selbständigem hinüberführt[21]."

In diesem Falle ist das Problem, die Allgemeingültigkeit des Ausgangspunktes in der Erfahrung mit der Allgemeingültigkeit der Erlebnisinhalte in Einklang zu bringen; denn sofern letztere nicht der unausweichlichen Willkür, sondern der Wahl unterliegen, ist ihre Allgemeingültigkeit zweifelhaft[22]. Dann ist das Erkennen der objektiv erfahrbaren Welt eine subjektive Aktivität; und eben hieraus resultiert seine Problematik.

---

[19] Vgl. R. *Bubner:* „Philosophie ist ihre Zeit, in Gedanken erfaßt", op. cit., S. 213 ff.; G. Frey: Möglichkeiten und Grenzen, op. cit., S. 21; H. Schnädelbach: Begründung, Erfahrung und Reflexion, op. cit., S. 223 ff.

[20] Siehe dazu Kapitel II, C.

[21] E. *Cassirer:* Determinismus und Indeterminismus in der modernen Physik, in: Zur modernen Physik, Darmstadt und Oxford 1957, S. 191.

[22] Vgl. R. *Laun:* Die Grundlagen der Erkenntnis, Tübingen 1946, S. 15 f.

B. Konzeptionen der Wissenschaft

Der Begriff „Wissenschaft“ ist wie jeder Begriff der täglichen Umgangssprache undeutlich und verschwommen. Er taucht in allen möglichen Verwendungen und Zusammensetzungen auf, ohne daß eine genaue Begriffsexplikation vorliegt oder er in seinen semantischen Implikationen gedeutet wird. Er wird verwendet, um etwas, das keine Wissenschaft ist, zu Wissenschaft zu machen, genauso, wie Wissenschaft unter Bezugnahme auf Wissenschaft die Wissenschaftlichkeit abgesprochen wird. Wissenschaft kann Ziel und Mittel, Tätigkeit und Ergebnis, persönliche Haltung wie auch Erkenntnis sein. Man unterscheidet Naturwissenschaften und Geisteswissenschaften, Einzelwissenschaften und Allgemeinwissenschaften, Idealwissenschaften und Realwissenschaften u. a. m. Darüber hinaus gibt es Begriffe aus fremden Sprachen wie „science“, „scientia“, „episteme“ oder „philosophy of science“, die häufig im deutschen Sprachgebrauch synonym für „Wissenschaft“ verwendet werden.

Diese Vielfalt des Begriffs und seiner Verwendungen macht eine Definition außerordentlich schwierig und komplex, und sie wird eher noch schwieriger durch die Existenz einer eigenen Wissenschaft oder Theorie von der Wissenschaft, nämlich der Wissenschaftstheorie. Ein Versuch, dieses Phänomen historisch und systematisch zu erfassen, muß daher wohl unvollkommen und oberflächlich bleiben. Das Problem ist, einen Begriff von Wissenschaft zu erarbeiten, der umfassend genug ist, um beispielsweise Natur- und Geisteswissenschaften als Wissenschaft zu konstituieren, ohne solche Erscheinungen wie Astrologie zu beinhalten. Die Frage lautet: „Inwiefern ist es sinnvoll bzw. welche Voraussetzungen müssen erfüllt sein, damit es sinnvoll ist, von dem Wissen als einem Gebilde eigener Art zu sprechen[23]?“

Das Problem dieser Fragestellung ist, daß im Rahmen eines Sinnbegriffs von Wissenschaft Sinn selber wiederum thematisiert werden kann und muß. Die traditionelle Transzendentalphilosophie hat hierbei versucht, den Sinnbegriff in einer subjektbezogenen Intentionalität zu erfassen. Sinn ist hier gekennzeichnet „durch den bewußten Vollzug der intentionalen Struktur des Erlebens, in dem das reflektierend aufhellbare Bewußtsein der Vorgegebenheit und Einzigheit (Ichhaftigkeit) des erlebenden Subjekts“[24] mitschwingt. Die neuere transzendentale Phänomenologie dagegen lehnt den subjektivistischen Sinnbegriff ab, da der Subjektbezug eine Verlagerung auf das Subjekt bedeutet, wobei dadurch, daß das Subjekt konstituiert wird, Sinn schon vorgegeben wird. Der Sinnbe-

[23] A. *Diemer:* Was heißt Wissenschaft? Meisenheim am Glan, 1964, S. 11.

[24] N. *Luhmann:* Sinn als Grundbegriff der Soziologie, in: J. *Habermas*, N. *Luhmann:* Theorie der Gesellschaft oder Sozialtechnologie, Frankfurt 1971, S. 27.

griff wird vielmehr objektiv gesehen. *Luhmann* versucht dies durch Konstruktion einer Innen-Außen-Relation, in der Sinn als Mittel der Selektion zur Abgrenzung von Zusammenhängen verwandt wird. Das Problem, das sich stellt, ist das der Komplexität, die zu reduzieren ist. Sinn ist dann Erfassung und Reduktion von Komplexität[25].

Damit ist die Frage, wann es sinnvoll ist, von Wissenschaft zu sprechen, in die Wissenschaft selber wieder hineingelegt, und nur hier kann sie beantwortet werden. Die Schaffung einer weiteren Instanz, die sich die Wissenschaft der Beschäftigung mit Wissenschaft zum Objekt macht, also eine Metametawissenschaft, führt zu nichts, denn sie könnte ja selber ein Objekt einer neuen Wissenschaft sein.

Die Geschichte des Wissenschaftsbegriffs weist einige interessante Wandlungen auf. Sie führt zu einer anthropologischen Konzeption, die sich um den griechischen Begriff „episteme" und den lateinischen Begriff „scientia" rankt und die am besten als „habitus intellectualis", als eine geistige Haltung bezeichnet werden kann, die eine Einheit aus theoretischer Vernunft, praktischem Verhalten und poetischem Schaffen bildet[26]. Den Grund für Wissenschaft bildet die Vernunft in ihrem theoretischen und praktischen Sinne. In der vorsokratischen Zeit finden sich die ersten Anfänge von Wissenschaft in der *Thale*tischen Geometrie. Die hier auftretenden geometrischen Sätze sind rein theoretisch im Sinne der späteren Unterscheidung von theoretischen und praktischen Sätzen. Seine Mathematik ist reine „Theorie". Darüber hinaus — und das ist erstmalig — sind sie generelle Sätze, die sich nicht auf individuelle Erscheinungen, sondern auf ideale Gegenstände beziehen. Durch dieses Vorgehen, durch die Loslösung vom Kontreten und die Hinwendung zum Generellen, erhält die griechische Wissenschaft ihre Bedeutung und Selbstsicherheit, die sich als das Resultat des Übergangs vom Mythos zum Logos darstellt. Dieser Schritt zum Generellen ist auch die Voraussetzung für die Weiterentwicklung zum Ideal einer beweisenden Wissenschaft bei *Aristoteles*. Die Geometrie wird zu einer axiomatischen Theorie als ein System von Sätzen, die in einer bestimmten Form einander zugeordnet sind und aus Obersätzen hergeleitet werden[27].

Neben diesem theoretischen hat Wissenschaft einen praktischen Aspekt. Hierin vereinen sich Philosophie und Wissenschaft. Diese Vorstellung findet ihren Höhepunkt in der *Platon*ischen Ideenlehre. Für *Platon*[28]

---

[25] Vgl. N. *Luhmann:* Soziologische Aufklärung, in: Soziologische Aufklärung, Opladen 1971, S. 72 ff.

[26] Vgl. A. *Diemer:* Der Wissenschaftsbegriff in historischem und systematischem Zusammenhang, in: Der Wissenschaftsbegriff. Historische und systematische Untersuchungen, Meisenheim am Glan 1970, S. 3 ff.

[27] Siehe K. R. *Popper:* Back to Presocratics, in: Conjectures and Refutations, op. cit., S. 136 ff.

besteht die wahre Erkenntnis in einem Wissen über die eigentliche Wirklichkeit des Seins. Das eigentliche Sein sind für ihn die Ideen, die von ewiger Dauer sind, während die Erscheinungen einer ewigen Veränderung unterliegen. Die Wissenschaft von diesen Ideen ist die „episteme", die die Ideen durch Schauen erfaßt. Diese „episteme" ist strenge Wissenschaft und ist strikt zu unterscheiden von der „doxa", dem Meinen. Hier und in der Folgezeit insbesondere bei *Aristoteles* wird erstmals der Dualismus von Wissen und Meinen erfaßt, der bei *Kant* in der Trias Glauben — Wissen — Meinen endet[29]. *Aristoteles* unterscheidet einen Wissenschaftsbegriff, der auf ein Seiendes abstellt, das beweisbar und demonstrierbar ist, und darüber hinaus eine Wissenschaft von Prinzipien, eine Art Metaphysik über Anfangssätze, die sich jedoch nicht auf Sachverhalte, sondern auf intuitive Formen der Erkenntnis beziehen. Als drittes Moment kommt eine Wissenschaft hinzu, die man als praktische Klugheit bezeichnen könnte und die Begründungen und Erwägungen für den Bereich des Handelns enthält[30]. Ebenfalls findet sich bei *Aristoteles* eine Unterscheidung zwischen philosophischer Wissenschaft und nichtphilosophischer Wissenschaft, die später besonders bei *Hegel* wieder auftritt. Während letztere nur bestimmte Aspekte der Realität beinhaltet, ist erstere ein integrierter Bestandteil der Metaphysik. Der Oberbegriff bleibt der der „episteme", doch wird er auf den geistigen Bereich eingeschränkt, während im sinnlichen Bereich die „empeiria" auftritt. Doch bleibt „episteme" nicht auf den theoretischen Bereich beschränkt; soweit sie praktisch ist, geht sie über die „theoria" hinaus[31].

In der Folgezeit tritt „scientia" an die Stelle von „episteme". Ihr stehen die lateinischen Begriffe „ratio" und „historia" gegenüber, wobei „historia" synonym steht für „descriptio", während „scientia" den Sinn von „ratio recta" erhält. „Scientia" als Erkenntnis vollzieht sich hierbei als Erkenntnis aus Prinzipien, niemals auf Prinzipien. Der Scholastiker *Duns Scotus* formuliert als erster die Bedingungen für den Wissenschaftscharakter:

„1. Quod sit certa, excludendo omnem dubitationem et deceptionem.
2. Quod sit cognitio necessaria.
3. Quod sit per causam evidentem applicatam ad conclusionem per discursum syllogisticum[32]."

---

[28] Zur Kritik der *Platon*ischen Ideenlehre siehe K. R. *Popper:* Die offene Gesellschaft und ihre Feinde, München 1970, Bd. I, Der Zauber Platons.

[29] Vgl. R. *Wohlgenannt:* Was ist Wissenschaft? Braunschweig 1969, S. 42 f.

[30] Siehe F. *Kambartel:* Erfahrung und Struktur, op. cit., S. 63 ff.

[31] Vgl. A. *Diemer:* Die Begründung des Wissenschaftscharakters der Wissenschaft im 19. Jahrhundert. — Die Wissenschaftstheorie zwischen klassischer und moderner Konzeption, in: A. *Diemer* (Hg.): Beiträge zur Entwicklung der Wissenschaftstheorie, op. cit., S. 8 ff.

Sie bedeuten den Ansatz einer Abkehr vom anthropologischen Wissenschaftsbegriff der Wissenschaft als „habitus intellectualis“ zum propositionalen Wissenschaftsbegriff, der Wissenschaft als ein System von auf bestimmte Art charakterisierten Sätzen ansieht, dessen Ziel die Ermittlung von Wahrheit ist. Diese Entwicklung setzt sich fort bis hin zu *Bolzano*[33], der als erster explizit einen propositionalen Wissenschaftsbegriff formuliert. Dieser propositionale Wissenschaftsbegriff bildet die Grundlage für die moderne Wissenschaftskonzeption der „philosophy of science“, die vollkommen vom Wissenschaft treibenden Subjekt abstrahiert und Wissenschaft als ein System von Sätzen oder Aussagen („propositions“) über einen zu konstituierenden Objektbereich ansieht. Wissenschaft ist nicht primär eine Aktivität oder Auseinandersetzung mit einem Objektbereich, sondern sie bestimmt sich durch ein Gesamt von Sätzen, das als dargestellte Wirklichkeit vom eigentlichen Sein des Objekts vollkommen gelöst ist. Die — kantisch gesprochen — synthetische Leistung des Subjekts verliert dadurch genauso an Relevanz wie der Zusammenhang zwischen Objekt und Methode[34]. Die der Frühphilosophie *Wittgensteins*[35] entsprungenen logischen Darstellungsformen der Wirklichkeit in Satzgebilden haben das Erbe der traditionellen Vernunftkritik übernommen. Die Isomorphie als logische Kongruenzbeziehung zwischen Satz und Wirklichkeit ist an die Stelle der theoretischen und praktischen Vernunft getreten. Zwar wird nicht verkannt, daß es sich bei der Wissenschaft um eine subjektbezogene Aktivität handelt, die Bestandteil eines allgemeinen Kultur- und Handlungszusammenhangs ist, doch sind diese Aspekte sekundär und werden nicht einer erkenntnistheoretischen Würdigung unterzogen. Methodische Fragen, die nur das Aussagengebilde als solches betreffen, stehen vielmehr eindeutig im Vordergrund[36].

---

[32] Zitiert nach A. *Diemer:* Die Begründung des Wissenschaftscharakters, op. cit., S. 17.

[33] *Bolzano* definiert Wissenschaft wie folgt: „Ich erkläre mich gleich § 1, daß ich unter Wissenschaft in der eigentlichen objektiven Bedeutung nichts anderes verstehen wolle als den Inbegriff aller Wahrheiten einer gewissen Art, die so beschaffen sind, daß der uns bekannte und merkwürdige Teil derselben verdienet, in einem eigenen Buche dergestalt niedergeschrieben zu werden.“ Wissenschaftslehre ist dann der „Inbegriff aller derjenigen Regeln, nach denen wir bei dem Geschäft der Abteilung des gesamten Gebietes der Wahrheit in einzelne Wissenschaften und bei der Darstellung derselben in eigenen Lehrbüchern vorgehen, wenn wir recht zweckmäßig vorgehen wollen.“ B. *Bolzano:* Wissenschaftslehre, 4. Bd., Die eigentliche Wissenschaftslehre, 1837, S. 6, zitiert nach A. *Diemer:* Der Wissenschaftsbegriff in historischem und systematischem Zusammenhang, op. cit., S. 14.

[34] Die Vernachlässigung des Subjekts zeigt sich insbesondere in der Semantik, wo der subjektbezogene pragmatische Aspekt weitgehend ausgeklammert wird; siehe W. *Stegmüller:* Das Wahrheitsproblem und die Idee der Semantik, Wien 1957, S. 42, A. *Pap:* An Introduction to the Philosophy of Science, New York 1962, S. 6 ff.

[35] L. *Wittgenstein:* Tractatus logico-philosophicus, op. cit.

Die Entwicklung dieses propositionalen Wissenschaftsbegriffs geht einher mit einer zunehmenden Positivierung und Entmetaphysierung der Wissenschaft, wodurch eine Abkehr vom Spekulativen, vom Nicht-Faßbaren, das hinter oder über dem Realen steht, bewirkt wird. Diese Positivierung selber wiederum ist ein Ausfluß einer philosophischen Grundströmung, nämlich des Positivismus, der das Wissenschaftsverständnis auf einschneidende Weise beeinflußt hat. Wichtigstes Merkmal dieser Entwicklung ist eine Reglementierung der Wissenschaft in dem Sinne, daß diese einem erkenntnis- oder wissenschaftstheoretischen Bezugsrahmen unterworfen wird, der ein System reglementierender Normen konstituiert und den zu sprengen die Wissenschaft sich selber verbietet[37]. Die Notwendigkeit eines solchen Systems normativer Regeln wird verschieden begründet. Während *Carnap*[38] beispielsweise dies in der Sinnlosigkeit metaphysischer Aussagen sieht, propagiert *Popper*[39] eine Überwindung der Metaphysik unter dem Vorzeichen eines generellen Rationalismus.

Neben der Reglementierung bedeutet die Positivierung eine Hinwendung zum Faktischen. Diese vollzieht sich unter Bezugnahme auf das Konkrete und Erfahrbare. Die Idee der Realwissenschaften, die ursprünglich innerhalb des Spektrums der Wissenschaften nur eine auf bestimmte Objektbereiche angewandte Gruppe darstellt, breitet sich mit Hilfe eines Methodenverständnisses, das den primären Zweck der Wissenschaft in kausalem Erklären und dem Aufdecken invarianter Strukturen sieht, auch auf jene Bereiche aus, wo ursprünglich unmittelbare Einsicht anstelle empirischer Erfahrbarkeit dominiert. Daß eine solche Entwicklung nicht ohne Auswirkungen auf das Verständnis des Objekts oder des Objektbereichs bleiben kann, ist evident. Die Folge hiervon ist, daß eine Reihe von Fragestellungen, die dem klassischen Wissenschaftskonzept entsprechen, der modernen Auffassung deswegen nicht genügen können, weil sie sich entweder nicht entmetaphysieren lassen oder, wenn dieses geschieht, inhaltsleer werden.

Ein weiteres Charakteristikum ist die Autonomisierung der Wissenschaft. Sie bezieht sich auf das Verhältnis zu dem Gesamt der Kultur und

---

[36] Die Wissenschaftstheorie beschränkt sich damit gänzlich auf den analytischen Teil, der weitgehend mit einer Wissenschaftslogik übereinstimmt; siehe R. *Carnap:* Die Aufgabe der Wissenschaftslogik, in: Einheitswissenschaft, Heft 3, Wien 1934, S. 3 ff.

[37] „Daß wir Reflexion verleugnen, ist der Positivismus." J. *Habermas:* Erkenntnis und Interesse, Frankfurt 1971, S. 9.

[38] Siehe R. *Carnap:* Überwindung der Metaphysik durch logische Analyse der Sprache, in: Erkenntnis, Bd. 2, 1931, S. 224 ff.

[39] Siehe K. R. *Popper:* The Demarcation Between Science and Metaphysics, op. cit., S. 253 ff. Das Problem des Popperschen Überwindungsversuchs liegt bei dem Abgrenzungskriterium, das konventionell eingeführt werden muß; siehe dazu die Kritik der konventionellen Basis unten, Kapitel II, C, 2, c.

auf die Konstitution ihres Gegenstandes. Der kulturelle Wissenschaftsbegriff umfaßt Wissenschaft als die Gesamtheit menschlicher Tätigkeiten, Institutionen und Aktivitäten, die hinsichtlich ihrer Zielsetzung eine bestimmte Ausrichtung haben und die auf eine spezifische Art und Weise von anderen Bereichen zu unterscheiden sind, aber dennoch integrierter Bestandteil der Gesamtkultur bleiben[40]. Die Herauslösung der Wissenschaft aus ihrem kulturellen und gesellschaftlichen Bezugsrahmen und ihre Verselbständigung zu einer gesellschaftlichen, jedoch nicht gesellschaftsbezogenen Veranstaltung bringt eine Anzahl von Problemen mit sich, deren Lösung nur bei einem bestimmten Verständnis von Wissenschaft möglich scheint. Voraussetzung für eine Autonomisierung der Wissenschaft ist die Möglichkeit ihrer Objektivierbarkeit und ihre Wertfreiheit. Dies ist nicht gewährleistet, wenn Wissenschaft neben der Deutung hypothetisch-deduktiver Aussagensysteme die hermeneutische Explikation von Sinn umfaßt[41]. Ist dies der Fall — und dies wird zumindest für einen Teil der Fragestellungen, die als Wissenschaft verstanden werden, mit ernstzunehmenden Argumenten behauptet — so bedeutet dies die Bestätigung des gesellschaftlich-kulturellen Charakters der Wissenschaft und gleichzeitig die Berechtigung der Warnung vor ihrer Autonomisierung[42].

Hinsichtlich der Konstitution ihres Objektbereiches vollzieht sich die Autonomisierung in zweifacher Hinsicht. Zunächst tritt eine Autonomisierung einzelner Bereichswissenschaften gegenüber ihren Objektbereichen auf; ihr folgt eine Autonomisierung der Bereichswissenschaften untereinander[43]. In beiden Fällen bedeutet diese Differenzierung eine Loslösung vom Umfassenden des klassischen Bildungskosmos. Jede einzelne Wissenschaft verselbständigt sich, sei es durch eigene Methoden, sei es durch eine eigene Art der Fragestellung. So erklärt sich auch das zusammenhanglose Nebeneinander von Natur- und Geisteswissenschaf-

---

[40] Vgl. A. *Diemer:* Was heißt Wissenschaft? op. cit., S. 20 ff.

[41] Ob Wissenschaft überhaupt objektiv in dem Sinne sein kann, daß sie ohne Bezug auf das erkennende Subjekt konstituiert wird, ist sehr zweifelhaft. Die Quantentheorie hat diese Auffassung sogar für die Physik erschüttert. *Heisenberg* resümiert: „Man erkennt daraus, daß die Charakterisierung eines Systems durch eine Gesamtheit nicht nur Eigenschaften des Systems bezeichnet, sondern auch Angaben über den Grad der Kenntnis des Beobachters über das System enthält. Insofern ist die Verwendung des Wortes ‚objektiv' für die Charakterisierung des Systems durch die Gesamtheit problematisch." W. *Heisenberg:* Die Entwicklung der Deutung der Quantentheorie, in: L. *Krüger* (Hg.): Erkenntnisprobleme der Naturwissenschaften, op. cit., S. 424.

[42] J. *Habermas* zieht daraus die Konsequenzen, daß er die gesamte Idee der Wissenschaft seiner soziologischen Theorie der Erkenntnisinteressen unterwirft; siehe: Erkenntnis und Interesse, op. cit., S. 234 ff.

[43] Vgl. A. *Diemer:* Die Begründung des Wissenschaftscharakters, op. cit., S. 50.

ten mit jeweils für die einzelnen Wissenschaften spezifisch eigenen Versuchen zur Begründung der Wissenschaftlichkeit.

Diese Entwicklung deutet auf eine Verabsolutierung der Idee der Erfahrungswissenschaft hin, die insbesondere durch die im logischen Empirismus vollzogene Kombination von logischer Analyse und empirischer Erfahrung gefördert wurde. Zwar spielt die moderne Logik im Wissenschaftsverständnis berechtigterweise eine eminent wichtige Rolle, doch kann hierbei nicht verkannt werden, daß die Erfahrung die Grenzen logischer Methoden markiert. Die Richtigkeit logischer Operationen vermag nicht den Wahrheitsgehalt empirischer Aussagen zu gewährleisten. Gerade die Konfrontation mit der Erfahrung aber birgt Probleme in sich, die den Versuch einer erfahrungswissenschaftlichen Begründung der Erfahrungserkenntnis als ein metaphysisches Unterfangen erscheinen lassen[44]. Darüber hinaus bewirkt die mit der Zielsetzung der Erfahrungswissenschaft unweigerlich verbundene Idee der Erklärung[45] spätestens dann eine erhebliche Einschränkung des Wissenschaftsbegriffs, wenn sie auf Zusammenhänge übertragen wird, wo die Intention des Objekts nicht oder nur teilweise auf das Aufzeigen von Kausalstrukturen gerichtet ist. Beispielhaft ist hier die Geschichte, wo die Analyse von Ursachenzusammenhängen neben der Vermittlung historischer Sinnzusammenhänge steht und die Gebundenheit der Methode an das Objekt die Grenzen monistischer Wissenschaftsauffassungen aufzeigt.

Diese Hervorhebung erfahrungswissenschaftlicher Vorstellungen bewirkt eine Dichotomie, die an die anglo-amerikanische Unterscheidung von „science“ und „humanities“ erinnert. Während die anglo-amerikanische Wissenschaftsphilosophie sich jedoch aus gutem Grund stets davor gehütet hat, die Vorstellungen der „science“ auf die „humanities“ zu übertragen und beide Bereiche in einem Verhältnis der gegenseitigen

---

[44] So kommt W. *Stegmüller* zu dem Schluß, daß die Erfahrungswissenschaften aus der Sicht der analytischen Philosophie und Wissenschaftstheorie auf der Metaphysik aufbauen; siehe: Metaphysik, Skepsis, Wissenschaft, Berlin, Heidelberg, New York 1969, S. 308 ff.

[45] K. R. *Popper:* The Aim of Science, in: Objective Knowledge, op. cit., S. 191 ff., hat diese Verbindung aufgezeigt, indem er das Wesen der „science“ (hier wohl verstanden als Erfahrungswissenschaft) durch die Erklärung bestimmt. St. *Toulmin:* Voraussicht und Verstehen. Ein Versuch über die Ziele der Wissenschaft, Frankfurt 1968, hat den interessanten Versuch unternommen, die Idee der Erklärung als Ziel und Inhalt der Wissenschaft zu widerlegen, indem er aufzeigt, daß die Wissenschaft nicht das Unvertraute durch das Vertraute erklärt, sondern das Vertraute durch das Unvertraute. Es werden hiernach nicht aus bekannten Prinzipien (explicans) deduktiv unter Verwendung geeigneter Randbedingungen neue Erklärungen (explicandum) gewonnen, sondern die Wissenschaftsentwicklung vollzieht sich dadurch, daß für bekannte Objekte neue Erklärungsschemen („Paradigmen“) entworfen werden; siehe auch T. S. *Kuhn:* The Structure of Scientific Revolutions, Chicago 1962, wo diese Auffassung anhand der Wissenschaftsgeschichte dargelegt wird.

Achtung vor der Andersartigkeit gehalten hat[46], liegt zweifelsohne in der deutschsprachigen Wissenschaftstheorie die Gefahr vor, den begrifflichen Unterschied von „science“ und „Wissenschaft“ zu verkennen und die beiden Begriffe kritiklos gleichzusetzen. Diese Gleichsetzung wird gerade im Neopositivismus vollzogen und führt dazu, daß diejenigen Bereiche, die nicht dem Konzept der „science“ entsprechen, entweder mit dem Verdikt des Unwissenschaftlichen belegt werden oder vollkommen uminterpretiert werden müssen, damit sie der apriorischen Wissenschaftsauffassung entsprechen[47].

Eine Abkehr von dieser propositionalen Wissenschaftsauffassung der analytischen Philosophie und der „philosophy of science“ bahnt sich auf mehreren Wegen an, wobei all diesen Wegen gemeinsam ist, daß sie je nach Richtung mehr oder weniger Elemente enthalten, die auf die oben aufgezeigte klassische Konzeption der Wissenschaft als „habitus intellectualis“ hindeuten. Semantisch gesprochen rückt der pragmatische, d. h. hier der subjektbezogene Aspekt mehr in den Vordergrund. Wissenschaft wird weniger als ein für sich stehendes, selbständiges und als solches zu analysierendes Sprachsystem oder Sprachgebilde angesehen, sondern Wissenschaft wird zu einer Aktivität des Menschen, die sich in zu verstehender, sprachlicher Kommunikation vollzieht, oder sie wird entsprechend der neodialektischen Auffassung der sog. „kritischen Theorie“ zu einer gesellschaftlichen Veranstaltung mit historischem Bezug.

Grundüberlegung der dialektischen Wissenschaftsauffassung[48] ist, daß sowohl Wissenschaft als auch Philosophie genuin menschliche Aktivitäten sind, die auf eine Aneignung der Welt durch den Menschen zielen. Da es sich bei dieser Aneignung um einen Vorgang des Enthüllens des Wesens der Erscheinungen handelt, ist der Prozeß notwendig mit der Bildung eines Sinnes verbunden. Wissenschaftliches Erkennen ist nicht passive Widerspiegelung, sondern aktive Reproduktion der Wirklichkeit und als solche eine menschliche Aktivität, die sich nicht in einem wertfreien Raume vollziehen kann. Das aktive Reproduzieren impliziert einen wesentlichen Bezug auf das handelnde Subjekt und damit auch auf historisch-gesellschaftliche Zusammenhänge. Dementsprechend ist die Ent-

---

[46] Siehe J. K. *Feibleman:* The Scientific Philosophy, op. cit., S. 238 ff.

[47] *Neurath* beispielsweise will um der Konsistenz der Methodologie willen nur das zur Soziologie als Wissenschaft rechnen, was rein behavioristisch interpretiert werden kann; siehe O. *Neurath:* Soziologie im Physikalismus, in: Erkenntnis, Bd. 2, 1931, S. 393 ff. Aus ähnlichen Gründen verweist *Topitsch* die Auffassung einer methodischen Eigenständigkeit der Geisteswissenschaften in die Mythologie; siehe E. *Topitsch:* Das Verhältnis zwischen Sozial- und Naturwissenschaften, in: ders. (Hg.): Logik der Sozialwissenschaften, Köln, Berlin 1971, S. 57 ff.

[48] Zur Wissenschaftsauffassung der orthodoxen Richtung siehe F. *Fiedler:* Einheitswissenschaft, op. cit., S. 177 ff.

faltung der dialektischen Wissenschaftsauffassung im allgemeinen in eine generelle Kapitalismuskritik gebettet[49].

Der wissenschaftstheoretische Aspekt der sog. „kritischen Theorie" ist vor allem von *Habermas* herausgestellt worden. *Habermas* stellt die grundsätzliche Eignung der propositionalen oder neopositivistischen Wissenschaftsauffassung der „philosophy of science" für die naturwissenschaftliche Forschung nicht in Frage und lehnt auch die Konsistenz dieser Konzeption nicht ab[50]. Allerdings wendet er sich sowohl gegen die Verabsolutierung des hiermit verbundenen nomologischen Denkens als auch gegen seine Übertragung auf andere Bereiche. Sein Ansatz zielt vielmehr darauf ab, am Begriff der Selbstreflexion ein neues methodisches Konzept der Wissenschaft aufzubauen, dessen Sinn weniger in wissenschaftlicher Erklärung als vielmehr in einer Emanzipation des Menschen durch die Wissenschaft liegt[51]. Der von ihm betonte subjektive Charakter der Wissenschaft als menschliche Handlungsweise veranlaßt ihn, die handlungsleitenden Wertvorstellungen, die Erkenntnisinteressen in den Vordergrund zu heben. Hierbei unterscheidet er drei Kategorien von Forschungsprozessen, denen drei Arten des erkenntnisleitenden Interesses entsprechen[52]:

— Die empirisch-analytischen Wissenschaften werden durch das technische Interesse geleitet, dem an einer „möglichen informativen Sicherung und Erweiterung erfolgskontrollierten Handelns"[53] gelegen ist.

— In den historisch-hermeneutischen Wissenschaften, in denen Sinnverstehen anstelle kontrollierter Beobachtung den Zugang zu den Tatsachen eröffnet, dominiert das Interesse „an der Erhaltung und der Erweiterung der Intersubjektivität möglicher handlungsorientierender Verständigung"[54].

— Die kritisch orientierten Wissenschaften werden von einem emanzipatorischen Erkenntnisinteresse geleitet, das im Wege der Selbstreflexion und Ideologiekritik die aus dem nomologischen Element der Sozialwissenschaften entstandene Herrschaft des Menschen über den Menschen abbauen soll.

---

[49] Siehe J. *Habermas:* Technik und Wissenschaft als „Ideologie" in: Technik und Wissenschaft als „Ideologie", Frankfurt 1971, S. 48 ff.; ders.: Erkenntnis und Interesse, op. cit., S. 59 ff.

[50] Siehe ebenda: S. 13 f., S. 45 f., S. 364; ders.: Erkenntnis und Interesse, in: Wissenschaft und Technik, op. cit., S. 148, S. 155 ff.

[51] Siehe ders.: Erkenntnis und Interesse, op. cit., S. 159 ff.

[52] Vgl. ders.: Erkenntnis und Interesse, in: Wissenschaft und Technik, op. cit., S. 153 ff.

[53] Ebenda, S. 157.

[54] Ebenda, S. 158.

Habermas spaltet damit den Wissenschaftsbegriff in drei Ansätze wissenschaftlicher Forschungsweisen auf, deren einzige Gemeinsamkeit ein sie leitendes subjektbezogenes Interesse darstellt. Fraglich ist hierbei, ob sich diese strenge Trennung immer durchhalten läßt oder ob es nicht zumindest einige Wissenschaften gibt, in denen alle drei Arten der obigen Erkenntnisinteressen eingreifen. Beispielhaft wären hier die Sozialwissenschaften, in denen das Interesse an technischer Beherrschbarkeit sozialer Prozesse, ein sinnverstehender Zugang zu Fakten und Handlungsweisen und auch ein emanzipatorisches Anliegen möglich erscheinen[55].

Ein anderer Weg der Abkehr vom propositionalen Wissenschaftsbegriff der analytischen Philosophie vollzieht sich durch eine vollkommene Neuinterpretation der Sprachphilosophie. Auch hier war es *Wittgenstein*[56], der, indem er eine radikale Wendung vollzogen und seine Sprachphilosophie des „Traktatus" einer Selbstkritik unterworfen hat, die entscheidenden Grundlagen für diese Entwicklung zu legen vermochte. Während *Wittgenstein* in seiner Frühphilosophie die Auffassung vertrat, die Sprache habe eine Abbildungsfunktion, durch welche eine Zuordnung von Zeichentatsachen und bezeichneten Tatsachen hergestellt werde und wodurch sich eine besondere Intentionalitätsbeziehung zwischen dem Subjekt und den Sachverhalten der Sprache erübrige, wendet er sich in den „Sprachspielen"[57] seiner Spätphilosophie den aus der Verquickung von Denken und Sprechen entstehenden Sinn- und Bedeutungszusammenhängen zu.

Dies hat für die Wissenschaftsauffassung erhebliche Konsequenzen. Die insbesondere von *Carnap*[58] aufgezeigte konstruktive Semantik, die sich in dem Entwerfen logischer und künstlicher Sprachen äußert, erweist sich als ergänzungsbedürftig um eine hermeneutische Sinnklärung, die im Rahmen einer umfassenden Wissenschaftstheorie neben die logische Sinn-

---

[55] Diese Dreiteilung ist insbesondere dann wenig sinnvoll, wenn *Habermas* selber der Auffassung ist, daß das nomologische Konzept auf die Sozialwissenschaften nicht oder nur bedingt anwendbar ist, diese aber dennoch ein erfahrungswissenschaftliches Interesse haben. Damit lassen aber gerade die Wissenschaften, um die *Habermas* sich primär bemüht, sich nicht in diese Trichotomie einordnen. Sie zwängt vielmehr den Pluralismus praktischer Forschungsansätze auf arg vereinfachende Weise in das Schema von Empirismus, Hermeneutik und Dialektik und wird damit der Realität nicht gerecht. Der spätere Versuch (siehe J. *Habermas:* Zur Logik der Sozialwissenschaften, op. cit.,) hebt denn auch diese Trichotomie weitgehend wieder auf.

[56] Siehe L. *Wittgenstein:* Philosophische Untersuchungen, op. cit., S. 279 ff.

[57] „Ich werde das Ganze: der Sprache und der Tätigkeiten, mit denen sie verwoben ist, das ‚Sprachspiel' nennen." L. *Wittgenstein:* Philosophische Untersuchungen, op. cit., S. 293.

[58] Siehe insbesondere R. *Carnap:* Testibility and Meaning, in: Philosophy of Science, Bd. 3, 1936, S. 419 - 471, Bd. 4, 1937, S. 1 - 40 und ders.: Introduction to Semantics, Cambridge 1944.

klärung semantischer Konstruktionen tritt. Der Sinnhaftigkeit und Verstehbarkeit in den Geisteswissenschaften wird die Möglichkeit einer wissenschaftstheoretischen Reflexion eröffnet, und historische und soziale Sinnvermittlung sind wesentliche Bestandteile der intersubjektiven Verständigung des „homo loquens“[59]. Im Bereiche der Sozialwissenschaften wird das Wesen sinnvollen Verhaltens intersubjektiv verstehbar, da Bedeutungszusammenhänge kommunikativ vermittelt werden können. So erscheint beispielsweise die Ausarbeitung von Idealtypen sozialen Handelns im Sinne Max *Webers* als hypothetischer Entwurf sozialwissenschaftlichen Verstehens, der den sinnhaften Kern realen Handelns auf ein theoretisches Verhaltensmuster zurückführt. Die hermeneutischen Implikationen wissenschaftlicher, insbesondere sozial- und geisteswissenschaftlicher Begriffsbildung offenbaren, daß es sich bei der Wissenschaft unter anderem um eine Kommunikationsgemeinschaft[60] handelt, deren transzendentale Voraussetzungen ein hermeneutisch offenzulegendes Apriori enthalten.

Auf ein ähnliches Apriori zielt jene Richtung der anglo-amerikanischen Wissenschaftsphilosophie, die *Shapere*[61] als die „new philosophy of science“ zusammenfaßt. Diese Richtung hat eine Wissenschaftskonzeption entwickelt, die weniger in Konkurrenz zur logisch orientierten „philosophy of science“ steht als vielmehr komplementär neben diese tritt. Ihr starker Aufschwung ist primär darauf zurückzuführen, daß aufgrund der überwiegenden Beschäftigung der „älteren“ Wissenschaftstheorie mit den Problemen der Logistik ein gewisser Überdruß an der Behandlung logischer Fragestellungen entstanden ist, der darin begründet ist, daß sich die Behandlung dieser Probleme als zunehmend unergiebig und irrelevant für die Erklärung der Wissenschaft und der wissenschaftlichen Entwicklung erwiesen hat. Der in der analytisch-propositionalen Wissenschaftskonzeption stark ausgeprägte Logizismus hat aus einzelwissenschaftlicher Sicht immer mehr den Charakter einer „l'art pour l'art“ entwickelt und den Kontakt zur Wissenschaft verloren, indem er sich einseitig ausgebildet und es unterlassen hat, auch jene Faktoren zu untersuchen, die

---

[59] Vgl. K. O. *Apel:* Die Entfaltung der „sprachanalytischen“ Philosophie und das Problem der „Geisteswissenschaften“, in: Philosophisches Jahrbuch, Bd. 72, II, 1965, S. 239 ff.

[60] Siehe K. O. *Apel:* Die Kommunikationsgemeinschaft als transzendentale Voraussetzung der Sozialwissenschaften, in: Neue Hefte für Philosophie, Heft 2/3, 1972, S. 1 ff.; Ansätze einer solchen Auffassung finden sich auch bei K. R. *Popper*, der verschiedentlich von „unserem Wissen“ spricht (so: Logik der Forschung, op. cit., S. XV, S. XXV). Da nicht anzunehmen ist, daß es sich hier um einen pluralis maiestatis handelt, kann damit nur eine Gemeinschaft der Forschenden gemeint sein.

[61] D. *Shapere:* Meaning and Scientific Change, op. cit., S. 41 ff.; *Shapere* bezieht sich primär auf die Arbeiten von T. S. *Kuhn*, N. R. *Hanson*, St. *Toulmin* und P. K. *Feyerabend*. Hinzuzurechnen wären die Arbeiten von M. *Polanyi*, W. J. B. *Beveridge* und I. *Latakos*.

neben der reinen Logik in das Konzept der Wissenschaft eingehen. Obwohl im Verhältnis zum analytisch-propositionalen Ansatz diese neue Wissenschaftsauffassung eher komplementär ist, scheint die mit ihr verbundene Akzentverlagerung mehr auf eine Verdrängung der „alten“ Wissenschaftsauffassung durch die neue Konzeption hinzuwirken.

Die wesentlichen Einflüsse auf diese neue Wissenschaftskonzeption stammen aus empirischen Forschungen, die der neu entdeckten „history of science“ entsprungen sind. So hat *Kuhn*[62] in seinem „concept of development-by-accumulation“ beispielsweise gezeigt, daß die klassisch-aristotelischen Vorstellungen den Wissenschaftsablauf besser charakterisieren als die an *Galilei* und *Newton* orientierte Methodologie *Poppers*. Wissenschaft wird als ein Prozeß angesehen, dessen Verlauf die elementarsten methodologischen Regeln in Frage stellt und dessen einzige Konstanten die Unsicherheit und die Veränderung sind. Die Wissenschaftstheorie gewinnt die Form einer komplexen Evolutions- oder Wachstumstheorie. *Kuhn* hat am Beispiel der Naturwissenschaften aufgezeigt, daß die Entwicklung der Wissenschaft sich in Schüben vollzieht, die aus einem Wechsel von „normaler Wissenschaft“ und „wissenschaftlichen Revolutionen“ bestehen[63]. Während jedoch *Kuhn* sich darauf beschränkt, darzulegen, daß diese Entwicklung nicht den Regeln traditioneller Methodologie entspricht, hat *Latakos*[64] sogar die Falsifikation historisch falsifiziert.

Die hier implizit entwickelte Wissenschaftsauffassung ist daher durch eine Skepsis gegenüber dem methodologisch geleiteten Wissenschaftsbild gekennzeichnet[65]. Die sowohl in der Philosophie als auch in der Wissenschaftstheorie des logischen Empirismus und der analytischen Philosophie enthaltene Idee der Voraussetzungslosigkeit in der Wissenschaft wird

---

[62] T. S. *Kuhn:* The Structure of Scientific Revolutions, op. cit., siehe das Symposium über die Arbeit *Kuhns* in: I. *Latakos*, A. *Musgrave* (Hg.): Criticism and the Growth of Knowledge, Cambridge 1970.

[63] Eine Verarbeitung der *Kuhn*schen Theorie für die Betriebswirtschaftslehre findet sich bei E. *Jehle:* Über Fortschritt und Fortschrittskriterien in betriebswirtschaftlichen Theorien, Stuttgart 1973.

[64] Siehe I. *Latakos:* Popper zum Abgrenzungs- und Induktionsproblem, op. cit., S. 84 ff.; ders.: History of Science and its Rational Reconstructions, in: Boston Studies in the Philosophy of Science, Bd. 8, 1970, S. 91 ff., insbesondere S. 109 ff.

[65] P. K. *Feyerabend:* Von der beschränkten Gültigkeit, op. cit. stellt die Methodologie überhaupt in Frage: „Regeln, die unter allen Umständen gelten, lassen sich zwar aufstellen, man kann sie unter Umständen sogar mit Gewalt durchsetzen — aber immer auf Kosten der Möglichkeit fundamentalen Fortschritts.“ (S. 168). „Will man sich den Weg zu solchem Fortschritt nicht abschneiden, so bleibt nur eines: man gibt zu, daß es allgemein gültige Regeln, daß es eine allgemein gültige Methodologie, die unabhängig von Geschichte, Psychologie, Physik, Gottesglauben unsere Schritte unerbittlich lenkt, einfach nicht gibt (das ist auch der Grundgedanke aller dialektischen Philosophien). Selbst die scheinbar trivialsten Forderungen haben ihre Grenzen und müssen unter Umständen aufgegeben werden.“ (S. 169).

ausdrücklich abgelehnt. Voraussetzungen sind vielmehr elementarer Bestandteil der Wissenschaft[66], wodurch diese in einen subjektbezogenen Lebens- und Kulturzusammenhang eingebettet ist. *Kuhn* berücksichtigt dies in den Paradigmata, die generelle, allgemein anerkannte Erklärungsmuster — man könnte auch sagen wissenschaftliche Weltauffassungen — beinhalten. *Toulmin* sieht diese Voraussetzungen ebenfalls in Paradigmata oder in „Idealen der Naturordnung“[67], welche Denkfiguren beinhalten, die benutzt werden, um die Phänomene zu verstehen und ihnen einen Sinn zu geben.

Polanyi stellt noch stärker auf die subjektiven Faktoren des Wissenschaftsbildes ab. Ausgangspunkt seiner Überlegungen ist die von *Platons Menon* in epistemologischer Absicht gestellte Frage: Wie sucht und findet man das, was man nicht schon erkennt? Wie ist es möglich, das Unbekannte zu erkennen? Die Antwort findet er in einer anthropologischen Wissenschaftskonzeption[68], die er in dem Satz zusammenfaßt: „We know more than we can tell[69].“ Nicht das Sprachgebilde ist Wissenschaft, sondern das persönliche Wissen, das im Umgang mit den Phänomenen der Wissenschaft die gleiche Funktion wie eine in langer Zeit erworbene handwerkliche Fähigkeit oder Fertigkeit hat. Dieses Wissen bewegt sich primär in nicht explizit formulierten Bereichen, es befindet sich in einer „tacit dimension“[70], es besteht aus „tacit components“[71] und gleicht so weitgehend der zirkelhaften hermeneutischen Erfahrung oder dem hermeneutischen Vorverständnis bei *Heidegger* und *Gadamer*[72].

---

[66] Siehe D. *Shapere:* Meaning and Scientific Change, op. cit., S. 48 f.; P. K. *Feyerabend:* Consolations for the Specialist, in: I. *Latakos*, A. *Musgrave* (Hg.): Criticism and the Growth of Knowledge, op. cit., S. 209 ff. und T. S. *Kuhn:* The Function of Dogma in Scientific Research, in: A. C. *Crombie* (Hg.): Scientific Change, London 1963, S. 347 - 369.

[67] St. *Toulmin:* Voraussicht und Verstehen, op. cit., S. 54 ff.

[68] Dies verbindet *Polanyi* mit *Apel,* der vom späten *Wittgenstein* und *Heidegger* herkommend einen anthropologischen Ansatz mit wesentlich hermeneutischen Zügen entwickelt.

[69] M. *Polanyi:* Tacit Dimension, op. cit., S. 4; zur Kontroverse um diese *Menon*-Frage zwischen *Popper* und *Polanyi* siehe M. *Grene:* The Knower and the Known, op. cit., S. 30 ff.

[70] M. *Polanyi:* Tacit Dimension, op. cit.

[71] Ders.: Personal Knowledge, op. cit., S. 69 ff.

[72] Trotz dieser Ähnlichkeit entstammen die beiden Ansätze vollkommen verschiedenen Welten. Der *Heidegger-Gadamer-Apel*-Ansatz entstammt idealistischem Denken, während *Polanyi* von der Herkunft Naturwissenschaftler ist.

C. Dichotomie und Einheit der Wissenschaft

1. Der traditionelle Dualismus

Diese verschiedenen Wissenschaftsauffassungen bleiben nicht ohne Konsequenzen für die Frage nach der Einheit der Wissenschaft. Nach der Wissenschaftskonzeption des Neopositivismus beispielsweise ist der traditionelle Dualismus von Natur- und Sozial- oder Geisteswissenschaften ein lange überwundenes Problem, dessen Wurzeln im Gespensterglauben im Zeichen eines selbstaufklärerischen Rationalismus nur belächelt werden können[73]. An seine Stelle sei das Konzept einer methodischen Einheitswissenschaft getreten, deren Inhalt in der Bildung erfahrungswissenschaftlicher Gesetze und in der Erklärung kausaler Strukturzusammenhänge bestehe[74]. Doch zeigt sowohl die Praxis sozialwissenschaftlicher Forschung als auch die erkenntnistheoretische und methodologische Diskussion, daß es sich bei der propagierten These der Einheitswissenschaft mehr um eine Hoffnung als um eine Feststellung über reale Gegebenheiten handelt. Trotz zum Teil modifizierter Fragestellungen und verschobener Fronten ist die Frage nach der Einheit der Wissenschaft bzw. nach der klassischen Dichotomie aktuell seit eh und je.

Obwohl diese Frage von erheblicher Relevanz für das Methodenverständnis der Einzelwissenschaft ist, kann sie nicht auf einzelwissenschaftlicher, sondern nur auf metawissenschaftlich-philosophischer Ebene beantwortet werden. Hier wird die Einheit der Wissenschaft selber zum Problem, und das Verhältnis von Natur- und Geisteswissenschaften sowie die Frage nach dem Status der Sozialwissenschaften erscheinen als ein Teilaspekt. Voraussetzung für diese Sicht der Fragestellung ist jedoch, daß Wissenschaft und Philosophie in einem systematischen Bezug gesehen werden, der Wissenschaft und Philosophie grundsätzlich die gleiche Struktur der Fragestellung zubilligt und Philosophie ebenfalls als Wissenschaft begreift[75].

Geschichtlich ist die Dichotomie von Natur- und Geisteswissenschaft relativ jung. In der aristotelischen Auffassung bilden Philosophie und Wissenschaft einen einheitlichen Urgrund, der eine Differenzierung von Natur- und Geisteswissenschaft nicht zuläßt. Geschichte, gesellschaftliches und geistiges Sein einerseits und die Natur andererseits formieren ein inhaltlich einheitliches Gesamt wie der Mensch und der Kosmos. Die

---

[73] Siehe E. *Topitsch:* Das Verhältnis zwischen Sozial- und Naturwissenschaften, op. cit., S. 57 ff.

[74] Es ist darauf hinzuweisen, daß die Gleichsetzung von Einheitswissenschaft und Erfahrungswissenschaft natürlich nicht die Existenz der Formalwissenschaft tangiert.

[75] Vgl. G. *Frey:* Möglichkeiten und Grenzen, op. cit., S. 19 ff.; H. *Schnädelbach:* Begründung, Erfahrung und Reflexion, op. cit., S. 185 ff.

geistige Durchdringung dieses Gesamts vollzieht sich auf eine Weise, die schon von der Methodik her auf eine einheitliche Erfassung des Ganzen ausgerichtet ist[76]. Darüber hinaus ist eine Differenzierung innerhalb der Wissenschaften dann nicht zu erwarten, solange keine Unterscheidung zwischen Philosophie und Wissenschaft getroffen wird. Erst als diese vollzogen ist oder zumindest zur Diskussion steht, bahnen sich die ersten Ansätze einer Unterscheidung von Natur- und Geisteswissenschaften an.

Die eigentliche Begründung des Dualismus wird mit der Absonderung der Geisteswissenschaften und ihrer methodischen Konstitution als Wissenschaft sui generis datiert, die man allgemein mit *Dilthey*[77] verbindet. Doch bereits vor *Dilthey* finden sich diesbezügliche Unterscheidungen. So differenziert *Descartes* beispielsweise zwischen der „res cogitans" und der „res extensa", wobei zwischen den Substanzen keine Gemeinsamkeiten bestehen. Das Wesen der „res cogitans" bestimmt sich durch das Denken und Bewußtseinsformen des Geistes, d. h. es ist alles, was man im Geiste antrifft, nur ein besonderer Zustand des Denkens, während das Wesen der „res extensa" durch die streng räumliche Beschaffenheit von Länge, Breite und Tiefe verstanden wird, woraus *Descartes* die exakt mathematische Beschaffenheit der Körperwelt herleitet[78]. Auch setzt bereits G. *Vico* im Jahre 1725 in seiner „Szienzia nuova" der „Welt der Natur" eine „Welt der Geschichte" entgegen[79]. Ebenfalls bemühen sich *Schleiermacher* und die Vertreter der sog. *„historischen Schule"* um eine methodische Grundlegung dessen, was heute unter der Rubrik der Geisteswissenschaften zusammengefaßt wird.

Parallel zu *Dilthey* läuft die Entwicklung bei den Neukantianern *Windelband* und *Rickert*. Während bei *Kant* das Interesse an den Wissenschaften selber und an der Abgrenzung vom Objekt her im Vordergrund steht, ist es hier ein primär methodisches Anliegen. Bei beiden liegt der Schwerpunkt auf der Begriffsbildung; die Methodik konstituiert den Gegensatz von Natur- und Geisteswissenschaften. *Kant* sieht das Wesen der Naturwissenschaft im Charakter der Dinge selber; er bestimmt die Natur als das Dasein der Dinge, sofern es nach allgemeinen Gesetzen determiniert ist. Die Einteilung der Neukantianer geht dagegen von der Logik der Begriffsbildung aus. Obwohl sowohl *Dilthey* als auch die Neukantianer sich um einen exakten Status dessen bemühen, was nicht in das Gebiet der Naturwissenschaft fällt, ist ihr Ansatz doch vollkommen verschieden.

---

[76] Siehe F. *Kambartel:* Erfahrung und Struktur, op. cit., S. 51 ff.

[77] W. *Dilthey:* Der Aufbau der geschichtlichen Welt in den Geisteswissenschaften, Frankfurt 1970.

[78] Siehe F. *Kambartel:* Erfahrung und Struktur, op. cit., S. 45 ff., S. 112 ff.

[79] Siehe H. G. *Gadamer:* Wahrheit und Methode, Tübingen 1965, S. 16 ff.; K. O. *Apel:* Das Verstehen (eine Problemgeschichte als Begriffsgeschichte), in: Archiv für Begriffsgeschichte, Bd. I, 1955, S. 153 ff.

Während *Dilthey* von der Methode des Verstehens über den Umweg der Psychologie zu einem autonomen Status der Geisteswissenschaften kommt, gehen die Neukantianer den Weg über die Logik der Begriffsbildung. Es bleibt Max *Weber* vorbehalten, diese beiden Strömungen dadurch miteinander zu versöhnen, daß er aus neukantianischer Tradition den Dualismus von Natur- und Kulturwissenschaft übernimmt und aus *Dilthey*scher Tradition das Verstehen als Methode der Kulturwissenschaft in Form einer verstehenden Soziologie und einer verstehenden Nationalökonomie begründet.

Windelband[80] versucht in seiner berühmten Rektoratsrede von Straßburg aus dem Jahre 1894 das Verhältnis der einzelnen Wissenschaften neu zu fassen. Er unterscheidet zunächst zwischen den Erfahrungswissenschaften und den Idealwissenschaften wie Philosophie und Mathematik, die er unter dem Namen der rationalen Wissenschaften zusammenfaßt. Er hält den Dualismus von Natur- und Geisteswissenschaften nicht für glücklich, obwohl er von *Descartes* bis *Hegel* allgemein akzeptiert ist. Sein Hauptargument ist, daß die Psychologie nicht in diesen Dualismus paßt, da sie ihrem Gegenstand nach eine Wissenschaft von der Psyche, also von Geistigem ist, während sie vom methodischen Vorgehen her als Naturwissenschaft qualifiziert werden müßte, weswegen er sie als „Naturwissenschaft des inneren Sinnes" oder als „geistige Naturwissenschaft"[81] bezeichnet. Er schlägt vor, die Klassifizierung der Wissenschaft nach der Zielsetzung der Erkenntnis zu treffen, und unterscheidet daher einerseits jene Wissenschaften, die die Gesetze des Geschehens zu bestimmen suchen, gleichgültig, ob dieses Geschehen nun materieller oder geistiger Art ist, sowie andererseits jene Wissenschaften, die — allgemein als Geisteswissenschaften bezeichnet — darauf ausgerichtet sind, „ein einzelnes, mehr oder minder ausgedehntes Geschehen von einmaliger, in der Zeit begrenzter Wirklichkeit zu voller und erschöpfender Darstellung zu bringen"[82]. Dies trifft besonders auf die historischen Disziplinen zu.

Diese Einteilung versteht *Windelband* als rein methodologisch und formal nach dem Erkenntnisziel. Die eine richtet sich auf die generelle, apodiktische Aussage, während die andere Kategorie auf den singularen, assertorischen Satz abzielt. Insofern berührt dieses System der Wissenschaften das Verhältnis des Allgemeinen zum Besonderen. *Windelband* nennt dann jene Wissenschaft, die sich um das Allgemeine kümmert, nomothetisch und die Wissenschaft, die sich um das Individuelle kümmert, idiographisch.

---

[80] W. *Windelband:* Geschichte und Naturwissenschaft, in: Präludien, Bd. II, Tübingen 1915, S. 136 - 160.

[81] Ebenda, S. 143.

[82] Ebenda, S. 144.

Die Frage ist: Wie unterscheiden sich idiographische und nomothetische Wissenschaften? Es ist zu beachten, daß die Unterscheidung rein methodisch ist und das Objekt der Wissenschaft selber im Grunde nicht berührt; denn ein und dasselbe Objekt kann sowohl von einer nomothetischen als auch von einer idiographischen Wissenschaft untersucht werden. Die nomothetische Wissenschaft sucht Gesetze. Da dies auch das Ziel der Naturwissenschaft ist, wird diese häufig trotz inhaltlicher Nichtübereinstimmung der nomothetischen Wissenschaft gleichgesetzt. Sie löst sich von den Dingen und ihren Erscheinungen und sucht das wahre, hinter den Erscheinungen liegende Wesen zu ergründen. Sie stellt Theorien auf, deren abstrakter Charakter mit den Objekten selber nur mittelbar in Berührung steht, und insofern erscheint die nomothetische Wissenschaft als „der Triumph des Denkens über die Wahrnehmung“[83].

Die idiographische Wissenschaft stellt auf das einzelne als solches ab. Sie sucht eine Anschaulichkeit einzelner Phänomene durch Bilder individueller Lebhaftigkeit zu gewinnen. Hier bezieht sich alles Interesse auf das Individuelle und das Einmalige, und es wäre daher ein Widerspruch in sich, im Individuellen das Allgemeine zu suchen, d. h. „aus der Geschichte eine Naturwissenschaft zu machen“[84].

Rickert[85] setzt den von *Windelband* aufgezeigten Ansatz fort. Auch er sieht die grundsätzliche Gliederungsmöglichkeit der Wissenschaften nach zwei Kriterien: die Unterscheidung nach der Beschaffenheit des Objekts in Natur und Geist sowie die Unterscheidung nach der Methode in naturwissenschaftlich und kulturwissenschaftlich. Er greift die Definition der Natur nach *Kant* wieder auf und sucht das logische Pendant zum nichtnaturwissenschaftlichen Bereich. „Den Gegensatz zum logischen Begriff der Natur als das Dasein der Dinge, sofern es nach allgemeinen Gesetzen bestimmt, kann vielmehr ein ebenfalls rein logischer Begriff bilden. Dies aber ist, wie ich glaube, der Begriff der Geschichte im weitesten Sinne des Wortes, und wir werden daher von einem Unterschied der naturwissenschaftlichen und historischen Methode reden müssen[86].“ Der Natur steht „die Kultur als das von einem nach Zwecken handelnden Menschen entweder direkt hervorgebrachte oder, wenn es schon vorhanden ist, doch absichtlich gepflegte gegenüber“[87]. Kultur beinhaltet dann ein System von Werten, Normen und Handlungen, dessen Bedeutung im Ausmaß der Anerkennung seiner Elemente liegt.

---

[83] Ebenda, S. 153.

[84] Ebenda, S. 155.

[85] H. *Rickert:* Kulturwissenschaft und Naturwissenschaft, Tübingen 1899; ders.: Die Grenzen der naturwissenschaftlichen Begriffsbildung, Tübingen 1902.

[86] Ders.: Kulturwissenschaft, op. cit., S. 18.

[87] Ebenda, S. 20.

Wesentlich ist die eindeutige Trennung zwischen der materiellen Unterscheidung von Natur und Kultur oder Geist und der methodischen Unterscheidung von naturwissenschaftlicher, auf das Allgemeine gerichteter und geisteswissenschaftlicher, auf das Besondere gerichteter Methodik. Aus dieser idealtypischen Unterscheidung folgt dann die Möglichkeit, nicht nur Objekte der Natur mit geisteswissenschaftlicher Methodik und Objekte mit geisteswissenschaftlichem Charakter mit naturwissenschaftlicher Methodik untersuchen zu können, sondern denkbarerweise gemischt strukturierte Objekte, die möglicherweise Momente sowohl naturwissenschaftlichen als auch geisteswissenschaftlichen Charakters enthalten, können auch mit unterschiedlicher Zielsetzung untersucht werden.

Unterstellt man, daß gerade im Bereiche der Sozialwissenschaften Beziehungen und Elemente vorliegen, die sich sowohl im Sinne einer naturwissenschaftlichen als auch im Sinne einer geisteswissenschaftlichen Methodik interpretieren lassen, so erklären schon die Überlegungen *Rickerts* die Existenz der Methodenkontroversen als auch die Anfechtbarkeit monistischer Methodenauffassungen. Geht man von der Vielschichtigkeit des Objekts aus, so ist eine eindeutige Zuordnung des Objekts in eine der sich häufig selber als alternativ im Sinne einer gegenseitigen Ausschließlichkeit deutenden Kategorien nicht möglich.

Die Frage erhebt sich dann nach den Grenzen. Aus der Eigenschaft des Objekts ließe sich nach *Rickert* zwar eine Abgrenzung bestimmen, doch ist diese für ihn bezüglich des Vorgehens der Wissenschaft irrelevant. Ein Ansatz der Abgrenzung nach der Methode ist auch nicht möglich, da ein jedes Objekt nach allen Zielsetzungen untersucht werden kann. Damit bleibt nur noch eine Abgrenzung nach dem Selbstverständnis und der Selbstinterpretation der praktizierenden Forschung übrig.

Rickert sieht diese Probleme[88]. Sie resultieren letztlich daraus, daß die Beschaffenheit des Objekts keine Bedeutung mehr für die Methodik der Forschung besitzt. So kann die Situation auftreten, daß das Problem der Geisteswissenschaften untergeht. Es kann zu dem Extrem kommen, daß der Vorgang der Analyse des rein Geistigen deswegen zur reinen Naturwissenschaft wird, weil er mit den einschlägigen Methoden betrieben wird. An dieser Fortentwicklung zeigen sich die schwachen Punkte der *Rickert*schen Argumentation. Die hier vollzogene vollkommene Trennung von Objekt und Methode bildet die geistige Grundlage für jene nach *Rickert* aufgetretenen Ansätze, die sich den Vorwurf des platten Szientismus gefallen lassen müssen, da sie aus der Faszination am Exakten und

---

[88] „Die Hauptsache ist für uns immer, daß die Mannigfaltigkeit der Methoden nicht übersehen wird. Es gibt nicht nur keine wissenschaftliche Universalmethode, sondern es geht auch nicht an, alle Wissenschaften durch ein einziges Begriffspaar zu charakterisieren." H. *Rickert:* Grenzen, op. cit., S. 593.

aus dem Glauben an seine Überlegenheit das Exakte überall zu finden suchen.

Rickert scheint diese letztlichen Konsequenzen seiner eigenen Argumentation zu fürchten. Ihm ist klar, daß die naturwissenschaftliche Methode nicht das ganze Spektrum dessen, was er unter Wissenschaft versteht, abzudecken in der Lage ist; und er ist nicht bereit, wie es der Szientismus tut, den Begriff der Wissenschaft zur Rettung der Methodik radikal einzuschränken. So bemüht er sich um einen Status sui generis dessen, was er als Naturwissenschaft zu akzeptieren nicht bereit ist. Diesen Status sucht er in der Geschichte. So kann sich der Begriff der Geschichte nur als logische Konsequenz der Definition von Natur bzw. Naturwissenschaft bestimmen. Man könnte sagen: alles, was nicht als Naturwissenschaft erfaßt werden kann, ist Geschichte. *Rickert* sieht Geschichte dementsprechend als eine Wissenschaft, die die Wirklichkeit nicht mit Rücksicht auf das Allgemeine, sondern unter dem Blickwinkel des Besonderen sieht. Das schließt nicht aus, daß es historische Elemente in der Naturwissenschaft gibt, genauso wie es naturwissenschaftliche Bestandteile in der historischen Wissenschaft gibt[89].

Das Problem der *Rickert*schen Dichotomie liegt in der Einheit der Wirklichkeit. An ihrer Stelle steht nur noch der Begriff eines heterogenen Kontinuums[90], das die einzige Verbindung zwischen den Elementen des methodischen Dualismus beinhaltet. Für *Rickert* ist es das reale Sein, das analog dem Ding an sich bei *Kant* dem erkennenden Subjekt entgegengesetzt wird, und erst die — kantisch gesprochen — synthetische Leistung des erkennenden Subjekts vermag aus dem an sich unförmigen Objekt ein sinnhaft strukturiertes Gebilde zu entwerfen. „Wir formen das in jeder Wirklichkeit steckende heterogene Kontinuum zu einem homogenen Kontinuum um. Insofern als dies möglich ist, kann die Wirklichkeit selbst auch rational genannt werden. Irrational bleibt sie nur für die Erkenntnis, die sie abbilden will, ohne sie umzuformen[91].“ Das bedeutet: Erkennen der Wirklichkeit kann kein Abbilden oder Widerspiegeln sein, sondern nur Umformen oder gedankliches Gestalten. Die Wirklichkeit ist an sich ohne Rationalität, ihre Sinnhaftigkeit erhält sie erst durch das erkennende Subjekt, das ihr die Vernünftigkeit aufzwingt. Die Wirklichkeit wird erst durch die Prinzipien der erkennenden Vernunft rational, die das Objekt durch den Raster erkenntnisleitender Vorstellungen bildet, indem es Wesentliches von Unwesentlichem trennt.

So zeigt sich, daß der methodische Dualismus bei *Rickert* ein von der Vernunft des erkennenden Subjekts konstruierter ist und die Methoden-

[89] Siehe ebenda, S. 570 ff.

[90] Siehe ebenda, S. 37.

[91] Ders.: Kulturwissenschaft, op. cit., S. 36.

frage nur aus dem vorgängigen Sinnverständnis abgeleitet ist. Nicht die Wirklichkeit bestimmt die Erkenntnis, sondern das Erkennen die Wirklichkeit, und das Erkennen der Wirklichkeit vollzieht sich im Wege eines Entwurfs von Sinn, aus dem sich dann die Methoden nach Maßstäben der Zweckrationalität und praktischer Vernünftigkeit ableiten lassen. Dies offenbart einen genuin hermeneutischen Zug an *Rickerts* Erkenntnislehre. Analog dem hermeneutischen Zirkel vollzieht sich die Konstitution der Wirklichkeit durch die Methoden der Erkenntnis vor dem Hintergrunde und im Lichte eines vom Subjekt entworfenen Sinnes.

2. Physikalismus und Einheitswissenschaft

Der vom idealistischen Denken geprägten Idee der Dichotomie der Wissenschaften steht die dem Empirismus nahestehende Idee der Einheitswissenschaft entgegen. Ihre Geschichte fällt daher auch teilweise mit der des Empirismus oder Positivismus zusammen[92]. Während jedoch bei dem älteren Positivismus die einheitswissenschaftliche Vorstellung nur indirekt durch das Postulat einer empirischen Ausrichtung auf die Erfahrungsbasis enthalten war, wird die Einheitswissenschaft als explizit formuliertes Programm erst durch die neueren Formen des Positivismus begründet, bei denen die methodischen Aspekte der Wissenschaft im Vordergrund stehen. Erst die Wende zur Methodologie und Erkenntnistheorie ermöglicht die epistemologische Durchleuchtung der Erfahrung, und das in der Erfahrung konstituierte monistische Weltbild eröffnet so die Möglichkeit, unter dem Zeichen der einheitlichen Erfahrung ein Erkenntnismonopol der Wissenschaften aufzubauen. Die Idee der Erfahrung füllt den gesamten Bereich der Wissenschaft aus. Diese ist hinsichtlich ihres Inhalts und ihrer Aufgabenstellung nichts anderes als das Zurverfügungstellen und die Vermittlung von Erfahrung. Was darüber hinaus geht und den Erfahrungsbereich überschreitet, ist Metaphysik und als solche genauso zu eliminieren wie das erkennende Subjekt oder reine Formalwissenschaft wie Logik oder Mathematik.

Ihre vorläufige Krönung erfährt diese Auffassung im Positivismus des „*Wiener Kreises*“[93], in dessen Rahmen um Moritz *Schlick* sich ein Kreis von philosophisch Interessierten gebildet hat, in der Mehrzahl Naturwissenschaftler, Logiker und Mathematiker wie O. *Neurath*, H. *Feigl*, B. *Juhos*, V. *Kraft*, R. *Carnap* und F. *Kaufmann*. Sie unterhielten Verbin-

---

[92] Zur Geschichte des Positivismus siehe L. *Kolakowski:* Die Philosophie des Positivismus, op. cit.; B. *Juhos:* Formen des Positivismus, in: Zeitschrift für allgemeine Wissenschaftstheorie, Bd. 2, 1971, S. 27 - 62.

[93] Siehe V. *Kraft:* Der Wiener Kreis, op. cit.; L. *Kolakowski:* Die Philosophie des Positivismus, op. cit., S. 203 ff.; F. *Fiedler:* Einheitswissenschaft, op. cit., S. 77 ff.

dungen zu den Arbeiten von B. *Russell*[94] und den sprachanalytischen Untersuchungen von *Wittgenstein*[95]. Das Programm der aus dem *„Wiener Kreis"* entstandenen Philosophie läßt sich am besten durch die Zusammenstellung der beiden Schlagworte „Physikalismus" und „Einheitswissenschaft" kennzeichnen. Die Idee der Einheitswissenschaft entstand gleich zu Beginn des *„Wiener Kreises"* und legte sein Programm auf lange Zeit hinweg fest. Ihr geistiger Vater war *Neurath*[96]; andere Mitglieder griffen sie auf, und insbesondere *Carnap*[97] verband sie mit der Theorie des Physikalismus. Aus ihrer Zeit heraus bedeutete die Verbindung dieser zwei Elemente zweifelsohne eine geistige „Revolution"[98], die sich selber als eine Entmythologisierung des konventionellen Wissenschafts- und Philosphieverständnisses begriff. Wissenschafts- oder philosophiegeschichtlich dagegen stellt sie eine Reaktion gegen den in der Philosophie der Richtung von *Dilthey, Windelband* und *Rickert* konzipierten Dualismus der Wissenschaften dar[99]. Dieser Gegensatz ist in einer völlig veränderten Problemstellung begründet. Bei den Vertretern der dualistischen Wissenschaftsauffassung ist die Methodendichotomie eine Konsequenz der Wissenschaftsontologie. Hier prägen die Vorstellungen oder der Entwurf über das Sein und das Wesen der einzelnen Wissenschaften das Methodenverständnis. Letztlich bestimmen die Auffassungen über einen ursprünglichen Unterschied von Natur- und Geisteswissenschaften den Charakter der Forschung. Der bei den Vertretern des *„Wiener Kreises"* dargelegte Standpunkt hebt dagegen nicht nur die methodologische Trennung zwischen den Wissenschaften auf, sondern leugnet jeden Unterschied ontologischer Art zwischen den Wissenschaften schlechthin. Es handelt sich nicht mehr um das Problem der Einheit der Wissenschaften, sondern um eine Einheitswissenschaft, die die aus der Idee der Einheitswissenschaft hergeleitete Einheit der Wissenschaften logisch voraussetzt[100].

---

[94] Zum Einfluß Russells siehe L. *Krauth:* Die Philosophie Carnaps, Wien, New York 1970, S. 136.

[95] Zum Verhältnis *Wittgensteins* zum *„Wiener Kreis"* siehe K. *Wuchterl:* Struktur und Sprachspiel bei Wittgenstein, Frankfurt 1969, S. 92 ff.; *Carnap,* R.: Intellectual Autobiography, in: P. A. *Schilpp* (Hg.): The Philosophy of Rudolf Carnap, La Salle, Ill. 1963, S. 44 ff.

[96] F. *Fiedler:* Einheitswissenschaft, op. cit., S. 98 ff. versucht zu belegen, daß *Neurath* diese Thesen von *Marx* entnommen hat.

[97] R. *Carnap:* Der logische Aufbau, op. cit.; ders.: Die physikalische Sprache als Universalsprache der Wissenschaft, in: Erkenntnis, Bd. 2, 1931, S. 432 - 465.

[98] H. *Albert:* Die Entmythologisierung der Sozialwissenschaften. Die Bedeutung der analytischen Philosophie für die soziologische Erkenntnis, in: Kölner Zeitschrift für Soziologie und Sozialpsychologie, Bd. 8, 1956, S. 243.

[99] "This thesis (der Einheitswissenschaft — G. S.) must be understood primarily as a rejection of the prevailing view in German contemporary philosophy that there is a fundamental difference between the natural sciences and the Geisteswissenschaften." R. *Carnap:* Intellectual Autobiography, op. cit., S. 52.

Fraglich ist jedoch, ob diese Theorie der Einheitswissenschaft eine tatsächliche und objektive Tendenz zur Vereinheitlichung und Integration der Wissenschaften reflektiert oder ob sie die Einheitswissenschaft durch eine apriorische Konstruktion zu begründen versucht, während eine Beschreibung der tatsächlichen Entwicklung eher eine zunehmende Differenzierung zwischen den Wissenschaften beweist. Die Analyse des Tatsächlichen spricht gegen die faktische Berechtigung der Theorie der Einheitswissenschaft. Naturwissenschaften wie Physik und Chemie und die Geisteswissenschaften im engeren Sinne, wie beispielsweise die Philologien, zeigen vielmehr ein Verhältnis zueinander, dessen einzige Gemeinsamkeit eine Haltung gegenseitiger Toleranz und Achtung darstellt. Hier zeigt sich ein fortdauernder „Dualismus, den wir in der Forschungspraxis wie selbstverständlich hinnehmen“[101] und der nach Auffassung der Positivisten analog zum Dreistadiengesetz von *Comte* höchstens auf einen Unterschied im Entwicklungsstand zurückgeführt werden kann. Damit müssen diejenigen Auffassungen, die auf eine Einheit der Wissenschaft oder gar auf eine Einheitswissenschaft hinauslaufen, als apriorische Systeme mit normierendem Charakter und ohne direkten Bezug zur Realität angesehen werden[102].

Obwohl es stets das Bestreben der Vertreter der Einheitswissenschaft gewesen ist, jegliche Form eines Weltverständnisses und subjektiver Sinndeutung durch die rein analytische Basis der Logik auszuschließen, basiert auch der Gedanke der Einheitswissenschaft auf einigen grundlegenden Annahmen, die in der einheitswissenschaftlichen Methodologie enthalten sind. Die erste Annahme ist die der Homogenität des Universums[103]. Sie beinhaltet die Reduktion des Kosmos auf eine —methodisch verkleidete — monistische Interpretation, wie es auch in den reinen Formen des Idealismus und Materialismus der Fall ist. Wenn die Welt wissenschaftlich nur auf eine Art und Weise, nämlich durch die einheitswissenschaftliche, erschlossen werden kann, so ist sie auch nur einer einheitswissenschaftlichen Deutung zugängig. Hieran ändert auch die Auf-

[100] „Es gibt nicht verschiedene Wissenschaften, mit grundsätzlich verschiedenen Methoden oder gar verschiedenen Methodologien oder gar verschiedenen Erkenntnisquellen, sondern nur eine Wissenschaft.“ R. *Carnap:* Alte und neue Logik, in: Erkenntnis, Bd. 1, 1930/31, S. 25.

[101] J. *Habermas:* Zur Logik der Sozialwissenschaften, op. cit., S. 71.

[102] Dies verbindet die positivistische Vorstellung von der Einheitswissenschaft und die Wissenschaftsauffassung des dialektischen Materialismus (siehe dazu F. *Fiedler:* Einheitswissenschaft, op. cit., S. 177 ff.). Bei beiden ist die Einheit der Wissenschaft das Resultat theoretisch-apriorischer Überlegungen und bei beiden offenbart sich so eine drastische Diskrepanz von theoretischer und empirischer Betrachtung.

[103] G. *Radnitzky:* Contemporary Schools of Metascience, Bd. I, Anglo-Saxon Schools of Metascience, Göteborg 1970, S. 73, spricht von „philosophical cosmology“.

fassung des logischen Empirismus nichts, daß die Beschaffenheit des Objekts für die Wahl der Methode irrelevant sei; denn diese Auffassung ist hier nur solange vertretbar, wie konkurrierende Methodenkonzepte zur Verfügung stehen, wie es bei *Rickert* und *Windelband* der Fall ist. Wird dagegen nur eine methodische Auffassung als legitim angesehen, so kann auch die Strukturanalyse des Objekts nur durch den Raster der Methode erfolgen, was zu einer vom Methodenverständnis geleiteten Objekt- und letztlich auch Weltauffassung führt[104]. Die Einheitswissenschaft erfordert daher notwendigerweise ein einschichtiges Weltverständnis. Weiterhin geht sie von der Annahme einer sachlich geordneten Welt aus, was schon aus der Annahme der Einschichtigkeit folgt. Welcher Art diese Ordnung ist, das unterscheidet die einzelnen Varianten des erkenntnistheoretischen Monismus. Ist sie beispielsweise logisch strukturiert, so leitet sich daraus der Logismus oder Formalismus wie bei *Carnap* oder beim frühen *Wittgenstein* ab[105]. Eine dritte Grundannahme ist die Möglichkeit, eine Einheitssprache für alle wissenschaftlichen Disziplinen zu konstruieren, ihre Voraussetzung wiederum die Fähigkeit der Sprache, die Welt zu erschließen[106]. Dies führt zur Verbindung der Idee der Einheitswissenschaft und des Physikalismus durch Konstruktion einer physikalischen Einheitssprache.

Die Idee einer Einheitssprache hat große Bemühungen der Vertreter des „*Wiener Kreises*“ hervorgerufen. Insbesondere *Carnap*[107] hat sich ihr immer wieder gewidmet. Eine Einheitssprache der Wissenschaft muß zwei Anforderungen erfüllen: Es muß eine intersubjektive, jedermann prinzipiell zugängliche Sprache sein, und sie muß universal sein, d. h. es muß eine Sprache sein, in der jeder beliebige Sachverhalt formuliert werden kann. Diese Funktionen wahrzunehmen dient die Sprache der Physik[108]. Da die physikalische Sprache jedoch eine rein metrische ist, die nicht in qualitativen Kategorien operiert, hat *Carnap* später seine These dahingehend modifiziert, daß es sich um eine „Dingsprache“ handeln muß, die neben quantitativen auch qualitative Begriffe enthält, jedoch auf beobachtbare Eigenschaften und Relationen beschränkt blei-

---

[104] *Neurath* hat unbewußt die Notwendigkeit einer vom Methodenverständnis geleiteten Uminterpretation des Wissenschaftsobjekts am Beispiel der Soziologie gezeigt: siehe O. *Neurath:* Soziologie im Physikalismus, op. cit., S. 408 ff.; siehe in diesem Zusammenhang auch G. *Radnitzky:* Theorienpluralismus — Theorienmonismus: Einer der Faktoren, die den Forschungsprozeß beeinflussen und die selbst von Weltbildannahmen abhängig sind, in: A. *Diemer* (Hg.): Der Methoden- und Theorienpluralismus in den Wissenschaften, Meisenheim am Glan 1971, S. 135 - 184.

[105] Siehe dazu den Abschnitt über die strukturelle Basis, II, C, 2, a.

[106] G. *Radnitzky:* Contemporary Schools, op. cit., Bd. I, S. 75: „Die Welterschließungspotenz der Sprache.“

[107] Siehe R. *Carnap:* Intellectual Autobiography, op. cit., S. 50 ff.

[108] Siehe ders.: Die physikalische Sprache, op. cit., S. 432 - 465.

ben muß. Doch es bleibt offen, ob auch dieser abgeschwächte Physikalismus als universale Sprache der Wissenschaft durchführbar ist. Probleme stellen sich bei der Behandlung psychischer Fragen; es sei denn, der Psychologie wird schlichtweg der Charakter einer Wissenschaft aberkannt, oder sie wird auf eine Psychophysik reduziert, die psychische Vorgänge als neurophysiologische deutet[109]. Doch auch in diesem Falle bleibt das Problem des Verstehens von Fremdpsychischem, also von Sätzen über Gedanken, Gefühle und Empfindungen. Da *Carnap* von der These ausgeht: „Außer der physikalischen Sprache (und ihren Teilsprachen) ist keine intersubjektive Sprache bekannt"[110], müssen alle anderen Sprachen einer „Physikalisierung"[111] unterzogen werden. Für den Bereich der Psychologie bedeutet dies: „Der erkenntnistheoretische Kern jeder konkreten Erkenntnis von Fremdpsychischem besteht aus Wahrnehmungen von Physischem; oder das Fremdpsychische tritt nur als (erkenntnistheoretischer) Nebenteil von Physischem auf[112]." *Carnap* erläutert dies durch eine logische und eine erkenntnistheoretische Zerlegung des Vorgangs der Erkennung von Fremdpsychischem. Logisch bedeutet dies, daß die reine Wahrnehmung von Physischem in Verbindung mit einer rationalen Nachkonstruktion aufgrund von bereits Gewußtem hinreichend zur Erkennung des Fremdpsychischen ist[113], während die erkenntnistheoretische Nebenbedeutung rein fremdpsychischer Elemente durch den Hinweis auf die notwendige und genügende Voraussetzung der physischen Wahrnehmung genügen soll[114]. Ähnliche Überlegungen gelten für die Rückführbarkeit aller soziologischen Begriffe auf physikalische, wodurch die Soziologie analog der behaviouristischen Psychologie zu einem „Sozialbehaviourismus" reinster Prägung wird[115].

Die physikalistischen Elemente der Theorie der Einheitswissenschaft bestimmen auch weitgehend die Einstellung zur Metaphysik. Grundsätzlich wird jede Metaphysik als sinnlos abgelehnt, als ein Scheinproblem der Philosophie, das es durch logische Analyse der Sprache zu überwinden gilt. Sätze, die sich nicht auf Gegebenes zurückführen lassen, sind Pseudo-Aussagen, d. h. sie scheinen Aussagen zu machen, denn sie haben die grammatikalische Form deklarativer Aussagen, ihr Vokabular besteht aus emotionsgeladenen Assoziationen. In Wirklichkeit enthalten

---

[109] Vgl. A. *Pap:* Analytische Erkenntnistheorie, Wien 1955, S. 181 f.

[110] R. *Carnap:* Die physikalische Sprache, op. cit., S. 448.

[111] Ebenda, S. 446.

[112] Ders.: Scheinprobleme in der Philosophie, op. cit., S. 32.

[113] Auf der gleichen Vorstellung einer rationalen Nachkonstruktion von Motiven beruht *Abels* Kritik des Verstehens; siehe Th. *Abel:* The Operation called Verstehen, in: H. *Albert* (Hg.): Theorie und Realität, Tübingen 1964, S. 177 ff.

[114] Siehe R. *Carnap:* Scheinprobleme in der Philosophie, op. cit., S. 37 ff.

[115] Siehe O. *Neurath:* Soziologie im Physikalismus, op. cit., S. 408 ff.

sie keine Feststellungen und drücken keine Tatsachenbehauptungen aus und sind daher weder wahr noch falsch. Da aus der Sprachanalyse des Neopositivismus heraus nur solche Aussagen sinnvoll sind, die Beobachtungs- oder Tatsachenaussagen enthalten oder zumindest auf solche zurückgeführt werden können, ist die Beschäftigung mit metaphysischen Sätzen sinnlos[116].

D. Zur Logik der Sozialwissenschaften

1. Wirtschaftswissenschaften

Der klassische Gegensatz von Dichotomie und Einheit der Wissenschaften besteht weiterhin. Die Fronten haben sich allerdings verschoben. Während Natur- und Geisteswissenschaften in dem Nebeneinander der täglichen Forschungspraxis einander kaum begegnen, überschneiden sich die Ansätze in den Sozialwissenschaften, und hier wird jener Gegensatz ausgetragen, dessen Ursprung in den verschiedenen Welten der analytischen Philosophie und des logischen Empirismus sowie der Hermeneutik liegt. Daher muß auch die Behandlung des Methodenproblems in den Sozialwissenschaften notwendigerweise auf den Gegensatz in den geistigen Ursprüngen eingehen; andernfalls bliebe sie oberflächlich. Doch gerade der Rückgriff auf die grundlegenden Strömungen bedeutet eine Potenzierung des Problems, denn hier scheint der Gegensatz unüberwindlich zu sein. Dennoch ist dieser Rückgriff notwendig; die Sozialwissenschaften brauchen eine Plattform, auf der ihre Logik erörtert werden kann, und diese Plattform wiederum muß in der Philosophie und Erkenntnistheorie verankert sein; andernfalls fehlen jene Zusammenhänge, die die eigentliche Ursache des Gegensatzes ausmachen.

Wenn im folgenden zunächst eine Bestandsaufnahme der Logik der Sozialwissenschaften gemacht wird, so entspricht dies einer doppelten Absicht: Zunächst bedeutet es eine Abkehr vom apriorischen Charakter wissenschaftstheoretischer Erörterungen. Die Wissenschafts- und Erkenntnistheorie hat sich fast immer als eine Disziplin verstanden, die grundlegend für die wissenschaftliche Erkenntnis ist und als Basiswissenschaft die Möglichkeiten und Formen „richtiger" Erkenntnis bestimmt. Ein Primat der Realität der Forschung dagegen bedeutet eine Umkehr der Fragestellung. Nicht die erkenntnistheoretische Normierung der Wissenschaft wird gesucht, sondern die Antwort auf die Frage, welche Konsequenzen für die Analyse von Erkenntnisvorgängen aus den zweifelsohne

---

116 Konsequenterweise lehnt *Wittgenstein* es ab, über solche Sätze überhaupt zu sprechen: „Die Grenzen meiner Sprache bedeuten die Grenzen meiner Welt." „Wovon man nicht sprechen kann, darüber muß man schweigen." L. *Wittgenstein:* Tractatus logico-philosophicus, op. cit., S. 64 bzw. S. 83.

zu verzeichnenden Fortschritten der Sozialwissenschaften gezogen werden können[117].

Daher ist auch der Ansicht *Euckens,* daß das Aufkommen methodischer Auseinandersetzungen ein Krankheitszeichen einer Wissenschaft sei, die Wissenschaft durch methodologische Versuche alleine aber nicht geheilt werden könne[118], in gewisser Hinsicht zuzustimmen. Das Verhältnis von Erkenntnistheorie oder Methodologie und der Wissenschaft selber muß vielmehr zum Problem erhoben werden; erst dann kann sich zeigen, welche Lösungen wissenschaftlicher Probleme durch metawissenschaftliche Reflexionen zu erwarten sind. Eine apriorische Erkenntnis- oder Wissenschaftstheorie kann zumindest leicht dazu tendieren, sich zwischen die Wissenschaft und das Objekt der Wissenschaft zu schieben und auf diese Art die Erkenntnis zu präjudizieren. Dies ist auch bei jenen Wissenschaftlern zu erwarten, die sich nicht explizit einer bestimmten methodologischen Auffassung angeschlossen haben. „Wer sich an der Lösung wissenschaftstheoretischer Probleme nicht interessiert zeigt, wird mindestens implizit eine methodologische Konzeption vertreten, die er ohne Kontakt mit der Diskussion auf diesem Gebiete vertreten hat[119].“ Es ist daher nicht verwunderlich, daß *Euckens* These vom symptomatischen Charakter methodologischer Reflexionen durch die Arbeit von *Kuhn* auch im Bereiche der Naturwissenschaften weitgehend bestätigt wurde[120]. Daß diese Überlegungen auch für die Wirtschaftswissenschaften gelten, zeigen für den Bereich der Nationalökonomie die neueren Interpretationen des Methodenstreites zwischen *Menger* und *Schmoller*[121] und für den Bereich

---

117 Dies entspricht der Diagnose und dem Ausgangspunkt der „new philosophy of science“. *Feyerabend* resümiert, „daß die wissenschaftliche Praxis mit logischen und erkenntnistheoretischen Forderungen nur selten in Einklang steht. In der Tat — es gibt kein Prinzip, das in der Geschichte der Wissenschaften nicht wiederholt verletzt worden wäre, eingeschlossen selbst so ‚grundlegende‘ und ‚evidente‘ Prinzipien wie das Prinzip der Widerspruchsfreiheit. Wissenschaftliche Theorien, so wie sie in der Geschichte der Wissenschaften vorliegen, sind nicht nur unsicher und der Widerlegung ständig ausgesetzt, sie sind in jedem Augenblick ihrer Existenz auch bereits widerlegt, sie sind in numerischen Schwierigkeiten, sie weisen schwere qualitative Fehler auf, ad hoc Hypothesen verkleben Löcher in der Beweisführung und Risse in der Verbindung mit den Tatsachen, innere Widersprüche sind fast nie vermieden. Nicht stolze Kathedralen haben wir vor uns, sondern baufällige Ruinen, architektonische Mißbildungen, deren prekäres Dasein von ihren Baumeistern durch unschönes Flickwerk nur mit Mühe verlängert wird. Das ist die wissenschaftliche Wirklichkeit. Von ihr ist in der Erkenntnistheorie und Wissenschaftstheorie kaum die Rede.“ P. K. *Feyerabend:* Von der beschränkten Gültigkeit methodologischer Regeln, op. cit., S. 143 f.

118 W. *Eucken:* Die Grundlagen der Nationalökonomie, Göttingen, Heidelberg, Berlin 1949, S. IX.

119 H. *Albert:* Marktsoziologie und Entscheidungslogik: Objektbereich und Problemstellung der theoretischen Nationalökonomie, in: Marktsoziologie und Entscheidungslogik, op. cit., S. 245.

120 Siehe T. S. *Kuhn:* The Structure of Scientific Revolutions, op. cit., S. 52 ff.

der Betriebswirtschaftslehre die am *Kuhn*schen Gedankengut orientierte Arbeit von *Jehle*[122]. In beiden Fällen zeigt sich, daß sich hinter dem Streit um die Methoden der Erkenntnis häufig unterschiedliche Interpretationen des Objekts und damit Vorabentscheidungen über die Richtung der Forschung in der Nationalökonomie bzw. der Betriebswirtschaftslehre verbergen.

Der obigen ersten Intention entspricht daher die zweite: Es soll dargestellt werden, daß die Praxis der Forschung wesentlich komplexere Zusammenhänge offenbart und komplizierteren Gesetzen gehorcht, als dies die Erkenntnis- und Wissenschaftstheorie vermuten läßt. Wird die Wissenschaftstheorie als eine Disziplin gesehen, die auf theoretischem Wege reale Erkenntnisvorgänge analysieren und erklären soll, so zeigt ein Vergleich zwischen dem wirklichen methodischen Vorgehen und den Erklärungsansätzen in der Theorie, daß die meist monistisch ausgerichtete Theorie die Realität nicht zu erklären vermag. Diese Diskrepanz zwischen Anspruch und Wirklichkeit zeugt vom embryonalen Stadium der Wissenschaftstheorie. Ist dieses Theoriedefizit erst einmal erkannt, so bedeutet dies eine erhebliche Einschränkung der normierenden Ansprüche der Wissenschaftstheorie gegenüber realen Forschungsabläufen. Nicht die relativ gut ausgebildete Fachdisziplin hat sich aus einem Gefühl wissenschaftstheoretischer Unsicherheit und Unkenntnis bedingungslos den Postulaten der Theorie zu unterwerfen, sondern die Theorie wird aufgefordert, für die Erfolge der Praxis zunächst einmal theoretische Ansätze zu finden. In der Praxis der Forschung äußert sich mehr Vernunft, als die Wissenschaftstheorie zu erklären vermag. Dies bedeutet nicht unbedingt eine Apologetik des Faktischen, indem unterstellt wird, alles, was wirklich ist, sei vernünftig. Der Erfolg rechtfertigt nicht jede Methode; allerdings kann auch die Vermutung der Berechtigung erfolgreicher Methoden nicht a priori von der Hand gewiesen werden.

Für die Logik der Wirtschaftswissenschaften bedeutet dies, daß zunächst das ganze Spektrum des wirtschaftswissenschaftlichen Methodenverständnisses aufzuzeigen ist, um dann im Wege einer erkenntnistheoretischen Betrachtung die sich offenbarenden Methodenelemente zu würdigen. Die Apologetik des Faktischen kann hierbei dadurch vermieden werden, daß Konsequenzen für die Praxis der Forschung aufgezeigt werden, sofern bestimmte Methoden aus erkenntnis- und wissenschaftstheoretischer Sicht sich als nicht vertretbar erweisen.

Innerhalb der Sozialwissenschaften sind die Wirtschaftswissenschaften zweifelsohne diejenige Disziplin, deren Arbeitsgebiet methodisch am

---

[121] Siehe T. W. *Hutchison:* Some Themes, op. cit., S. 15 ff.; R. *Hansen:* Der Methodenstreit in den Sozialwissenschaften, op. cit., S. 137 ff.

[122] E. *Jehle:* Über den Fortschritt und Fortschrittskriterien, op. cit.

weitesten durchdrungen ist. Die umfangreiche Verwendung analytischer Methoden und Techniken hat insbesondere im Bereiche der Wirtschaftstheorie zu einem Stand der Entwicklung geführt, der die These einer Autonomie der Wirtschaftswissenschaften im Hinblick auf die übrigen Sozialwissenschaften durchaus plausibel erscheinen läßt[123]. Die Frage ist jedoch, ob dieser Fortschritt im Hinblick auf die übrigen Disziplinen eher einem erkenntnistheoretischen Pragmatismus, der die Relevanz von Methoden an ihrem Erfolg in der praktischen Forschung beurteilt, oder einem expliziten Methodenverständnis zuzuschreiben ist. Tatsache ist zumindest, daß die Entwicklung dieser Disziplin sowohl in der Volkswirtschaftslehre als auch in der Betriebswirtschaftslehre von einer ausgesprochenen Heterogenität der Methoden gekennzeichnet ist, wobei die Klassifizierung jener Methoden, die den wesentlichen Beitrag zum Erkenntnisfortschritt geleistet haben — insbesondere der mathematischen —, zu den Hauptproblemen einer wirtschaftswissenschaftlichen Methodologie gehören wird.

Hierbei sind die Probleme in der Betriebswirtschaftslehre und der Nationalökonomie weitgehend die gleichen; in beiden Bereichen ist die Verwendung mathematisch-analytischer Verfahrensweisen das Kennzeichen einer zunehmenden theoretischen Durchdringung des Objektbereichs. Die erkenntnistheoretische Würdigung der Mathematik und Analytik als Methodik erscheint mithin als wesentlicher Aspekt der Erkenntnisleistung in den Wirtschaftswissenschaften. Hierbei zeigt sich, daß der Ort dieser Methodik weitgehend die Theorie im weiteren Sinne ist. Diese ist damit, was die erkenntnistheoretische Würdigung der Wirtschaftswissenschaften anbetrifft, der zentrale Ansatzpunkt methodischer Reflexionen.

Der erkenntnistheoretische Charakter der theoretischen Analyse in den Wirtschaftswissenschaften selber wird hierbei zum Problem. Im Bereiche der Nationalökonomie ist hierbei ein Wandel des Theorieverständnisses zu beobachten, der einen Wandel des Methodenproblems zur Folge hat[124]. Der Weg von der englischen Klassik über die *Wiener Schule*, die *Lausanner Schule*, die verstehende Nationalökonomie, die geschichtlich-anschauliche Theorie, den *Keynes*ianismus bis zur neoklassischen Wachstums- und Verteilungstheorie kennzeichnet verschiedene Stadien eines theoretischen Selbstverständnisses, denen eine jeweils angepaßte Methodenauffassung entspricht. Ähnlich ist die Entwicklung in der Betriebswirtschaftslehre,

---

[123] Siehe dazu G. *Fleischmann:* Nationalökonomie und sozialwissenschaftliche Integration, Tübingen 1966; zur These der Soziologisierung der Nationalökonomie siehe H. *Albert:* Nationalökonomie als Soziologie: Zur sozialwissenschaftlichen Integrationsproblematik, in: Marktsoziologie und Entscheidungslogik, op. cit., S. 470 ff.

[124] Siehe den Überblick bei F. *Jonas:* Das Selbstverständnis der ökonomischen Theorie, op. cit.

wo insbesondere das *Gutenberg*sche Paradigma gezeigt hat, daß die Entscheidung über das Objekt und die Aufgabenstellung die Methodenfrage weitgehend präjudiziert. Das Objekt ist in allen Fällen die ökonomische Wirklichkeit, doch wird diese in den einzelnen Phasen derart unterschiedlich interpretiert, daß die Art der Interpretation eine jeweils eigene und im Vergleich zu anderen Deutungen fremde Wirklichkeit entstehen läßt[125]. Der *Viner* zugesprochene Satz „Economics are what economists do" läßt daher nicht nur bezüglich der Definition des Objekts der Wirtschaftswissenschaft die Resignation an die Stelle weiterer Definitionsversuche treten, sondern offenbart auch, daß diese Wissenschaft selber ihr theoretisches Verständnis und damit auch ihre erkenntnistheoretische Problematik in der jeweiligen Art ihrer Betätigung bestimmt.

Hierbei ist in der älteren nationalökonomischen Theorie der erfahrungswissenschaftliche Charakter der Disziplin eigentlich nie in Frage gestellt worden. Während noch im Merkantilismus der Gedanke der Gestaltung im Vordergrund steht, konstituiert sich die Nationalökonomie spätestens bei *Smith* als eine Wissenschaft, deren primäre Aufgabe es ist, ein Verständnis für die erfahrbare Wirklichkeit zu entwickeln. Die Ökonomie wird zu einer Erfahrungswissenschaft, weil sie eine bestehende Ordnung aus den Neigungen der Menschen abzuleiten versucht. Objekt ist nicht der analytische homo oeconomicus — dieser stellt vielmehr nur eine heuristische Fiktion zur Verdeutlichung der Realität dar —, sondern Objekt ist die Realität der wirtschaftlichen Welt in ihrer unergründlichen Tiefe, die es zu erfassen gilt[126]. Daß diese Realität von ökonomischen Gesetzen beherrscht ist, mithin die Ökonomie in der Terminologie der Neokantianer auch als eine nomothetische Wissenschaft betrieben werden kann, lehrt erstmals *Ricardo*. Dies stellt im Vergleich zu *Smith* eine wesentliche Zäsur dar; denn die Theorie ist von diesem Zeitpunkt an nicht mehr nur die Betrachtung der erfahrbaren Wirklichkeit, sondern die Formulierung von theoretisch postulierten Notwendigkeiten. Zwar ist es noch das Ziel, die Naturgesetze des wirtschaftlichen Verkehrs herauszuarbeiten, doch es ist nicht mehr das empirische Chaos, in dem *Smith* die Harmonie suchte, sondern es ist eine deduktive Prinzipienlehre, die die Realität nur noch als einen rationalen Kausalmechanismus begreifen

---

[125] Siehe z. B. G. *Fleischmann:* Nationalökonomie, op. cit., S. 3 ff.; D. *Cassel:* Methodologische Systeme der Wirtschaftswissenschaft, Diss. Marburg 1968, S. 75 ff.; W. *Sombart:* Die drei Nationalökonomien, München und Leipzig 1950, S. 1 ff.; G. *Singer:* Das Objekt der Nationalökonomie als ontologisches und erkenntnistheoretisches Problem, Diss. Erlangen-Nürnberg 1966; J. *Back:* Der Streit um die nationalökonomische Wertlehre, Jena 1926; ders.: Die Entwicklung der reinen Ökonomie zur nationalökonomischen Wesenswissenschaft, Jena 1929; A. *Amonn:* Objekt und Grundbegriffe der theoretischen Nationalökonomie, Wien und Leipzig 1911; H. *Albert:* Marktsoziologie und Entscheidungslogik, op. cit., S. 245 ff.

[126] Siehe F. *Jonas:* Das Selbstverständnis, op. cit., S. 33 ff.

kann. Die *Bentham*sche Nutzenmechanik in der Folge ist hierfür das beste Beispiel.

Dieser dogmengeschichtliche Rückblick ist deswegen aufschlußreich, weil mit *Ricardo* erstmals das Problem einer Theorie auftritt, das sich bis zur Gegenwart durchzieht; die Theorie erhebt zwar den Anspruch, eine Theorie der erfahrbaren Wirklichkeit zu sein und diese auch zu erklären; aber die Axiome, aus denen die Erkenntnisse im deduktiven Wege gewonnen werden, werden aufgrund apriorischer Überlegungen eines Rationalmodells gesetzt und nicht empirisch ermittelt. Die sich seitdem offenbarende Diskrepanz von rationalem Sollen und empirischem Sein offenbart das wesentliche Problem der nationalökonomischen Erkenntnis und ihrer Methode. Natürlich hat es in der Folgezeit nach *Ricardo* wesentliche Veränderungen in der Theoriebildung gegeben; insbesondere den Grenznutzentheoretikern schien in den Nutzenaxiomen der mathematisierten Psychologie ein empirisches Fundament der Theorie erwachsen zu sein, doch der erfahrungswissenschaftliche Charakter der theoretischen Nationalökonomie ist niemals vollkommen gesichert gewesen. Statt dessen ist die reine Ökonomie immer mehr in den Vordergrund getreten, sei es als exakte Theorie streng typischer Erscheinungen und Relationen, als exakte Theorie psychologischer Gesetzmäßigkeiten oder sei es als exakte Theorie gedachter Funktionalzusammenhänge — kurz: sie hat sich weitgehend zu einer „Wesenswissenschaft“[127] entwickelt, die das Objekt, das sie sich zugrunde legt, zunächst im Wege einer eidetischen Reduktion bestimmt. Diese eidetische Reduktion hat jedoch die Konsequenz, daß die Ökonomie sich ein Objekt schafft, das in der Realität, so wie sie es sieht, nicht besteht. Dadurch, daß die analysierten Zustände und Prozesse auf wesenhafte Zusammenhänge zurückgeführt werden, geht der eigentlich erfahrungswissenschaftliche Charakter der Ökonomie verloren. Was analysiert wird, sind potentielle Konsequenzen potentieller und fiktiver Zustände, Erscheinungen und Prozesse[128]. *Amonn*[129] hat dies mit seiner Unterscheidung von Erkenntnis- und Erfahrungsobjekt eindeutig zum Ausdruck gebracht. Die Ökonomie bestimmt ihr Erkenntnisobjekt, das sie analysiert, durch einen interpretativen Akt, indem auf eine Art und Weise, die nur als interpretierend oder verstehend — d. h. hermeneutisch — angesehen werden kann, ein Paradigma entworfen wird, anhand dessen sie die

---

[127] J. *Back:* Die Entwicklung der reinen Ökonomie zur nationalökonomischen Wesenswissenschaft, op. cit.

[128] Siehe B. *Gahlen:* Der Informationsgehalt der neoklassischen Wachstumstheorie für die Wirtschaftspolitik, Tübingen 1972; K. *Brandt:* Das Spiel als Methode in der Nationalökonomie, in: Freiburger Dies Universitatis, Bd. 13, 1966, S. 109 - 128; H. *Albert:* Der logische Charakter der theoretischen Nationalökonomie, in: Marktsoziologie und Entscheidungslogik, op. cit., S. 368 ff.; anderer Auffassung ist hier E. *Hoppmann:* Die Periodenanalyse als Theorie der volkswirtschaftlichen Dynamik, Berlin 1958, S. 30 ff.

[129] A. *Amonn:* Objekt und Grundbegriffe, op. cit., S. 163 ff.

Realität begreift. Wenn daher die reine Ökonomie eine erkenntnistheoretische Grundlage sucht, so wird sie diese wohl kaum in einer empiristischen Erkenntnis- oder Wissenschaftstheorie finden können, sondern nur darin, daß sie den interpretativ-hermeneutischen Akt der Konstitution ihres Erkenntnisobjekts mit den in der Theorie verwendeten analytischen Techniken und Methodiken erkenntnistheoretisch in Einklang zu bringen sucht. *Kades*[130] Versuch, die logische Analyse in der Nationalökonomie erkenntnistheoretisch zu legitimieren, muß um eine hermeneutische Reflexion der Art, die Realität zu begreifen, bereichert werden. Was *Sombart* in einem kurzen Ansatz als „Sachverstehen"[131] skizziert hat, zeigt die eigentlichen Probleme einer erkenntnistheoretischen Grundlage der Wirtschaftstheorie.

Was hierbei die Funktion der Hermeneutik selber anbetrifft, so ist hierfür eine weitgehende Neuinterpretation einer Theorie der Hermeneutik notwendig. Der Akt der Interpretation, der für die Wirtschaftstheorie so kennzeichnend ist, muß erkenntnistheoretisch nach seinen Bedingungen und Möglichkeiten hinterfragt werden. Solange Theorien und Modelle idealabstrakte Gebilde sind, kann die Verbindung zwischen Theorie und Realität nur auf interpretierendem Wege hergestellt werden; der Ort einer Theorie der Interpretation ist jedoch die Hermeneutik. Diese muß sich hierfür von den überkommenen Schablonen befreien. Insbesondere *Webers* Theorie des Verstehens[132] hat hier mehr Schaden als Nutzen angerichtet. Indem sie auf das Verstehen von Handlungen und Handlungsmotiven rekurriert, hat sie die Hermeneutik als ein erkenntnistheoretisches Anhängsel der Psychologie erscheinen lassen. *Abel*[133] hat diese Auffassung überzeugend kritisiert.

Was die gegenwärtige Wirtschaftstheorie anbetrifft, so bieten sich zu diesem Programm nur zwei Alternativen. Die logizistische Alternative ist von *Kade*[134] aufgezeigt worden. *Kade* hat versucht, die Ökonomie auf die reine Logik der rationalen Wahl zu reduzieren. Heuristisch aufschluß-

---

130 G. *Kade:* Die logischen Grundlagen der mathematischen Wirtschaftstheorie als Methodenproblem der theoretischen Ökonomie, Berlin 1958; siehe auch die Erneuerung des *Kade*schen Ansatzes bei W. *Mathias:* Wirtschaftswissenschaftliche Theorie und Modellbildung aus der Sicht der modernen Wissenschaftstheorie, Diss. Köln 1971.

131 W. *Sombart:* Die drei Nationalökonomien, op. cit., S. 211 ff.

132 Siehe M. *Weber:* Über einige Kategorien der verstehenden Soziologie, in: Methodologische Schriften, op. cit., S. 169 ff.; zur Übertragung der *Weber*schen Theorie auf die Nationalökonomie siehe N. *Kloten:* Der Methodenpluralismus und das Verstehen, in: N. *Kloten* u. a. (Hg.): Systeme und Methoden in den Wirtschafts- und Sozialwissenschaften, Tübingen 1964, S. 207 - 236.

133 Th. *Abel:* The Operation called Verstehen, op. cit., S. 177 ff.; zur Kritik *Abels* siehe K. O. *Apel:* Szientistik, Hermeneutik, Ideologiekritik, op. cit., S. 16 ff.

134 G. *Kade:* Die logischen Grundlagen, op. cit.

reich ist dieser Ansatz insbesondere in der Entscheidungstheorie, und es mangelt auch nicht an Versuchen, die ganze Ökonomie auf eine Theorie der rationalen Wahl zu reduzieren[135]. Das Problem einer angewandten Logik besteht jedoch darin, daß die reine Logik keine Fragen nach dem Sinn oder der Realität zu beantworten vermag; logische Operationen sind nichts anderes als Tautologien. Soll daher die logische Interpretation der Nationalökonomie kein willkürliches Spiel sein, so muß sie eine Komplementarität der Hermeneutik explizit erkenntnistheoretisch hinterfragen; denn implizit geht sie von einer solchen Ergänzung aus.

Die zweite Alternative ist das empiristische Programm, wie es vom logischen Empirismus oder vom kritischen Rationalismus bei *Popper* und seinen Anhängern formuliert ist. Abgesehen von der inneren Konsistenz und der Durchführbarkeit dieser Alternative bringt das empiristische Programm die Wirtschaftswissenschaften in ein Dilemma. Entweder die Wirtschaftswissenschaften lehnen dieses Programm ab, dann haben sie nach Auffassung vieler Erkenntnistheoretiker überhaupt keine Grundlage, oder sie unterwerfen sich den Normen dieses Programms, dann sind sie keine Erfahrungswissenschaften. Der Beweis für letzteres ist erbracht: abgesehen von der Ökonometrie und Ansätzen einer ökonomischen Verhaltensforschung kann die gesamte nationalökonomische Theorie den Anforderungen dieses Programms nicht entsprechen; sie ist in diesen Maßstäben metaphysische Spekulation unter Verwendung mathematischer Methoden. Je nachdem, ob das Sinnkriterium oder das Abgrenzungskriterium zugrundegelegt wird, ist die Wirtschaftstheorie unsinnig bzw. sie gehört nicht in die Wissenschaft. Dem Kriterium der Verifizierbarkeit oder Falsifizierbarkeit vermag sie nicht zu entsprechen. Die Beweise hierfür stammen für die Geldtheorie von *Ringel*[136], für die Mikrotheorie — insbesondere die Preistheorie — von *Bauer*[137] und *Kade*[138], für die Wachstumstheorie von *Gahlen*[139] und für die ökonomische Theorie schlechthin von *Albert*[140]. Ob das aus diesen Arbeiten zu ziehende Postulat, die Nationalökonomie solle Theorien entwerfen, die dem empiristischen Programm entsprechen — wenn schon die bekannten Theorien diesen Maßstab nicht erreichen —, sinnvoll ist, kann erst aufgrund einer Kritik

---

[135] Siehe G. *Gäfgen:* Theorie der wirtschaftlichen Entscheidung, Tübingen 1963.

[136] J. *Ringel:* Geldtheoretische Ansätze im Lichte der modernen Wissenschaftstheorie, Tübingen 1970.

[137] L. *Bauer:* Wissenschaftstheoretische Überlegungen zu Grundannahmen der Nationalökonomie, insbesondere des mikroökonomischen Ansatzes, Berlin 1969.

[138] G. *Kade:* Die Grundannahmen der Preistheorie, Berlin und Frankfurt 1962.

[139] B. *Gahlen:* Der Informationsgehalt der neoklassischen Wachstumstheorie, op. cit.

[140] H. *Albert:* Marktsoziologie und Entscheidungslogik, op. cit.

des Empirismus selber entschieden werden. Tatsache ist jedoch, daß die bisher bekannte Theorie den Maßstäben dieses Programms nicht entspricht und nach dessen Kriterien Metaphysik ist.

Ähnlich ist die Situation in der Betriebswirtschaftslehre, wo allerdings lange Zeit der erfahrungswissenschaftliche Charakter der Disziplin überhaupt in Frage gestanden hat[141]. Erst das *Gutenberg*sche Paradigma hat hier das empirische Anliegen in den Vordergrund gebracht. Darüber hinaus gibt es Versuche, durch Strukturtheorien insbesondere im Bereiche der Organisationslehre die Dichotomie von Theorie und Realität zu überwinden[142]. Hier resümiert *Ruffner* allerdings: „Was nun den Erkenntnisstand der BWOL (Betriebswirtschaftliche Organisationslehre — G. S.) anlangt, so ist festzuhalten, daß realtheoretische Aussagensysteme noch nicht vorliegen[143].“ Auch die neuere entscheidungsorientierte Betriebswirtschaftslehre versucht, mit empirischen Verhaltensmaßnahmen an Stelle von Rationalaxiomen die Realität zu erklären. Hier erhebt sich jedoch die Frage, ob diese Verhaltensannahmen nicht auf eine Art und Weise begründet werden, die an die *Weber*sche Theorie des Handlungs- und Motivverstehens erinnern; zumindest handelt es sich selten um empirisch getestete und testbare Gesetzmäßigkeiten. Die Argumentation bewegt sich eher in den Kategorien der Plausibilität. Weiterhin ist fraglich, ob das erfahrungswissenschaftliche Anliegen das volle Spektrum der Betriebswirtschaftslehre ausfüllt[144]. Zweifelsohne will auch die Betriebswirtschaftslehre das Objekt Unternehmung erklären, doch darüber hinaus hat sie auch in Bereichen wie Organisation, Planung, Marketing, Management oder Absatz ein über das erfahrungswissenschaftliche Interesse hinausgehendes Gestaltungsanliegen, das weniger auf die Erklärung faktischer Zusammenhänge als vielmehr auf die theoretische Norm postulierter Rationalität abstellt.

2. Soziologie und Politikwissenschaft

Wie schon bei den Wirtschaftswissenschaften, so zeigt sich auch in der Soziologie und der Politikwissenschaft, daß das Vorverständnis oder eine Vorabentscheidung über das Erkenntnisobjekt nicht nur für die Wahl der „richtigen“ und angemessenen Methode, sondern auch für die Frage-

---

141 Siehe E. *Jehle:* Über Fortschritt und Fortschrittskriterien, op. cit., S. 16 ff.

142 So z. B. J. *Wild:* Grundlagen und Probleme der betriebswirtschaftlichen Organisationslehre, Berlin 1966.

143 A. *Ruffner:* Wissenschaftstheoretische Überlegungen zur Betriebswirtschaftlichen Organisationslehre, in: G. *Dlugos* u. a. (Hg.): Wissenschaftstheorie und Betriebswirtschaftslehre, Düsseldorf 1972, S. 195.

144 Siehe dazu die Behandlung des Methodenstreits zwischen *Gutenberg* und *Mellerowicz* bei E. *Jehle:* Über Fortschritt und Fortschrittskriterien, op. cit., S. 76 ff.

stellung und den Inhalt der Forschung selber von erheblicher Bedeutung ist. Aus dieser Vorabentscheidung ergeben sich dann Folgerungen, die die Theorienbildung, die Fragen der Wertfreiheit und das Verhältnis von Theorie und Praxis nicht unerheblich präjudizieren. Dieses Vorverständnis, aus dem heraus die Vorabentscheidung erfolgt, ist nicht nur von erkenntnistheoretischer Relevanz, sondern führt auf ursprünglich weltanschauliche und lebensphilosophische Elemente zurück, die bei Methodenkontroversen meist nach kurzer Zeit in einer erkenntnistheoretisch verbrämten Polemik zum Durchbruch kommen.

Entsprechend dieser Vorabentscheidung lassen sich in der Soziologie drei Hauptrichtungen der Forschung unterscheiden: der empirisch-analytische Ansatz, der hermeneutisch verstehende Ansatz und der dialektische oder kritische Ansatz[145]. Die Konzeption der empirisch-analytischen Soziologie stellt weniger einen einheitlichen Ansatz als vielmehr eine bestimmte Strömung innerhalb der Soziologie dar, die trotz einer Anzahl von Unterschieden durch Gemeinsamkeiten geprägt ist, die diese von anderen abgrenzt. Methodisch ist sie weitgehend von der Vorstellung der Anwendbarkeit der wissenschaftstheoretischen Ideen des logischen Empirismus geprägt[146]. Dementsprechend sind die methodischen Probleme die Fragen nach den Bedingungen und Möglichkeiten soziologischer Erklärungen nach dem Muster einheitswissenschaftlicher Erklärungsmodelle[147], nach dem Charakter wissenschaftlicher Theorien und nach ihrer Überprüfbarkeit an der Erfahrung bzw. durch Experimente, nach den Problemen der Wertfreiheit und nach dem Verhältnis von Theorie und Realität. Nach dieser Auffassung ist die Soziologie konzipierbar als ein wertfreies System nomologischer Aussagen, das soziale Phänomene auf eine den Naturwissenschaften verwandte Art und Weise erklärt, den Wahrheitsgehalt der Hypothesen und Theorien durch Überprüfung an der Realität ermittelt und die so gewonnenen Erkenntnisse im Sinne einer Technologie zur Erreichung vorgegebener Ziele verwendet. Ihre Nähe zum positivistischen oder szientistischen Wissenschaftsbild leugnet sie nicht.

---

145 Vgl. J. *Fijalkowski:* Methodologische Grundorientierung soziologischer Forschung, in: Enzyklopädie der geisteswissenschaftlichen Arbeitsmethoden, 8. Lieferung, München und Wien 1967, S. 131 ff.

146 Zur entsprechenden Auffassung der Vertreter des kritischen Rationalismus siehe H. *Albert:* Theorien in den Sozialwissenschaften, in: Theorie und Realität, Tübingen 1972, S. 3 ff.; ders.: Probleme der Wissenschaftslehre in der Sozialforschung, op. cit., S. 38 ff.; K. R. *Popper:* Das Elend des Historizismus, Tübingen 1969.

147 Siehe C. G. *Hempel:* Wissenschaftliche und historische Erklärung, in: H. *Albert* (Hg.): Theorie und Realität, op. cit., S. 237 ff., *Popper,* K. R.: Naturgesetze und theoretische Systeme, in: H. *Albert* (Hg.): Theorie und Realität, op. cit., S. 43 ff.

In ihren Ausprägungen tritt sie sowohl als theoretischer Monismus als auch als theoretischer Pluralismus auf. Der theoretische Pluralismus führt zu einer Vielzahl konkurrierender und komplementärer Hypothesen und Theorien, während die monistische Konzeption die Rückführung der Soziologie auf eine einzige Theorie, meist auf eine Theorie des sozialen Handelns oder Verhaltens versucht[148]. Soziale Gebilde und Prozesse sind demnach Dinge, die auf immanente Gesetzmäßigkeiten untersucht werden können und die nomologisch zu erklären sind. Der empirische Bezug drückt sich in der Forderung nach Überprüfbarkeit der Hypothesen aus; dementsprechend gelten nicht falsifizierbare Aussagen als nicht wissenschaftlich. Ob die Soziologie als Wissenschaft jedoch bereits ein Stadium erreicht hat, das diesen Anforderungen an die soziologische Forschung entspricht, und ob sie dieses Stadium prinzipiell überhaupt zu erreichen in der Lage ist, scheint nach dem gegenwärtigen Stand soziologischer Forschung zumindest fraglich. Bisher ist es der Soziologie noch nicht gelungen, ein System von Theorien oder gar Gesetzen zu entwerfen, das auch nur in etwa an das Niveau naturwissenschaftlicher Forschungsergebnisse heranreicht. Im Gegenteil: methodische Untersuchungen, die erst durch den Anspruch der empirisch-analytischen Soziologie hervorgerufen wurden, kommen zu dem Ergebnis, daß der erfahrungswissenschaftliche Status der Soziologie zweifelhafter ist denn je[149]. Insbesondere *Kreckel*[150] hat, von der *Albert-Habermas*-Kontroverse ausgehend, nachgewiesen, daß die Soziologie zwar erfahrungswissenschaftliche Zielsetzungen verfolgt, daß sie aber bei ihrem Bemühen um die empirische Erfassung der historisch-sozialen Realität weitgehend auf die Methoden der hermeneutischen Erfahrungsgewinnung angewiesen ist. Der Zugang zu sozialen Tatsachen, Institutionen und zum sozialen Handeln vollzieht sich verstehend. Zweifelsohne lassen sich aus einer hermeneutisch gewonnenen Erfahrung auch Aussagen herleiten, die als Hypothesen oder auch in einem nomologischen Gewande erscheinen können, doch können diese Aussagen nicht ohne weiteres einer empirischen Prüfung unterzogen werden. Da sie nicht in einer behaviouristischen Sprache, sondern in einer Sprache formuliert sind, die auf hermeneutischen Elementen basiert, bedarf es auch zur Überprüfung solcher Aussagen der Hermeneutik.

Die funktionalistischen und systemtheoretischen Ansätze — insbesondere bei *Luhmann*[151] — greifen ausdrücklich auf Elemente des Verstehens zurück, und gerade hier zeigt sich, daß analytisches und hermeneutisches

---

[148] Siehe A. *Malewski:* Verhalten und Interaktion, Tübingen 1967.

[149] Siehe P. *Winch:* Die Idee der Sozialwissenschaft, op. cit., S. 87 ff.; F. *Machlup:* If Matter Could Talk, in: S. Morgenbesser u. a. (Hg.): Philosophy, Science and Method, New York 1969, S. 286 ff., E. *Nagel:* The Structure of Science, London 1961, S. 447 ff.

[150] R. *Kreckel:* Soziologische Erkenntnis und Geschichte, Opladen 1972.

Denken durchaus miteinander verbunden werden können. Die funktionale Analyse sozialer Systeme dient primär der Verringerung der Komplexität[152] sozialer Prozesse und Gebilde und vollzieht sich durch das Aufzeigen jener Bedingungen und Funktionen, die zur Erhaltung von Systemen erforderlich sind[153]. Der Entwurf solcher Systeme erfolgt durch Aufzeigen einer Innen-Außen-Differenz, durch die sich die Systeme zur Umwelt abgrenzen. Diese Differenz, die ja nur das Resultat differenzierender Tätigkeit ist, beinhaltet notwendigerweise Selektion, die wiederum nur nach einem vorgängigen Sinn-oder Wesensverständnis erfolgen kann. Dies offenbart die phänomenologischen und hermeneutischen Grundlagen der Systemtheorie. Die Komplexität der sozialen Umwelt erfordert eine Reduktion der Phänomene auf einfachere Zusammenhänge, die einer theoretischen Analyse zugängig sind. Diese Reduktion der Komplexität auf Kernprozesse oder -zusammenhänge zeigt den eidetischen Charakter der Systemtheorie. Die Möglichkeit, Komplexität zu reduzieren, setzt voraus, daß bekannt ist oder eine leitende Vorstellung existiert, wie und wonach die Komplexität auf Systemzusammenhänge reduziert werden soll. Auf diese Weise wird die Systemtheorie ein analytisches Instrument zur Artikulation eines subjektiven Wesensverständnisses. Der subjektiv verstandene Sinn der sozialen Umwelt äußert sich in einer Technik der Analyse. Sinn wird zum Grundbegriff der Systemtheorie und der Soziologie überhaupt[154].

Aus nomologisch-empirischer Sicht lassen sich zwei Kritikpunkte gegen den systemtheoretisch-funktionalen Ansatz anführen: Die Hypothe-

---

151 Siehe N. *Luhmann:* Funktionale Methode und Systemtheorie, in: Soziologische Aufklärung, op. cit., S. 31 ff.; ders.: Soziologie als Theorie sozialer Systeme, ebenda, S. 137 ff.

152 „Komplexität" ist bei *Luhmann* nicht identisch mit der Existenz vieler Ursachen beispielsweise im Naturbereich; siehe N. *Luhmann:* Systemtheoretische Argumentationen. Eine Entgegnung auf Jürgen Habermas, in: J. *Habermas,* N. *Luhmann:* Theorie der Gesellschaft, op. cit., S. 298 ff.

153 Siehe N. *Luhmann:* Soziologie als Theorie sozialer Systeme, op. cit., S. 113 ff.

154 „Wir bleiben daher zunächst auf Erkenntnistechniken angewiesen, wie sie vor allem in der phänomenologischen, aber auch in der hermeneutischen Tradition speziell für die Analyse von Sinngebilden entwickelt worden sind: Techniken der abstrahierenden Erfassung vorhandenen Sinns, seiner gedanklichen Abwandlung, seiner Konstruktion als Alternative zu anderen Möglichkeiten." N. *Luhmann:* Sinn als Grundbegriff der Soziologie, op. cit., S. 30. Diese Überlegungen gelten auch weitgehend für die Systembildung in der Nationalökonomie; siehe W. *Sombart:* Die drei Nationalökonomien, op. cit., S. 178 ff. und H. J. *Krupp:* Der Systemcharakter der Wirtschaft und die Notwendigkeit des Methodenpluralismus, Diss. Darmstadt 1961. Das beste Beispiel hierfür ist die Marktformenlehre, wo es sich nicht um die Entdeckung vorgegebener Ordnungen, sondern um eine Bildung von Marktsystemen handelt, die nur vom Erkenntnisziel her begriffen werden kann; siehe dazu K. *Brandt:* Methodologische Bemerkungen zur Marktformenlehre, in: N. *Kloten* u. a. (Hg.): Systeme und Methoden, op. cit., S. 107 ff.

sen und Theorien sind im erfahrungswissenschaftlichen Sinne nicht überprüfbar, und der Ansatz verleitet zu teleologischen Erklärungen. Der Vorwurf teleologischer Erklärungen trifft den Funktionalismus im Grunde nicht. Solange es selbst in den Naturwissenschaften, wo zweifelsohne ein höherer Grad an Determinismus als in den Sozialwissenschaften vorliegt, noch keinen eindeutigen Kausalitätsbegriff gibt[155], stellen teleologische Erklärungen im Bereiche der Sozialwissenschaften einen vertretbaren Ausweg dar. Darüber hinaus erscheint es zweifelhaft, ob ein naturwissenschaftlicher Kausalbegriff im Bereiche sozialen Handelns prinzipiell anwendbar ist. Wenn hier eine Kausalität vorliegt, so kann dies nur eine hypothetisch konstruierte sein[156]. Hier handelt es sich vielmehr um zielgerichtete Systeme und Verhaltensweisen, bei denen teleologische Erklärungen durchaus dem Objekt entsprechen. Die mangelnde Überprüfbarkeit im empirischen Sinne liegt dann in der Natur des Erklärungsschemas und auch in der Natur des Objekts, das sich von seiner Struktur und vom Wesen her vom naturwissenschaftlichen unterscheidet. Darüber hinaus haben teleologische oder funktionale Erklärungen auch im Bereiche der Naturwissenschaften einen kognitiven Gehalt, obwohl sie auch hier nicht falsifizierbar oder verifizierbar sind. Die Aussage: „Leukozyten haben die Funktion, den Organismus vor Fremdstoffen zu schützen“ ist genauso wenig überprüfbar wie der Satz: „In einer Marktwirtschaft hat der Preis die Funktion, die Knappheit der Güter anzuzeigen.“ In beiden Fällen handelt es sich bei der Funktion nicht um eine Eigenschaft des Objekts, die empirisch überprüfbar ist, sondern um einen dem Objekt affizierten Sinn.

Über die hermeneutischen Elemente des Funktionalismus und der Systemtheorie hinaus geht die eigentliche verstehende Soziologie[157]. Diese hat in ihrer älteren Form im deutschsprachigen Raum eine Tradition, die

---

[155] Siehe A. *Pap:* Analytische Erkenntnistheorie, op. cit., S. 111 ff.; ders.: An Introduction to the Philosophy of Science, op. cit., S. 251 f.; E. *Nagel:* The Structure of Science, op. cit., S. 277 ff.

[156] Wenn die Phänomene im sozialen Bereich kausal im strengen Sinne des Wortes erklärt werden sollen, so muß sich auch aufzeigen lassen, daß sie prinzipiell determiniert sind. In diesem Falle wäre die Sicherheit von Prognosen im sozialen Bereich nur ein Problem der Information, d. h. der Kenntnis der notwendigen und der genügenden Kausalfaktoren. Es scheint aber bei Objekten im sozialen Bereich im Gegensatz zu Objekten im naturwissenschaftlichen Bereich typisch zu sein, daß die Unsicherheit sozialer Prognosen letztlich darauf beruht, daß eine strenge Determiniertheit nicht gegeben ist. Wenn dennoch hier quasi-kausale Erklärungen verwendet werden, so können sie nur auf hypothetische Handlungsabläufe bezogen werden. Die Erklärung realer Handlungsabläufe kann dann nur durch eine interpretierende Konfrontation von erklärender Theorie und zu erklärender Realität erfolgen. Darüber hinaus ist darauf hinzuweisen, daß im Bereiche der Naturwissenschaft die quantenphysikalischen Relationen auch nur die Abbildung einer mathematisch-hypothetischen Welt beinhalten; siehe dazu den Exkurs über die Quantenphysik in Kapitel II, C. 3. b.

sich über *Dilthey*, M. *Weber*, *Sombart* und *Mackenroth* erstreckt. Darüber hinaus finden sich Elemente des Verstehens bei v. *Gottl-Ottlilienfeld*, bei *Spranger*, *Freyer*, *v. Wiese*, *Brinkmann*, bei *Vierkandt* und *Oppenheimer* sowie in neuerer Zeit insbesondere bei *Weippert*. Ihr eigentlicher Begründer war Max *Weber*, der die Soziologie auf den subjektiv gemeinten Sinn des Handelns zurückzuführen versuchte und so den Beginn einer verstehenden Handlungstheorie markierte, die sich bis in die modernen Formen der soziologischen Handlungstheorie bei *Parsons*, den verstehenden Interaktionismus und den linguistischen Ansatz bei *Winch* erstreckt. Nach *Weber* ist es die Aufgabe der Soziologie, „soziales Handeln deutend zu verstehen“[158] und auf diese Weise erklärbare Einsichten in die Struktur des Handelns zu gewinnen. Offen bleibt bei *Weber* die Frage, wie solches Verstehen methodisch möglich und zu rechtfertigen ist. Dies verweist in den Zusammenhang der Hermeneutik, die bei *Weber* nicht dargelegt ist. *Weber* gibt keine klare Auskunft über den methodologischen Status dessen, was er unter „deutendes Verstehen“ begreift, weswegen seine Theorie des Verstehens häufig nur als eine Technik der Hypothesenbildung im Hinblick auf erfahrungswissenschaftliche Objekte gedeutet wird[159].

Die verstehende Soziologie *Sombarts*[160] geht weit über die von *Weber* hinaus und ist teilweise gegen diese konzipiert. *Sombarts* Verstehenslehre ist mehr methodisch geprägt. Nicht die Intention, fremdes Handeln zu erschließen, sondern der subjektive Entwurf vom Sinn charakterisiert die Hermeneutik in den Sozialwissenschaften. Die verschiedenen Formen des Verstehens, Sinnverstehen, Sachverstehen und Seelverstehen ermöglichen eine Strukturtheorie einer sinnhaft aufgebauten Welt, die an die Kategorien eines objektiven Sinnes oder Geistes nach Art *Hegel*scher Dialektik erinnern.

Ein genuin hermeneutisches Vorgehen findet sich ebenfalls in der Methode der Typenbildung, die auch auf *Weber*[161] zurückgeht und noch in der neuen Soziologie eine der am häufigsten auftretenden Vorgehensweisen darstellt. Die typisierende Begriffsbildung kommt der Intention der Sozialwissenschaft weitestgehend entgegen, indem sie historische und sy-

---

157 Siehe dazu den Literaturüberblick bei J. *Habermas:* Zur Logik der Sozialwissenschaften, op. cit., S. 184 ff. und E. *Betti:* Allgemeine Auslegungslehre als Methodik der Geisteswissenschaften, Tübingen 1967, S. 446 ff.

158 M. *Weber:* Soziologische Grundbegriffe, op. cit., S. 280.

159 So beispielsweise bei H. *Albert:* Wissenschaft und Verantwortung, in: Plädoyer für kritischen Rationalismus, op. cit., S. 84 ff. und Th. *Abel:* The Operation called Verstehen, op. cit., S. 177 ff.

160 W. *Sombart:* Noo-Soziologie, Berlin 1956; ders.: Die drei Nationalökonomien, op. cit., S. 191 ff.

161 M. *Weber:* Idealtypus, Handlungsstruktur und Verhaltensinterpretation, in: Methodologische Schriften, op. cit., S. 65 ff.

stembildende Elemente in einer Synthese vereinigt. Kultur- oder epochen-spezifische Erscheinungen werden auf dem Wege des Verstehens auf strukturtypische Wesenszusammenhänge gebracht, die dann als analytische Grund- und Ordnungsbegriffe in die Theoriebildung eingebracht werden. Hier verbindet sich *Webers* Ziel, verstehend zu erklären.

Auch der dritte Ansatz in der Soziologie, der dialektische oder kritische, greift auf die Hermeneutik zurück. Hier liegt allerdings eine Neuinterpretation des Inhalts der Hermeneutik vor, die weitgehend von der traditionellen Auffassung der Hermeneutik als Kunst des Verstehens abweicht und Hermeneutik nicht als ein Verfahren der Vermittlung, sondern als reflexive Bewußtmachung begreift[162]. Hier geht die Hermeneutik in die Ideologiekritik über, deren Aufgabe darin besteht, in der gesellschaftswissenschaftlichen Reflexion das emanzipatorische Erkenntnisinteresse zum Durchbruch zu bringen und so die von einem szientistischen Bewußtsein geprägten Vorstellungen von dem zwanghaften Charakter gesellschaftlicher Phänomene zu zerstören. Hermeneutik ist nicht Kunstlehre, sondern Grundlage universeller Kritik. Dementsprechend ist auch das Verständnis der Soziologie. Nicht die Bildung nomologischer Aussagen oder erfahrungswissenschaftliches Wissen, sondern „menschliche Verhaltensänderung infolge Wissens“[163] bildet das Ziel der Soziologie.

Damit sind jedoch die kritische Richtung und die empirisch-analytische Orientierung der Soziologie nicht in so einem krassen Gegensatz zueinander, wie dies die Härte der Auseinandersetzung im sog. „Positivismusstreit“ vermuten läßt. Beiden liegt eine vollkommen verschiedene Auffassung über Ziele, Inhalt und Methoden der Soziologie zugrunde. Während die empirisch-analytische Soziologie mehr technologisch im Sinne eines „social engineering“ orientiert ist, bewegt der kritische Ansatz sich überwiegend auf kritisch-philosophischer Ebene. Das Verhältnis ihrer Erkenntnisinteressen ist mehr das eines Neben- oder Übereinanders als das der Konkurrenz.

Die gleiche Bedeutung des Vorverständnisses für den Inhalt, die Fragestellung und das methodische Vorgehen findet sich in der Wissenschaft von der Politik. Der Begriff des Politischen und das Verständnis seines Wesens beinhaltet hier nicht nur eine Vorabentscheidung über das Forschungsobjekt, sondern führt bereits zu weitreichenden methodischen Implikationen. Dieses Vorverständnis des Politischen rechtfertigt daher

---

162 Siehe dazu die Auseinandersetzung zwischen *Habermas* und *Gadamer:* J. *Habermas:* Zur Logik der Sozialwissenschaften, op. cit., S. 251 ff.; ders.: Der Universalitätsanspruch der Hermeneutik, in: K. O. *Apel* u. a.: Hermeneutik und Ideologiekritik, op. cit., S. 120 ff.; H. G. *Gadamer:* Rhetorik, Hermeneutik und Ideologiekritik. Metakritische Erörterungen zu „Wahrheit und Methode“, ebenda, S. 57 ff.

163 J. *Fijalkowski:* Methodologische Grundorientierung, op. cit., S. 150.

seine zentrale Stellung in der politikwissenschaftlichen Analyse mit der Folge, daß es diese weitgehend präjudiziert[164].

Diese konstitutive als auch regulativ-normative Bedeutung des Politikbegriffs hat denn auch zur Erarbeitung einer Anzahl politikbegrifflicher Analysen geführt, deren erkenntnistheoretischer Status sich über das gesamte Spektrum vom Common-sense bis zum Szientismus erstreckt[165] und deren unterschiedliche Wissenschaftsauffassungen zu teilweise polemischen Auseinandersetzungen geführt haben. Die Frage, ob es eine unpolitische Wissenschaft vom Politischen oder eine „Politikwissenschaft ohne Politikbegriff"[166] geben kann, hat die Politikwissenschaft selber zu einem Politikum werden lassen. Die Antworten hierauf sind zahlreich; doch ihre Rückführbarkeit auf eine definitorische Vorabentscheidung läßt eigentlich statt der Polemik nur den Pluralismus aus der Sache zu, der sich darauf beschränkt, die Kriterien eines angemessenen Politikbegriffs zu explizieren.

Politik gehört zum Bereich menschlichen und gesellschaftlichen Handelns. Insofern sie sich praktisch versteht, beinhaltet sie zielgerichtete Entscheidungen und ein System von Normen, wodurch sie in die Nähe der praktischen Philosophie gerät. Dies darzustellen, haben sich insbesondere L. *Strauß*[167] und in der Folge A. *Bergstraesser*, D. *Oberndörfer*[168] und W. *Hennis*[169] bemüht. *Oberndörfer* unterscheidet drei Typen einer Wissenschaft von der Politik[170]. Der deskriptiv-analytische Ansatz beinhaltet Analysen und Beschreibungen politischer Geschehensdaten und des Prozesses der politischen Willensbildung unter Berücksichtigung der Grundsätze der Wertfreiheit im Sinne M. *Webers*. Die Nachteile dieses Ansatzes liegen in seiner methodischen Strenge. Der Verzicht auf philosophische Reflexion und die Ausklammerung der Wertfrage verhindern ein kritisches Hinterfragen der persönlichen Perspektive, der Selektionsproblematik kulturspezifischer Objekte und der Rekognitionsproblematik der Formen der gesellschaftlich-historischen Begriffsbildung. Das Verständnis der Politik als einer systematischen Wissenschaft von den Geset-

---

164 Vgl. W.-D. *Narr:* Logik der Politikwissenschaft — eine propädeutische Skizze, in: G. *Kress* und D. *Senghaas* (Hg.): Politikwissenschaft, Frankfurt 1971, S. 13 ff. und O. H. v. d. *Gablentz:* Sache und Methode der politischen Wissenschaft, in: Politische Vierteljahresschrift, Bd. 10, 1969, S. 486 ff.

165 Vgl. M. *Schmitz:* Politikwissenschaft zwischen Common-Sense und Scientismus, in: D. *Oberndörfer* (Hg.): Systemtheorie, Systemanalyse und Entwicklungsländerforschung, Berlin 1971, S. 11 ff.

166 W.-D. *Narr:* Logik der Politikwissenschaft, op. cit., S. 13.

167 L. *Strauß:* Naturrecht und Geschichte, Stuttgart 1953.

168 D. *Oberndörfer:* Politik als praktische Wissenschaft, in: Wissenschaftliche Politik, Freiburg 1966, S. 9 - 58.

169 W. *Hennis:* Politik und praktische Philosophie, Neuwied und Berlin 1963.

170 Vgl. D. *Oberndörfer:* Politik als praktische Wissenschaft, op. cit., S. 12 ff.

zen des Politisch-Sozialen versteht die Politikwissenschaft in Anlehnung an nomologische Aussagensysteme naturwissenschaftlich-szientistischer Art. Dieser Gedanke an sich ist nicht neu — schon *Hobbes* hatte versucht, eine Politikwissenschaft nach dem Vorbild von Geometrie und Physik zu konstruieren —, doch lebt er von der Hoffnung. „Das System von Gesetzen, das eine Quantifizierung und exakte Berechnung der politisch-sozialen Dynamik erlauben würde, gibt es höchstens als Programm[171]." Der dritte Ansatz schließlich beinhaltet die praktische Wissenschaft von der Politik. Sie behandelt Fragen der politischen Ethik und versucht sich in Reflexionen über das Gemeinwohl. Ihre Tradition führt sie zurück bis auf *Aristoteles* und bringt sie in die Nähe der Staatsrechts- und Verfassungslehre.

Aus metawissenschaftlicher Sicht lassen sich diese drei Ansätze auf zwei Hauptströmungen reduzieren. Die traditionalistische Richtung versteht Politikwissenschaft als eine geisteswissenschaftliche Disziplin mit einer Affinität zur praktischen Philosophie. Der analytische Ansatz sieht sich als eine verhaltenswissenschaftliche Disziplin mit theoretischem Bezug im Sinne der modernen Wissenschaftstheorie. Seine Hauptbereiche sind die politische Semiotik, Theorien zur Erklärung von Ursache und Wirkung im Bereiche politischen Handelns und die Ideologiekritik. Sein Selbstverständnis läßt sich besser durch den Begriff einer „Politologie" als durch den einer „politischen Wissenschaft" charakterisieren.

Innerhalb des analytischen Ansatzes wiederum läßt sich nach einer formalen und einer behavioristisch-empirischen Richtung unterscheiden. Die formale Theorie des politischen Handelns sieht Politik als eine Kunst, in einer Situation bestimmte richtige Entscheidungen zu treffen und Maßnahmen zu realisieren. Damit ist die Voraussetzung der Transformation der logischen Theorie politischen Handelns in die Praxeologie bzw. in die Entscheidungstheorie gegeben. Wissenschaftliche Politik ist rationale Wahl von Strategien zur Erreichung vorgegebener Ziele[172]. Dementsprechend liefert sie nur analytische Aussagen durch logische Analyse des Begriffs der Politik als einer Form des rationalen Handelns im sozialen Bereiche. Grundlegende Techniken sind die generelle Entscheidungstheorie, die Spieltheorie und die Verwendung von Strategiekonzepten. Die Rationalität des Handelns wird normativ unter dem bereits von *Pareto* in der Theorie der Wahlakte vorgeschlagenen Verzicht auf eine psychologische Begründung eingeführt. Die Probleme beispielsweise bei Abstimmungsprozessen sind rein logischer Art. So läßt sich denn die

---

[171] Vgl. D. *Oberndörfer:* Politik als praktische Wissenschaft, op. cit., S. 29.

[172] Siehe dazu G. *Gäfgen:* Formale Theorie des politischen Handelns: Wissenschaftliche Politik als rationale Wahl von Strategien, in: H. *Maier* u. a. (Hg.): Politik und Wissenschaft, München 1971, S. 209 - 257 und G. *Kade:* Die Grundannahmen der Preistheorie, op. cit.

Politikberatung wie die Wirtschaftsberatung axiomatisch-deduktiv begründen. Die Maximen des Handelns werden als hypothetisch gültig angesehen und hinsichtlich ihrer Rationalität nur den Kriterien der Logik unterworfen. Die präskriptive Verwendbarkeit für die Handlungspraxis wird nicht bestritten[173], doch die Probleme dieses Ansatzes liegen in der mangelnden emprischen Geltung der Aussagen und in der inhaltlichen Ausfüllung des Rationalprinzips durch Formulierung materieller Ziele.

Die behavioristische Richtung versteht Politikwissenschaft als Analyse von Ursache und Wirkung im Bereiche politischen Handelns. Die Formen der Analyse sind die intentionale, die teleologische, die funktionale und die kausale Erklärung. Unter methodischem Aspekt setzt sie sich zwar unter das Ziel des von *Popper* formulierten trial-and-error-Verfahrens der Bildung von Hypothesen, der Beobachtung, der Experimente und der Tests, doch ist dessen praktische Durchführbarkeit nur selten gegeben, da die Deutungen der politisch-sozialen Phänomene einen subjektiven Charakter haben und kontrollierte Experimente auf Makro- oder auf Mikroebene nur teilweise möglich sind. So zeigt sich hier, daß der logische Empirismus auch in der Variante des kritischen Rationalismus immer dann besonderen Schwierigkeiten ausgesetzt ist, wenn entweder in bestimmten Gegenstandsbereichen die Voraussetzungen zur Anwendung der von ihm propagierten Einheitsmethode nicht gegeben sind — hier ist es die Möglichkeit zur Überprüfung, zur Durchführung von Experimenten und Tests — oder wenn grundsätzliche ontologische Besonderheiten wie die Sinnhaftigkeit des Handelns vorliegen, die prinzipiell einer logisch-empirischen Analyse nicht zugänglich sind.

Zwar wird in den meisten politikwissenschaftlichen Untersuchungen die grundsätzliche Konsistenz und Transitivität des logischen Empirismus nicht in Zweifel gezogen, doch folgen sie meist aufgrund mangelnder Anwendbarkeit dieses Konzepts mehr oder weniger unbewußt den Methoden des Verstehens oder einem erkenntnistheoretischen Pragmatismus, der logisch-analytische und hermeneutische Elemente zu verbinden versucht[174]. Hierbei zeigt in vielen Fällen die Praxis der Forschung mehr Flexibilität und Offenheit, als wissenschaftstheoretische Untersuchungen vermuten lassen. So hat auch die Methode des Verstehens in der Politikwissenschaft durchaus ihre Tradition. Die Bildung von Typen erfolgt aus

---

173 Zur Kritik dieses Ansatzes siehe J. *Habermas:* Dogmatismus, Vernunft und Entscheidung, op. cit., S. 307 ff., insbesondere S. 316 ff. und H. *Albert:* Ökonomische Ideologie und politische Theorie, Göttingen 1972.

174 *Watkins* ist der Auffassung, daß der Gedanke der Demokratie und ein monistisch ausgerichteter erkenntnistheoretischer Empirismus nicht miteinander vereinbar sind. Ein erkenntnistheoretischer Monismus der Methode und der Pluralismus der Demokratie schließen sich seines Erachtens aus, siehe J. W. N. *Watkins:* Epistemology and Politics, in: Proceedings of the Aristotelian Society, N. S., Bd. 58, 1958, S. 79 - 102.

einem hermeneutischen Vorverständnis, wie auch der gesamte Begriffsapparat hermeneutische Implikationen beinhaltet. Der Funktionalismus und die Systemtheorie beispielsweise versuchen sich zwar in einer analytischen Definition der wesentlichen Funktionen eines politischen oder eines Systems der Gesamtgesellschaft bzw. in dem Aufzeigen von Stabilitätsbedingungen, die zur Aufrechterhaltung von Systemen oder Subsystemen erforderlich sind, doch basieren auch diese Ansätze auf einem hermeneutischen Vorverständnis über die Sinnhaftigkeit politischer Funktionen und Systeme. Versuchen sie sich jedoch auf eine rein analytische Basis zu beschränken, so ist es nicht schwer, ihnen einen verengten Begriff des Politischen nachzuweisen[175], wodurch sie nur noch eine heuristische Bedeutung haben.

Sowohl der Tatsachen- als auch der Theorienbegriff ist nicht der gleiche wie in den Naturwissenschaften. Bei den meisten politikwissenschaftlichen „Tatsachen" handelt es sich nicht um etwas Unumstößliches, sondern um ein System kognitiver Aussagen über die Realität, das im Wege eines komplexen Interpretations- und Selektionsvorganges gewonnen wird; und soweit die Politikwissenschaft überhaupt Theorien entwickelt hat, handelt es sich wohl kaum ein System empirisch-gehaltvoller, ausreichend verifizierter Hypothesen, sondern um einen Bezugsrahmen oder um ein Orientierungsmuster, innerhalb dessen man mit Definitionen, plausiblen Hypothesen und logischen Operationen arbeitet. Dies trifft insbesondere für den Funktionalismus und die Systemanalyse zu.

3. Geschichte

Die Theorie der Geschichtswissenschaft hat von *Ranke* und *Droysen* bis zur Gegenwart immer in dem Spannungsfeld zwischen der objektiven Wahrheit historischer Aussagen und der Subjektivität der Person des Historikers gestanden, der sich als ein Teil der Welt und der Geschichte versteht. So drehte sich die Frage denn auch stets um das Verhältnis von Natur- und Geisteswissenschaften auf der einen und um den Status der Historie in den Sozial- oder Kulturwissenschaften auf der anderen Seite. Erstaunlich ist hieran, daß die Historiker selber — abgesehen von *Droysen,* der in seiner „Historik"[176] eine materielle Einheit von Geschichtsphilosophie, Wissenschaftstheorie und Methodologie der Geschichte entwickelte — stets eine gewisse Abstinenz gegenüber erkenntnistheoretischen und methodologischen Reflexionen der Historie gezeigt haben und die Wissenschaftstheorie der Geschichtswissenschaft meist von Außenstehenden entwickelt wurde, die diese im weiten Spektrum zwischen spekulativer Philosophie und Naturwissenschaft anzusiedeln versuchten.

---

175 Siehe W.-D. *Narr:* Logik der Politikwissenschaft, op. cit., S. 17 ff.

176 J. G. *Droysen:* Historik, München 1960.

So ist denn die Frage nach dem Verständnis und dem Status weitgehend identisch mit jener nach dem Objekt und den Methoden. Unterscheidet sich die Geschichte von den Naturwissenschaften dadurch, daß ihr Gegenstandsbereich nicht unabhängig vom Subjekt der Erkenntnis besteht? Zeichnet sie sich durch eine institutionelle Heimatlosigkeit aus? Gilt bezüglich ihrer theoretischen Basis noch heute der Satz *Droysens:* „Es gibt wohl kein wissenschaftliches Gebiet, das so entfernt ist, theoretisch gerechtfertigt, umgrenzt und gegliedert zu sein, als die Geschichte . . .[177]?" *Gadamer*[178] hat zuletzt diese Zweifel am theoretischen Status und am Gegenstandsbereich formuliert. Nach seiner Auffassung existiert ein Gegenstand an sich überhaupt nicht. Das Objekt konstituiert sich vielmehr erst durch das subjektive Forschungsinteresse und die Motivation der Fragestellung. Für ihn ist die Geschichte eine spezifische Form des Weltbegreifens, der Artikulation des Vorverständnisses von Sein durch die Rekonstruktion des Vergangenen, die aus dem Wertbezug der Gegenwart oder der vergangenen Epochen erfolgt. *Gadamer* nennt es „die allgemeine Immanenz des Wissens im Leben"[179], die eine Rekonstruktion des Vergangenen aus dem gegenwärtigen Welthorizont und ein Rechenschaftsablegen der Gegenwart über ihre Vergangenheit bedeutet.

Damit vollzieht *Gadamer* eine radikale Wendung in das Subjektive und setzt den erkenntnisbedingenden Habitus des Betrachters in eine eigentümliche Szene. Der Betrachter selber gehört samt seiner Betrachtung in den Zusammenhang der Wirkungsgeschichte der betrachteten Vergangenheit. *Apel* nennt dies „Traditionsvermittlung"[180]. Indem er so die Geschichte in den Lebenszusammenhang einbettet, verkennt er den gegenständlichen Charakter ihrer Erfahrung, denn auch gegenständliche Erfahrung gehört zur allgemeinen Lebenserfahrung[181]. Diese ist jedoch — wie schon *Dilthey*[182] gezeigt hat — durchaus einer genuin methodischen Erkenntnis zugängig.

Wenn der Gegenstand der Historie auch im einzelnen nicht a priori festliegt, so verbleiben als Objekt dennoch „alle Hervorbringungen des Menschen"[183] als historische Tatsachen. Zwar sind diese nicht etwas vordergründig Gegebenes, etwas Positives oder ein Datum, sondern sie stellen erst das Resultat eines komplexen Forschungs- und Interpretations-

---

[177] Ebenda, S. 389.

[178] H. G. *Gadamer:* Wahrheit und Methode, op. cit., S. 268 f.

[179] Ebenda, S. 224.

[180] K. O. *Apel:* Szientistik, Hermeneutik, Ideologiekritik, op. cit., S. 27.

[181] Vgl. K. G. *Faber:* Theorie der Geschichtswissenschaft, München 1971, S. 28.

[182] Siehe dazu *Diltheys* Versuch einer „Kritik der historischen Vernunft", W. *Dilthey:* Der Aufbau der geschichtlichen Welt, op. cit., S. 311 ff.

[183] H. *Seiffert:* Einführung in die Wissenschaftstheorie, Bd. II, München 1970, S. 55.

vorganges dar, in dem Tatsachenerhebung und Interpretation in einem Verhältnis der Wechselseitigkeit stehen[184], doch ist historischen Fakten auch eine gewisse Unumstößlichkeit eigen. Die Gewinnung historischer Tatsachen erfolgt zwar nach der Struktur des hermeneutischen Zirkels, da die Bewertung, Auswahl und die Bestimmung der Relevanz historischer Fakten vor dem Hintergrund eines hermeneutischen Vorverständnisses erfolgt, doch kann daraus nicht ein metaphysischer oder rein subjektiver Charakter der Geschichte hergeleitet werden[185].

Aus der Gegenständlichkeit der Geschichte folgt die Möglichkeit ihrer Erfaßbarkeit. Dies kann unter dem Aspekt des Allgemeinen oder des Individuellen erfolgen, wobei zweifelsohne das Individuelle und nicht das Allgemeine die Tradition deutscher Geschichtsforschung ausmacht[186]. *Gadamer* nennt es das Ideal, „die Erscheinungen selber in ihrer einmaligen und geschichtlichen Konkretion zu verstehen"[187]. *Popper* ist der Auffassung, „daß die Geschichtswissenschaft durch ihr Interesse für tatsächliche, singuläre, spezifische Ereignisse im Gegensatz zu Gesetzen oder Verallgemeinerungen charakterisiert ist"[188] und lehnt die Suche nach dem Allgemeinen und ebenso nach dem Sinn der Geschichte ab. Nach *Habermas* ist jede Geschichte, „da sie einen individuierten Zusammenhang repräsentiert, eine besondere Geschichte"[189]; und nach *Faber* ist das Individuelle „das Historische schlechthin als das in der Zeit Seiende"[190].

So steht die Geschichtswissenschaft in einem Dilemma zwischen der allgemeinen begrifflichen Struktur historischer Aussagen und der Individualität geschichtlicher Objekte; insofern die Aussagen der Historiker auf das Generelle abzielen, meinen sie immer das relativ Allgemeine, das in einem bestimmten historischen Zusammenhang Befindliche[191]. Diese Hervorhebung des Individuellen in der Geschichte schließt nicht die

---

[184] Besonders deutlich wird dies bei der Beurteilung historischer Fälschungen: siehe ebenda, S. 84 ff. und E. *Betti:* Allgemeine Auslegungslehre, op. cit., S. 305 ff.

[185] R. *Kreckel:* Soziologische Erkenntnis, op. cit., S. 58, hat vielmehr gezeigt, daß sich die erfahrungswissenschaftliche Zielsetzung in der Geschichte prinzipiell nicht von der anderer Erfahrungswissenschaften unterscheidet.

[186] Insbesondere bei den Neukantianern beruht auf dieser Unterscheidung der autonome Status der Geschichtswissenschaft; siehe W. *Windelband:* Geschichte und Naturwissenschaft, op. cit., S. 143; H. *Rickert:* Kulturwissenschaft und Naturwissenschaft, op. cit., S. 18.

[187] H. G. *Gadamer:* Wahrheit und Methode, op. cit., S. 2.

[188] K. R. *Popper:* Das Elend des Historizismus, op. cit., S. 112.

[189] J. *Habermas:* Erkenntnis und Interesse, op. cit., S. 321.

[190] K.-G. *Faber:* Theorie der Geschichtswissenschaft, op. cit., S. 49.

[191] *Eucken* sieht das gleiche Dilemma in der Nationalökonomie; allerdings faßt er es als den Gegensatz von Nominalismus und Realismus und leitet daraus seine Theorie der Ideal- und Realtypen ab; siehe W. *Eucken:* Die Grundlagen der Nationalökonomie, op. cit.

grundsätzliche Möglichkeit historischer Erklärungen aus, denn andernfalls müßte sich die Historie auf das rein deskriptive Moment beschränken. Andererseits setzen Erklärungen einen Kausalnexus gleich welcher Art, jedoch nicht unbedingt naturwissenschaftlicher Art, voraus. Eine Leugnung dessen bedeutet die totale Rückführung historischer Ereignisse auf den Zufall und das Ende der Historie als wissenschaftliche Disziplin.

Das Bemühen um eine Methodik historischer Erklärungen hat zum Entwurf verschiedener Erklärungsmodelle geführt, wovon das von *Hempel*[192] stammende sog. „covering-law-model" das bekannteste ist. Der wesentliche Inhalt des „covering-law-model" ist folgender:

> "The explanation of the occurrence of an event of some specific kind E at a certain place and time consists, as it is usually expressed, in indicating the causes or determining factors of E. Now the assertion that a set of events — say, of the kinds C, C, (...), C — have caused the event to be explained amounts to the statement that, according to certain general laws, a set of events of the kinds mentioned is regularly accompanied by an event of kind E. Thus, the scientific explanation of the event in question consists of
>
> (1) a set of statements asserting the occurrence of certain events C, (...), C, at certain times and places,
>
> (2) a set of universal hypotheses, such that
>
> (a) the statements of both groups are reasonably well confirmed by empirical evidence,
>
> (b) from the two groups of statements the sentence asserting the occurrence of event E can be logically deduced.
>
> In a physical explanation, group (1) would describe the initial and boundary conditions for the ocurrence of the final event; generally, we shall say that group (1) states the determining conditions for the event to be explained, while group (2) contains the general laws on which the explanation is based; they imply the statement that whenever events of the kind described in the first group occur, an event of the kind to be explained will take place[193]."

Ist dies die Struktur historischer Erklärungen? *Hempel* hat mit seinem Modell eine umfangreiche wissenschaftstheoretische Diskussion ausgelöst[194], die zu einer Frontenbildung zwischen grundsätzlichen Vertretern

[192] C. G. *Hempel:* The Function of General Laws in History, in: Aspects of Scientific Explanation and Other Essays in the Philosophy of Science, New York, London 1965, S. 231 - 244.

[193] Ebenda, S. 232.

[194] Siehe dazu G. *Radnitzky:* Contemporary Schools, op. cit., Bd. I, S. 170 ff.

und Gegnern seines Modells geführt hat. *Popper*[195] weist darauf hin, daß theoretische und historische Erklärungen einen ähnlichen, jedoch nicht einen identischen Aufbau haben. Dies liegt an der unterschiedlichen Intention der Erklärungen. Während theoretische Erklärungen darauf abzielen, allgemeine Gesetze zu finden und zu überprüfen, suchen und überprüfen historische Erklärungen Beschreibungen von Tatbeständen in endlichen, singulären, raumzeitlichen Gebilden, d. h. die Anfangsbedingungen. Das Modell einer theoretischen Erklärung hat folgenden Aufbau[196]:

$$\begin{matrix} G_0 & G_0 & G_0 \dots \\ G_1 & G_2 & G_3 \dots \\ A_1 & A_2 & A_3 \dots \\ P_1 & P_2 & P_3 \dots \end{matrix}$$

Hierbei ist G_0 die allgemeine Gesetzesannahme, die zu überprüfen ist, während die Prognosen P mit Hilfe der übrigen Gesetze und der singulären Anfangsbedingungen deduziert werden. Eine historische Erklärung dagegen erfolgt nach folgendem Schema[197]:

$$\begin{matrix} G_1 & G_2 & G_3 \dots \\ A_1 & A_2 & A_3 \dots \\ A_0 & A_0 & A_0 \dots \\ P_1 & P_2 & P_3 \dots \end{matrix}$$

Hierbei bedeutet A_0 eine zu überprüfende historische Beschreibung oder Hypothese. Die Prognosen entstehen durch ihre Verbindung mit anderen trivialen Gesetzen und entsprechenden Anfangsbedingungen.

Auch *Nagel*[198] modifiziert das *Hempel*-Modell, stimmt ihm jedoch grundsätzlich zu. Er weist auf die Bedeutung der Urteilskraft des Historikers hin, da niemals alle Anfangsbedingungen gegeben sind, denn dies wäre eine vollkommene historische Erklärung. Die Auswahl der relevanten Anfangsbedingungen erfolgt vielmehr in einem Selektionsprozeß, der einen der Interpretation ähnlichen Charakter hat. Historische Erklärungen können somit, da sie nur auf unvollständigen Grundlagen beruhen, nur Wahrscheinlichkeitserklärungen sein[199].

Zwei Arten der Kritik lassen sich gegen das „covering-law-model“ anführen. Eine grundsätzliche Kritik — wie sie sich beispielsweise aus einer

---

[195] K. R. *Popper:* Naturgesetze und theoretische Systeme, op. cit., S. 52 ff.

[196] Vgl. ebenda, S. 53.

[197] K. R. *Popper:* Naturgesetze und theoretische Systeme, op. cit., S. 53.

[198] E. *Nagel:* The Structure of Science, op. cit., S. 545 ff.

[199] Ebenfalls versucht er, genetische Erklärungen in Wahrscheinlichkeitsaussagen zu überführen. Allerdings handelt es sich dabei um subjektive Schätzungen, deren Geltungsgrund wohl nur einem hermeneutisch zu hinterfragenden geschichtlichen Sinnentwurf entstammen kann.

Konfrontation mit der Geschichtsphilosophie *Collingwoods*[200] ergäbe — würde hinter dem „covering-law-model" ein apriorisches Fehlverständnis vom Wesen des Geschichtlichen und der Historie vermuten, da sie von einer ontischen Andersartigkeit ausgeht. Die an *Hegel* orientierte Geschichtsphilosophie *Collingwoods* geht von einer ontischen Unterschiedlichkeit der Geschichte aus und sähe in dem Versuch kausaler Erklärungen eine unzulässige Analogie zum naturwissenschaftlichen Denken. Historie dagegen ist Denken — nicht im Sinne eines reinen Nachvollzugs des anderen Denkens, sondern als kritisches Denken eine Konfrontation des anderen Denkens mit dem eigenen Denken. Der Historiker muß die vorliegenden Ereignisse „in seinem Geist nochmals denken"[201]. Geschichte ist nach *Collingwood* nicht eine Darstellung aufeinanderfolgender, vergangener Ereignisse, sondern eine Beschäftigung mit zum Ausdruck gebrachten Gedanken. Das Objekt der historischen Erkenntnis „ist vielmehr eine Aktivität des Denkens, das nur insoweit erkannt werden kann, als der erkennende Geist es nachvollzieht und dabei sich selbst erkennt"[202]. Versuche, Geschichte zu erklären, wären demnach grundsätzlich verfehlt.

Eine spezifizierte Kritik des „covering-law-model" muß sich mit dem Modell im einzelnen auseinandersetzen. Auch wenn die Kausalität in der Geschichte eine andere ist als in der Natur, kann die Geschichte nicht auf Erklärungszusammenhänge verzichten. Hierbei geht es weniger darum, Ursachen zur Erklärung geschichtlicher Phänomene zu finden, da es für fast jedes geschichtliche Ereignis eine große Anzahl möglicher Ursachen gibt; das Problem ist vielmehr, die relevanten Ursachen und ihren ursächlichen Beitrag zu bestimmen. Eine Isolierbarkeit einzelner Ursachen und eine abstrakte Bestimmung ihrer Relevanz ist nicht möglich. Die hierbei auftretenden gedanklichen Operationen können vielmehr nur aufgrund eines hermeneutischen Vorverständnisses erfolgen. Darüber hinaus ist die Frage, ob ein geschichtlicher Kausalnexus derart existiert, daß eine Reihe von Bedingungen ein Ereignis determinieren, daß es mit Notwendigkeit eintritt, oder ob die Geschichte grundsätzlich frei ist.

Die Geschichte ist ein komplexes Phänomen, bei dem zur Komplexität naturwissenschaftlicher Phänomene nicht nur graduelle, sondern auch prinzipielle Unterschiede hinsichtlich der Begriffsbildung auftreten können. *Winch*[203] hat hierauf hingewiesen. Ist der Unterschied nur ein gradueller, so ließe die Geschichte sich grundsätzlich in eine Physik des Historischen überführen. *Comte* hätte recht, der Status der Geschichte sei ein Ausdruck ihres embryonalen Stadiums. Ist der Unterschied ein

---

[200] R. G. *Collingwood:* Philosophie der Geschichte, Stuttgart 1955.

[201] Ebenda, S. 226.

[202] Ebenda, S. 229.

[203] P. *Winch:* Die Idee der Sozialwissenschaft, op. cit., S. 93 ff.

prinzipieller, so ist ein naturwissenschaftlicher Kausalnexus bedenklich. Eine monokausale Historie wäre nicht sinnvoll, und eine alle Ursachen berücksichtigende ist nicht möglich[204].

Das „covering-law-model" erfordert auch nach *Popper*[205] die Erklärung spezifischer singulärer Ereignisse durch die Verbindung von singulären Randbedingungen mit Gesetzeshypothesen. Die Probleme eines solchen Modells liegen sowohl bei den Gesetzeshypothesen als auch bei den Randbedingungen. Gesetzeshypothesen sind Annahmen über Gesetzlichkeiten von Zusammenhängen. Eben dies ist aber das Problem der Geschichte. Alle nichtmarxistische Historie und auch *Popper*[206] stehen dem Gesetzesglauben in der Geschichte skeptisch gegenüber. Handelt es sich dagegen bei den Gesetzeshypothesen um Trivialitäten, so geht die Erklärung in eine Beschreibung über. Sollen sie jedoch nicht trivial sein, so muß Geschichte mangels entsprechender Gesetzeshypothesen aufgegeben werden.

Das Problem der Randbedingungen liegt darin, daß ihre Funktion nicht nur darin besteht, das Vorliegen eines bestimmten Zustandes zu charakterisieren, sondern darüber hinaus den Geltungsbereich der Erklärung einzuschränken. Das Verhältnis von Randbedingungen und Gesetzeshypothesen wird selber zum Problem. Kann man noch von einer Kausalerklärung sprechen, wenn die Anzahl der den Erklärungswert einschränkenden Randbedingungen groß und die Gesetzeshypothese eine Trivialität ist? In diesem Falle wird materiell in einer Beschreibung ein einzelnes Ereignis deskriptiv erläutert, wobei formell der Vorgang in das Schema eines Erklärungszusammenhangs gepreßt wird. So läßt sich denn auch gegen das *Hempel*-Modell einwenden, daß kein Historiker nach diesem Modell erklärt. *Hempel* reflektiert nicht das, was Historiker tun, sondern stellt eine Norm oder eine Definition der historischen Erklärung auf. Erfolgreiche historische Erklärungen verwenden vielmehr Methoden, die von denen *Hempels* grundsätzlich verschieden sind.

Dray[207] hat aus der Ablehnung des „covering-law-model" ein Konzept der rationalen Erklärung in der Geschichte entwickelt. Es basiert darauf, daß menschliches Handeln in der Geschichte zielgerichtetes, intentionales Handeln ist, das sich möglicherweise durch einen Rekurs auf die Zielvorstellungen, Motive und Ursachen des Handelnden erklären läßt. Die Schwierigkeit eines solchen Konzepts liegt jedoch darin, daß bei Vorliegen komplexer Zielbündel eine eindeutige Zuordnung von Motiven

---

[204] Vgl. W. *Dray:* Laws and Explanation in History, London 1964, S. 66 ff.

[205] Siehe K. R. *Popper:* Naturgesetze und theoretische Systeme, op. cit., S. 49 ff.

[206] Ders.: Die offene Gesellschaft und ihre Feinde, Bd. II, Falsche Propheten, Bern und München 1970, S. 320 ff.

[207] W. *Dray:* Laws and Explanation, op. cit.

und Handlungen bzw. beobachtbarem Verhalten nicht unproblematisch ist[208]. Man kann hierbei zwei Sphären unterscheiden: Aus der Sicht des Handelnden ist sein Handeln intentional, seine Vorstellungen sind an wünschenswerten Zuständen orientiert; aus der Sicht des Historikers dagegen ergibt sich die Möglichkeit der Transformation der Motive des Handelnden in Ursachen. „Des Handelnden Gründe sind dem Erklärenden Ursachen (oder Mitursachen)[209].“ So bedeutet dann historische Erklärung, daß der Erklärende durch Rekonstruktion der Ziele und Motive des Handelnden dessen Gedanken unter Berücksichtigung der geschichtlichen Situation nachvollzieht. Damit rückt *Dray* in die Nähe der Geschichtsphilosophie *Collingwoods*, ohne dessen Nachteile, nämlich den Verzicht auf analytische Momente, in Kauf zu nehmen. *Drays* Erklärungsschema ist eine analytische Variante der Theorie des Verstehens. Das Problem dieser Konzeption liegt im Affizieren des Rationalen in den Handlungszusammenhang des Handelnden, wodurch möglicherweise Rationalität unterstellt wird, wo irrationale Faktoren das Handeln bestimmt haben. Eine nachträgliche Rationalisierung der Geschichte ist nicht auszuschließen; die Analogie zum homo oeconomicus ist offensichtlich. Es treten die gleichen Probleme auf, die *Pareto* schon mit seiner Unterscheidung von Residuen und Derivationen analysiert hat[210]. Die Bewußtseinsabhängigkeit der Derivationen führt dazu, daß die Bedeutung des menschlichen Geistes bei der Erklärung soziologischer Gleichförmigkeiten oder historischer Phänomene überschätzt wird. *Stegmüller* hat den normativen Charakter dieses Erklärungsschemas und den hierin enthaltenen normativen Begriff des rationalen Handelns kritisiert[211].

---

[208] Hierauf hat schon *Weber* hingewiesen; siehe M. *Weber:* Idealtypus, Handlungsstruktur und Verhaltensinterpretation, op. cit., S. 77 ff.

[209] W. *Stegmüller:* Probleme und Resultate der Wissenschaftstheorie und Analytischen Philosophie, Bd. I, Wissenschaftlicher Erklärung und Begründung, Berlin, Heidelberg, New York 1969, S. 380.

[210] Siehe V. *Pareto:* Allgemeine Soziologie, Tübingen 1955.

[211] Siehe W. *Stegmüller:* Probleme und Resultate, op. cit., S. 382 ff. *Stegmüller* weist darauf hin, daß die Theorie der rationalen Erklärung in vielen Fällen , beispielsweise bei unüberlegtem Handeln, Motive und Daten unterstellen muß, die in der Realität überhaupt nicht vorgelegen haben. Darüber hinaus verwechselt *Dray* seines Erachtens auf unzulässige Art und Weise die normative und die empirische Betrachtungsweise. Indem *Dray* eine Handlung als rational bezeichne, verlasse er die deskriptive Geschichtsschreibung und nehme eine Wertung historischer Handlungsabläufe vor. Da man weiterhin zwischen Entscheidungen unter Sicherheit, Entscheidungen unter Risiko und Entscheidungen unter Unsicherheit unterscheiden könne, könne es auch überhaupt kein einheitliches Rationalitätskriterium für Erklärungen aller historischen Handlungsabläufe geben. Doch selbst wenn es ein eindeutiges Rationalitätskriterium gäbe und die jeweilige Zielfunktion bekannt wäre, so könne dem historischen Sein nur ein Sollen gegenübergestellt werden; das Sein würde dadurch nicht erklärt.

Findet sich schon bei *Dray* eine Unterscheidung nach dem Warum und dem Wie der Geschichte, so steht die Betonung des Letzteren bei *Danto*[212] im Vordergrund, der von der analytischen Philosophie kommend den phänomenologisch-hermeneutischen Aspekt der Historie betont. Seine Analyse historischer Aussagen zeigt, daß diese einen narrativen Charakter haben. Geschichte ist in Geschichten verstrickt. Historische Ereignisse werden erzählend in ihrem geschichtlichen Zusammenhang dargeboten. Der Historiker hat nicht die Funktion eines Protokollanten des Vergangenen, sondern berichtet über dieses aus einem hermeneutischen Verständnis. So führt *Danto* die analytische Philosophie bis an die Grenzen der Hermeneutik. Historische Aussagen erfolgen aus dem Wirkungshorizont der Geschichte und folgen der Methode der Interpretation: "For in addition to making true statements about the past, it is held, historians are interested in giving interpretations of the past. And even if we had a perfect account, the task of interpretation would remain to be done[213]." Dieses Konzept einer Historie als ein narrativ-interpretierendes Verfahren rückt *Danto* in die Nähe des wirkungsgeschichtlichen Bewußtseins bei *Gadamer,* mit dem dieser das Verstehen in der Historie zu begründen versucht.

Das Verstehen wird zumindest in der deutschen Wissenschaftstheorie der Geschichte als die genuin historische Methode angesehen. Nach *Gadamer* ist das Verstehen die „ursprüngliche Vollzugsform des Daseins“[214], und die Hermeneutik ist die Grundlage der Historik schlechthin. Auch *Droysen* hatte schon das Verstehen als „das vollkommenste Erkennen, das uns menschlicherweise möglich ist“[215], bezeichnet, und *Heidegger*[216] sieht den Nachweis der ontologischen Herkunft der Historie aus der Geschichtlichkeit des Daseins in ihrer existentiellen Interpretation als Wissenschaft.

Hierbei müssen zwei Aspekte der Hermeneutik unterschieden werden. Der erste ist der philosophisch orientierte Versuch, das Verstehen in der Geschichte zu begründen. Hier handelt es sich um eine normative Hermeneutik, nach der das Verstehen seine Verwurzelung in der Geschichtlichkeit des Daseins hat[217]. Der methodische Aspekt der Hermeneutik da-

---

[212] A. C. *Danto:* Analytical Philosophy of History, Cambridge 1965.

[213] Ebenda, S. 115.

[214] H. G. *Gadamer:* Wahrheit und Mtehode, op. cit., S. 245.

[215] J. G. *Droysen:* Historik, op. cit., S. 26.

[216] Siehe M. *Heidegger:* Sein und Zeit, op. cit., S. 376.

[217] In diesem Sinne ist die in der Tradition von *Heidegger* stehende Hermeneutik *Gadamers* zu verstehen. Er schreibt im Vorwort zu „Wahrheit und Methode“: „Eine ‚Kunstlehre‘ des Verstehens, wie es die ältere Hermeneutik sein wollte, lag nicht in meiner Absicht. Ich wollte nicht ein System von Kunstregeln entwickeln, die das methodische Verfahren der Geisteswissenschaften zu beschreiben oder gar zu leiten vermöchten. Meine Absicht war es auch nicht,

gegen richtet sich auf die Erfassung geschichtlicher Sinneinheiten. Er ist jedoch mit dem philosophischen insofern verbunden, als er aus diesem abgeleitet ist. Somit hat die Hermeneutik in der Geschichte eine doppelte Bedeutung: „Einerseits richtet sich das Verstehen (objektiv) auf Sachverhalte und Sinngehalte der geschichtlichen Vergangenheit, andererseits ist der Vollzug des Verstehens subjektiv ein geschichtliches Geschehen, weil wir selbst in der Geschichte leben, durch sie geprägt sind, einen geschichtlichen Standort und Verständnishorizont haben, aus dem heraus wir die Ereignisse und Zeugnisse der Vergangenheit zu verstehen suchen[218].“ In der Historie steht primär der methodische Aspekt der Hermeneutik im Vordergrund, wobei jedoch mit Übernahme des konstituierenden Anspruchs der philosophischen Hermeneutik das geschichtliche Verstehen den Lebensbezug und die Gebundenheit an den Erfahrungshorizont zugleich als Vorteil und als Nachteil akzeptiert[219]. Methodisch reduziert sich so historisches Verstehen auf den Nachvollzug intentionalen Handelns, der als ein Rekurs auf eigenes Handeln, auf eigene Lebenserfahrung und auf eigenes Denken gesehen werden kann. Seine Möglichkeit beruht auf dem, was *Schleiermacher* als „Kongenialität“[220] bezeichnet, nämlich einer Artverwandtheit von erkennendem Subjekt und dem Objekt der Erkenntnis. So gesehen kann man die historische Hermeneutik durchaus als eine „Technologie“[221] auf theoretischer Basis bezeichnen, die eine adäquate Analyse des Verstehens einschließen muß und zu dem „internalizing“[222] der gedanklichen Aktivitäten des artverwandten Fremden führt. Selbst in einer „Historie, die nichts als Historie sein will“[223], hat ein hermeneutisch erworbener „Riecher“[224] im Bereiche der Quellenforschung, der Interpretation historischer Texte und der Deutung von Relikten eine erhebliche Bedeutung. Die Fähigkeit, historische Situationen zu erfassen, historische Sinngebilde verstehend zu umgrenzen und zu deuten, historische Überlieferungen in einen geschichtlichen Sinnzusammenhang einzuordnen, Einzelheiten vor dem Hintergrundwissen um das

---

die theoretischen Grundlagen der geisteswissenschaftlichen Arbeit zu erforschen, um die gewonnenen Erkenntnisse ins Praktische zu wenden“ und: „Mein eigentlicher Anspruch war und ist ein philosophischer: Nicht, was wir tun, nicht was wir tun sollten, sondern was über unser Tun und Sollen hinaus mit uns geschieht, steht in Frage. Insofern ist von den Methoden der Geisteswissenschaften hier überhaupt nicht die Rede.“ H. G. *Gadamer:* Wahrheit und Methode, op. cit., S. XIV.

[218] E. *Coreth:* Grundfragen der Hermeneutik, Freiburg, Basel, Wien 1969, S. 138 f.

[219] Vgl. K.-G. *Faber:* Theorie der Geschichtswissenschaft, op. cit., S. 128.

[220] F. *Schleiermacher:* Hermeneutik, Hg. H. *Kimmerle,* Heidelberg 1959, S. 82.

[221] H. *Albert:* Hermeneutik und Realwissenschaft, op. cit., S. 128.

[222] Th. *Abel:* The Operation called Verstehen, op. cit., S. 177 ff.

[223] H. *Seiffert:* Einführung in die Wissenschaftstheorie, op. cit., Bd. II, S. 45.

[224] Ebenda, S. 103.

Ganze zu verstehen, historische Tatsachen im Wege eines Interpretations- und Selektionsvorganges zu gewinnen und die Bildung und Überprüfung historischer Hypothesen als einen Prozeß der Wechselseitigkeit von „background-knowledge" und vordergründigem Tatsachenwissen zu sehen, kennzeichnet weder einen falsch verstandenen Psychologismus noch einen Essentialismus, sondern den methodischen Aspekt der Hermeneutik in der Historie[225].

4. Die Einheit der Sozialwissenschaften

Dieser Überblick über Inhalt, Fragestellung und Methoden der Sozialwissenschaften zeigt, daß diese eher „ein seltsames Konglomerat von Disziplinen"[226] sind als eine irgendwie geartete materielle Einheit. Zwischen der analytischen Theorie in den Wirtschaftswissenschaften und der Hermeneutik historischer Erklärungen scheinen methodische Unterschiede zu liegen, die scheinbar nur noch durch eine Vergewaltigung des Objekts auf einen gemeinsamen Nenner gebracht werden können. Nur noch der leicht verschwommene Begriff der historisch-sozialen Welt oder die Idee des sozialen Handelns vermögen eine gemeinsame Basis für die sich immer mehr differenzierenden Bemühungen abzugeben. Und selbst dann treten Ansätze auf, deren Eingruppierung unter diesen Begriffen bedenklich erscheint[227]. Die wirtschaftliche Wachstumstheorie beispielsweise analysiert fiktive Prozeßabläufe, deren Bezug zur Wirklichkeit der sozialen Welt als auch zum menschlichen Handeln nur mühsam hergestellt werden kann. Überhaupt bewirkt die zunehmende Hypothetisierung vieler Bereiche einen Verlust an Erfahrung, der sich durch einen zunehmenden Formalismus kompensiert. In vielen Bereichen verursacht das Primat der Theorie eine Spannung zwischen sich im Tautologischen er-

---

[225] In diesem Sinne kann auch *Poppers* Entwurf einer historischen Hermeneutik verstanden werden (siehe K. R. *Popper:* On the Theory of the Objective Mind, op. cit., S. 153 ff.). Seine These ist, daß das Hauptziel historischen Verstehens die hypothetische Rekonstruktion historischer Problem-Situationen ist (S. 170). Dieses Verstehen ist ein Meta-Problem, es bezieht sich auf ein geschichtliches Problem und auf eine Situationsanalyse der dritten Welt, worauf sich seines Erachtens die Tätigkeit des Verstehens überhaupt überwiegend bezieht. (*Popper* unterscheidet drei Welten: „the first is the physical world or the world of physical states; the second is the mental world or the world of mental states; and the third is the world of intellegibles, or of ideas in the objective sense", S. 154). Das historische Verstehen ist dann dadurch objektiv, daß es sich als theoretischer Vorgang auf objektive Ideen bezieht. (*Popper* verdeutlicht es am Beispiel der galileischen Theorie, S. 170 ff.) Zugleich ist es jedoch auch eine Interpretation, vergleichbar der Deutung eines Bildes oder Gedichtes oder der Rekonstruktion einer nur noch in Teilen vorhandenen Überlieferung.

[226] J. v. *Kempski:* Die Logik der Geisteswissenschaften und die Geschichte, in: Recht und Politik, Stuttgart 1965, S. 79.

[227] Für die Nationalökonomie siehe G. *Fleischmann:* Nationalökonomie, op. cit., S. 74 ff.

schöpfenden Allgemeingültigkeitsansprüchen und der zersplitternden Kasuistik einer Vielzahl konkreter Situationen[228]. Der Bezug zur erfahrbaren Welt ist zumindest nur noch indirekt ersichtlich. Dies gilt nicht nur für die Analyse sozialer Phänomene, sondern auch für die Theorie des sozialen Handelns. Sobald diese in eine Theorie rationaler Wahl verwandelt wird, verliert sie ihren sozialen Bezug[229]. Die Analyse sozialen Handelns verliert den erfahrungswissenschaftlichen Aspekt; statt dessen erscheint sie als eine Entscheidungslogik unter hypothetischen Maximen. Sie transformiert sich in eine Formalwissenschaft.

Dennoch hat der Gedanke um die Einheit der Sozialwissenschaften immer wieder die Bemühungen der Sozialwissenschaften beflügelt. Der erfolgreichste Versuch diesbezüglich stammt zweifelsohne von Max *Weber*. Seine Leistung war, daß er historisches Denken, das die Einmaligkeit der geschichtlichen und sozialen Welt betont, und naturwissenschaftliche Methoden in einem umfassenden Gebäude vereinigte. Der Mittelpunkt dieser Synthese ist der Idealtypus, der einerseits von der Einmaligkeit des Besonderen abstrahiert und andererseits das abstrakte Wesen konkretisiert. *Weber* sah das Wesen der Sozialwissenschaften in ihrer Zwischenstellung zwischen eigentlichen Natur- und Geisteswissenschaften und begründete in eben dieser Zwischenstellung nicht nur ihre methodische Autonomie, sondern auch ihre Einheit. Nichts anderes als die *Rickert*sche Ambivalenz von historisch Konkretem und abstrakt Nomologischem begründet die Gemeinsamkeit der Sozialwissenschaften bei Weber. Methodisch äußert sie sich in dem Versuch, verstehend zu erklären.

Dennoch kann die Frage nach der Einheit der Sozialwissenschaften nicht bei *Weber* enden. Wenn sie heute gestellt wird, so kann sie unter verschiedenen Aspekten gesehen werden. Sie läßt sich begründen

— in einer Einheit des Objekts oder Objektbereichs,

— in einer einheitlichen Sprache,

— in einer einheitlichen Theorie,

— in einer einheitlichen Methodologie[230].

---

[228] J. H. *Müller:* Die ökonomische Theorie zwischen logischem Formalismus und empirischer Aussage, in: N. *Kloten* u. a. (Hg.): Systeme und Methoden, op. cit., S. 304 hat dies am Beispiel der Wirtschaftstheorie dargelegt.

[229] Siehe G. *Gäfgen:* Theorie der wirtschaftlichen Entscheidung, op. cit., S. 8 ff.; ders.: Formale Theorie des politischen Handelns, op. cit., S. 210: „Da über die Art der Zielgewinnung und den Inhalt der Ziele nichts gesagt wird, ist die Lehre vom rechten Handeln in bezug auf die Ziele allgemein und somit leer und formal.“ Konsequenterweise kann *Kade* auch die Wirtschaftstheorie unter Zuhilfenahme der modernen Logik in eine logische Formalwissenschaft überführen; siehe G. *Kade:* Die logischen Grundlagen der mathematischen Wirtschaftstheorie, op. cit., S. 132 ff.

Die Einheit im Objektbereich stellt sich bereits nach den obigen Überlegungen problematisch dar. Darüber hinaus gibt es Disziplinen, die zwar den Objektbereich der Sozialwissenschaften tangieren, nach landläufiger Auffassung jedoch nicht zu diesen gehören. Die Rechtswissenschaft beispielsweise beinhaltet zum überwiegenden Teil, soweit sie positivistisch ist, nichts anderes als eine Normierung menschlichen Handelns. Wirtschaftliche und soziale Tatbestände werden erfaßt und bewertet; Verhaltensmuster und soziale Handlungsmodelle werden verwendet, den Normen liegen nicht nur ordnungs- und gesellschaftspolitische Vorstellungen, sondern auch Annahmen bezüglich der Funktionsweise und der Struktur sozialer und wirtschaftlicher Phänomene und Prozesse zugrunde. Das überwiegend von Rechtsvorstellungen geleitete wirtschaftliche Handeln des Staates ist von erheblicher Bedeutung für Wirtschaftsstruktur, -ordnung und -ablauf; rechtsdogmatische Vorstellungen bilden sogar den Grund für Eingriffe in die Sozialstruktur und für die zwangsweise Veränderung von Verhaltensmustern. Dennoch gilt die Rechtswissenschaft nicht als Sozialwissenschaft. Vertretbar wäre diese Absonderung nur, wenn man sich die strikte Trennung von Sein und Sollen zu eigen macht und der Rechtswissenschaft ausschließlich eine normative Funktion und den Sozialwissenschaften eine empirische zuweist. Ob aber normative Elemente aus den Sozialwissenschaften vollkommen ausgegliedert werden können, erscheint fraglich; zumindest entspricht dies nicht der Praxis sozialwissenschaftlicher Forschung. Andererseits wäre ein rechtliches Sollen, das ohne jeden Bezug auf empirisches Sein formuliert ist, sinnlos.

Auch die Einheit in der Sprache ist nur bedingt gegeben. Die starke Differenzierung zwischen den einzelnen Disziplinen und Ansätzen hat vielmehr ein sprachliches Nebeneinander wesentlich begünstigt; insbesondere die zunehmende Formalisierung aufgrund der Theorie hat die Entstehung spezifisch objekt- und bereichsbezogener Terminologien sowohl erforderlich gemacht als auch begünstigt. Andererseits hat die Theorie auch die Möglichkeiten einer einheitlichen Sprache begünstigt: die mit der Entwicklung der Theorie entstandenen Techniken und Methoden haben ein so hohes Abstraktionsniveau entwickelt, daß sie auf verschiedene Disziplinen innerhalb der Sozialwissenschaften anwendbar sind[231].

---

[230] Vgl. H. *Albert:* Probleme der Wissenschaftslehre in der Sozialforschung, op. cit., S. 59 und M. *Schmitz:* Politikwissenschaft, op. cit., S. 53 f.

[231] Die Voraussetzung der Anwendbarkeit dieser einheitsstiftenden Theorien und Methoden wie beispielsweise die Entscheidungstheorie oder die Spieltheorie ist aber, daß nicht reale, sondern hypothetische Handlungsabläufe und Zusammenhänge analysiert werden. Ihre Anwendung geht mit einem Verlust an Wirklichkeit einher.

Die Idee einer einheitlichen Theorie in den Sozialwissenschaften ist oft, aber vergeblich bemüht worden. Voraussetzung zur Beantwortung dieser Frage ist letztlich das Problem, ob eine einheitliche Theorie prinzipiell möglich ist. Eben diese Frage kann jedoch endgültig nur dann beantwortet werden, wenn eine solche Theorie bekannt ist. Das schließt jedoch nicht aus, daß Überlegungen hinsichtlich der Möglichkeit angestellt werden. Obwohl eine einheitliche Theorie auch in Ansätzen noch nicht bekannt ist, sprechen einige Argumente für ihre Wahrscheinlichkeit. In fast allen Bereichen der Sozialwissenschaften liegt soziales Handeln des Menschen vor, gleichgültig, ob dies unter juristischen, soziologischen oder beispielsweise unter ökonomischen Aspekten gesehen wird. Eine einheitliche Theorie, die sich um das Problem des sozialen Handelns rankt, scheint daher am ehesten möglich[232]. Diese könnte als Theorie des Handelns oder als Theorie des Verhaltens erscheinen; in beiden Fällen hätte sie wesentlich psychologische Bezüge; die Psychologie als Ort einer Theorie geistig bestimmten Handelns oder Verhaltens erschiene dann als die Grundlagendisziplin der Sozialwissenschaften. In Anbetracht der Individualität psychischer Normen, Handlungsmaximen und Wertvorstellungen müßte sich eine solche Theorie vermutlich auf einem ziemlich generellen Niveau bewegen, wodurch sie der Gefahr geringen Informationsgehaltes ausgesetzt wäre. Andererseits erscheint die Abstraktion notwendig, damit eine ausreichend breite Basis für die Ableitung der Einzeltheorien gegeben ist.

Offen bleibt, ob die Suche nach einer einheitlichen Theorie in Anbetracht der bisherigen Wissenschaftsentwicklung sinnvoll ist oder ob die Suche nach einer universellen Synthese nicht Ausdruck eines Wunschdenkens ist, das zur Idee des Wissenschaftsfortschritts im Widerspruch steht. Hinter dieser Suche nach einer einheitlichen Theorie kann nur die Vorstellung stehen, daß die bedeutendsten Fortschritte der Wissenschaft immer dann vorliegen, wenn bisher voneinander getrennte Objektbereiche und Theorien in einer allgemeinen Theorie zusammengefaßt werden, die eine neue Erklärungsbasis für bisher getrennt erklärte Phänomene bietet[233]. Als klassisches Beispiel dient hierfür im Bereiche der Naturwissenschaften die angebliche Synthese der Theorien von *Keppler* und *Galilei* in der Theorie *Newtons,* wonach diese *Kepplers* Gesetze über die Umlaufbahnen der Planeten und *Galileis* Gesetzmäßigkeiten

[232] A. *Malewski:* Verhalten und Interaktion, op. cit, versucht eine solche einheitliche Theorie des Handelns mit Hilfe des Mechanismus von Strafe und Belohnung herzuleiten. Die Frage ist nur, ob eine solche Theorie nicht in einem Utilitarismus endet, der dazu noch so vage gehalten ist, daß er kaum noch Informationen enthält.

[233] Auch in *Poppers* früheren Arbeiten findet sich noch diese Auffassung: „Die Entwicklung in der Physik schreitet in der Richtung von weniger allgemeinen zu allgemeineren Theorien fort.“ K. R. *Popper:* Logik der Forschung, op. cit., S. 221.

in den Bewegungen irdischer Körper in der Theorie über die Anziehungskraft der Massen verbindet. Beide Theorien hätten hierdurch eine gemeinsame Erklärungsgrundlage gefunden und gingen in dieser auf, andererseits könnten sie auch als einzelne Erklärungsmodelle bestehen bleiben und gälten als solche unverändert[234]. *Popper* hat dagegen nachgewiesen, daß die *Newton*sche Theorie nicht als eine Synthese der Theorien von *Galilei* und *Keppler* gedeutet werden kann. Sie widerspricht diesen vielmehr in entscheidenden Punkten.[235]

Diese Vorstellung von der universellen Synthese widerspricht jedoch der Wissenschaftsgeschichte in entscheidenden Punkten. Nicht das Auffinden immer umfassenderer Erklärungen und Theorien, sondern eine zunehmende Differenzierung und ein Pluralismus der Ansätze begleiten den Fortschritt der Wissenschaften[236]. *Marshall* hat dies für die Sozialwissenschaften formuliert:

> "There are some who hold with Comte, that the scope of any profitable study of man's action in society must be co-extensive with the whole of social science. They argue that all aspects of social life are so closely connected that a special study of anyone of them must be fertile. But the whole range of man's actions in society is too wide and too various to be analysed and explained by a single intellectual effort. The physical science made slow progress so long as the brilliant but impatient Greek genius insisted on searching after a single basis for the explanation of all physical phenomena; and their rapid progress in the modern age is due to a breaking-up of broad problems into their component parts. Doubtless there is a unity underlying all the forces of nature; but whatever progress has been made towards discovering it has depended on knowledge obtained by persistent specialized study[237]."

Die Frage nach einer einheitlichen Methode betrifft den Autonomieanspruch der Sozialwissenschaften. Hier liegt der eigentliche Gegensatz in

---

[234] Vgl. A. *Bohnen:* Zur Kritik des modernen Empirismus. Beobachtungssprache, Beobachtungstatsachen und Theorien, in: H. *Albert* (Hg.): Theorie und Realität, op. cit., S. 176.

[235] K. R. *Popper:* The Aim of Science, op. cit., S. 191 ff.

[236] So erklärt T. S. *Kuhn:* The Structure of Scientific Revolutions, op. cit., S. 66 ff., den Fortschritt der Wissenschaft aus dem Wechsel und dem Gegensatz der Paradigmen. P. K. *Feyerabend:* Wie wird man ein braver Empirist? op. cit., S. 305, formuliert: „Man ist nur dann ein braver Empirist, wenn man bereit ist, statt mit einem einzigen Gesichtspunkt und der ‚Erfahrung' mit vielen einander widersprechenden Theorien zu arbeiten. Diese Pluralität von Theorien darf nicht als eine vorläufige Wissensstufe angesehen werden, die in der Zukunft durch die Eine Wahre Theorie zu ersetzen ist. Der theoretische Pluralismus gilt hier vielmehr als ein wesentlicher und permanenter Bestandteil allen Wissens, das den Anspruch auf Objektivität erhebt."

[237] A. *Marshall:* Principles of Economics, 8. ed., London 1920, S. 770.

den Auffassungen um die Logik der Sozialwissenschaften. Nomologische Erklärungen und hermeneutisches Sinnverstehen markieren jene Frontenbildung, die der Tradition von Natur- und Geisteswissenschaften entstammt. Beide entwerfen eigene Referenzrahmen für ein methodisches Selbstverständnis, aus dem heraus die jeweils andere Auffassung als unwissenschaftlich oder unangemessen erscheinen muß. Beide sehen sich als Bestandteil einer philosophischen Grundströmung, von deren Überlegenheit sie überzeugt sind. „Die Analytiker verweisen die hermeneutisch verfahrenden Disziplinen in den Vorhof der Wissenschaft überhaupt; die Hermeneutiker rechnen umgekehrt die nomologischen Wissenschaften global einem beschränkten Vorverständnis zu[238].“ Nomologische Erklärung erscheint als die notwendige Voraussetzung und Folge wissenschaftlicher Aufklärung, Hermeneutik — zumindest auf philosophischer Ebene — als universelles Verfahren.

Während diese gegensätzlichen Auffassungen für die Autonomie der Sozialwissenschaften zu unterschiedlichen Ergebnissen kommen, stimmen sie bezüglich der Einheit der Sozialwissenschaften aufgrund der Methode — wenn auch aus verschiedenen Gründen — überein. Logischer Empirismus und kritischer Rationalismus sehen die Einheit der Sozialwissenschaften methodisch in dem Verfahren der nomologischen Erklärung und der empirischen Überprüfung. Die Autonomie der Sozialwissenschaften geht hierbei unter, denn dieses Verfahren kennzeichnet alle theoretischen Wissenschaften[239]. Die Vertreter der verstehenden Sozialwissenschaft dagegen sehen Autonomie und methodische Einheit in den Besonderheiten der Sozialwissenschaften begründet. *Machlup* hat hierzu die Argumente zusammengefaßt:

“The investigator in the social sciences

(1) can feel and think like the men whose actions he investigates;

(2) can talk with other men, learn about their experiences, thoughts, or feelings, and ascertain that these are similar to his own;

(3) can listen to verbal communications, or read written communications, among persons whose actions he investigates, or among persons of the same type;

(4) can receive verbal communications, solicited or unsolicited, directly from the persons, or type of persons, whose actions he investigates;

(5) can make mental constructs and models of human thinking and acting, and can construct theoretical systems involving relationship among ideal-typical actions, counteractions, and interactions;

---

[238] J. *Habermas:* Zur Logik der Sozialwissenschaften, op. cit., S. 72.

[239] Siehe H. *Albert:* Probleme der Wissenschaftslehre in der Sozialforschung, op. cit., S. 50 ff.; E. *Nagel:* The Structure of Science, op. cit., S. 47 ff., K. R. *Popper:* Naturgesetze und theoretische Systeme, op. cit., S. 49 f.

(6) can interpret, with the use of his abstract models and theories, particular (concrete) observations of human conduct;

(7) can interpret, with the use of his abstract models and theories, particular (concrete) data as results of certain types of action;

(8) cannot build useful constructs and theories in disregard of constructs and theories formed and communicated by men of the type he observes;

(9) cannot obtain useful data (i. e., the ‚givens' he is supposed to explain) except through verbal (and often also numerical) reports from men engaged in the activities he investigates[240]."

Die Einheit der Sozialwissenschaften unter methodischem Aspekt ist damit nach beiden Auffassungen gegeben; bezüglich der methodischen Autonomie widersprechen sie sich dagegen. Die Praxis der sozialwissenschaftlichen Forschung wiederum zeigt, daß sich innerhalb der Sozialwissenschaften eine Anzahl methodisch heterogener Ansätze verbinden. Eine Prüfung und Bewertung der beiden erkenntnistheoretischen Positionen muß daher von der Relevanz des apriorisch-erkenntnistheoretischen Aspekts und auch des forschungspraktischen Aspekts ausgehen; die logische Konsistenz und Geschlossenheit der Konzeptionen ist von gleicher Bedeutung wie ihre Anwendbarkeit.

Im folgenden soll daher zunächst die erkenntnis- und wissenschaftstheoretische Basis erörtert werden. Hierbei empfiehlt es sich, von dem im logischen Empirismus und kritischen Rationalismus enthaltenen Anspruch auszugehen und Anspruch und Möglichkeit gegenüberzustellen. Da der Anspruch eine universelle Methodologie beinhaltet, muß er, wenn er vertretbar sein soll, die Geschlossenheit und Anwendbarkeit der Konzeption darlegen. Gelingt dies nicht, so ist er keine geschlossene Theorie sozialwissenschaftlicher Forschung. In diesem Falle entsteht die Notwendigkeit, das theoretische Gebäude erfahrungs- und sozialwissenschaftlicher Methodologie zu vervollständigen. Dies kann — entsprechend der Vorgehensweise praktischer Forschung — nur durch eine erkenntnistheoretische Analyse der Methode des Verstehens erfolgen. Ihr Inhalt ist die kantische Frage nach den erkenntnistheoretischen Bedingungen und Möglichkeiten des Verstehens in den Sozialwissenschaften, ihr Ort ist die erst in Ansätzen vorhandene theoretische Analyse der Hermeneutik. Dieser Weg führt über die drei Stationen sozialwissenschaftlicher Methodologie: Logik, Empirie und Hermeneutik.

240 F. *Machlup:* If Matter Could Talk, op. cit., S. 296.

II. Theorie und Struktur der Erfahrungswissenschaft

A. Das erkenntnistheoretische Anliegen

Die Fragestellung des eigentlichen erkenntnistheoretischen Unternehmens wird in der modernen Philosophie skeptisch beurteilt; sie wird mit einer gewissen Unsicherheit, teilweise sogar mit Unbehagen behandelt[1]. Die Auseinandersetzung verlagert sich — nicht zuletzt aufgrund der überragenden Stellungen des logischen Empirismus und der analytischen Philosophie — immer mehr auf das Gebiet der Wissenschaftstheorie und Logik. Hier ist sie Propädeutik oder Grundlagendisziplin der Wissenschaft und begründet damit die Monopolstellung wissenschaftlicher Erkenntnis. Da die Wissenschaftstheorie jedoch eine überwiegend analytische Disziplin ist, bedeutet die Gleichstellung von Wissenschafts- und Erkenntnistheorie, wie sie von der analytischen Philosophie vollzogen wird, eine Reduktion der Philosophie auf eine „Handlangerin"[2] wissenschaftlicher Erkenntnis[3].

---

[1] Der wesentliche Grund für dieses Unbehagen dürfte das ungelöste Problem der synthetischen Urteile a priori sein. Indem aber die Wissenschaftstheorie sich auf das Gebiet der analytischen Aussagen und der Logik konzentriert, erscheint eine synthetische Wissenschaftstheorie notwendiger denn je, wenn die Wissenschaftstheorie nicht bei der Feststellung einer metaphysischen Grundlage der Erfahrungswissenschaften enden soll. Gerade hier bietet der Ansatz der „new philosophy of science" neue Möglichkeiten, obwohl er bei weitem noch nicht so weit entwickelt ist, daß er die Frage nach seiner Möglichkeit ausreichend beantworten könnte. Siehe Th. *Kiesel:* Zur Hermeneutik, op. cit., S. 195 ff.; D. *Shapere:* Meaning and Scientific Change, op. cit., S. 41 ff.

[2] P. *Winch:* Die Idee der Sozialwissenschaft, op. cit., S. 12.

[3] Teilweise wird in diesem Sinne statt von Wissenschaftstheorie auch von Wissenschaftslogik gesprochen; siehe R. *Carnap:* Die Aufgabe der Wissenschaftslogik; op. cit., S. 3. Zu einer so verstandenen Wissenschaftstheorie versteht sich die „new philosophy of science" weniger konkurrierend als vielmehr komplementär. Weil jedoch der traditionelle Begriff der Wissenschaftstheorie als zu eng erscheint, schlägt Lay (siehe R. *Lay:* Grundzüge, op. cit., Bd. I, S. 13 ff.) vor, zwischen analytischer und nicht-analytischer Wissenschaftstheorie zu unterscheiden. Erstere umfaßt die logisch-methodologische Analyse des Wissenschaft konstituierenden Begründungszusammenhangs und eine syntaktische und semantische Analyse der von einer Wissenschaft verwandten Zeichen (bzw. Sprachen) oder von Wissenschaftssprachen allgemein. Die synthetische Wissenschaftstheorie soll dann die Hermeneutik (die „Wissenschaft vom Verstehen") und die Erkenntnistheorie (die „Wissenschaft von den Möglichkeiten und Grenzen menschlicher Erkenntnis überhaupt") umfassen. Diese Einteilung ist jedoch insofern unglücklich, als die Erkenntnistheorie als ein Teil der Wissenschaftstheorie erscheint.

Dennoch kann im Rahmen einer Grundlagenbetrachtung der Sozialwissenschaften aus zwei Gründen die erkenntnistheoretische Betrachtung nicht auf eine rein wissenschaftstheoretische reduziert werden. Zunächst ist die analytische Wissenschaftstheorie gezwungen, von dem erkennenden Subjekt zu abstrahieren, denn diesem ist sie von ihrer Anlage her nicht zugängig[4]. Gerade diese besondere Bedeutung und Funktion des erkennenden Subjekts macht jedoch nach einer in der Praxis der Forschung weit verbreiteten Auffassung die Besonderheit und den autonomen Status der Sozialwissenschaften aus. Darüber hinaus wird der erkenntnistheoretische Aspekt dann relevant, wenn die Wissenschaftstheorien selber zur Debatte stehen. Dies gilt sowohl für den Fall, daß konkurrierende Wissenschaftstheorien auftreten, als auch für den Fall, daß die Wissenschaftstheorie sich zur Erkenntnistheorie erhebt, d. h. von sich behauptet, sie beinhalte die einzig legitime Form von Erkenntnis in den Wissenschaften überhaupt. Eben dies tut der Positivismus.

Der Zugang zum erkenntnistheoretischen Anliegen des Positivismus stellt sich schwerer dar, als der schlagwortartige Begriff vermuten läßt. Der Positivismus ist kein abgeschlossenes Lehrgebäude; vielmehr setzt er sich aus Ansätzen und Denkanstößen zusammen, die nicht immer einheitlich gesehen werden[5]. Darüber hinaus treten Vermischungen zwischen den verschiedenen philosophischen Richtungen auf, in denen Formen positivistischen Denkens erscheinen. Obwohl die Fundamente des Positivismus rein philosophischer Natur sind, findet er seine häufigsten Ausprägungen in den Einzelwissenchaften, wobei die Methodologie oder die Erkenntnistheorie den Transmissionsriemen zwischen philosophischer Grundentscheidung und wissenschaftlicher Forschungsmethodologie darstellt. Daher ist auch der Positivismus selber weniger ein philosophisches oder wissenschaftliches System als vielmehr eine Art zu denken, die sich durch gewisse Eigenschaften und Merkmale charakterisiert. Seine Geschichte ist der Wandel eines erkenntnistheoretischen Anliegens in zeitlicher Betrachtung. Entscheidend ist die Art zu denken, der Denkansatz, nicht seine systematische Ausprägung.

Das positivistische Denken hat somit theoretische und metatheoretische, philosophische Aspekte. Seine Grundvoraussetzungen gehen bis in den Bereich der Weltauffassungen; seine Erkenntnistheorie transformiert deren Auswirkungen in die konkrete Forschungspraxis. Methodo-

[4] Dies verdeutlicht die Hilflosigkeit der analytischen Wissenschaftstheorie in bezug auf den pragmatischen, d. h. den subjektbezogenen Aspekt der Semiotik, der zwar als relevant angesehen, jedoch ausgeklammert wird; siehe J. M. *Bochenski:* Die zeitgenössischen Denkmethoden, op. cit., S. 37 ff.

[5] Siehe dazu L. *Kolakowski:* Die Philosophie, op. cit.; B. *Juhos:* Formen des Positivismus, op. cit., S. 27 ff.

logisch bedeutet er die Einschränkung der Erkenntnis auf das empirisch Unbezweifelbare und sinnlich Faßbare. *Comte*[6] hat dies zum ersten Male explizit formuliert, als er die Charakteristika seiner „Philosophie positive" beschrieb. Es sind dies die fünf Bedeutungen seiner „nouvelle philosophie générale": „le réel", „l'utile", „la certitude", „le précis" und „le contraire de négatif" in der Bedeutung von „non à détruire, mais à organiser". Dies bedeutet der Inhalt des Wortes positiv: die Konzentration und Beschränkung auf das Gegebene, das Faktische und das Tatsächliche. Das darüber Hinausgehende, das Transzendente gehört in den Bereich des Unnützen. Das Positive markiert die Grenze zwischen dem Nützlichen und dem Nutzlosen und stellt das tatsächlich Empirische als Kriterium zwischen den beiden auf. Dieses Kriterium selber beinhaltet das Fundament der unbezweifelbaren Erkenntnis.

Da sich dieser Begriff der Philosophie nicht mit dem traditionellen deckt, muß alles, was über die Erfahrung hinausgeht, aus der Philosophie herausdefiniert werden, und eben dies geschieht durch den im Begriff des Positiven konstruierten transzendentalen Bezugsrahmen, der Metaphysik und philosophische Reflexion a priori ausschließt. So kommt es denn, daß Philosophie als Erkenntnis- oder Wissenschaftstheorie nur noch die Regeln einer positiven Methodologie beinhaltet[7], deren Ziel eine möglichst adäquate und genaue Erfassung des Objekts und die Überprüfung der hierüber aufgestellten Thesen ist. Daher ist es auch einsichtig, daß positivistisches Denken primär auf die Erfahrung rekurriert, wobei jedoch der zugrundeliegende Erfahrungsbegriff aufgrund seiner apriorischen Konstruktion den Vorgang in einen logischen Zirkel führt: die Erfahrung kann nicht einerseits ein Kriterium sein, das die Methode vorschreibt, und andererseits erst der Anwendung eben dieses Kriteriums bzw. dieser Methode entspringen[8]. Auf den Wahrheitsbegriff übertragen bedeutet dies, daß Wahrheit als „adaequatio rei et intellectus" definiert, und die „res" als das Fundament und das Kriterium der „adaequatio" angesehen wird.

---

[6] A. *Comte:* Discours sur l'esprit positif, in: Cours de philosophie positif, (ed. Verrier) Paris, o. J., Bd. II, S. 92 ff.

[7] Allerdings bereitet die Begründung dieser Regel dem Positivismus außerordentliche Schwierigkeiten. Die Regeln, nach denen die Erkenntnis normiert wird, sind selber nicht begründbar. In neueren Formen positiver Methodologie werden sie vielmehr durch Übereinkunft oder Konvention eingeführt; siehe K. R. *Popper:* Logik der Forschung, op. cit., S. 12 f.

[8] Diese Unbegründbarkeit verändert jedoch den Charakter der Methodologie. V. *Kraft:* Erkenntnislehre, op. cit., zeigt dies am Begriff der Erkenntnislehre: „Somit muß die Erkenntnislehre die Beschaffenheit angeben, die etwas haben muß, um Erkenntnis zu sein, und wie ein Verfahren gestaltet sein muß, das Erkennen, um diese Beschaffenheit herbeizuführen" (S. 24). „Damit ist die Erkenntnislehre von durchaus anderer Art als die Realwissenschaften: sie erkennt nicht ein Sein, sondern setzt Ziel und Normen für geistiges Handeln. Sie gleicht vielmehr der Ethik als normativer Disziplin" (S. 32).

Das so charakterisierte positivistische Denken läßt sich auf einige elementare Grundkonstanten reduzieren, die sich durch die Geschichte des Positivismus hindurch beobachten lassen. Die Grundkonstante des Phänomenalismus im positivistischen Denken ist, daß grundsätzlich nicht zwischen dem Wesen und der Erscheinung unterschieden wird[9]. Alles, was die Erfahrung transzendiert, bleibt im Bereich des Verbalen, ist als solches irreal und nicht wert, untersucht zu werden. Elemente des Nominalismus treten insofern auf, als nur einzelne Gegenstände als existent angesehen werden, während es nichts in der Realität gibt, das den allgemeinen Begriffen entspricht. Gegenstände haben kein allgemeines Sein an sich, und dies kann ihnen auch nicht zuerkannt werden. Abstraktes Wissen ist dementsprechend nichts anderes als eine Reduktion von konkretem Erfahrungswissen und hat keine andere als eine ordnende oder vereinfachende Erkenntnisform, insbesondere keine autonome Erkenntnisfunktion. Das Allgemeine ist vielmehr nur eine Eigenschaft sprachlicher Gebilde. Die Beschränkung auf das Gegebene schließt auch die Möglichkeit von Werturteilen und normativen Aussagen aus; denn diese sind mangels Objekt keine Erfahrungsaussagen. Die Einheit der Wissenschaft folgt aus der Einheit der Wissensmethode, diese aus der Idealisierung des naturwissenschaftlichen Erkenntnismodells, was mit einer philosophischen Aufwertung der Naturwissenschaften verbunden ist[10]. Dieses szientistische Weltverständnis dogmatisiert zweifelsohne den Glauben der Wissenschaft an sich selbst. Gleichzeitig begünstigt es ein Objektivitätsideal, das die Subjektlosigkeit naturwissenschaftlicher Erkenntnis zur Norm der Wissenschaft erhebt[11]. „Ganz allgemein gesprochen ist der Positivismus ein Ensemble von Verboten, die das menschliche Wissen betreffen und die die Bezeichnung ‚Wissen' oder ‚Wissenschaft' denjenigen Verfahren vorzubehalten versuchen, die man in der Entwicklung der modernen Naturwissenschaft beobachten kann[12]."

---

[9] Vgl. F. *Kambartel:* Erfahrung und Struktur, op. cit., S. 50 ff.; H. *Schnädelbach:* Begründung, Erfahrung, op. cit., S. 14, S. 18 ff.

[10] Vgl. L. *Kolakowski:* Die Philosophie, op. cit., S. 11 ff.; G. *Radnitzky:* Contemporary Schools, op. cit., Bd. I, S. 55 ff.

[11] F. A. v. *Hayek:* Mißbrauch und Verfall der Vernunft, Frankfurt 1959, S. 13 f., belegt, daß viele von denjenigen, die die Übertragung naturwissenschaftlicher Methoden auf den sozialen Bereich propagiert haben, schlechte Naturwissenschaftler waren. Relikte dieser Auffassung finden sich auch noch im kritischen Rationalismus; so schreibt H. *Albert:* Kritische Rationalität und politische Theologie, in: Plädoyer für kritischen Rationalismus; op. cit., S. 45: „Die Ideale der Exaktheit, der Präzision und der Effizienz stehen im Vordergrund, wenn es darauf ankommt, die Rationalität von Methoden und Resultaten aller Art zu beurteilen, und Mathematisierung, Quantifizierung und Formalisierung scheinen die hervorstechendsten Merkmale jedes Fortschritts zu sein, der dieser Idee der Rationalität entspricht."

[12] L. *Kolakowski:* Die Philosophie, op. cit., S. 18.

Ein wesentlicher Einfluß des erkenntnistheoretischen Positivismus erstreckt sich auf das erkenntnistheoretische Anliegen in den Erfahrungswissenschaften. Einerseits hat der Positivismus das methodische Bild der Erfahrungswissenschaften entscheidend geprägt, andererseits hat der Fortschritt in den Erfahrungswissenschaften das Vordringen positivistischen Denkens wesentlich begünstigt. Aus erfahrungswissenschaftlicher Sicht hat die Wissenchafts- und Erkenntnistheorie primär eine regulative Funktion; sie kann die wissenschaftliche Erkenntnis nicht ersetzen, sondern nur leiten und vor Fehlschritten bewahren. Nach dem Verständnis der modernen Wissenschaftstheorie ist sie eine Grundlagenforschung mit apriorischem Charakter. Sie liegt vor jeder disziplinären Erkenntnis und bestimmt für diese den kategorialen Rahmen; sie bildet ein Bezugssystem, in dem die disziplinäre Erkenntnis sich konstituiert.

Dieses Rangverhältnis von Wissenschafts- und Erkenntnistheorie sowie Einzelwissenschaft stellt jedoch gleichzeitig eine potentielle Gefahr für die Einzelwissenschaft dar. Sollen Wissenschaft und Erkenntnistheorie nicht in einem zusammenhanglosen Nebeneinander stehen, so darf die Erkenntnis- und Wissenschaftstheorie nicht ohne Wirkung auf die Wissenschaft bleiben, d. h. letztere muß es sich gefallen lassen, von einer theoretischen Grundlagendisziplin in entscheidenden Zügen normiert zu werden. Diese regulative Funktion ist jedoch nur solange vertretbar, wie die Metatheorie die einzig richtige Theorie der Erkenntnis ist. Da es jedoch prinzipiell denkbar ist, daß die Theorie, die die Bedingungen und Möglichkeiten der Erkenntnis beinhaltet, fehlerhaft und unvollendet ist, kann der normative Charakter der Metatheorie zu fatalen Folgen für die theoretische Erkenntnis führen. Der apriorische Charakter der Erkenntnis- und Wissenschaftstheorie ermöglicht es, wissenschaftliche Theorien mit dem Hinweis auf eine erkenntnis- und wissenschaftstheoretische Unhaltbarkeit abzulehnen. Da jedoch nicht mit Sicherheit dargelegt werden kann, daß nach dem bisherigen Verlauf der Geschichte der Wissenschafts- und Erkenntnistheorie hier ein grundsätzliches Endstadium erreicht ist, entsteht eine ambivalente Situation: die regulative Funktion ist einerseits notwendig, andererseits kann sie zu Fehlleitungen führen.

Dies soll am Beispiel des erfahrungswissenschaftlichen Programms in der Nationalökonomie erläutert werden. Hier beinhaltet die Erkenntnis- und Wissenschaftstheorie die Analyse der erfahrungswissenschaftlichen Basis, kantisch gesprochen, die Frage nach den Bedingungen und Möglichkeiten erfahrungswissenschaftlicher Erkenntnis. Das erfahrungswissenschaftliche Anliegen besteht darin, Theorien über die Welt der Erfahrung und über reale Sachverhalte aufzustellen. Der Sinn oder der Wert solcher Theorien und Hypothesen besteht hiernach darin, daß sie mit dem Objekt, dem Sachverhalt oder der Realität übereinstimmen. Die

Bewertung richtet sich nach dem Ausmaß der Kongruenz zwischen Theorie oder Hypothese und Wirklichkeit, das durch eine Überprüfung an der Erfahrung ermittelt wird. Wahrheit ist dann eine Relation zwischen diesen beiden Teilen[13].

Da die Nationalökonomie und in ihrer Folge auch die übrigen Sozialwissenschaften als erfahrungswissenschaftliche Disziplinen angesehen werden, stellt sich die Frage in zweistufiger Form. Die erste Stufe ist das Problem der erkenntnistheoretischen Begründung einer Erfahrungswissenschaft überhaupt. Hier muß gefragt werden, ob und wie ein erfahrungswissenschaftliches Programm durchgeführt werden kann. Die zweite Stufe ist dann erst die Frage, ob die Nationalökonomie vollkommen eine Erfahrungswissenschaft ist oder ob sie neben anderen Interpretationen als eine solche zu deuten ist. Gleichgültig wie die zweite Frage jedoch entschieden wird, sie ist vorab schon mit jenen Problemen behaftet, die aus dem generellen Programm der Erfahrungswissenschaften resultieren. Aporien, die hier auftreten, können auch in der einzeldisziplinären Anwendung nicht gelöst werden. Ist das Konzept einer Erfahrungswissenschaft überhaupt nur mit Bedenken erkenntnistheoretischer Art durchführbar, so kann a priori angenommen werden, daß diese auch in der Nationalökonomie auftreten; möglich ist, daß sie sich hier gar potenzieren. Doch selbst wenn die Nationalökonomie nur unter Bedenken als eine Erfahrungswissenschaft interpretierbar ist, so befreit dies nicht von der Aufgabe, die Grenzen und die Möglichkeiten einer solchen Deutung zu hinterfragen. Erweist es sich aber, daß das erfahrungswissenschaftliche Programm mit Aporien behaftet ist, so zeigt dies die Bedenklichkeit wissenschafts- und erkenntnistheoretischer Argumente bei der Bewertung von Theorien und Methoden. Aus diesem Umstand, daß die Theorie in Anbetracht der Praxis der Erkenntnis unvollendet ist, folgt, daß die Relevanz theoretischer Argumente neu zu bestimmen und die Theorie weiterzuentwickeln ist. Diese Entwicklung ist verbunden mit einer teilweisen Neubestimmung des Verhältnisses von Wissenschafts- und Erkenntnistheorie einerseits und Wissenschaft andererseits. Das Verhältnis gleicht eher dem einer wechselseitigen Bereicherung als dem einer apriorischen Normierung von Erkenntnis durch eine Theorie wissenschaftlicher Erkenntnis.

Die Bedenken eines solchen Vorgehens sind bekannt. Der eigentliche Anspruch des erkenntnistheoretischen Anliegens wird in Hinsicht auf die Praxis der Forschung relativiert. Man könnte einwenden, daß diese Rela-

---

13 Die hierin enthaltene Isomorphievorstellung führt genauso zu positivistischem Denken wie ihre Vorgängerin, die Auffassung von der „adaequatio intellectus ad rem". Die in beiden enthaltene Dichotomie von Geist oder Satz und Sachverhalt setzt nicht nur immer das Gegebene voraus, sondern kann sich sinnvoll nur auf das Gegebene beziehen; siehe W. *Mathias:* Wirtschaftswissenschaftliche Theorie- und Modellbildung, op. cit., S. 192 ff.

tivierung die eigentliche Intention der erkenntnis- und wissenschaftstheoretischen Analyse untergräbt. Doch dieses Argument ist nur dann stichhaltig, wenn die Theorie der Erkenntnis mit Sicherheit jenen Optimismus zu rechtfertigen vermag, der sich hinter ihrem normativen Anspruch verbirgt. Eben diese Sicherheit vermag sie nicht aufzuzeigen. *Popper* hat über theoretisches Wissen gesagt: „Sicheres Wissen ist uns versagt. Unser Wissen ist ein kritisches Raten; ein Netz von Hypothesen; ein Gewebe von Vermutungen[14]." Diese Aussage läßt sich genauso gut auf die Analyse der Erkenntnis und des Erkenntnisfortschritts anwenden. Nichts rechtfertigt die Annahme, daß die Erkenntnistheorie im Besitze eines ewig gültigen Offenbarungsmodells der Wahrheit ist. Nur die kritische Analyse des Erkenntnisfortschritts selber vermag hier weiterzuhelfen. „Um das Wachstum unseres Wissens zu studieren, studiert man am besten das Wachstum der Wissenschaft[15]." Und eben deshalb ist es nicht gerechtfertigt, bestimmte Formen, in denen sich der Erkenntnisfortschritt in der Wissenschaft vollzieht, aufgrund erkenntnis- oder wissenschaftstheoretischer Überlegungen a priori abzulehnen; denn dann tritt stets der Verdacht auf, daß diese Ablehnung aus Gründen der Konsistenz oder der Geschlossenheit eines bestimmten Modells oder einer bestimmten Konzeption wissenschaftlicher Erkenntnis erfolgt. Dies läuft immer auf eine Dogmatisierung bestimmter wissenschafts- und erkenntnistheoretischer Vorstellungen hinaus, und gerade das ist mit einer kritisch-wissenschaftlichen Haltung nicht vereinbar. Eine kritische Wissenschafts- und Erkenntnistheorie muß sich selber permanent genauso in Frage stellen, wie sie die wissenschaftliche Erkenntnis in Frage stellt. Sie muß stets versuchen, sich selber zu hinterfragen und sich selber als ein Produkt menschlicher Unvollkommenheit anzusehen. Dies zeigt ihren reflexiv-zirkelhaften Charakter. Sucht sie in sich selber eine feste Basis, gleichgültig wie diese beschaffen ist, so geht sie den Weg zum Dogma. Wenn sie den Weg des kritischen Weiterfragens an nur einer Stelle aufgibt, so bleibt sie unvollendet; denn die Notwendigkeit, diesen unendlichen Weg fortzusetzen, ist nichts anderes als die Konsequenz der Unvollkommenheit menschlichen Wissens. Skepsis ist daher angebracht gegenüber jeder Konzeption, die sich als vollendet und vollkommen ansieht und bei der sich zeigt, daß diese Vollkommenheit auf nichts anderem beruht als auf dem Abbruch kritischen Fragens.

Gerade die Sozialwissenschaften verdeutlichen dieses Problem. Ihr erkenntnistheoretischer Status ist dadurch gekennzeichnet, daß sie eine große Anzahl heterogener Methoden, Techniken und Intentionen verbinden. Geisteswissenschaftliches und naturwissenschaftliches Denken überschneiden sich hier; die Praxis der Forschung zeigt ein derart viel-

---

[14] K. R. *Popper:* Logik der Forschung, op. cit., S. XXV.

[15] Ebenda, S. XV.

schichtiges Verständnis, daß keine der bekannten erkenntnis- und wissenschaftstheoretischen Konzeptionen sie auch nur annähernd vollkommen erklärt. Im Gegenteil, die Heterogenität der Intentionen und Ansätze läßt die Möglichkeit eines „großen Wurfes" wenig wahrscheinlich erscheinen. Bekannt sind nur Praktiken, die von einem vorgegebenen Konzept ausgehen und die Sozialwissenschaften in dieses Konzept zu pressen versuchen. Je nach Ausprägung dieses Modells wird das zweifelsohne wenig griffige Objekt mehr oder weniger umstrukturiert oder im Sinne der erkenntnis- und wissenschaftstheoretischen Vorstellungen uminterpretiert[16]. Die nicht umwandelbaren Intentionen und Ansätze lassen sich dann leicht entsprechend dem jeweiligen Wissenschaftsverständnis als unwissenschaftlich deklassieren. Wissenschaftlich legitim ist nur, was der Konsistenz des Erkenntnismodells entspricht. Die Strategie ist immer die gleiche: je nach Vorstellung sind sie Erfahrungswissenschaften, Realwissenschaften, Humanwissenschaften, Handlungswissenschaften, theoretische oder praktische Wissenschaften; sie verfahren primär naturwissenschaftlich oder geisteswissenschaftlich. Was jedoch nicht dem erkenntnistheoretischen Credo entspricht, gehört entweder nicht dazu oder entspringt überholten Vorstellungen. Die Hypertrophie der Erkenntnisformen wird zur Methode; was sie möglicherweise konkretisiert, ist ein Verlust an Erkenntnis selber.

Ausgehend von der in der Praxis vorzufindenden Logik der Sozialwissenschaften zeigt sich die Relevanz dreier Komponenten für die Struktur und Theorie der sozialwissenschaftlichen Erkenntnis: Logik, empirische Erfahrung und Hermeneutik. Zwei dieser Komponenten enthalten die Programme des logischen Empirismus und des kritischen Rationalismus. Hiernach enthält die Erkenntnis in den Wissenschaften primär eine logische und eine empirische Komponente. Dem entspricht nicht direkt eine Rückführung auf die beiden traditionellen Hauptrichtungen, den Empirismus und den Rationalismus[17]. Die logische Komponente stellt vielmehr ein wesentlich neues Element dar, dessen Bedeutung auf die Entwicklung der modernen Logik zurückgeht. Andererseits kann eine Artverwandtschaft zwischen Logismus und Rationalismus nicht bestritten werden. Klassischer Empirismus und Rationalismus zeichnen sich beide durch das gleiche Bestreben aus, sie suchen — wenn auch auf verschiedenen Wegen — eine sichere Grundlage der Erkenntnisse, den „archimedischen Punkt", an dem die gesamte Erkenntnis aufgehängt werden kann oder mit dessen Hilfe die Welt der Erkenntnis „aus den

---

[16] Das wohl krasseste Beispiel findet sich bei O. *Neurath:* Soziologie im Physikalismus, op. cit., S. 393 ff.

[17] *Albert* scheint die Entwicklung der Erkenntnistheorie dialektisch im Sinne *Hegels* zu deuten, wenn er den kritischen Rationalismus als Überwindung der gescheiterten Versuche des Empirismus und Rationalismus sieht; siehe H. *Albert:* Traktat über kritische Vernunft, Tübingen 1969, S. 21 ff.

Angeln gehoben" werden kann. Als alleiniges Verfahren mußte jedes der beiden scheitern; der Rationalismus vermochte das Problem der Spekulation nicht zu lösen, und der Empirismus scheiterte an einer festen empirischen Basis. Schon Hume wies nach, daß das dem Empirismus zugrundeliegende Induktionsproblem ungelöst war.

Kant versuchte als erster eine Synthese von Rationalismus und Empirismus. Er hatte nicht zuletzt unter dem Einfluß *Humes* gesehen, daß Rationalismus und Empirismus allein nicht vertretbar waren. Zwar geht auch er entsprechend der These des Empirismus davon aus, „daß alle unsere Erkenntnis mit der Erfahrung anfange"[18], doch sie entspringt eben nicht ausschließlich der Erfahrung; vielmehr gibt es Erkenntnis, die vor jeder Erfahrung besteht. Hierzu unterscheidet *Kant* zwischen analytischen und synthetischen Aussagen einerseits und Erkenntnissen a priori und a posteriori andererseits. Die Unterscheidung von analytischen und synthetischen Aussagen betrifft die logische Struktur von Sätzen. Unter der Annahme, daß alle Aussagen aus einem Subjekt und einem Prädikat bestehen, kann die Beziehung zwischen den beiden Teilen nur dahingehend sein, daß der eine Teil begrifflich in dem anderen enthalten ist (z. B. „Alle Körper sind ausgedehnt"), oder daß dies nicht der Fall ist (z. B. „Alle Körper sind schwer"). Im ersteren Falle handelt es sich um analytische, im letzteren um synthetische Urteile[19]. Bei der Unterscheidung zwischen a priori und a posteriori handelt es sich um eine Differenzierung nach der Erfahrung. Bei der Erkenntnis a posteriori liegen Erfahrungsurteile vor, während apriorische Aussagen unabhängig von der Erfahrung und von den Sinneseindrücken bestehen. „Die eigentliche Aufgabe der reinen Vernunft ist nun in der Frage enthalten: Wie sind synthetische Urteile a priori möglich[20]?"

Die Anwendung dieser Aussagen erfolgt in drei Bereichen: „Mathematische Urteile sind insgesamt synthetisch"[21], „Naturwissenschaft (physica) enthält synthetische Urteile a priori als Prinzipien in sich"[22], und in der Metaphysik sollen synthetische Erkenntnisse a priori enthalten sein. Die Aussagen der Metaphysik entpuppen sich als falsch oder zumindest als erkenntnistheoretisch nicht begründbar. Eine rationale Metaphysik als Wissenschaft ist nach *Kant* nicht möglich. Sie ist, „wenngleich nicht als Wissenschaft, doch als Naturanlage wirklich. Denn menschliche Vernunft geht unaufhaltsam, ohne daß bloße Eitelkeit des Vielwissens sie dazu bewegt, durch eigenes Bedürfnis getrieben bis zu

---

[18] I. *Kant:* Kritik der reinen Vernunft, op. cit., S. 45.

[19] Siehe ebenda, S. 52 ff.

[20] Ebenda, S. 58 f.

[21] Ebenda, S. 55.

[22] I. *Kant:* Kritik der reinen Vernunft, op. cit., S. 57.

solchen Fragen fort, die durch keinen Erfahrungsgebrauch der Vernunft und daher entlehnte Prinzipien beantwortet werden können[23]."

Im Bereiche der Mathematik und der theoretischen Naturwissenschaften dagegen sah *Kant* die Möglichkeit synthetischer Urteile a priori als gegeben. Nach der analytischen Philosophie dagegen werden sie abgelehnt. Zunächst handelt es sich hiernach bei den mathematischen um analytische Urteile. Dies zeigt schon die Überführbarkeit der Mathematik in die Logik[24]. Hier haben schon *Whitehead* und *Russel* in den „Principia Mathematica"[25] dargestellt, daß es sich bei der formalen Logik nicht um „Denkgesetze" im Sinne von Eigenschaften des menschlichen Bewußtseins, sondern um Eigenschaften von und Beziehungen zwischen analytischen Aussagen handelt. Das Problem synthetischer Urteile im Sinne *Kants* muß damit offenbleiben, weil es aus analytischer Sicht als nicht gelöst angesehen werden kann. Eine Neudefinition dagegen basiert auf einer Zweiteilung zwischen Logik und Empirie: Aussagen sind analytisch, „sofern ihre Gültigkeit allein von den Definitionen der darin enthaltenen Symbole abhängt", und sie sind synthetisch, „wenn ihre Gültigkeit durch Erfahrungstatsachen bestimmt wird"[26]. Dem entspricht die Zweigleisigkeit des logischen Empirismus in der Form der beiden Komponenten Logik und empirische Erfahrung.

Die dritte Komponente sozialwissenschaftlicher Forschung, die Hermeneutik als Theorie des Verstehens, überschreitet die Programme des logischen Empirismus und kritischen Rationalismus dann, wenn es sich um eine Methode subjektiver Seinserschließung handelt, die in den Sozialwissenschaften zur Begründung eines eigenen Status verwendet wird. Wird sie dagegen als eine „Technologie der Interpretation" gesehen, so hat sie nach Auffassung des kritischen Rationalismus eine mehr heuristische Funktion, der es eine theoretische Basis zu schaffen gilt. „Es käme also unter diesem Gesichtspunkt gerade darauf an, hinter die Hermeneutik zurückzugehen in Richtung auf eine erklärende Theorie, wie wir das auch sonst bei technologischen Disziplinen zu machen pflegen. Hier besteht also eine enge Verbindung zwischen dem Problem der Hermeneutik und dem der Ausarbeitung allgemeiner Theorien in den Wissenschaften vom Menschen[27]." Voraussetzung für beide Deutungen der Hermeneutik ist jedoch eine erkenntnistheoretische Reflexion ihrer Grundlagen

---

[23] Ebenda, S. 60.

[24] Siehe J. M. *Bochenski:* Formale Logik, Freiburg, München 1970, S. 311 ff.; ders.: Die zeitgenössischen Denkmethoden, op. cit., S. 83 ff.

[25] A. N. *Whitehead,* B. *Russell:* Principia Mathematica, Cambridge 1927.

[26] A. J. *Ayer:* Sprache, Wahrheit und Logik, op. cit., S. 102.

[27] H. *Albert:* Theorie, Verstehen und Geschichte, in: Konstruktion und Kritik, Hamburg 1972, S. 205; siehe auch die Kritik an *Weipperts* Hermeneutik: Soziologie als politische Wissenschaft, ebenda, S. 244 ff.

und Möglichkeiten, worin zu diskutieren ist, ob die Hermeneutik nur eine Hilfsfunktion innehat oder ob sie — wie hier vertreten wird — ein genuines Element wie beispielsweise die Logik in der Theorie der Erfahrungserkenntnis darstellt.

B. Logische und analytische Komponenten

1. Logische Analyse der Sprache

a) Semiotik als Weg zur Sprache

Erkenntnis und Wissenschaft vollziehen sich in menschlichem Denken. Doch stellt dieses, solange es noch nicht artikuliert ist, noch keine Erkenntnis oder Wissenschaft dar; hierzu bedarf es der Transformation von Denken in Sprache[28]. Vor dieser Transformation, die ein Vorgang der Objektivation von Gedachtem ist, befindet sich das Erkennen noch in einem Zustand des Psychischen, d. h. das Denken über die Welt und die Realität ist eine irgendwie geartete Zustandsform des Geistigen. Offen bleibt, ob die Fähigkeit der Sprache zur Erschließung der Welt kongruent ist mit dem Bereich des Denkbaren — umgekehrt, ob etwas gedacht werden kann, das nicht gesprochen werden kann. Gibt es etwas, das die Grenzen der Sprache überschreitet und dennoch gedacht werden kann, oder vollzieht sich alle Seinsvermittlung nur am „Leitfaden der Sprache“[29]? Hier sind zunächst Phänomene wie Stimmungen, Gefühle und Empfindungen angesprochen, deren Zugehörigkeit zur Kategorie des Denkens jedoch zweifelhaft ist. Dennoch gibt es das Problem des „Sagens des Unsagbaren“[30], das in sprachanalytischen Kategorien unsinnig ist und dennoch beispielsweise die Theologie beschäftigt. *Wittgenstein* vertritt die These: „Worüber man nicht sprechen kann, darüber muß man schweigen“[31], der die Auffassung über ein hermeneutisches Weltverständnis genauso entgegengesetzt werden kann wie die wissenspsychologische These von *Polanyi:* “We know more than we can tell[32].” Die Fragen müssen hier offen bleiben und können sich vielleicht aus dem Gesamt der Untersuchung ergeben.

---

[28] J. *Wittgenstein:* Tractatus logico-philosophicus, op. cit., S. 25: „Die Sprache verkleidet den Gedanken. Und zwar so, daß man nach der äußeren Form des Kleides nicht auf die Form des bekleideten Gedankens schließen kann; weil die äußere Form des Kleides nach ganz anderen Zwecken gebildet ist als danach, die Form des Körpers erkennen zu lassen.“

[29] H. G. *Gadamer:* Wahrheit und Methode, op. cit., S. 361.

[30] J. M. *Bochenski:* Die zeitgenössischen Denkmethoden; op. cit., S. 56.

[31] L. *Wittgenstein:* Tractatus logico-philosophicus, op. cit., S. 83.

[32] M. *Polanyi:* The Tacit Dimension, op. cit., S. 4.

Erkennen richtet sich auf die Realität, und sofern es sich in Sprache vollzieht, wird hier eine Relation zwischen Realität und Sprache hergestellt. Richtet es sich dagegen nicht auf die Realität, sondern beispielsweise auf formale Beziehungen wie in der Logik, so liegt zwar in formalisierter Form auch Sprache, nicht jedoch Erkenntnis vor, da es sich analog der Unterscheidung von synthetischen und analytischen Aussagen bei logischen Aussagen um tautologische Umformungen handelt. Die Beschränkung der Erkenntnis auf den Bereich der Realität bedeutet somit, daß es sich bei der Sprache um eine objektivierte Beschäftigung mit der Realität handelt, d. h. die Frage nach der Erkennbarkeit der Realität wird zur Frage nach dem Verhältnis von Denken und Realität, und das Problem der Natur des Denkens führt über den Weg der Objektivation in der Sprache zur Frage nach der Natur der Sprache. „Mit der Frage, ob die Realität erkennbar sei, ist daher untrennbar die Frage verknüpft, in welcher Beziehung die Sprache zur Realität steht, über die sie etwas aussagen soll[33].“

Sprachphilosophie oder Sprachanalyse aus logischer Sicht ist die Semiotik. Hierbei handelt es sich analog zur Logik um eine mittelbare, indirekte Form des Erkennens. „Die Sprache bildet nicht direkt das Seiende ab, sondern die objektiven Begriffe und objektiven Sätze. Wir sprechen nicht das Seiende aus, wie es ist, sondern wie wir es denken[34].“ Semiotik als Disziplin erfaßt nicht das reale Objekt an sich, sondern beinhaltet die Analyse dessen, wodurch das Reale symbolisiert wird. Semiotik beschränkt sich dadurch nur auf die Zeichen und steht innerhalb des Dreiecks von Benutzer des Zeichens, dem Zeichen selber und der Beziehung zwischen Zeichen und dem durch das Zeichen Symbolisierten. Man kann ihr daher drei Aspekte oder Dimensionen zuordnen: Der pragmatische Aspekt betrifft das Verhältnis zwischen Zeichen und Benutzer, der semantische die Beziehung von Zeichen und Symbolisiertem und der syntaktische das Verhältnis der Zeichen untereinander[35].

---

[33] P. *Winch:* Die Idee der Sozialwissenschaft, op. cit., S. 21.

[34] J. M. *Bochenski:* Die zeitgenössischen Denkmethoden, op. cit., S. 12.

[35] Der Sprachgebrauch ist nicht einheitlich. A. *Pap:* An Introduction to the Philosophy of Science, op. cit., S. 6 ff. faßt die drei Dimensionen unter dem Oberbegriff „semantical concepts“ zusammen; siehe auch W. *Stegmüller:* Das Wahrheitsproblem und die Idee der Semantik, op. cit., S. 41 f.; R. *Lay:* Grundzüge, op. cit., Bd. I, S. 103 f. entwickelt folgendes Schema unter Berücksichtigung der Hermeneutik:

	Bezeichnetes (1)	
Sprecher (2)	Zeichen (Z)	Hörer (3)
	Zeichensystem (ZS)	

Die Disziplinen ergeben sich als folgende Relationen:

1. Semantik Z - 1
2. Syntaktik Z - ZS
3. Pragmatik Z - 2
4. Hermeneutik (2 -) Z - 3.

Der pragmatische Aspekt verdeutlicht das Verhältnis von Benutzer und Zeichen und zielt auf jenen Umstand, daß durch die Zeichen der Sprache Sinnintentionen des Benutzers an andere Personen vermittelt werden. Hier handelt es sich um hermeneutische Perspektiven der Sprache, die der späte *Wittgenstein* unter dem schon genannten Begriff des „Sprachspiels“[36] zusammenfaßt. Die analytische Sprachphilosophie schaltet diesen Aspekt aus, die Pragmatik gilt nicht als logische Disziplin, „da mit der Berücksichtigung der Eigenart des Sprechenden notwendig auch empirische Faktoren (physiologische Vorgänge beim Sprechen, historisch feststellbare Sprachgewohnheiten usw.) untersucht werden müssen[37].“ Das bedeutet, daß die semiotische Sprachanalyse sich ausschließlich auf die logisch-analytische Dimension der Zeichen begrenzt; Semiotik ist nichts anderes als eine Form der logischen Analyse.

Diese Vernachlässigung des pragmatischen Aspekts in der „reinen“ oder „logischen“ Semiotik birgt zweifelsohne die Gefahr eines Formalismus in sich, der nicht um seine eigene Existenzberechtigung weiß[38]. Zum Wesen der Sprache gehört der Bezug zum sie benützenden Subjekt; und der Verzicht auf diesen Bezug ermöglicht zwar eine rein logische Analyse, verkennt jedoch, daß die Sprache immer an die Subjektivität der Person gebunden ist. Sprache ist zwar ein objektiviertes Gebilde in dem Sinne, daß es in Lauten oder Zeichen objektiviert ist, doch diese Objektivation erfolgt stets durch das sprechende Subjekt.

b) Semantische Aspekte

Die Abstraktion vom pragmatischen Aspekt führt die Semiotik zur Semantik. Hierbei handelt es sich um das Verhältnis zwischen den Zeichen, auch Designatoren oder Semaphoren genannt, und den durch das Zeichen dargestellten Sachverhalten, Designata genannt. Durch diese Relation zwischen Symbol und Symbolisiertem hat die Semantik nicht nur logische, sondern auch genuin erkenntnistheoretische Kategorien. Dadurch rückt eines der klassischen Probleme der Erkenntnistheorie, die Frage nach der Wahrheit, in den Mittelpunkt der semantischen Analyse. Zur Beantwortung dieser Frage, ob etwas „wahr“ ist, sind eine ganze Anzahl von Wahrheitsbegriffen und Wahrheitskriterien entwickelt worden[39]. Die Semantik verlagert dies Problem entsprechend dem Konzept

---

[36] L. *Wittgenstein:* Philosophische Untersuchungen, op. cit., S. 300; siehe auch Kapital II. D. 3. b. „Sprachspiele und Bedeutung“.

[37] W. *Stegmüller:* Das Wahrheitsproblem und die Idee der Semantik, op. cit., S. 42.

[38] Allerdings muß auch die formale Semiotik ein implizites Sinnverständnis haben, das ihr zugrunde liegt; andernfalls wäre sie ein willkürliches Spiel; siehe J. M. *Bochenski:* Die zeitgenössischen Denkmethoden, op. cit., S. 47 f.

[39] Siehe V. *Kraft:* Erkenntnislehre, op. cit., S. 154; R. *Lay:* Grundzüge, op. cit., Bd. I, S. 180 ff.

der Sprachanalyse auf eine rein sprachliche Ebene. Eine Sprache hat nur dann einen Sinn, wenn ihr ein eindeutiger Wahrheitsbegriff zugrundeliegt. Dieser wiederum kann nur aus der Sprache heraus definiert werden.

Aus den verschiedenen Wahrheitstheorien, wie Kongruenztheorie, Kohärenztheorie und der Theorie des Pragmatismus[40], greift die Semantik die Kongruenztheorie heraus und versucht, diese auf die Sprache anzuwenden. Hierzu wird der Begriff auf eine bestimmte Sprache definiert; denn Aussagen können in einer Sprache falsch und in einer anderen richtig sein. Der Terminus „wahr“ oder seine Umkehrung „nicht wahr“ wird in seiner Bedeutung eingeschränkt; er gilt nur als Prädikation eines Satzes. Ein Teil der umgangssprachlichen Verwendung von „wahr“ scheidet damit aus. Der Bezug auf eine bestimmte Sprache bewirkt nun, daß es kein „wahr“ in einem allgemeinen Sinne gibt, sondern nur „wahr in einer bestimmten Sprache“, ein „wahr in S“. Damit gilt als notwendige, aber nicht hinreichende Bedingung, daß eine Aussage „wahr“ ist, wenn das semantische System angegeben ist, in dem sie definiert ist. Darüber hinaus hat *Tarski* entsprechend dem Gedanken der Kongruenztheorie die materielle Adäquanz definiert: „Eine wahre Aussage ist eine Aussage, welche besagt, daß die Sachen sich so und so verhalten, und die Sachen verhalten sich eben so und so[41].“ Der semantische Wahrheitsbegriff ist damit zweiwertig; einerseits enthält er den Bezug auf eine Sprache S und andererseits die Bedingung der materiellen Adäquanz. Alle anderen Wahrheitsbegriffe müssen dann als semantisch inhaltslos bzw. sinnlos angesehen werden[42].

Wahrheit wird somit nach dem semantischen Konzept in rein sprachlichen Kategorien bestimmt. Ob dieses Konzept in rein formalisierten Sprachen durchführbar ist, ist unbestimmt; in der Umgangssprache stößt es in der obigen Form zumindest auf unüberwundene Schwierigkeiten. Hier entsteht das Problem der semantischen Antinomie des Lügners: „Alles, was auf dieser Seite steht, ist nicht wahr“ beispielsweise ist auf diesem Wege nicht lösbar; denn die Adäquanzbedingung lautet allgemein:

a ist wahr dann und nur dann, wenn a,

wobei a eine beliebige Aussage ist. Der Satzteil „Alles, was auf dieser Seite steht“, im obigen Beispiel sei nun a. Das bedeutet:

a ist nicht wahr.

---

[40] Die Kongruenztheorie stellt auf die Kongruenz zwischen Satz und Wirklichkeit ab, die Kohärenztheorie auf den Kontext eines Systems von Sätzen und der Pragmatismus auf den Erfolg in der langfristigen Praxis.

[41] A. *Tarski:* Der Wahrheitsbegriff in den formalisierten Sprachen, in: Studia Philosophica, I, Leopoldi 1935, S. 267.

[42] Siehe A. J. *Ayer:* Sprache, Wahrheit und Logik, op. cit., S. 114 ff.

Unter Bezug auf die Bedeutung von a gilt nun:

„a ist nicht wahr“ ist identisch mit a.

Die umformulierte Adäquanzbedingung lautet nun:

„a ist nicht wahr“ ist wahr dann und nur dann, wenn a nicht wahr ist.

Aufgrund obiger Identität gilt nun:

a ist wahr dann und nur dann, wenn a nicht wahr ist.

Dies zeigt, daß innerhalb einer Sprache logische Widersprüche auftreten können, zu deren Überwindung sich zwei Möglichkeiten bieten: entweder werden die logischen Regeln verworfen, oder die bisher unterstellte Geschlossenheit der Sprache wird aufgegeben. *Tarski* und *Carnap* gehen den Weg über eine Aufgabe der Geschlossenheit der Sprache, indem sie zwischen einer Objektsprache und einer Metasprache unterscheiden. Ein semantisches System ist dann ein „system of rules formulated in a metalanguage and referring to an objectlanguage, of such a kind that the rules determine a truth-condition for every sentence of the object language, i. e., a sufficient and necessary condition for its truth"[43].

Dieses Aufgeben der Einheit der Sprache bedeutet das Ende der Idee der eigentlichen Einheitssprache. Darüber hinaus lassen sich viele Argumente gegen den semantischen Wahrheitsbegriff anführen. *Wittgenstein* lehnt den eigentlichen Kern der Lösung, die Zwei-Stufen-Theorie, ab: „Was sich in einer Sprache spiegelt, kann sie nicht darstellen. Was sich in der Sprache ausdrückt, können wir nicht durch sie ausdrücken[44].“ In der Tat ist die Zweiteilung nicht so unproblematisch, wie die Praxis der Anwendung vermuten läßt. Das erste Problem liegt darin, daß durch Konstruktion weiterer Metasprachen die Gefahr eines infiniten Regresses gegeben ist, wobei die letzte Meta . . . metasprache zwangsläufig ungeklärt bleiben muß. Auch *Stegmüller* konzediert: „Die Unterscheidung von Objekt- und Metasprache ist keine absolute; denn jedes als Metasprache verwendete System kann selbst wieder Objekt einer semantischen Analyse werden. Die Ergebnisse dieser Untersuchung müßten dann in der Metametasprache untersucht werden. Es ist klar, daß die Umgangssprache stets die oberste Metasprache bilden muß; denn wir müssen in einer verständlichen Sprache zu sprechen beginnen, wenn wir die Regeln irgendeines aufzubauenden Systems festlegen wollen[45].“ Das zweite Problem

---

[43] R. *Carnap:* Introduction to Semantics, op. cit., S. 22.

[44] L. *Wittgenstein:* Traktatus logico-philosophicus, op. cit., S. 33.

[45] W. *Stegmüller:* Das Wahrheitsproblem und die Idee der Semantik, op. cit., S. 42.

betrifft das Verhältnis der Sprachen zueinander. „Dabei wird stets vorausgesetzt, daß hinsichtlich der Bedeutung der Ausdrücke in der Metasprache keine Schwierigkeiten mehr bestehen, d. h. daß die Ausdrücke dieser Sprache bestimmte Gegenstände in eindeutiger Weise bezeichnen und als solche bekannt sind[46].“ Die Metasprache, die die Objektsprache analysieren soll, setzt also diese, zumindest jedoch die Umgangssprache voraus, wodurch das ganze Verfahren in den Verdacht des Zirkelhaften gerät. Lehnt man dagegen die Zweiteilung ab, so bleibt nur die Möglichkeit, die Widersprüche als eine Äußerung der Struktur der Sprache anzusehen[47].

c) Syntaktische Aspekte

Die Abstraktion vom Sprechen und von der Bedeutung des Zeichens führt zur syntaktischen Analyse, die damit auf eine rein formale Betrachtungsweise der Zeichen beschränkt ist. Es werden nur die Formen der Sätze und Sprachgebilde behandelt, d. h. unter syntaktischem Aspekt ist die Frage nach dem Sinn und der Bedeutung der Wörter irrelevant. Der Aufbau eines syntaktischen Systems vollzieht sich in zwei Phasen. In der ersten werden die syntaktischen Kategorien festgelegt, d. h. es werden Klassen oder Gattungen von Ausdrücken einer Sprache festgelegt, so daß jeder Ausdruck einer Klasse mit anderen Ausdrücken der gleichen Klasse vertauscht werden kann, ohne daß hierdurch der Satz sinnlos wird. Syntaktische Kategorien haben damit eine ähnliche Bedeutung wie der Begriff des Satzteils in einer umgangssprachlichen Grammatik. In der zweiten Phase werden dann die syntaktischen Regeln bestimmt. Die Formregeln bestimmen die Möglichkeiten der Bildung von Sätzen aus Wörtern, d. h. sie betreffen die Verbindung der in den syntaktischen Kategorien zusammengefaßten Zeichen. Die Umformungs- oder Deduktionsregeln betreffen die logische Deduzierbarkeit von Sätzen, sie entsprechen ungefähr den Schlußregeln in der Logik[48], indem sie festlegen, daß und wie ein Satz aus einem oder mehreren anderen Sätzen gebildet werden kann.

---

[46] Ebenda, S. 49 f.

[47] Diesen Standpunkt vertritt *Wittgenstein*. Für ihn ist die Theorie der Metasprache ein Versuch, die Sprache sprachlich außerhalb der Sprache zu bestimmen oder durch die Sprache zu verlassen, ein Unterfangen, das a priori zum Scheitern verurteilt ist. Eher ist er bereit, die Widersprüche als solche hinzunehmen — dies auch dann, wenn sich seine eigene Analyse deswegen als unsinnig herausstellen sollte. Mit radikaler Konsequenz sagt er dies am Ende des „Traktatus“: „Meine Sätze erläutern sich dadurch, daß sie der, welcher mich versteht, am Ende als unsinnig erkennt, wenn er durch sie — auf ihnen — über sie hinausgestiegen ist.“ L. *Wittgenstein:* Tractatus logico-philosophicus, op. cit., S. 83.

[48] Siehe R. *Carnap:* Die Aufgabe der Wissenschaftslogik, op. cit., S. 8; W. *Stegmüller:* Das Wahrheitsproblem und die Idee der Semantik, op. cit., S. 176.

In der Praxis gehen semantische und syntaktische Systeme ineinander über; ein vollständiges semantisches System muß zwangsläufig auch syntaktische Zusammenhänge berücksichtigen, genauso wie ein ausschließlich syntaktisches System sinnlos erscheint. Der Sinn und die Wahrheit von Aussagen bestimmt sich daher auf zwei Wegen: in Abhängigkeit von den semantischen Bedingungen und durch die Beachtung der syntaktischen Regeln. Syntax und Semantik unterscheiden sich daher nur durch die Perspektive.

2. Formale Logik und deduktive Axiomatik

a) Logik als Syntax der Wissenschaftssprache

Die Semiotik hat gezeigt, daß aus der Sicht der analytischen Philosophie nicht psychische Prozesse oder gedankliche Gebilde, sondern deren Objektivationen in der Sprache das Objekt der erkenntnistheoretischen oder wissenschaftstheoretischen Analyse bilden. Aus dieser Sicht ist Wissenschaft nichts anderes als sprachliche Gebilde in Form von Aussagen oder Sätzen, die in einem bestimmten Zusammenhang stehen. Wissenschaft vollzieht sich somit in begrifflich-sprachlicher Repräsentation, wodurch reale oder auch fiktive Sachverhalte ebenso wie die sie analysierenden Gedankenvorgänge für die erkenntnistheoretische Analyse irrelevant werden[49].

Parallel hierzu verläuft eine ähnliche Entwicklung in der Logik. Während die traditionelle oder klassische Logik eine mehr oder weniger normative Disziplin vom „richtigen“ Denken, von den Denkgesetzen war[50], so ist die moderne Logik oder Logistik eine Lehre von logisch gedeuteten Systemen von Zeichen mit den dazugehörigen Operationsregeln. Dies bedeutet ebenfalls eine Abkehr von den gedanklichen Prozessen und eine Hinwendung zu den sprachlichen oder symbolisierten Gebilden.

Abstrahiert man nun in der Sprachanalyse vom pragmatischen und vom semantischen Aspekt, so zeigt sich eine Konvergenz von Syntax und Logik, die von den Vertretern des logischen Empirismus sogar als eine Identität gedeutet wird[51]. Syntax und Logik vereinigen sich in der logi-

---

[49] Dementsprechend muß aus der Sicht der analytischen Philosophie der propositionale Wissenschaftsbegriff als der einzig adäquate erscheinen. Gleichzeitig ist sie jedoch mit all jenen Problemen behaftet, die diesem Wissenschaftsbegriff anhängen.

[50] *Kant* beispielsweise definierte die Logik als jene Wissenschaft, „welche nichts als die formalen Regeln alles Denkens (es mag a priori oder empirisch sein, einen Ursprung oder Objekt haben, welches es wolle, in unserem Gemüte zufällige oder natürliche Hindernisse antreffen) ausführlich darlegt und strenge beweiset.“ I. *Kant:* Kritik der reinen Vernunft, op. cit., S. 21.

[51] Siehe R. *Carnap:* Intellectual Autobiography, S. 13 f.

schen Syntax der Sprache, die aus wissenschaftstheoretischer Sicht zu einer Logik der Wissenschaftssprache wird. Hierdurch gewinnt die Logik eine wesentliche Bedeutung für die Erfahrungswissenschaft. Zwar war auch nach dem traditionellen Verständnis der Logik diese eine wesentliche Voraussetzung wissenschaftlichen Denkens, doch hatte diese stets nur die Funktion einer (grundlegenden) Hilfsdisziplin, der nur eine regulative Bedeutung zukam. Die Logistik dagegen hat die Möglichkeiten der Logik wesentlich erweitert; sie ist sogar teilweise in der Lage, ihre Funktion als Hilfsdisziplin zu verlassen und an die Stelle der eigentlichen Fachdisziplin zu treten[52]. Darüber hinaus bildet die Logistik die erkenntnistheoretische Grundlage für die Modell- und Theoriebildung in den Erfahrungswissenschaften. Die Kalkülisierung der Logik und Syntax ermöglicht, daß unter Beachtung einer strikten Trennung zwischen Erfahrungsobjekt und Modell die im Modell vorgenommenen Operationen auf rein logische Umformungen zurückgeführt werden können. Wird hierbei unterstellt, daß das Isomorphieproblem ausreichend gelöst ist, so kann das modelltheoretische Vorgehen — bei der Beachtung der Regeln der Logik — nur zu wahren Lösungen führen[53].

b) *Formen der Logik*

Die Logik als Wissenschaft des Schließens umfaßt drei Disziplinen[54]: Die formale Logik beinhaltet die sogenannten logischen Gesetze, jene Regeln, nach denen geschlossen werden muß, um von wahren Sätzen zu wahren Sätzen zu gelangen. Sie stellt die Ableitungs- und Umformungsbeziehungen zwischen den einzelnen Sätzen her. Die Methodologie ist die Theorie der Anwendung der logischen Gesetze auf verschiedene Sachverhalte, denn die gleichen logischen Regeln können auf verschiedene Weise und auf verschiedene Zusammenhänge angewandt werden. So werden Induktion und Deduktion zwar auf verschiedenen Gebieten verwendet; sie beinhalten auch eine unterschiedliche Art und Weise des Vorgehens, dennoch basieren sie auf den gleichen logischen Regeln. Es läßt sich zeigen, daß die Induktion nichts anderes ist als ein Sonderfall der Reduktion

---

[52] Voraussetzung ist allerdings, daß der empirische Charakter aufgegeben wird. In diesem Falle läßt sich, wie beispielsweise die Entscheidungstheorie es tut, eine Theorie des Handelns oder Verhaltens durchaus in eine Logik rationaler Wahl transformieren. Die Theorie hat es nicht mehr mit adaptivem Verhalten zu tun, sondern bezieht sich nur noch auf die Rationalität der Wahl unter alternativen Strategien bei vorgegebenen Maximen. Voraussetzung ist aber, daß ein eindeutiges Kriterium der Rationalität gegeben ist. Ähnliche Überlegungen gelten für die Wohlfahrtsökonomik. Siehe G. *Gäfgen:* Formale Theorie politischen Handelns, op. cit., S. 220 ff.

[53] Siehe J. *Wild:* Probleme der theoretischen Deduktion von Prognosen, in: Zeitschrift für die gesamte Staatswissenschaft, Bd. 126, 1970, S. 558 f.

[54] Vgl. J. M. *Bochenski:* Die zeitgenössischen Denkmethoden, op. cit., S. 15 f.

und daß diese auf den gleichen Regeln basiert wie die Deduktion[55]. Es gibt daher keine „induktive" oder „reduktive" Logik, genauso wenig wie es eine „Logik" des „Forschens" oder des „Entdeckens" im eigentlichen Sinne des Wortes Logik gibt, sondern es gibt nur unterschiedliche Methodologien, d. h. unterschiedliche Anwendungsmöglichkeiten logischer Regeln[56]. Die dritte Disziplin schließlich ist die Philosophie der Logik. Bei ihr handelt es sich um eine Meta-Logik; denn sie beinhaltet Fragen, die über die eigentliche Logik hinausgehen, Fragen nach der Natur der Logik und ihrer Gesetze und allgemeine transzendentallogische Überlegungen.

Der eigentliche Begriff der Logik unterliegt den gleichen Wandlungen, die diese inhaltlich durchschreitet. Die Definition *Kants* von der Logik als derjenigen Wissenschaft, „welche nichts als die formalen Regeln alles Denkens (...) ausführlich darlegt und strenge beweiset"[57], entspricht dem klassisch-aristotelischen Verständnis. Erst *Husserl* und *Frege* haben darauf hingewiesen, daß dieser Vorstellung vom richtigen Denken ein normativer Psychologismus zugrundeliegt, und haben hierdurch eine Abkehr vom Denkvorgang und eine Hinwendung zu den Denkinhalten eingeleitet[58]. Die moderne Logik geht noch einen Schritt weiter, sie konzentriert sich ausschließlich auf die Wahrheit von Aussageformen und faßt als Logistik „alle logischen Theorien zusammen, die sich eines Kalküls bedienen, d. h. einer Kunstsprache, die aus einem System von Zeichen und Regeln über die Verwendung dieser Zeichen besteht, wobei die Regeln nur die Beachtung der graphischen Form der Zeichen, nicht auch ihrer inhaltlichen Bedeutung voraussetzen"[59].

Der Gedanke einer Kalkülisierung der Logik, wie sie in der Logistik auftritt, trat erstmals bei *Leibniz* auf, der von der Vorstellung ausging, daß jedem Gegenstand ein Zeichen zugeordnet werden könne und daß auf diesen Zeichen ein Kalkül wie in der Arithmetik oder in der Algebra aufzubauen sei, wodurch dem Geist ein „Ariadnefaden" zur Verfügung stehe, anhand dessen ein eindeutiger Weg zur Wahrheit gefunden werden könne[60]. Das Programm einer Kalkülisierung oder Axiomatisierung

---

55 Das bedeutet nicht, daß die Induktion das gleiche ist wie die Deduktion. Das bei der Induktion oder Reduktion verwendete Vorgehen des Schließens vom Nachsatz auf den Vordersatz ist vielmehr logisch ungültig; siehe ebenda, S. 75.

56 Vgl. ebenda, S. 77.

57 I. *Kant:* Kritik der reinen Vernunft, op. cit., S. 21.

58 Vgl. G. *Patzig:* Logik, in: Das Fischer-Lexikon, Bd. 11, Philosophie, Hg. A. *Diemer*, J. *Frenzel*, Frankfurt 1967, S. 131 ff.; G. *Kade:* Die logischen Grundlagen, op. cit., S. 28 ff.

59 G. *Patzig:* Logistik, in: Das Fischer-Lexikon, Bd. 11, op. cit., S. 144.

60 Wäre dieses Programm durchführbar, so würden sich Auseinandersetzungen über die Rechenhaftigkeit der Phänomene erübrigen. Das Verhältnis von Wirklichkeit und Sprache könnte vielmehr in eine umfassende Strukturtheo-

wurde dann für die Geometrie erstmals von D. *Hilbert* durchgeführt. Er erbrachte den Beweis, daß mathematisch-geometrische Systeme in arithmetische Axiomensysteme überführbar sind, wodurch die Auffassung *Kants,* die geometrischen Systeme seien synthetisch, nicht mehr aufrecht erhalten werden konnte[61]. Das gleiche gilt für die Systeme der Arithmetik; hier unternahm G. *Frege,* basierend auf dem Kalkülsystem von G. *Boole* und E. *Schröder,* den Versuch, die Arithmetik auf die Analytik der Logik zurückzuführen, wodurch der analytische Charakter der Mathematik dargestellt war. *Freges* logischer Aufbau der Arithmetik zerlegte die Menge der Aussagen in Gegenstands- und Prädikatsausdrücke und wies so die sprachlogische Gleichheit der Ausdrucksformen in den Umgangssprachen und den mathematischen Sprachen nach[62].

Eine weitestgehende Realisierung des *Leibniz*schen Ideals der Formalisierung und Kalkülisierung brachten die „Principia Mathematica" von A. N. *Whitehead* und B. *Russell.* Sie enthalten eine symbolisierte Ausarbeitung und Erweiterung der klassischen formalen Logik und basieren auf drei Komponenten[63]: auf einem Symbolsystem, das die Symbole und Strukturgesetze beinhaltet, auf Definitionen, die jedoch nicht unbedingt erforderlich sind, und auf grundlegenden Axiomen und Regeln der Deduktion, die von dem Symbolsystem insofern unabhängig sind, als sie vorausgesetzt werden, ohne daß ihre Richtigkeit bekannt ist. Das Symbolsystem wiederum enthält die Symbolisierung von drei Arten von Ausdrücken: einfache Ausdrücke werden durch einfache Variable oder als Prädikationen der Art „X ist ein a", „X und Y stehen in Beziehung zu r" oder als Eigenschaften dargestellt. Die Satzoperationen werden durch Konjunktionen („A und B"), durch Negationen („nicht A"), durch Alternativsätze („A oder B"), durch Implikationen („Wenn A, dann B") und durch Äquivalenzsätze („A genau dann, wenn B") symbolisiert[64]. In der Quantorenlogik schließlich werden Beziehungen zwischen Allgemeinaus-

---

rie überführt werden. Das einzige Problem einer solchen Theorie wäre noch ein logisch und empirisch einwandfreier Begriff der Wahrheit für alle Termini; siehe K. *Lorenz:* Elemente der Sprachkritik, Frankfurt 1970, S. 46 ff.; J. M. *Bochenski:* Formale Logik, op. cit., S. 320 ff. Ansätze einer ähnlichen Theorie für den Bereich der betriebswirtschaftlichen Organisationslehre finden sich bei J. *Wild:* Grundlagen und Probleme, op. cit., S. 89 ff. Zu den Problemen einer strukturellen Basis siehe auch Kapitel II. C. 2. a.

[61] *Kants* gesamtes System der synthetischen Urteile a priori, dessen Ecksteine die Aussagen der Geometrie und Arithmetik sind, wird dadurch in Frage gestellt. Indem nachgewiesen ist, daß die vermeintlichen synthetischen Urteile a priori analytische Aussagen sind, wird auch die Frage nach den Bedingungen und Möglichkeiten wenig sinnvoll.

[62] Vgl. B. *Juhos:* Formen des Positivismus, op. cit., S. 38; J. M. *Bochenski:* Formale Logik, op. cit., S. 329 ff.

[63] Siehe R. *Feys*: Logik, in: F. *Heinemann* (Hg.): Die Philosophie im XX. Jahrhundert, Stuttgart 1963, S. 316 ff.

[64] Siehe G. *Patzig:* Logistik, op. cit., S. 149 f.

sagen und Einzelaussagen wie z. B. „x ist ein a" in „für jedes x gilt: x ist ein a" umgewandelt. Das Auftreten von Widersprüchen soll durch die sogenannte *Russell*sche Typentheorie vermieden werden; hierbei wird ein Typ definiert als „der Bedeutungsbereich einer Aussagefunktion, d. i. die Gesamtheit (collection) der Argumente, für welche die besagte Funktion Werte aufweist"[65]. Es wird ein System von Stufen aufgebaut, in dem höhere Typen stets einer höheren Stufe zugeordnet werden, die die unteren Stufen umfaßt.

Diesem Programm der Kalkülisierung logisch-mathematischer Probleme entsprang die Idee der Kalkülisierung der Erfahrungswissenschaften mit Hilfe axiomatisch deduktiver Systeme. Die Verwendung solcher Kalküle bietet außerordentliche Vorteile: Sie zwingt zu exaktem Denken; logische Fehler werden vermieden; und die Operationen im Kalkül können unabhängig vom erfahrungswissenschaftlichen Sachverhalt vorgenommen werden. Andererseits entstehen neue Probleme dadurch, daß es nicht mehr „eine" Logik gibt. Die Existenz verschiedener logischer Systeme erzwingt eine Wahl im Einzelfalle, die auf die Anforderungen der erfahrungswissenschaftlichen Disziplin abzustellen ist.

c) Struktur und Gehalt analytischer Systeme

Das Programm der Kalkülisierung der Erfahrungswissenschaften wird realisiert in axiomatisch-deduktiven Systemen. Diese enthalten zwei Kategorien von Elementen: erfahrungswissenschaftliche oder empirische Elemente und logisch-analytische Elemente. Der generelle Aufbau solcher Systeme läßt sich wie folgt charakterisieren:

Grundlage eines axiomatischen Systems ist ein sogenanntes Konstitutionssystem, das selber wiederum ein axiomatisches System ist. Hierin werden grundlegende Ausdrücke bestimmt, die ohne Definition in das System aufgenommen werden. Es werden zwei Arten von Ausdrücken unterschieden: die atomaren oder elementaren Ausdrücke werden durch Definitionsregeln bestimmt, während die molekularen oder zusammengesetzten Ausdrücke aus den atomaren durch Formungsregeln gebildet werden. Neben diesem Konstitutionssystem enthält ein axiomatisches System noch Aussagen, die als Axiome ohne Beweis in das System eingeführt werden. Bei erfahrungswissenschaftlichen axiomatischen Systemen handelt es sich hier meist um Theorien oder Hypothesen über reale Sachverhalte. Grundsätzlich ist hierbei nicht erforderlich, daß es sich um anerkannte oder gültige Aussagen handelt, prinzipiell können sie auch beliebig sein. Mit den Schluß- oder Deduktionsregeln wird dann von der einen Gruppe von Aussagen, den Axiomen, auf die abgeleiteten Aussagen geschlossen[66].

---

[65] J. M. *Bochenski:* Formale Logik, op. cit., S. 456.

Die Anforderungen an ein solches System sind seine Widerspruchsfreiheit, d. h. aus einem System darf nicht ein Satz als auch seine Negation ableitbar sein; seine Unabhängigkeit, d. h. die einzelnen Axiome müssen in einem derartigen Verhältnis zueinander stehen, daß nicht eines von ihnen aus einem oder mehreren anderen abgeleitet werden kann; und seine Vollständigkeit, d. h. alle wahren Aussagen eines Gebietes müssen aus den Axiomen ableitbar sein[67].

Bezüglich der Wahrheit und des Erkenntnisgehalts[68] eines solchen Systems kann nun ebenfalls entsprechend der empirischen und der logischen Kategorie von Komponenten zwischen empirischer oder faktischer Wahrheit und der logischen Wahrheit[69] unterschieden werden. Damit erhebt sich die Frage nach dem Erkenntnis- und Wahrheitsgehalt axiomatisch-deduktiver Systeme, die bei Ausklammerung des faktischen Aspekts auch als logische oder analytische Systeme bezeichnet werden können. Es ist die Frage nach dem Wahrheits- und Erkenntnischarakter analytischer Sätze und logischer Operationen, die die Frage nach dem Einfluß der Logik auf die Erkenntnis in den Wissenschaften impliziert.

Wesentlich hierfür ist das Verständnis der modernen Logik oder Logistik, die sich in Anbetracht der klassischen Logik vollkommen geändert hat. Die Logik hat für die Einzelwissenschaft die Funktion einer Hilfsdisziplin, die jedoch — dies ist das wesentliche Kennzeichen der neuen Logik — die Erkenntnis nicht dadurch beeinflussen kann, daß sie Artfremdes in die Erkenntnis hineinträgt[70]. Aufgrund des Umstandes, daß sie formal und nur formal ist, ist sie — wie oben dargelegt — analytisch und nicht synthetisch und damit inhaltlich leer. Das gleiche gilt für die in die Logik überführbare und damit analytische Mathematik. Dies bedeutet andererseits, daß in jenen früheren Methodendiskussionen, denen

---

[66] Ausdrücke der einzelnen Stufen oder Typen können sich nicht gegenseitig umfassen.

[67] Siehe J. M. *Bochenski:* Die zeitgenössischen Denkmethoden, op. cit., S. 78 ff., D. *Cassel:* Methodologische Systeme, op. cit., S. 113 ff. und O. *Morgenstern:* Logistik und Sozialwissenschaft, in: E. *Topitsch* (Hg.): Logik der Sozialwissenschaften, op. cit., S. 324.

[68] Hierbei ist zu beachten, daß die Begriffe „Wahrheit" und „Erkenntnis" keineswegs identisch sind. Das Verhältnis der beiden ist vielmehr derart, daß ein jeder der beiden mit einem Teil seines begrifflichen Umfanges über den anderen hinausgeht. Es gibt einerseits Wahrheiten, die keine Erkenntnisse darstellen (z. B.: „a ist b oder nicht b") und andererseits Erkenntnisse, denen kein eindeutiger Wahrheitswert zukommt, z. B. Wahrscheinlichkeiten.

[69] Die Aufspaltung in eine empirische und eine logische Wahrheit entspricht dem Konzept einer zweiwertigen Erkenntnistheorie, wie sie z. B. der logische Empirismus darstellt. Die beiden Komponenten können zwar getrennt analysiert und es können ihnen auch Wahrheitswerte zugesprochen werden; die Wahrheit setzt jedoch die Erfüllung beider Komponenten notwendig voraus.

[70] Vgl. O. *Morgenstern:* Logistik, op. cit., S. 315 ff. und G. *Kade:* Die logischen Grundlagen, op. cit., S. 44 ff.

ein apriorisch-synthetisches Verständnis der Logik und Mathematik zugrunde lag, die Verwendung mathematischer und logischer Methoden mit einer gewissen Berechtigung bestritten wurde, da sie ja — unter der Annahme, sie seien apriorisch-synthetisch — aus analytischer Sicht metaphysische und damit artfremde, die Erkenntnis verzerrende Elemente hineinbringen mußten. Voraussetzung für die logische Analyse ist somit nicht ein verändertes Verständnis der Fachdisziplin, sondern eine Neudefinition der Logik und Mathematik. Erst der Umstand, daß die Logik nur formal und in bezug auf die materielle Erkenntnis ein Nullum ist, ermöglicht ihre Verwendung. Dies bedeutet andererseits, daß logische Systeme keinen Erkenntnisgehalt haben. Die Annahme, die Verwendung logischer Systeme bringe durch sie eine Erkenntnis in den Wissenschaften, verkennt daher nicht nur den analytischen Charakter der Logik, sondern basiert auf dem irrtümlichen Glauben, sie sei synthetisch. In diesem Falle dürfte sie aber konsequenterweise überhaupt nicht angewendet werden.

Logisch-analytische Systeme haben vielmehr die Eigenschaften einer reinen Formalwissenschaft. „Die Logik besagt daher nichts über die Welt“[71], und ihre Neutralität ist genau wie bei der Mathematik gegenüber allen Wissenschaften gleich. Damit sind alle Überlegungen hinsichtlich der Verwendbarkeit mathematischer und logischer Methoden hinfällig, insbesondere jene Überlegungen, die sich darum drehen, ob das Objekt mathematisch strukturiert ist oder nicht. Zwischen einer Ontologie des Objekts und der Logik besteht keine Verbindung. Im Gegenteil, die Möglichkeit einer ontologischen Neutralität analytischer Systeme ist erst die Voraussetzung ihrer Anwendbarkeit.

Analytische Systeme können nicht durch die Erfahrung widerlegt werden. Sie gelten kraft ihrer Form, und genauso wie die Gültigkeit analytischer Systeme von der Beschaffenheit der Außenwelt unabhängig ist, sind sie indifferent gegenüber der Beschaffenheit des Bewußtseins. Hieran ändert auch die Kompliziertheit und Weitschweifigkeit analytischer Systeme nichts. Dies liegt letztlich nur an der Begrenztheit des menschlichen Verstandes, die Implikationen der von ihm gesetzten Definitionen zu durchschauen. Auch in diesem Falle handelt es sich nur um graduelle, nicht jedoch um prinzipielle Unterschiede zu analytischen Trivialitäten von der Art A = A[72]. Der rein tautologische Charakter der Logik ist daher einerseits notwendige Voraussetzung der Anwendbarkeit, hat aber andererseits die Konsequenz, daß durch die Verwendung noch so komplizierter logischer Systeme keine Erkenntnis erlangt werden kann.

---

[71] O. *Morgenstern:* Logistik, op. cit., S. 318.

[72] Vgl. A. J. *Ayer:* Sprache, Wahrheit und Logik, op. cit., S. 110 f.

3. Die Konstitution empirischer Sprachen

a) Analytische und empirische Aussagen

Ein wesentliches Charakteristikum des logischen Empirismus besteht in seiner erkenntnistheoretischen Zweigleisigkeit durch Unterteilung in eine logisch-analytische und eine empirisch-synthetische Komponente. Wenn er eine echte Synthese im Sinne der *Hegel*schen Dialektik ist, so kann er durch diese Verbindung die Vorteile summieren, ohne dies auch bei den Nachteilen zu tun. Ob dies jedoch der Fall ist, bleibt zumindest fraglich. Die Analyse der logisch-analytischen Komponente zeigt zumindest, daß die Voraussetzung für die Anwendbarkeit der Logik ihre inhaltliche Neudefinition ist. Logische Wahrheit und Notwendigkeit kann nur durch den Preis des Tautologischen oder der Inhaltsleere erkauft werden. Der Umstand, daß logische Aussagen nichts über diese Welt aussagen, sondern ihre Geltung kraft ihrer Form besitzen und somit empirisch irrelevant sind, kennzeichnet zugleich die Stärke und die Schwäche der Logik.

Hier hilft auch der semantische Wahrheitsbegriff nur bedingt weiter. Zweifelsohne bietet er den Vorteil, eine logisch einwandfreie Definition des Begriffs der Wahrheit zu beinhalten, deren logische Unangreifbarkeit jedoch darauf beruht, daß sie den empirischen Aspekt ausklammert. Die Frage nach der Wahrheit von Aussagen wird auf eine rein sprachliche Ebene verlagert und dadurch, obwohl es sich um ein Wahrheitskriterium für synthetische Aussagen handelt, selber analytisch und beruht daher hinsichtlich der Gültigkeit nur auf der Form. Wahrheit, analytisch verstanden, ist nichts anderes als tautologische Notwendigkeit. Darüber hinaus ist die Relevanz des semantischen Wahrheitsbegriffs für die Erfahrungswissenschaften begrenzt. *Popper* hat nachgewiesen, daß eine Methodologie der Erfahrungswissenschaften auch ohne den Wahrheitsbegriff aufgebaut werden kann, indem der Begriff der Wahrheit durch den der Bewährtheit ersetzt wird. Hier wird nicht darauf abgestellt, ob eine Aussage wahr oder falsch ist, sondern sie wird angenommen oder verworfen[73].

Spätestens die Intention der Erfahrungswissenschaften bringt jedoch neben den analytischen die Bedeutung der empirischen Aussagen wieder in den Vordergrund. Hier zeigt sich wieder die Bedeutung der kantischen Unterscheidung von analytischen und synthetischen Aussagen, die auch vom logischen Empirismus aufrecht erhalten wird. Während die inhalt-

---

[73] Siehe dazu die Theorie der Bewährung bei K. R. *Popper:* Logik der Forschung, op. cit., S. 198; bei der Bewährung handelt es sich allerdings nicht um einen logischen Begriff, sondern um eine subjektive Beurteilung einer Theorie oder Hypothese, die einem erkenntnistheoretischen Pragmatismus entstammt. Siehe darüber hinaus die Kritik der konventionellen Basis in Kapitel II. C. 2. c.

lichen Definitionen ähnlich sind, liegt beim Bedeutungsumfang der beiden Begriffe eine Verschiebung vor. Der Umfang der Klasse der analytischen Aussagen erweitert sich durch das Hinzutreten der mathematischen, die als logische Aussagen analytisch sind, während der Umfang der synthetischen Aussagen sich dadurch vermindert, daß nur noch empirische Aussagen als sinnvoll erachtet werden. Die Konstitution empirischer Sprachen erfolgt daher durch Abgrenzung zu jener Teilklasse der synthetischen Aussagen, die, weil sie nicht der empirischen Sprache angehören, metaphysisch und damit nach Auffassung des Empirismus sinnlos sind[74].

b) *Sinnkriterium und Abgrenzungskriterium*

Die Konstitution empirischer Sprachen erfolgt daher mit Hilfe einer Unterscheidung von sinnvoll und sinnlos durch das Sinnkriterium, das in verschiedenen Zusammenhängen auftritt. Als Kriterium des syntaktischen Sinnes kennzeichnet es die Verbindungsmöglichkeiten der in den syntaktischen Kategorien zusammengefaßten Zeichen. Als empiristisches Sinnkriterium dient es der Konstitution empirischer Sprachen, wobei hier davon ausgegangen wird, daß ein syntaktischer Sinn vorab festgestellt ist.

Die ursprüngliche Intention des Sinnkriteriums ist genuin antimetaphysisch und gekennzeichnet durch den Versuch einer Abgrenzung zwischen Wissenschaft und Metaphysik durch Beschränkung der Wissenschaft auf das Positive. Hierbei kam es in extremen Fassungen zu Formulierungen wie: „Der Sinn eines Satzes ist die Methode der Verifikation[75].“ Eine ähnliche Auffassung findet sich in *Carnaps* „Überwindung der Metaphysik durch logische Analyse der Sprache“[76], wo zwischen der Bedeutung einzelner Wörter und dem Sinn von Sätzen unterschieden wird. Die Bedeutung von Wörtern bestimmt sich im wesentlichen durch ihre Ableitungsbeziehungen zu anderen Wörtern bzw. durch ihre Zurückführbarkeit auf elementare Beobachtungssätze. Diese wiederum bilden den eigentlichen Kern des Konstitutionssystems empirischer Sprachen.

Entscheidend sowohl für die Bedeutung einzelner Wörter als auch für die Konstitution empirischer Sprachen sind somit die elementaren oder ersten Sätze einer Sprache. *Carnap* charakterisiert diese folgendermaßen: „Man pflegt in der Erkenntnistheorie zu sagen, daß die ersten Sätze sich auf ‚das Gegebene‘ beziehen; es besteht aber keine Überein-

---

[74] Vgl. A. J. *Ayer:* Sprache, Wahrheit und Logik, op. cit., S. 93 ff.

[75] Diese Formulierung wird allgemein *Wittgenstein* zugeschrieben, tritt aber bei ihm nicht auf; siehe R. *Carnap:* Testibility and Meaning, op. cit., S. 421.

[76] R. *Carnap:* Überwindung der Metaphysik durch logische Analyse der Sprache, op. cit., S. 219 ff.

stimmung in der Frage, was als das Gegebene anzusprechen ist. Zuweilen wird die Auffassung vertreten, daß die Sätze über das Gegebene von einfachen Sinnes- und Gefühlsqualitäten sprechen (z. B. ‚warm', ‚blau', ‚Freude' und dergl.); andere neigen zu der Auffassung, daß die ersten Sätze von Gesamterlebnissen und Ähnlichkeitsbeziehungen zwischen solchen sprechen; eine weitere Aufassung meint, daß auch die ersten Sätze schon von Dingen sprechen. Unabhängig von der Verschiedenheit dieser Auffassung steht fest, daß eine Wortreihe nur dann einen Sinn hat, wenn ihre Ableitungsbeziehungen aus Protokollsätzen feststehen, mögen diese Protokollsätze nun von dieser oder jener Beschaffenheit sein; und ebenso, daß ein Wort nur dann eine Bedeutung hat, wenn die Sätze, in denen es vorkommt, auf Protokollsätze zurückführbar sind[77]."

Diese Aussagen zeigen, daß alle Sätze, die nicht auf Protokollaussagen zurückführbar sind, sinnlos sind. Sie sind insofern aufschlußreich, als hiermit ein Sinnkriterium für Aussagen konstituiert ist, welches festlegt, daß alle Sätze, für die kein empirisches Kennzeichen existiert, sinnlos sind. Als solche sind sie metaphysisch und damit Scheinprobleme, deren problemähnlicher Charakter nur in ihrer begrifflichen Unsinnigkeit liegt. Es wäre nur noch durch eine Begriffsanalyse darzulegen, daß alle dem Sinnkriterium nicht entsprechenden Aussagen entweder überflüssige und nicht notwendige Bestandteile enthalten oder Unbegriffe sind[78].

Damit kristallisiert sich der entscheidende Punkt der gesamten analytischen Philosophie und Wissenschaftstheorie heraus: die Festlegung der Grenze zwischen sinnvoll und sinnlos oder — wissenschaftstheoretisch ausgedrückt — zwischen wissenschaftlich und unwissenschaftlich. Dies betrifft das Sinnkriterium. „Der Sinn einer Aussage besteht darin, daß sie einen (denkbaren, nicht notwendig auch bestehenden) Sachverhalt zum Ausdruck bringt. Bringt eine (vermeintliche) Aussage keinen (denkbaren) Sachverhalt zum Ausdruck, so hat sie keinen Sinn, ist nur scheinbar eine Aussage[79]." Zwar hat der Neopositivismus sich im Laufe seiner Geschichte erheblich gewandelt; dennoch bleibt die Begrenzung auf das Gegebene oder die Sachhaltigkeit eines seiner wesentlichen Elemente, welche er nicht umgehen kann, ohne sich selber aufzugeben. Gleichgültig, wie der Sinn von Aussagen begründet wird, sei es als das eigentliche Sinnkriterium, das den Sinn von Aussagen in ihrem empiristischen Charakter sucht, sei es als das Abgrenzungskriterium, das den Sinn von Aussagen durch die Methode und die Möglichkeit der positiven oder negativen Überprüfung bestimmt, bestehen bleibt immer jener Kern des Tat-

[77] Ebenda, S. 222 f.

[78] Diesen Versuch unternahm *Carnap* am Beispiel der Erkenntnis des Fremdpsychischen; siehe R. *Carnap:* Scheinprobleme in der Philosophie, op. cit., S. 9 ff.

[79] Ebenda, S. 47.

sächlichen, der — gleichgültig, wie er abgegrenzt und bezeichnet wird — die positivistische Herkunft der Argumentation kennzeichnet.

Die Bedeutung des so konstituierten Sinnes hat weitreichende Folgen, die über die Philosophie und Erkenntnistheorie hinaus die Wissenschaft bestimmen. Hier werden auf erkenntnistheoretischer Ebene Standards und Normen aufgestellt, die eine wesentlich regulative Funktion in der wissenschaftlichen Forschungspraxis haben und Kriterien zur Beurteilung wissenschaftlicher Tätigkeit liefern[80].

Entscheidend ist jedoch nicht die Frage, wie der Sinn von Aussagen in konkreto gegen das Sinnlose abgegrenzt wird — hier lassen sich mindestens fünf verschiedene Sinnkriterien unterscheiden[81]; und es ist nicht einsichtig, warum es nicht noch weitere geben kann —, sondern entscheidend ist, ob der Rekurs auf das empiristisch Sinnvolle selber als sinnvoll begründet werden kann; denn der Versuch eben dieser Begründung ist möglicherweise metaphysisch. So steckt denn der Neopositivismus, wenn man ihn den Maßstäben der Reflexionsphilosophie unterwirft, in einem doppelten Dilemma: entweder er nimmt die Aufforderung zu einer Begründung der Begründung an — so begibt er sich in die von ihm selbst abgelehnte Metaphysik, oder er muß eine unendliche Reihe von Metakriterien konstruieren — oder er nimmt diese Aufforderung nicht an — so setzt er sich entweder dem Vorwurf aus, die Metaphysik liquidieren zu wollen, weil er es will, oder er setzt sich dem Vorwurf aus, das im Sinnkriterium konstituierte Fundament beruhe auf nichts anderem als einer Entscheidung, die als prinzipiell willkürlich erscheinen muß. Andererseits kann nicht bestritten werden, daß, falls es sich um eine Entscheidung handelt, diese Entscheidung auf plausiblen Gründen beruht. Insbesondere das Vorbild und die Erfolge der Naturwissenschaften mögen hier eine Rolle gespielt haben; zumindest läßt die überwiegend naturwissenschaftliche Herkunft eine gewisse Seinsverbundenheit des Denkens als nicht abwegig erscheinen.

Die Intention des empiristischen Sinnkriteriums ist, über den Sinn von Aussagen zu entscheiden. Fraglich ist dann, was der Ausdruck „Sinn“ in diesem Kontext bedeutet. Alle Formulierungen des Sinnkriteriums lassen sich auf eine Form bringen:

---

[80] *Alberts* Kritik am „Modellplatonismus“ und der mangelnden Überprüfbarkeit nationalökonomischer Theorien zeigt die negativen und positiven Konsequenzen solcher erkenntnistheoretischen Maßstäbe; siehe H. *Albert:* Marktsoziologie und Entscheidungslogik, op. cit.

[81] W. *Stegmüller:* Das Wahrheitsproblem und die Idee der Semantik, op. cit., S. 262 ff., zeigt fünf Formulierungen des Sinnkriteriums auf. Aufschlußreich ist, daß sie nacheinander entwickelt wurden und bei jedem Kriterium zunächst davon ausgegangen wurde, daß es endgültig sei, daß jedoch jedes neue Kriterium aus der Einsicht in die Unzulänglichkeit des vorherigen entstand.

Eine Aussage C ist dann und nur dann empirisch sinnvoll, wenn ...

Hierbei kann, je nach Formulierung des Kriteriums, der Wenn-Satz folgende Bedeutung haben:

— sie nicht logisch determiniert ist und es eine konsistente endliche Klasse K von Beobachtungsaussagen gibt, so daß C eine logische Folgerung von K ist;

— sie nicht logisch determiniert ist und es eine konsistente endliche Klasse K von Beobachtungsaussagen gibt, so daß die Negation von C logische Folgerung von K ist;

— es endlich viele weitere Prämissen $P_1 \dots P_m$ gibt, so daß mindestens eine Beobachtungsaussage B aus der Konjunktion von C und $P_1 \dots P_m$ ableitbar ist, während B nicht allein aus $P_1 \dots P_m$ gewonnen werden kann;

— sie nicht logisch determiniert, jedoch direkt oder indirekt verifizierbar ist;

— es eine empiristische Sprache S gibt, so daß die Aussage in einen Satz der Sprache S übersetzt werden kann[82].

Alle Formen des Wenn-Satzes geben somit die Bedingungen an, unter denen eine Aussage empirisch sinnvoll ist. Offen bleibt nur noch, was dann „sinnvoll" heißen soll. Folgende Möglichkeiten kommen in Betracht: „sinnvoll" wird als identisch mit „empirisch" angesehen. Dann wäre die Formulierung „empirisch sinnvoll" ein Hendiadyoin, und der Satz bedeutet nichts anderes, als daß eine Aussage empirisch ist, wenn sie empirisch ist. „Sinnvoll" wäre dann eine Umschreibung von „empirisch". Aus der Klasse der möglichen Aussagen werden dann jene, die den Bedingungen des Wenn-Satzes entsprechen, als empirische qualifiziert. Der Wenn-Satz wäre damit eine genaue Bestimmung des Begriffs einer empirischen Aussage. Hat dagegen „sinnvoll" die Bedeutung von „zulässig", so heißt dies, daß das Sinnkriterium eine Konvention begründet und beinhaltet. Aus der Menge der denkbaren Aussagen werden durch Übereinkunft jene Aussagen ausgewählt, die den Bedingungen des Wenn-Satzes entsprechen. Worauf jedoch diese Übereinkunft beruht, weswegen sie überhaupt und weswegen sie so und nicht anders vorgenommen wird, bleibt offen. Die Motive, aufgrund deren die Übereinkunft festgelegt wird, werden nicht genannt. Es mögen durchaus plausible Motive sein, doch können Konventionen sich von dem Ruch des Willkürlichen nur schwer befreien. Werden sie dagegen begründet, so kann dies nur dadurch geschehen, daß sie aus anderen festen Grundlagen deduziert werden. Werden sie nicht begründet, so können sie nur einer Plausibilität entstam-

[82] Vgl. zu den einzelnen Formulierungen W. *Stegmüller:* Das Wahrheitsproblem und die Idee der Semantik, op. cit., S. 265 ff.

men, die ihre Legitimation dem Pragmatismus der Alltagserfahrung entleiht. In diesem Falle ist, wenn man auf vollkommene Sicherheit und Begründbarkeit der Zusammenhänge abstellt, ein erkenntnistheoretischer Skeptizismus und Agnostizismus die einzig konsequente Haltung. Akzeptiert man dagegen ein gewisses Quantum an Unvollkommenheit, indem man die Möglichkeit eines vollkommenen Begründungszusammenhanges ablehnt, so läßt sich unter Hinzufügung pragmatischer Elemente durchaus eine Methodologie ohne festes Fundament entwickeln. Dies ist die Philosophie *Poppers.* Nur verliert dann solch eine Methodologie mit dem Verzicht auf erkenntnistheoretische Sicherheit und vollkommene Begründbarkeit auch ihre Legitimation für einen prinzipiellen Alleinvertretungsanspruch. Sie kann sich gegenüber konkurrierenden Methodologien nur noch als technisch überlegen erweisen.

Eine dritte Möglichkeit für den Gehalt des Wortes „sinnvoll“ im empirischen Sinnkriterium wäre, daß der Ausdruck „Sinn“ einer metaphysischen Kategorie zugehört. Eine Ableitungsbeziehung zwischen dem Begriff „Sinn“ und den Beobachtungssätzen ist zumindest nicht ersichtlich. Dann wäre „Sinn“ aus der Sicht des empirischen Sinnkriteriums selber ein sinnloser Begriff. Die Metaphysik würde mit der Metaphysik, das Sinnlose mit dem Sinnlosen ausgetrieben.

In den neueren Formen des Empirismus ist das Abgrenzungskriterium an die Stelle des Sinnkriteriums getreten; nicht die Überwindung der Metaphysik, sondern die Trennung von Metaphysik und Wissenschaft ist die neue Absicht. Diese realisiert sich durch Konfrontation der Aussagen mit der Realität: In der Verifikation wird versucht, die Richtigkeit oder Wahrheit von Aussagen durch Beobachtungen in der Realität positiv festzustellen. In der Falsifikation dagegen wird die Wahrheit von Aussagen dadurch festzulegen versucht, daß Versuche, ihre Falschheit empirisch zu belegen, gescheitert sind. Verifikation und Falsifikation haben die gleiche Intention, nämlich die Bestimmung von Wahrheit durch eine Methodologie des Empirischen. Ihr Unterschied besteht nur in der Art und Weise, wie sie dieses Ziel erreichen. Daher ist die empirische Bestätigung von Aussagen auf das Engste mit dem Sinnkriterium verwandt. Dieses hat jedoch seinen Anspruchsumfang vermindert. Die Frage ist nicht mehr, was der Sinn von Wissenschaft und Metaphysik sei, sondern sie ist methodologisch geworden, indem sie sich in einer exakten Grenzziehung zwischen Metaphysik und Wissenschaft versucht. Das eigentliche Sinnkriterium ist einem Abgrenzungskriterium gewichen, wobei Verifikation und Falsifikation je nach Verständnis der Methodologie die Funktion dieser Abgrenzung übernehmen.

Hierbei zeigt sich, daß die Wissenschaft vor einem Dilemma steht, das primär die Methodologie betrifft. Als Wissenschaft will sie keine Spekulation sein; daher will und muß sie sich abgrenzen. Andererseits ist sie sich dessen bewußt, daß Spekulation eine der primären Quellen wissenschaftlichen Fortschritts ist. Wissenschaftliche „Revolutionen“ haben im Stadium ihres Auftretens meist einen höchst spekulativen Charakter gehabt. Sie sind nicht nur das Produkt wissenschaftlicher Spekulationen, sondern sind auch noch aus der Sicht der jeweils „normalen“ Wissenschaft in einer spekulativen Terminologie verfaßt[83]. Dies gilt sowohl für die Theorie *Newtons* und die Relativitätstheorie *Einsteins* in den Naturwissenschaften als auch beispielsweise für die Theorie *Keynes'* in der Nationalökonomie. Fraglich ist dann, ob das Unterfangen überhaupt mit Hilfe der Methodologie durchführbar ist oder ob dies nicht über den Bereich der Methodologie im Bereiche der Wissens- und Wissenschaftssoziologie sowie der Geschichtsschreibung der Wissenschaft hinausragt.

Möglicherweise sind die Verbindungen zwischen Metaphysik und Wissenschaft aber enger, als es sich auf den ersten Blick vermuten läßt, möglicherweise gar so eng, daß eine eindeutige Trennung weder möglich noch sinnvoll ist. Daß alle Wissenschaft ihre Wurzeln in der Metaphysik hat, ist eine These, für die zumindest manches spricht[84]. Ursprung und Quellen wissenschaftlicher Betätigung sind Intuition und Spekulation. *Popper*[85] weist darauf hin, daß das kopernikanische System beispielsweise dem

---

[83] Man könnte sogar die These aufstellen, daß wissenschaftliche Revolution, also neue Paradigmen, gleichgültig wie „richtig“ oder „falsch“ sie auch sein mögen, um so spekulativer erscheinen müssen, je geringer in der normalen Wissenschaft die Bereitschaft für die Aufnahme und Annahme neuer Paradigmen ist, d. h. umgekehrt formuliert, daß das Bewußtsein, daß die normale Wissenschaft sich in einer Krise befindet, daß sie die Realität kaum noch zu erklären vermag, als wesentliche Voraussetzung dafür erscheint, daß eine neue Theorie oder ein neues Theoriensystem, gleichgültig wie spekulativ es ist, überhaupt ernst genommen wird. Eine permanente Diskreditierung des Spekulativen oder Metaphysischen durch die Wissenschaftstheorie und das hiervon beeinflußte wissenschaftliche Bewußtsein bzw. durch die von der Wissenschaftstheorie bestimmte persönlich-wissenschaftliche Haltung verhindern dann die Anerkennung einer wissenschaftlichen Theorie oder eines neuen Paradigmas, das zunächst aus traditioneller, normaler Sicht als spekulativ erscheint, möglicherweise jedoch einen wesentlichen Fortschritt beinhaltet. Dies scheint auch und sogar das Schicksal von Poppers Theorie der Wissenschaft und Wissenschaftsentwicklung selber gewesen zu sein. Die deutschsprachige Auflagenentwicklung der „Logik der Forschung“ verdeutlicht einen solchen Anerkennungsverlauf: 1. Auflage 1934, 2. Auflage 1966, 3. Auflage 1969, 4. Auflage 1971; siehe K. R. *Popper:* Logik der Forschung, op. cit., S. IV und S. VI.

[84] Siehe J. *Agassi:* The Nature of Scientific Problems and Their Roots in Metaphysics, in: M. *Bunge* (Hg.): The Critical Approach to Science and Philosophy, London 1964, S. 189 ff.; W. *Stegmüller:* Metaphysik, Skepsis, Wissenschaft, op. cit., S. 335 ff.; P. K. *Feyerabend:* Wie wird man ein braver Empirist?, op. cit., S. 305 f.; M. *Polanyi:* Personal Knowledge, op. cit., S. 299 ff.; H. *Törnebohm*, G. *Radnitzky:* Forschung als innovatives System: Entwurf einer integrativen Sehweise, in: Zeitschrift für allgemeine Wissenschaftstheorie, Bd. 2, 1971, S. 286.

[85] Siehe K. R. *Popper:* The Demarcation Between Science and Metaphysics, op. cit., S. 257.

neoplatonischen Mythos vom Sonnenkult entstammt, wonach die Sonne aufgrund ihrer Würde und Vornehmheit den Mittelpunkt des Kosmos bildet. Ähnlich ist es mit der Kreislauftheorie von *Quesnay*, die der Vorstellung des organischen Blutkreislaufes entstammt. Der Atomismus war schon den Griechen in der Idee eines einzigen Urstoffes bekannt; *Bacon* bekämpfte die Theorie der Erdbewegung als metaphysisch mit Argumenten, die er ausschließlich der Methodologie entnahm[86].

Wenn *Popper* daher das Problem der Metaphysik wieder aufgreift, so tut er dies wesentlich behutsamer, als der Neopositivismus des „*Wiener Kreises*" vorgegangen ist. Dementsprechend stellt sich seine Lösung der Metaphysik wesentlich komplexer dar, als es die scheinbare Verwandtschaft mit dem Neopositivismus des „*Wiener Kreises*" vermuten läßt[87]. Indem er an die Stelle des Sinnkriteriums empirischer Aussagen sein Abgrenzungskriterium zwischen Wissenschaft und Metaphysik setzt, entwickelt er seine Kritik am Positivismus: „Der Positivismus faßt das Abgrenzungsproblem ‚naturalistisch' auf: nicht als Frage nach einer zweckmäßigen Festsetzung, sondern als Frage eines sozusagen ‚von Natur aus' existierenden Unterschieds zwischen Erfahrungswissenschaften und Metaphysik[88]." „Im Gegensatz zu diesen ‚antimetaphysischen' Versuchen sehen wir unsere Aufgabe nicht darin, die Metaphysik zu überwinden, sondern darin, die empirische Wissenschaft in zweckmäßiger Weise zu kennzeichnen, die Begriffe ‚empirische Wissenschaft' und ‚Metaphysik' zu definieren[89]." Während der Positivismus das Abgrenzungsproblem positiv als die Konstitution einer empirischen Welt in der Wissenschaft versteht, sieht *Popper* es negativ, indem er es mit Hilfe der Falsifizierbarkeit zu lösen versucht: „Ein empirisch-wissenschaftliches System muß an der Erfahrung scheitern können[90]." Er faßt seine Ideen folgendermaßen zusammen:

"(1) It is easy to obtain confirmations, or verifications, for nearly every theory — if we look for confirmations.

(2) Confirmations should count only if they are the result of risk predictions; that is to say, if, uninlightened by the theory in question, we should have expected an event which was incompatible with the theory — an event which would have refuted the theory.

---

[86] Natürlich kann dies nur ein Beleg, nicht jedoch ein Beweis für die Verbindung von Wissenschaft und Metaphysik sein. Beim Kreislauf und beim Atom können auch Analogievorstellungen vorliegen. Siehe dazu die Unterscheidung von Analogie, Identität und Ähnlichkeit bei E. *Mach:* Erkenntnis und Irrtum, Leipzig 1905.

[87] Zu *Poppers* Verhältnis zum „*Wiener Kreis*" siehe A. *Wellmer:* Methodologie als Erkenntnistheorie, op. cit., S. 19 ff.

[88] K. R. *Popper:* Logik der Forschung, op. cit., S. 10.

[89] K. R. *Popper:* Logik der Forschung, op. cit., S. 12.

[90] Ebenda, S. 15.

(3) Every ‚good' scientific theory is a prohibition: it forbids certain things to happen. The more a theory forbids, the better it is.

(4) A theory which is not refutable by any conceivable event is nonscientific. Irrefutibility is not a virtue of a theory (as people often think) but a vice.

(5) Every genuine test of a theory is an attempt to falsify it, or to refute it. Testibility is falsifibility; but there are degrees of testibility: some theories are more testable, more exposed to refutation, than others; they take, as it were, greater risks.

(6) Confirming evidence should not count except when it is the result of a genuine test of the theory; and this means that it can be presented as a serious but unsuccessful attempt to falsify the theory[91]."

Poppers Kritik am Positivismus ist somit logischer Natur. Sein Anliegen dagegen ist das gleiche wie das des Positivismus; denn auch er sieht die Erfahrung oder Empirie als das entscheidende und einzige Korrektiv der Wissenschaft an. Die Falsifikation tritt an die Stelle der Verifikation und gewinnt damit innerhalb der Methodologie eine doppelte Funktion: als Bestätigungsversuch entscheidet sie über die Annahme oder Verwerfung einer Theorie, als Falsifizierbarkeit bestimmt sie über den wissenschaftlichen Status oder die Dignität einer Theorie[92]. „Gute" Theorien verbieten ein Ereignis in der Realität; eine Theorie, die nicht durch ein Experiment zurückgewiesen werden kann, ist unwissenschaftlich.

c) Definition und Reduktion von Begriffen

Die Intention des Sinnkriteriums ist es, im Rahmen der Konstitution empirischer Sprachen wissenschaftliche von unwissenschaftlichen Aussagen zu trennen. Dies verbindet das Sinnkriterium mit der Konstitution empirischer Begriffe. Sätze und Aussagen setzen sich aus einzelnen Begriffen zusammen; andererseits sind entsprechend dem Sinnkriterium nur jene Begriffe empiristisch sinnvoll, die sich direkt oder indirekt auf Beobachtungsaussagen zurückführen lassen. Hierdurch entsteht die Frage, ob das Sinnkriterium letztlich auf Aussagen oder auf Begriffe bezogen

---

[91] K. R. *Popper:* Science: Conjectures and Refutations, in: Conjectures and Refutations, op. cit., S. 36.

[92] Die Übersetzung von „nonscientific" im obigen Zitat mit „unwissenschaftlich" tangiert wieder das Verhältnis von „science" und „Wissenschaft". Würde „science" mit „Erfahrungswissenschaft" übersetzt, so könnte die *Popper*sche Methodologie nur eine Geltung für ein Verständnis von „Erfahrungswissenschaften" im Sinne von „Naturwissenschaften" haben. Dies kann jedoch nach Poppers eigenem Verständnis nicht sein (siehe K. R. *Popper:* Die Logik der Sozialwissenschaften, in Th. *Adorno* u. a.: Der Positivismusstreit, op. cit., S. 103 ff.). *Poppers* „science" umfaßt zumindest die Natur- und Sozialwissenschaften.

werden soll. Wird es nur auf Aussagen bezogen, so wird der empirische Sinn auf Ganzheiten beschränkt, obwohl diese Sätze aus Teilen bestehen, die einer Analyse ebenfalls prinzipiell zugängig sein müßten. Wird es dagegen nur auf einzelne Wörter und Begriffe angewendet, so entsteht das Problem, daß der Sinn eines einzelnen Wortes ohne jeden Kontext nicht bestimmt werden kann. Der Begriff des syntaktischen Sinnes versagt hier vollkommen, denn er bestimmt den Sinn von Wörtern ja gerade in bezug auf bestimmte Kategorien von Zeichen. Wenn beispielsweise der Sinn eines Wortes wie „Mann" isoliert ohne jeden Bezug bestimmt werden soll, so ist hier kein Kriterium ersichtlich, wonach diesem Begriff mehr oder weniger Sinn zukommen kann als einer beliebigen Wortschöpfung. Dies zeigt sich auch und gerade bei jenen Begriffen, wie z. B. „Star", die mehrere Bedeutungen besitzen. Der Sinn von Begriffen ist daher immer ein Sinn hinsichtlich einer Bezugsgröße, die als ein Satz, eine Sprache oder als eine Klasse von Begriffen auftreten kann.

Damit zeigt sich, daß der Sinn von Begriffen und der Sinn von Aussagen in einem Verhältnis der Wechselseitigkeit stehen. Einzelne Begriffe erhalten ihren Sinn im Kontext einer Aussage, Aussagen setzen sich aus einzelnen sinnhaften Begriffen zusammen. Dies stellt die Konstitution empirischer Sprachen vor außerordentliche Schwierigkeiten. Die alleinige Beschränkung auf den Sinn entweder von Aussagen oder von Begriffen ist nicht durchführbar. Das Verhältnis der Wechselseitigkeit dagegen zeigt die Struktur des hermeneutischen Zirkels, die der Absicht einer festen Grundlage zuwider läuft. Auch der Versuch einer Auflösung dieser Struktur durch stufenhafte Metasprachen führt letztlich nur zu der Einsicht, daß das Sprechen, gleichgültig auf welcher Ebene, die Sprache voraussetzt. Die Umgangssprache muß immer die oberste Metasprache und damit letzte Sinninstanz bleiben[93].

Die Konstitution empirischer Sprachen kann diese Zusammenhänge dadurch umgehen, daß sie das Verhältnis der Wechselseitigkeit offen läßt und den Sinn apriorisch einführt. Hierdurch wird die Aufgabe eine rein logische. Nicht-logische Begriffe und nicht-analytische Aussagen werden einer logischen Analyse unterzogen[94]. Der Aufbau eines Systems empirisch sinnvoller Begriffe zergliedert sich dann in die Aufgabe der Einführung neuer Begriffe (Definition) und die Herstellung von Ableitungsbeziehungen zwischen einzelnen Begriffen (Reduktion).

---

[93] Obwohl *Stegmüller* die Zwei-Stufen-Theorie der Sprache vertritt, sieht auch er die Umgangssprache als die letzte Sinninstanz der Sprache an; siehe W. *Stegmüller:* Das Wahrheitsproblem und die Idee der Semantik, op. cit., S. 42.

[94] Das berechtigt, die Konstitution empirischer Sprachen als ein logisches Unternehmen anzusehen.

Ausgangspunkt ist dann, daß ein Begriff sinnvoll ist, wenn er auf der Erfahrungsbasis beruht. Die Einführung und Explikation von Begriffen erfolgt dadurch, daß das definiendum durch das definiens ersetzt wird[95], wobei das definiens die Bedingung erfüllen muß, daß es entweder der Beobachtungssprache entstammt oder auf diese zurückführbar sein muß[96]. So entstehen Definitionsketten, die alle Begriffe auf eine Basis von Begriffen des unmittelbar Erlebnisgegebenen zurückführen[97]. Die Beschaffenheit der Basis ist für die logischen Ableitungsbeziehungen nicht relevant. Sie kann aus einfachen Sinnesempfindungen bestehen (Sensualismus), sie kann auch in physikalischen Begriffen bestehen (Physikalismus)[98].

Eine bestimmte Klasse von Begriffen läßt sich jedoch nicht in diesen Ableitungszusammenhang bringen. Es sind dies die sogenannten Dispositionsbegriffe. Diese bezeichnen jene Eigenschaften von Gegenständen, welche diese veranlassen, unter bestimmten Bedingungen auf eine bestimmte Art und Weise zu reagieren. Dispositionsbegriffe sind beispielsweise „brennbar", „löslich", „leitend", „zerbrechlich" etc. Diese Begriffe werden zwar stets in Umgangs- und Wissenschaftssprachen verwendet, sind aber auch mit Hilfe von Ableitungsbeziehungen nicht definierbar, da die Verwendung und damit auch die definitorische Einführung solcher Begriffe einen Vorgriff auf die Kenntnis bestehender oder erfahrener Experimentalzusammenhänge voraussetzt[99]. Für die Aussage „Salz ist in Wasser löslich" beispielsweise bedeutet dies, daß die Kenntnis der Tatsache, daß Salz in Wasser aufgelöst werden kann, vorausgesetzt wird. Dagegen kann ein Definition des Begriffs „löslich" auf folgende Weise nicht erfolgen:

„Salz ist in Wasser löslich"

heißt:

„Wenn Salz in Wasser geschüttet wird, dann löst es sich auf."

In diesem Falle würde das bedeuten, daß Salz, wenn es nicht in Wasser geschüttet wird, auch nicht in Wasser löslich ist, was der Bedeutung des Wortes „löslich" im obigen Zusammenhang zuwider laufen würde.

Popper hat hier darauf hingewiesen, daß das Problem solcher Dispositionsbegriffe weniger ein definitorisches als vielmehr ein natur-

---

[95] Zu den einzelnen Arten der Definition siehe R. *Lay:* Grundzüge, op. cit., Bd. I, S. 263 ff.; H. *Seiffert:* Einführung in die Wissenschaftstheorie, Bd. I, München 1971, S. 33 ff.

[96] Zum Problem einer autonomen Beobachtungssprache siehe Kapitel II. C. 3. „Die Interdependenz von theoretischer und Beobachtungssprache".

[97] Siehe R. *Carnap:* Testibility and Meaning, op. cit., S. 444 f.

[98] Zur Kritik der physikalischen Basis siehe Kapitel II. C. 2. b.

[99] Vgl. L. *Krauth:* Die Philosophie Carnaps, op. cit., S. 60 ff.

gesetzliches oder ein theoretisches ist[100]. Daher erscheint es auch nicht möglich, die Lösung des Problems in der Bestimmung von Aggregatzuständen oder -eigenschaften zu suchen. Um bei dem obigen Beispiel zu bleiben, würde die Unterscheidung von beispielsweise fest — flüssig — gasförmig nur den Aufbau einer neuen Kette von Dispositionsbegriffen bedeuten. Auch hier würde der Dispositonsbegriff „fest" eine empirische Kenntnis und damit synthetisches Wissen voraussetzen. Das hier zu diskutierende Problem ist jedoch, wie das Problem auf rein analytischem Wege gelöst werden kann, da man von der Annahme ausgeht, synthetisches Wissen sei niemals vollkommen sicher. Eine andere Möglichkeit wäre, daß man dem begrifflichen oder begriffsgebundenen Charakter des Wissens eine eigene erkenntnistragende Bedeutung zuerkennt; das Wissen um die Bedeutung der Begriffe wäre dann eine Erkenntnisleistung. Das würde jedoch die *Kant*sche Bestimmung von analytisch und synthetisch aufheben; „analytische" Prädikate wären dann erkenntnistragend. Eine weitere Möglichkeit wäre, sie als eine Art mit theoretischem Wissen durchsetzter Beobachtungsprädikate anzusehen[101].

Die erste Schwierigkeit bei der Definition solcher Prädikate wie „löslich" besteht darin, daß aus der Erfahrungskenntnis einer begrenzten Anzahl beobachteter Phänomene und Prozesse durch die Verwendung von Dispositionsbegriffen auf eine unendliche Menge gleicher Reaktionen und Zusammenhänge geschlossen wird. Dies führt die Verwendung und Erklärung von Dispositionsbegriffen zu dem Problem der Induktion. Definitionen von Dispositionsbegriffen haben daher vielmehr den Charakter von Extrapolationen von einer begrenzten Anzahl von bekannten Zusammenhängen auf eine unbegrenzte Menge, wodurch eine allgemeine Gesetzmäßigkeit dieser Welt bereits begrifflich fixiert wird. Dispositionsbegriffe haben den gleichen Charakter wie die Allaussagen oder Universalien; sie beschreiben „strukturelle Eigenschaften der Welt"[102]. Geht man nun von der These *Poppers* aus, daß das hier vorliegende Induktionsprinzip logisch nicht einwandfrei ist, so haben Dispositionsbegriffe ebenso wie alle Universalien einen nur hypothetischen Charakter. Dispositionsbegriffe können daher niemals vollkommen auf die Erfahrung zurückgeführt werden und gehen daher nur als prinzipiell undefiniert in die Sprache ein.

Der Ausweg über die Reduktionssätze ist unbefriedigend. Für die Dispositionsbegriffe besteht er in einer Rückführung eines allgemeinen Begriffes auf einen individuellen Sachverhalt durch die Angabe einzelner empirischer oder experimenteller Versuchsbedingungen und durch die

---

[100] Siehe K. R. *Popper:* Logik der Forschung, op. cit., S. 374 ff.

[101] Siehe dazu Kapitel II. C. 3. a.

[102] K. R. *Popper:* Logik der Forschung, op. cit., S. 376.

Festlegung, daß bei Eintreten gewisser empirisch beobachtbarer Verhaltensweisen oder Reaktionen eine bestimmte Eigenschaft ausgesagt werden soll[103]. Damit ist jedoch nur eine unvollkommene Bestimmung des Dispositionsbegriffs gegeben; denn zunächst erfolgt nicht eine allgemeine Definition, sondern eine Festlegung einer Benennung für einzelne Geschehensabläufe. Weiterhin heißt dies, daß der Begriff für alle in den Versuchsbedingungen nicht angegebenen Umstände nicht gelten kann; bereits kleinste Abweichungen der Umstände verhindern, daß der gleiche Begriff logisch einwandfrei angewendet werden kann. Darüber hinaus sind nach dieser Lösung all jene Begriffe, für die die empirischen Versuchsbedingungen nicht oder nur unzureichend angegeben werden können, logisch unzulässige Begriffe.

C. Empirische Komponenten

1. Theorie der Bestätigung

a) Verifikation und Falsifikation

Der Übergang zwischen logisch-analytischen Komponenten und empiristischen Komponenten ist nicht eindeutig abgrenzbar. Zwar läßt sich entsprechend der obigen Definition eindeutig zwischen synthetischen und analytischen Aussagen unterscheiden, und es steht auch fest, daß aus der Definition der analytischen Logik heraus diese keinen synthetischen oder empirischen Gehalt entwickeln kann, doch die Verwendung logisch analytischer Komponenten in Erkenntnisverfahren, die die Empirie betreffen, entspringt einem erfahrungswissenschaftlichen Interesse. Dadurch erhalten auch die logisch-analytischen Elemente im Erkenntnisprozeß einen Aspekt, der erfahrungswissenschaftlich relevant erscheint. Andererseits erfordert es der logische Ursprung der Methodologie, daß sie auch dann mit logisch-analytischen Argumenten angegangen wird, wenn sie sich aus dem Zusammenhang ihrer Funktion im Erkenntnisverfahren als eine empiristische Komponente darstellt. Die wesentlichen Arten der empirischen Überprüfung, Verifikation und Falsifikation, stellen beispielsweise von der Funktion her genuin empiristische Elemente in der Erkenntnisgewinnung dar; die Analyse ihrer logischen Struktur ist vom Wesen her logisch analytisch.

Im frühen Neopositivismus war die Verifikation nicht nur das Abgrenzungs-, sondern auch das Sinnkriterium für Aussagen. Dies ist jedoch bereits deswegen nicht haltbar, weil ein großer Teil der analytischen Aussagen zwar nicht verifizierbar, aber dennoch nicht sinnlos ist, weswegen die Klasse der logischen Aussagen aus dem Problemkreis der

---

[103] Vgl. L. *Krauth:* Die Philosophie Carnaps, op. cit., S. 64.

Verifikation ausgeschlossen werden muß. Dies ist im Grunde schon vom Begriff der Verifikation her einsichtig. Verifikation heißt der Versuch oder die Möglichkeit, eine Aussage durch Überprüfung in der Realität als wahr zu erweisen. Diejenigen Aussagen dagegen, die nichts über die Realität aussagen, können somit auch nicht einer Verifikation unterworfen werden. Eine der simpelsten Aussagen dieses Typs ist beispielsweise die Aussage $1 + 1 = 2$; obwohl sie wahr ist, nämlich logisch wahr, sagt sie nichts über die Realität aus. Weil sie analytisch ist, gilt sie kraft ihrer Form. Eine andere Aussageart sind Aussagen von der Art: „Der Kreis ist rund". Hierbei handelt es sich zweifelsohne um eine Aussage über reale Sachverhalte, denn sowohl der Begriff „Kreis" als auch „rund" gehören der Beobachtungssprache an. Doch auch diese Aussage besitzt ihre Wahrheit nur kraft ihrer Form oder durch eine Definition. Sie ist eine Tautologie, den der Begriff „Kreis" gehört durch seine Definition schon zur Klasse derjenigen Dinge, die die Eigenschaft „rund" haben[104].

Eine Bestimmung der Verifikation muß daher dahingehend erfolgen, daß die Verifikation nur auf jene Aussagen bezogen wird, die nicht nur aufgrund ihrer Form gelten, also nicht nur logisch wahr oder logisch falsch sind, sondern die zur Klasse der synthetischen Beobachtungsaussagen gehören. Doch auch in diesem Falle muß der Begriff der Verifikation eingeschränkt werden. Eine ganze Reihe von Aussagen sind zwar prinzipiell verifizierbar, nicht jedoch von jedermann. Dies gilt beispielsweise für die meisten wissenschaftlichen Aussagen. Prinzipielle Verifikation oder Verifizierbarkeit bedeutet dann, daß jeder, der die entsprechenden Fähigkeiten und Kenntnisse besitzt, eine Aussage an der Realität nachvollziehen kann. Da jedoch auch in diesem Falle Aussagen wie „Cäsar überschritt den Rubikon" oder „Auf dem Mars gibt es Lebewesen" keiner zu jeder Zeit und für jeden möglichen, sondern nur einer „hypothetischen" oder indirekten Verifikation unterworfen werden können, muß die prinzipielle Verifikation in eine logische Verifikation, die die Wahrheitsbedingungen und die Methoden der Verifikation angibt, umgewandelt werden[105]. Damit wird der empirische Gehalt der Verifikation jedoch zumindest teilweise aufgegeben. Die Verifikation selber wird zu einer logischen Analyse.

Popper[106] hat jedoch auch gegen diese Art der Verifikation eingewendet, daß sie generell nicht oder nur dann möglich sei, wenn sie sich auf eine endliche Klasse von Sachverhalten beziehe. Doch selbst in diesem Falle kann eine Verifikation am Basisproblem scheitern. Allsätze dage-

---

[104] Vgl. A. *Pap:* An Introduction to the Philosophy of Science, op. cit., S. 18 f.

[105] Siehe A. *Pap:* An Introduction to the Philosophy of Science, op. cit., S. 22 ff.; A. J. *Ayer:* Sprache, Wahrheit und Logik, op. cit., S. 44 ff.

[106] K. R. *Popper:* Logik der Forschung, op. cit., S. 39 ff.

gen, jene Form, in die die meisten Naturgesetze gekleidet sind, sind nicht verifizierbar; denn von einer endlichen Klasse von Verifikationen kann nicht auf eine unendliche Klasse von Aussagen geschlossen werden. Er schlägt daher als Alternative die Methode der Falsifikation vor.

Ayer dagegen ist der Auffassung, daß eine Hypothese genauso wenig schlüssig widerlegt werden kann, wie sie schlüsig verifiziert werden kann; „denn wenn wir das Vorhandensein gewisser Beobachtungen als Beweis dafür nehmen, daß eine gegebene Hypothese falsch ist, so setzen wir das Vorhandensein gewisser Bedingungen voraus. Und wenn es auch in einem besonderen Falle äußerst unwahrscheinlich sein mag, daß diese Annahme falsch ist, so ist das doch nicht logisch unmöglich"[107]. Er versteht die Verifikation so, „daß die an eine vermeintliche Tatsachenaussage zu richtende Frage nicht ist, ob irgendwelche Beobachtungen ihre Wahrheit oder Falschheit logisch gewiß machen würden, sondern einfach, ob irgendwelche Beobachtungen relevant sind, um ihre Wahrheit oder Falschheit festzustellen. Nur wenn auf diese zweite Frage eine negative Antwort gegeben wird, folgern wir, daß die betreffende Aussage unsinnig ist"[108]. Es ist dann nicht mehr für Erfahrungsaussagen kennzeichnend, daß sie anderen aus der Beobachtung resultierenden Erfahrungsaussagen entsprechen, sondern sie zeichnen sich vielmehr dadurch aus, daß es eine Anzahl weiterer Prämissen gibt und daß mindestens eine Beobachtungsaussage aus der Verbindung von Erfahrungsaussage und Prämissen hergeleitet werden kann[109].

Der bedeutendste Kritiker der Verifikation ist *Popper*, der auch den von *Ayer* vorgeschlagenen Weg ablehnt. Für ihn ist die Verifikation als Methode der empirischen Überprüfung von Aussagen im Bereiche der Wissenschaft schlechthin unzulässig, weil sie auf dem logisch nicht begründbaren Induktionsprinzip basiert. Zwar verkennt auch *Popper* nicht, daß nicht nur im alltäglichen Leben, sondern auch in der Wissenschaft ständig induktiv geschlossen wird, daß einzelne Erfahrungstatsachen festgestellt werden und aus der Summierung des so erworbenen Erfahrungsschatzes allgemeine Gesetze oder Hypothesen aufgestellt werden, doch betrifft dies nur den Entstehungszusammenhang. Der Charakter der Methodologie nach *Popper* liegt jedoch darin, daß streng zwischen Begründungs- und Entdeckungszusammenhang unterschieden wird, und dies führt dahin, daß nicht die Frage der Entstehungs-, sondern nur die der Begründungspzusammenhänge relevant ist[110].

---

[107] A. J. *Ayer:* Sprache, Wahrheit und Logik, op. cit., S. 48.

[108] Ebenda, S. 48.

[109] Vgl. W. *Stegmüller:* Das Wahrheitsproblem und die Idee der Semantik, op. cit., S. 268.

[110] Siehe dazu H. *Albert:* Traktat über kritische Vernunft, op. cit., S. 37 ff.

Poppers Kritik an der Verifikation als Methode[111] ist orientiert an den Versuchen, die Gesetze der Naturwissenschaften zu verifizieren. Diese sollen ja auch nach dem Programm der empirischen Wissenschaften an der Erfahrung orientiert und aufgrund von Erfahrung gültig sein. Diese Erfahrung wiederum kann nur durch einzelne Beobachtungen oder Experimente gewonnen sein, wodurch wiederum Erwartungen über bestimmte Sachverhalte entstehen, die dann zu allgemeinen oder Allaussagen formuliert werden. Dies ist — wie *Popper* es nennt — „the commonsense problem of induction"[112]. Naturgesetze haben den Charakter von Allaussagen. Sie sind daher nicht verifizierbar, weil die Verifikation nur in einer endlichen Anzahl von Fällen erfolgen kann, unbegrenzte Allaussagen jedoch eine unendliche Anzahl von Fällen enthalten. Da die endlich vielen Verifikationen nur eine Teilmenge der unendlichen Anzahl von Fällen sind, würde bei der Bestätigung von Naturgesetzen durch die Verifikation von einer Teilklasse auf die Gesamtmenge geschlossen; das Problem gleicht dem der Dispositionsbegriffe. Dieses Vorgehen kann jedoch nur dann einen Anspruch auf Gültigkeit erheben, wenn die Annahme einer vollkommenen Identität zwischen Teilmenge und unendlicher Gesamtmenge a priori eingeführt wird[113]. Diese Annahme ist jedoch nicht nur willkürlich, sie widerspricht auch der Zielsetzung der Forschung, denn diese Annahme soll durch den Weg der Verifikation ja erst bestätigt werden[114]. Das bei der Verifikation von Naturgesetzen vorliegende induktive Schließen ist nach *Popper* dagegen nur dann zulässig, wenn es ein gültiges Induktionsprinzip gibt, auf dem das induktive Schließen basieren kann. Zu suchen ist ein „Satz, der gestattet, induktive Schlüsse in eine logisch zugängliche Form zu bringen"[115]. Dieses Induktionsproblem stellt eines der wesentlichsten Hindernisse für die

---

[111] Zur Entstehung der Falsifikationstheorie siehe K. R. *Popper:* Science: Conjectures and Refutations, op. cit., S. 34 ff.

[112] K. R. *Popper:* Conjectural Knowledge: My Solution of the Problem of Induction, in: Objective Knowledge, op. cit., S. 3.

[113] Vgl. W. *Stegmüller:* Das Problem der Induktion: Humes Herausforderung und moderne Antworten, in: H. *Lenk* (Hg.): Neue Aspekte der Wissenschaftstheorie, op. cit., S. 16 ff.

[114] Auch der Lösungsversuch der sog. „Finisten", der die Verifikation dadurch zu retten versucht, daß er Allsätze von unbegrenzter Gültigkeit in den Wissenschaften ausschließt und statt dessen wissenschaftliche Theorien als Aussagen über alle bisher bekannten Fälle interpretiert, ist zwar logisch einwandfrei, widerspricht jedoch sowohl dem Streben nach Allgemeingültigkeit der Aussagen als auch der Idee des Prognostizierens künftiger Ereignisse; denn Prognosen wären damit ausgeschlossen. *Wild* hat dagegen gezeigt, daß wegen der Prognose der Antezedenzbedingungen nichthypothetische Prognosen grundsätzlich erkenntnistheoretisch bedenklich sind. Insofern kommt er aufgrund des theoretischen Charakters der Prognose zu ähnlichen Ergebnissen wie der Ansatz der Finisten. Siehe J. *Wild:* Probleme der theoretischen Deduktion von Prognosen, op. cit., S. 553 ff.

[115] K. R. *Popper:* Logik der Forschung, op. cit., S. 4.

erkenntnistheoretische Begründung des Empirismus dar; und die Ungelöstheit oder die Unmöglichkeit des Induktionsprinzips zeigt, daß der Anspruch des Empirismus, eine rationale Theorie der Erkenntnis und der real geltenden Erkenntnisnormen zu beinhalten, selber nicht empiristisch legitimierbar ist[116]. Dementsprechend zeigen alle Versuche einer Umgehung des Induktionsproblems oder einer Auflösung des Problems durch einen Konventionalismus die Unmöglichkeit einer empiristischen Selbstbegründung des Empirismus. Andererseits kann auch *Popper*, der hier ein scharfer Kritiker des Empirismus ist, nicht die Unmöglichkeit des Induktionsprinzips nachweisen. Daher gründet sich seine Ablehnung der Verifikation letztlich darauf, daß das Induktionsproblem ungelöst ist; ob eine Lösung auch unmöglich ist, bleibt offen. Da nun die Naturgesetze und Theorien den Charakter von unendlichen Allsätzen haben, gilt für ihn: „Theorien sind somit niemals empirisch verifizierbar[117].“

Popper setzt daher der Verifikation seine Antithese der Falsifikation entgegen, die als wesentlicher Bestandteil seiner „deduktiven Methodik der Nachprüfung“[118] fungiert: theoretische Systeme werden zunächst einer logischen Überprüfung unterzogen; hiernach werden singuläre Folgerungen aus den Systemen abgeleitet, über die dann im Zusammenhang mit der praktischen Anwendung entschieden wird. „Fällt die Entscheidung positiv aus, werden die singulären Folgerungen anerkannt, verifiziert, so hat das System die Prüfung vorläufig bestanden; wir haben keinen Anlaß, es zu verwerfen. Fällt eine Entscheidung negativ aus, werden Folgerungen falsifiziert, so trifft ihre Falsifikation auch das System, aus dem sie deduziert werden[119].“

Seinen Überlegungen liegt die Annahme einer Asymmetrie von Verifikation und Falsifikation zugrunde, die wiederum auf die logische Form allgemeiner Sätze zurückzuführen ist. Allgemeine Sätze können niemals aus einzelnen Sätzen hergeleitet werden, einzelne Aussagen können dagegen logisch aus Allaussagen deduziert werden. Somit kann von der Falschheit einzelner Sätze auf die Falschheit von Allgemeinaussagen, nicht jedoch von der Wahrheit von Einzelaussagen auf die Wahrheit von Allaussagen geschlossen werden. „Die Methode der Falsifikation setzt keine induktiven Schlüsse voraus, sondern nur die unproblematischen tautologischen Umformungen der Deduktionslogik[120].“

Popper scheint damit das Problem der Induktionslogik überwunden und eine erkenntnistheoretische Grundlage für den Empirismus gelegt

[116] Vgl. H. *Schnädelbach:* Begründung, Erfahrung und Reflexion, op. cit., S. 133.

[117] K. R. *Popper:* Logik der Forschung, op. cit., S. 14.

[118] Ebenda, S. 5.

[119] Ebenda, S. 8.

[120] K. R. *Popper:* Logik der Forschung, op. cit., S. 17.

zu haben. Sein Abgrenzungskriterium bleibt jedoch dem empiristischen Denken weitgehend verhaftet; denn auch er rekurriert auf die Basis der Erfahrung, versteht diesen Rekurs jedoch als einen Vorschlag für eine Festsetzung, wobei die Motive für diese Konvention nicht oder kaum dargelegt werden[121].

b) Die logische Struktur der Bestätigung

Einer der Hauptpunkte der *Popper*schen Methodologie betrifft das logische Verhältnis von Verifikation und Falsifikation. Theorien, die die Form von Allaussagen haben, können niemals durch eine endliche Menge von Verifikationen verifiziert werden; das Induktionsproblem verbietet den Schluß von der endlichen Teilklasse der verifizierten Fälle auf die unendliche Klasse. Aus einer Allaussage läßt sich dagegen mit Hilfe der Deduktionslogik ein singulärer Satz ableiten, dessen Verhältnis zu Beobachtungsaussagen sich dann bestimmen läßt. Verifikation und Falsifikation stehen damit nach *Popper* in einem Verhältnis logischer Asymmetrie zueinander. Bei der Allaussage kann durch eine noch so große endliche Anzahl von Verifikationen die Wahrheit nicht bestimmt werden; eine unendliche Anzahl von Verifikationen ist nicht möglich. Dagegen kann eine Allaussage durch eine einzige Falsifikation widerlegt werden. Die Analyse dieses Verhältnisses ist für die Beurteilung wissenschaftlicher Aussagen und für den Wissenschaftsfortschritt nach *Poppers* Ansicht von wesentlicher Bedeutung. Für fast jede noch so abwegige Behauptung oder Hypothese lassen sich Beweise, also Verifikationsmöglichkeiten anführen[122]. Die Asymmetrie von Verifikation und Falsifikation dagegen zeigt, daß der Anspruch solcher Behauptungen an der Falsifikation scheitert.

---

[121] Siehe dazu die Kritik der konventionellen Basis in Kapitel II. C. 2. c.

[122] Offen bleibt allerdings, ob nicht für fast jede „vernünftige" Theorie eine abwegige Falsifikation oder Falsifikationsmöglichkeit gefunden werden kann. Da in wohl kaum einer Theorie die zur Falsifikation erforderlichen Randbedingungen genauestens spezifiziert sind — denn dann würde die Theorie ihren allgemeinen Charakter verlieren — ließe sich eine „richtige" Theorie durchaus durch die Wahl von entsprechenden Randbedingungen, die formal durchaus mit der Theorie übereinstimmen, jedoch nicht „im Sinne" der Theorie sind, falsifizieren. Falsifikation muß daher nicht unbedingt Falschheit bedeuten. Darüber hinaus kann es selbst bei „guten" Theorien wirkliche Anomalien geben. Auch in diesem Fall müßte eine Theorie nach der scheinbaren Falsifikation verworfen werden. Die Verwendung von Rettungsstrategien hat in solchen Fällen die Funktion, „richtige" Theorien vor „falschen" Falsifikationen zu bewahren. Da die Rettungsstrategien auch benutzt werden können, um falsche Theorien vor „richtigen" Falsifikationen zu schützen, sind sie deswegen im Rahmen der Falsifikationstheorie überhaupt nicht verwendbar. Es ist ein Widerspruch, einerseits die *Popper*sche Falsifikationstheorie zu akzeptieren und andererseits den Rettungsstrategien auch nur die geringste Bedeutung zuzumessen. Wenn an einer im Sinne *Poppers* falsifizierten Theorie festgehalten wird — überhaupt wenn eine Wissenschaft Theorien behält, die im Sinne *Poppers* nur ein einziges Mal falsifiziert worden sind —, so muß sie um der Logik des

Dennoch enthält die Auffassung von der Asymmetrie von Verifikation und Falsifikation eine Anzahl von Problemen; insbesondere ist fraglich, ob die Falsifikation nicht eine Verifikation impliziert. Zunächst läßt sich zeigen, daß es möglich ist, derartige empirisch sinnvolle Eigenschaften einzelner Dinge anzugeben; daß Aussagen, wonach ein Ding solche Eigenschaften besitzt, weder verifizierbar noch falsifizierbar im Sinne *Poppers* sind[123]. Weiterhin sind generelle Existenzbehauptungen in der Form von Es-gibt-Sätzen genausowenig falsifizierbar, wie generelle Allaussagen durch die Verifikation vollständig bestätigt werden können. Dies läßt die Vermutung nicht abwegig erscheinen, daß die Falsifikation nichts anderes ist als die logische Umkehr der bei der Verifikation vorliegenden Zusammenhänge und daß hierbei die gleichen Probleme in einem anderen Gewande auftreten. *Popper* macht sich die Lösung ein wenig zu leicht, wenn er schreibt: „My solution is the principle that a statement is empirical if there are (finite) conjunctions of singular empirical statements (‚basic statements‘ or ‚test statements‘) which contradict it. It is a consequence of this ‚principle of demarcation‘ that an isolated purely extensional statement (such as ‚There exists a seaserpent somewhere in the world at some time') is not an empirical statement, though it may contribute, of course, to our empirical problem situation[124]." Diese Argumentation vermag jedoch wenig zu überzeugen; denn sie basiert auf einem Appell an Plausibilitätsüberlegungen, indem sie einen extrem abwegigen Fall konstruiert. Es sind jedoch im Rahmen wissenschaftlicher Theorien durchaus vernünftige Verwendungen von Es-gibt-Sätzen denkbar, die nicht so ohne weiteres, wie *Popper* es tut, abgewiesen werden können. *Popper* scheint sich selber zu widersprechen: einerseits können diese Sätze zur Lösung empirischer Problemsituationen beitragen, andererseits sind aufgrund seines Prinzip diese Sätze keine empirischen. Wie aber ein nicht-empirischer, also unter empiristischem Aspekt nichtssagender, inhaltsleerer Satz zur Lösung empirischer Pro-

---

eigenen Handelns willen entweder *Poppers* Falsifikationstheorie ablehnen oder erklären, daß sie keine Wissenschaft ist, weil sie keine Theorien aufweisen kann, die allen Falsifikationsversuchen standgehalten haben. Genau dies ist das Problem der Sozialwissenschaften. Wenn sie sich dem naiven Falsifikationismus unterwerfen, liquidieren sie sich selber als Wissenschaft.

123 „Es sei a ein beobachtbares Einzelobjekt. Die Eigenschaft M soll diesem Ding a genau dann zukommen, wenn es ein (konkretes) Objekt gibt, das von a weiter entfernt ist als alle übrigen Objekte von a entfernt sind. Da die hier verwendete Relationseigenschaft ‚Z ist von X weiter entfernt als Y von X entfernt ist‘ sicher etwas Beobachtbares zum Inhalt hat, wird man auch die Eigenschaft M als eine beobachtbare Eigenschaft anerkennen müssen. Die Behauptung, daß a diese Eigenschaft M hat, ist aber mit Hilfe von endlich vielen Beobachtungen weder beweisbar noch widerlegbar; die Verifikation ist ausgeschlossen wegen des im Definitionssatz von M vorkommenden ‚alle‘, und die Falsifikation ist ausgeschlossen wegen des darin vorkommenden ‚es gibt‘." W. *Stegmüller:* Hauptströmungen der Gegenwartsphilosophie, op. cit., S. 403 f.

124 K. R. *Popper:* Conjectural Knowledge, op. cit., S. 12.

blemsituationen beitragen kann, erscheint unverständlich. Wird dem Satz der empirische Gehalt aberkannt, so hat er bei der Lösung empirischer Probleme nichts zu suchen — geschweige denn, daß er zur Lösung beitragen, andererseits sind aufgrund seines Prinzips diese Sätze keine empirischen. Wie aber ein nicht-empirischer, also unter empiristischem Aspekt nichtssagender, inhaltsleerer Satz zur Lösung empirischer Problemsituationen beitragen kann, erscheint unverständlich. Wird dem Satz der empirische Gehalt aberkannt, so hat er bei der Lösung empirischer Probleme nichts zu suchen — geschweige denn, daß er zur Lösung beitragen kann. Trägt er dagegen zur Lösung bei, so kann er nicht nach empiristischen Prinzipien ein Unsatz sein. Über Poppers pragmatische Erwägungen hinaus geht es vielmehr um die grundsätzliche Konsistenz seines Systems. Wenn *Popper* den Umstand, daß Aussagen an der Erfahrung scheitern können, zum prinzipiellen Abgrenzungskriterium zwischen Wissenschaft und Metaphysik erhebt, so muß eben um der Konsistenz der Methodologie willen der ganze Kosmos nach dem Phantom abgesucht werden — eine andere Frage ist, ob dies aus pragmatischen Gründen zumutbar ist. Dies hat Konsequenzen bezüglich der behaupteten Asymmetrie von Verifikation und Falsifikation. Die Verifikation muß nach *Popper* daran scheitern, daß aus logischen Erwägungen nicht von einer Teilklasse auf die Gesamtklasse geschlossen werden kann und daß zur Umgehung der Induktionslogik eine unendliche Anzahl von Verifikationen nötig ist. Bei den Es-gibt-Sätzen tritt nichts anderes als ein Pendant hierzu auf; es ist die gleiche unendliche Anzahl von Falsifikationen erforderlich.

Und auch für das Problem der Induktionslogik bei der Verifikation läßt sich für die Falsifikation ein Pendant finden. Das Argument gegen die Verifikation besteht darin, daß die Sicherheit der Behauptung bei dem Schluß von der Teilklasse auf die Gesamtklasse der Allaussagen verloren geht. Vereinfacht ausgedrückt: aus dem Umstand, daß einer oder endliche viele schwarze Raben beobachtet wurden, läßt sich nicht mit Sicherheit herleiten, daß alle Raben schwarz sind. Zur Überwindung dieses Problems sind bisher nur zwei grundsätzliche Wege bekannt, die jedoch beide das Problem nicht lösen, sondern umgehen: Die sog. „Finisten“ begrenzen die Gültigkeit der Allaussagen auf die bekannten Fälle, und die *Hume*sche Lösung umgeht den problematischen Schluß durch Einführung der These einer generellen Gesetzmäßigkeit; die gleiche Gesetzlichkeit, die bei der Teilklasse vorliegt, wird auch für die Gesamtklasse behauptet. Damit erscheint der Schluß unproblematisch; allerdings verliert das ganze Verfahren seinen Sinn, denn die unterstellte Gesetzmäßigkeit wird ja gerade gesucht. *Poppers* Verdienst dagegen ist es, den rein logischen Charakter des Problems hervorgestellt zu haben, indem er die Rechtfertigung des Induktionsschlusses von einem generellen Induktionsprinzip abhängig macht. Da jedoch ein solches Prinzip nicht bekannt oder nicht möglich ist, führt der Induktionsschluß zu einem Verlust an Sicherheit[125].

Eine ähnliche Problematik tritt bei *Poppers* Methode der Falsifikation auf, denn das Problem der Sicherheit tangiert die Frage der Wahrheit. Sind Allaussagen, die deswegen gemacht werden, weil sie einigen Falsifikationsversuchen standgehalten haben, sicherer als Allaussagen, die auf dem Induktionsschluß von einer endlichen Menge erfolgreicher Verifikationen auf eine unendliche Klasse beruhen? Sie können es nicht sein, denn eine gescheiterte Falsifikation ist logisch nichts anderes als eine erfolgreiche Verifikation[126]. *Poppers* Theorie führt in einem Falle zu eindeutigen Resultaten: Eine Allaussage, die einer Falsifikation nicht standgehalten hat, ist mit Sicherheit falsch[127]. Für diejenige Allaussage dagegen die der Falsifikation standgehalten hat, führt *Popper* die Theorie der Bewährung ein: „Theorien sind nicht verifizierbar, aber sie können sich bewähren[128].“ „Die Bewährung ist keine Hypothese, sondern aus (der Theorie und) den anerkannten Basissätzen ableitbar: sie stellt fest, daß diese der Theorie nicht widersprechen — und zwar unter Berücksichtigung des Prüfbarkeitsgrades der Theorie sowie der Strenge der Prüfungen, denen diese (bis zu einem bestimmten Zeitpunkt) unterworfen wurde[129].“ Die Bewährung stellt also eine Beurteilung einer Theorie dar, in die Faktoren wie die Anzahl der Prüfungen, der Prüfbarkeitsgrad des zu prüfenden Satzes und die Strenge der Prüfung eingehen. Was bedeutet nun der Begriff „bewährt“ für die Sicherheit jener Hypothesen, die als bewährt angesehen werden? Wird der Begriff „bewährt“ in den Kategorien von „wahr“ und „falsch“ gemessen, so bedeutet er weder „wahr“ noch „falsch“. Da er aber nicht „wahr“ bedeutet, ist eine Theorie oder Hypothese, der das Urteil „bewährt“ zugesprochen wird, weniger sicher, als wenn sie mit „wahr“ bewertet wird. Das gleiche Unsicherheitsproblem bei der Beurteilung der Sicherheit von Allaussagen wie bei den induktiv gewonnenen Sätzen tritt damit auch bei der Falsifikation auf. Abgesehen von dem Fall, wo falsche Hypothesen mit Sicherheit durch eine erfolgreiche Falsifikation verworfen werden können, erscheint somit die Asymmetrie von Verifikation und Falsifikation wenig bedeutsam, sofern sie, was die Behandlung der tatsächlichen Zusammenhänge anbetrifft, überhaupt besteht.

---

[125] Weswegen das Induktionsproblem meist als ein wahrscheinlichkeitstheoretisches Problem angegangen wird.

[126] Eben dies bestreitet *Popper;* siehe unten.

[127] Dies gilt nur unter logischem Aspekt; denn genauso wie eine falsche Theorie verifiziert werden kann, kann eine effektiv „richtige“ Theorie falsifiziert werden; vgl. W. *Stegmüller:* Das Problem der Induktion, op. cit., S. 23.

[128] K. R. *Popper:* Logik der Forschung, op. cit., S. 189.

[129] Ebenda, S. 211.

Und der Fall der Eliminierung falscher Theorien spielt zweifelsohne nicht die wichtigste Rolle. Zwar hat es z. B. im Falle *Galileis* heftige Auseinandersetzungen zwischen der spekulativen und der experimentellen Physik gegeben, doch ist dies gerade in diesem Falle wohl darauf zurückzuführen, daß im Sinne der *Kuhn*schen Theorie die Zeit für das *Galilei*sche System noch nicht „reif" war und daß darüber hinaus weltanschauliche Momente hier eine erhebliche Rolle gespielt haben. Dagegen zeigt die Geschichte der Wissenschaft, daß Theorien nicht wegen Falsifikationen verworfen werden, sondern daß sie durch das Auftreten besserer Theorien verdrängt werden[130]; sie scheint nach der Devise zu handeln, daß eine schlechte Theorie besser als keine sei. (Allerdings kann man der Entwicklung der Wissenschaft den Vorwurf machen, daß sie offensichtlich nicht bereit ist, sich der Methodologie oder Theorie der Wissenschaftsentwicklung *Poppers* zu unterwerfen, ein Vorwurf, der immer dann erhoben wird, wenn eine Theorie nicht in der Lage ist, die Realität zu erklären.) Was jedoch die Bewertung positiven Wissens anbetrifft, so bringt die behauptete Asymmetrie von Verifikation und Falsifikation keinen Nutzen; in beiden Fällen liegt keine Sicherheit in Hinblick auf den Wahrheitsentscheid empirischer Allaussagen vor. Im Grunde bestreitet *Popper* dieses nicht: „Unser Wissen ist ein kritisches Raten; ein Netz von Hypothesen; ein Gewebe von Vermutungen[131]."

---

[130] So ist beispielsweise die preistheoretische Gleichgewichtstheorie niemals verworfen worden, obwohl es in der Praxis genügend Anwendungen gegeben hat, die durchaus im Sinne einer erfolgreichen Falsifikation gedeutet werden können; denn dann hätte man überhaupt keine Theorie oder Erklärung mehr gehabt. Erst das Auftreten der *Keynes*schen Theorie, die in der damaligen Situation die Realität besser zu erklären schien, hat die preistheoretischen Erklärungen verdrängt. Eine Theorie ist an die Stelle der anderen getreten; erst als die neue Theorie bekannt wurde, wurde die ältere verworfen. Die Wissenschaft hält jedoch solange an Theorien fest, bis daß bessere Erklärungen bekannt sind, gleichgültig wie oft die alten Theorien vorher falsifiziert wurden. Dies scheint auch gegenwärtig bei der *Keynes*schen Theorie selber wieder der Fall zu sein, die durch immer neue Techniken gerettet, jedoch nicht als schlicht falsifiziert verworfen wird. Das Schema der Falsifikation scheint das Schicksal vieler Theorien zu teilen: es ist hypothetisch, und aus ihm werden auch Ziele, Normen und Standards abgeleitet; leider erklärt es jedoch nicht die Realität. Das gilt nicht nur für die Sozialwissenschaften, sondern auch für die Naturwissenschaften: "No process yet disclosed by the historical study of scientific development at all resembles the methodological stereotype of falsification by direct comparison with nature. That remark does not mean that scientists do not reject scientific theories, or that experience and experiment are not essential to the process in which they do so. But it does mean — that will ultimately be a central point — that the act of judgement that leads scientists to reject a previously accepted theory is always based upon more than a comparison of that theory with the world. The decision to reject one paradigm is always simultanously the decision to accept another, and the judgement leading to that decision involves the comparison of both paradigms with nature and with each other." T. S. *Kuhn:* The Structure of Scientific Revolutions, op. cit., S. 77.

[131] K. R. *Popper:* Logik der Forschung, op. cit., S. XXV.

Die Frage ist, was dies für das Verhältnis von bewährtem Wissen und der abgelehnten Metaphysik bedeutet. Metaphysik zeichnet sich dadurch aus, daß sie von ihrer Natur her nicht empirisch überprüft werden kann, d. h. der Wahrheitsbeweis metaphysischer Aussagen kann auf empirischem Wege nicht erbracht werden. Daher will *Popper* sie nicht der Wissenschaft zurechnen; sie erscheinen als Spekulation. Der Wahrheitsbeweis empirischer Aussagen kann allerdings genauso wenig erbracht werden, denn sicher sind sie nicht. In beiden Fällen liegt somit prinzipiell Spekulation vor; daran ändert auch der Umstand nichts, daß empirische Allaussagen in Einzelfällen verifiziert werden können, metaphysische dagegen nicht. Der Unterschied besteht vielmehr nur darin, daß Aussagen, die nach *Poppers* Abgrenzungskriterium wissenschaftlich sind, sich empirisch bewähren können, metaphysische Aussagen dagegen nicht. Daß es aber auch Möglichkeiten einer nicht-empirischen Überprüfung geben kann, lehnt *Popper* ab.

Der Inhalt des Begriffs „Bewährung" ist daher von wesentlicher Bedeutung für die Methodologie *Poppers*. Verschiedene Kritiker, insbesondere *Carnap*[132], haben ihm vorgeworfen, daß seine Theorie der Bewährung ein wahrscheinlichkeitstheoretischer Ansatz zur Überwindung des Induktionsproblems sei. Dies würde die behaupteten Vorteile der Asymmetrie von Verifikation und Falsifikation ebenfalls in Frage stellen. Es tangiert die oben aufgestellte Behauptung, daß eine gescheiterte Falsifikation unter geeigneten Testbedingungen nichts anderes ist als eine erfolgreiche Verifikation. Eben dies ist aber nach *Popper* nicht der Fall. Nach normaler Auffassung stellt sich das Verhältnis von Verifikation und Falsifikation wie folgt dar: Aus der zu überprüfenden Hypothese werden mit Hilfe des modus tollens und geeigneter Randbedingungen Prognosen deduziert[133]. Tritt das Prognostizierte nicht ein, so ist die Hypothese falsifiziert, tritt es dagegen ein, so ist sie verifiziert, oder es ist zumindest gelungen, an einem einzelnen Ereignis aufzuzeigen, daß die zu testende Hypothese für diesen Fall stimmt; es hat sich ein Fall oder Sachverhalt aufzeigen lassen, der mit der generellen Behauptung in Einklang steht, diese also unterstützt oder bestätigt. Wenn sich nun immer mehr solcher Einzelfälle finden lassen, so scheint es angebracht, zu vermuten, daß hierdurch die zu testende Hypothese besser gestützt und besser bestätigt ist. Dies führt den Gedanken zu wahrscheinlichkeitstheoretischen Überlegungen. Abstrahiert man von Qualitätsbeurteilungen bezüglich der Testbedingungen und -möglichkeiten, so erscheint die Hypothese wahrscheinlicher. In diesem Falle tritt das Induktions-

---

[132] Siehe dazu *Poppers* Auseinandersetzung mit *Carnap:* K. R. *Popper:* The Demarcation Between Science and Metaphysics, op. cit., S. 253 ff.; ders: Logik der Forschung, op. cit., S. 251 ff.

[133] Zur grundsätzlichen Problematik der Prognose siehe J. *Wild:* Probleme der theoretischen Deduktion, op. cit., S. 553.

problem wahrscheinlichkeitstheoretisch in Form des Verhältnisses der erfolglosen Falsifizierungen, d. h. der positiv ausgefallenen Tests, zur unendlichen Anzahl der in der Hypothese enthaltenen Einzelfälle wieder auf. Ceteris paribus ist eine Hypothese dann um so wahrscheinlicher, je größer die Anzahl der positiven Testergebnisse ist. *Poppers* Methode des deduktiven Vorgehens führte dann nicht zu einer Überwindung des Induktionsproblems. Die behauptete Asymmetrie von Verifikation und Falsifikation wäre entweder nicht gegeben oder nicht relevant.

Konsequenterweise muß *Popper* daher von einer anderen Interpretation des Verhältnisses von Verifikation und Falsifikation ausgehen. Das verdeutlicht sich am Begriff der Bewährung: „Die Bewährung ist keine Hypothese, sondern aus (der Theorie und) den anerkannten Basissätzen ableitbar: sie stellt fest, daß diese der Theorie nicht widersprechen[134]." Für die Theorie der Falsifikation kann dies nur die Konsequenz haben, daß entweder die Falsifikation logisch etwas anderes ist als die Nicht-Verifikation oder daß in den Begriff Bewährung Faktoren einfließen, die eine wahrscheinlichkeitstheoretische Interpretation verbieten. Es dürfte auch im Sinne *Poppers* sein, davon auszugehen, daß eine Nicht-Falsifikation logisch einer Verifikation entspricht. Wenn dennoch die Konsequenzen für die Methodologie asymmetrisch sind, so muß dies an einem anderen Element liegen, das verbietet, einer nicht falsifizierten Theorie ein Maß oder einen Grad an Wahrscheinlichkeit zuzusprechen, es aber ermöglicht, ihr einen Grad an Bewährung zuzuerkennen. Dieses Element findet er in der Beurteilung der Qualität des Tests: „die Wahrscheinlichkeit eines Satzes (in bezug auf Prüfsätze) drückt eben keine Beurteilung der Strenge der Prüfungen aus, die eine Theorie bestanden hat, und auch nicht der Art, in der sie diese Prüfungen bestanden hat. Der Hauptgrund dafür ist, daß der Gehalt einer Theorie — was dasselbe ist wie ihre Unwahrscheinlichkeit — ihre Prüfbarkeit und Bewährbarkeit bestimmt[135]." Wieso allerdings die Wahrscheinlichkeit nicht mit einem subjektiven Faktor der Beurteilung gewichtet werden kann, ist nicht einzusehen. Dann läge — abgesehen von der Gewichtung — wiederum eine wahrscheinlichkeitstheoretische Lösung vor.

Die bisherigen Überlegungen bezogen sich primär auf Allsätze, d.h. auf Aussagen, die sich auf eine unendliche Anzahl von Einzelfällen beziehen. Daß die Asymmetrie von Verifikation und Falsifikation bei Aussagen über eine unendliche Anzahl von Einzelfällen überhaupt nicht gegeben oder nicht relevant ist, hat *Juhos*[136] dargelegt. *Popper* lehnt die Methode der Verifikation deswegen ab, weil sie entweder am Induktions-

---

[134] K. R. *Popper:* Logik der Forschung, op. cit., S. 211.

[135] K. R. *Popper:* Logik der Forschung, op. cit., S. 347.

[136] B. *Juhos:* Die methodologische Symmetrie von Verifikation und Falsifikation, in: Zeitschrift für allgemeine Wissenschaftstheorie, Bd. 1, 1970, S. 41 ff.

prinzip scheitert oder weil sie eine unendliche Anzahl von Verifikationen erfordert, was nicht möglich ist. Dies trifft jedoch für Sätze über eine endliche Anzahl von Fällen nicht zu. Zwar lassen sich aus solchen Sätzen auch dann unendlich viele weitere Sätze ableiten, wenn die Zahl der hinzuzuziehenden Randbedingungen unendlich variabel ist, doch kann dieses Problem dadurch begrenzt werden, daß die Randbedingungen geeignet und technisch realisierbar sein müssen. Prinzipiell sind damit Sätze über eine endliche Anzahl von Fällen vollständig verifizierbar[137].

Andererseits lassen sich zweifellos gegen die Methode der Falsifikation weniger Argumente als gegen die Verifikation anführen. Dennoch kann auf den Preis, den diese Methode für ihre Unangreifbarkeit zu zahlen hat, hingewiesen werden. *Poppers* Bemühen ist es, ein logisch einwandfreies methodologisches Muster zu entwerfen, wobei dieses Streben ihn dahin führt, daß er den eigentlichen Wissenschaftsprozeß weitgehend aus dem Auge verliert. Seine Methodologie ist eine apriorische Konstruktion, die nichts oder nur wenig zur Erklärung und erkenntnistheoretischen Reflexion des empirischen Vorgangs Wissenschaft beiträgt[138]. Die gesamte Praxis der wissenschaftlichen Forschung wird in die Heuristik verwiesen, wo mehr oder weniger mystische Faktoren wie Geistesblitze oder Geniestreiche scheinbar vorherrschen. Die Theorie der Falsifikation reflektiert nicht die Wissenschaft als menschliche Aktivität, sondern nur ihre Resultate, die sie einem normativen und apriorischen System von Regeln unterwirft, die zur Beurteilung vorliegender Theorien und Hypothesen dienen. Die eigentliche wissenschaftliche Tätigkeit hingegen wird ausgeklammert. Mit dieser Methodologie wird nicht einmal der Versuch unternommen, an das Problem der Wahrheit heranzugehen: "the method of trial and error is a method of eliminating false theories by observation statements[139]." Sie kann nur das Falsche beseitigen und hoffen, auf diese Art und Weise das Wahre erkennen zu helfen. Sie hat den Charakter einer Theorie des erkenntnistheoretischen Darwinismus.

Während jedoch die meisten Entwicklungstheorien, die auf einen Fortschritt abzielen, nach den Ursachen und den Ansatzpunkten für die Entwicklung zum Besseren oder zu höheren Formen suchen, konzentriert *Popper* sich ausschließlich auf die Elimination dessen, was falsch ist.

---

[137] Dies gilt auch für statistische Aussagen. Statistische Sätze über eine unendliche Anzahl von Fällen sind dagegen auch nicht falsifizierbar.

[138] Am deutlichsten ist dies durch die Verbindung von apriorischer und empirischer Betrachtungsweise bei *Kuhn* aufgezeigt worden; siehe T. S. *Kuhn:* The Structure of Scientific Revolutions, op. cit. und ders.: Logic of Discovery or Psychology of Research?, in: I. *Latakos, A. Musgrave* (Hg.): Criticism and the Growth of Knowledge, op. cit., S. 1 - 24; siehe auch *Feyerabends* Bemerkungen zur Rationalität der Wissenschaft im Hinblick auf apriorische Normen in P. K. *Feyerabend:* Consolations for the Specialist, op. cit., S. 215 ff.

[139] K. R. *Popper:* Science: Conjectures and Refutations, op. cit., S. 56.

Dies ist jedoch nicht der eigentliche Kern eines Fortschrittsprozesses; dessen Wesen ist vielmehr die Veränderung zu weiterentwickelten Formen — auf den Gang der Wissenschaft bezogen: zu besseren Erklärungen, Hypothesen und Theorien. Die Elimination des Falschen ist dann, wenn das Bessere bekannt ist, nur eine Randerscheinung. Die bessere Theorie setzt sich deswegen durch, weil sie besser ist und nicht deswegen, weil das Falsche falsch ist[140]. Diese Binsenweisheit berücksichtigt die Falsifikation eben nicht. Wissenschaftliche Tätigkeit ist auf das Konstruktive angelegt, sie will primär Neues erschließen, jedoch nicht primär Falsches beseitigen. Die Geschichte der Wissenschaften ist eine Geschichte neuer Theorien, die entweder Unbekanntes neu erschließen oder Altbekanntes neu erklären. Die Widerlegung falscher Hypothesen ergibt sich dann in der Folge dieser Entwicklung, denn die Widerlegung allein bringt die Wissenschaft nicht weiter. Gerade dies ist aber der Kern, wenn man die Wissenschaft als einen evolutionären Vorgang deuten oder in einer Wachstumstheorie des Wissens erfassen will.

Ein weiterer Aspekt der logischen Struktur von Verifikation und Falsifikation ist, ob die Theorie der Falsifikation nicht die Möglichkeit der Verifikation logisch impliziert. Wenn dies der Fall ist, so erscheint auch durch diesen Aspekt die Behauptung einer Asymmetrie von Verifikation und Falsifikation in der Methodologie fraglich; zumindest muß jedoch, sollte die Möglichkeit einer Asymmetrie nicht voll widerlegt werden, die Relevanz dieser Behauptung für die Methodologie der Erfahrungswissenschaften erheblich eingeschränkt werden.

Zur Darlegung dieses Problems soll zunächst zwischen analytischen und synthetischen Allaussagen unterschieden werden. Die Falsifikation analytischer Allaussagen erweist sich als wenig problematisch; ihr analy-

---

[140] Andererseits wird das Falsche nicht deswegen eliminiert, weil es falsifiziert wurde. Die Wissenschaftsgeschichte steckt voll von Theorien, die, obwohl sie falsifiziert sind, durch alle möglichen Strategien am Leben erhalten wurden. Daher ist es auch ein Leichtes, die Theorie der Falsifikation anhand der Wissenschaftsgeschichte zu falsifizieren. Die Entwicklung der Wissenschaft verläuft anders als *Popper* sie erklärt; siehe I. *Latakos:* History of Science and its Rational Reconstructions, op. cit., S. 108 ff.; ders.: Falsification and the Methodology of Scientific Research Programms, in: I. *Latakos,* A. *Musgrave* (Hg.): Criticism and the Growth of Knowledge, op. cit., S. 93 ff.; T. S. *Kuhn:* Logic of Discovery or Psychology of Research?, op. cit., S. 4 ff.; ders.: The Structure of Scientific Revolutions, op. cit., S. 77 f. Schon der Aufweis eines einzelnen Falles, in dem trotz Falsifikation an einer Theorie festgehalten wurde, bedeutet den Zusammenbruch der *Popper*schen Theorie. Sie kann dann nicht mehr die Wissenschaftsentwicklung erklären, sondern nur noch den Anspruch erheben, ein normierendes Verfahren zur Reglementierung der Wissenschaft zu beinhalten. Woher jedoch dieser Anspruch legitimiert werden soll, ist nicht ersichtlich. Zudem will *Popper* selber eine Theorie, die die Realität erklärt; denn eine solche Theorie braucht nur die Hypothese, der bisherige Weg der Wissenschaft sei ein Fortschritt, um die Grundlage einer sinnvollen Wissenschaftstheorie zu bilden.

tischer Charakter hat zur Folge, daß es sich um ein definitorisches Problem handelt. Sollte z. B. der Satz „Alle Primzahlen sind nur durch sich selbst und durch eins dividierbar“ durch das Aufweisen einer Zahl falsifiziert werden, so würde diese Zahl im Sinne dieser Definition keine Primzahl sein; mithin wäre dieser Satz auch nicht falsifiziert. Schwieriger ist es bei Aussagen, bei denen nicht einwandfrei geklärt werden kann, ob es sich um eine analytische oder synthetische Aussage handelt. Der Satz „Alle Raben sind schwarz“ beispielsweise bezieht sich im Gegensatz zur obigen mathematischen Allaussage auf einen beobachtbaren Sachverhalt und müßte daher als synthetische Aussage durch die Beobachtung eines weißen Raben falsifizierbar sein. Es könnte sich bei dieser Aussage jedoch auch um eine Definition handeln in dem Sinne, daß die Eigenschaft „schwarz“ als notwendige Bestimmung des Begriffs „Rabe“ angesehen wird, so daß die Allaussage nicht falsifiziert wäre und es sich in diesem Falle um eine mutationsbedingte Entstehung einer eigenen Vogelart handelt, die zwar nach bestimmten Merkmalen (Abstammung, Knochenbau usw.) zur Spezies der Raben gehört, aber dennoch als eine Vogelart sui generis angesehen wird. Letztlich ist dies jedoch ein Problem der Nomenklatur; aber dennoch kann es auch das Problem echter Anomalien geben, so daß sich bei diesem Beispiel die Frage erhebt, ob die Allaussage durch das Auftreten eines Albinos falsifiziert wird.

Geht man jedoch davon aus, daß es sich bei dem Rabenbeispiel um eine empirische Aussage handelt, in der das nomologische Auftreten einer bestimmten Eigenschaft behauptet wird[141], so führt das Problem des Albinos zur generellen Problematik der Falsifikation nomologischer Aussagen. Wenn sich im Wege der Überprüfung der Gesetzesbehauptung ein Basissatz aufstellen läßt, der einer aus der zu prüfenden Hypothese deduzierten singulären Aussage widerspricht, so kann dies nicht daran liegen, daß das Ereignis ohne jede Ursache ist[142]. Soweit ein solcher Fall jedoch überhaupt denkbar ist, erscheint er hier abwegig. Daher zieht die Falsifikationstheorie die Konsequenz, daß die in der Hypothese aufgestellte Gesetzmäßigkeit in dem einzelnen Prüfungsfalle nicht vorliegt und damit die Hypothese widerlegt ist. Das bedeutet, daß die in der Hypothese behauptete Gesetzmäßigkeit nicht vorliegt; es bedeutet jedoch zugleich, daß zumindest bei dem einzelnen geprüften Sachverhalt eine andere Gesetzmäßigkeit vorliegt. Aus der Aussage, daß eine bestimmte Gesetzmäßigkeit nicht vorliegt, kann logisch, solange nicht Ursachelosigkeit unterstellt wird, das Vorliegen einer anderen, noch unbekannten

---

[141] Siehe B. *Juhos:* Die methodologische Symmetrie von Verifikation und Falsifikation, op. cit., S. 57 f.

[142] Von dem Umstand, daß der Widerspruch an den Randbedingungen liegen kann, soll hier abstrahiert werden; es werden hinreichend spezifizierte Randbedingungen unterstellt.

Gesetzmäßigkeit hergeleitet werden. Die Falsifikationstheorie ist sich dessen durchaus bewußt, denn sie sieht die Falsifikation einer Hypothese als eine indirekte Aufforderung an, neue Hypothesen über Gesetzmäßigkeiten zu suchen und aufzustellen. Sie ist sich nur nicht dessen bewußt, daß die Behauptung, der konkrete Sachverhalt folge einer anderen Gesetzmäßigkeit, das Aufstellen einer — wenn auch noch unbekannten und noch nicht formulierten — Gesetzmäßigkeit bereits logisch beinhaltet. Die Aufforderung, neue Hypothesen aufzustellen, ist somit eine Konkretisierung dieser logischen Implikation. Die Falsifikation von Gesetzmäßigkeiten erfolgt damit durch das Aufstellen neuer Gesetzmäßigkeiten; Gesetzesaussagen werden durch andere Gesetzesaussagen widerlegt. Daran ändert auch der Umstand nichts, daß die neue Gesetzeshypothese möglicherweise nur auf einen engeren Gültigkeitsbereich, im Grenzfall auf einen Sachverhalt, angewendet werden kann. Für die „Logik der Forschung" bedeutet dies, daß die Probleme bei der Verifikation und der Falsifikation weitgehend die gleichen sind; die behauptete Asymmetrie von Verifikation und Falsifikation wirkt sich nicht aus. Dem Schluß von der Teilmenge auf die Gesamtmenge entspricht bei der Falsifikation das Aufstellen einer Gesetzmäßigkeit.

c) *Bestätigungsfähigkeit und Prüfbarkeit*

Carnap[143] hat in einem weiteren Ansatz die Verifikation zu retten versucht. Er hat insbesondere aufgrund der Kritik *Poppers* eingesehen, daß der Sinn von Aussagen und ihre Verifikation nicht bedenkenlos gleichgesetzt werden können. Auch er akzeptiert, daß, wenn unter Verifikation die definitive Festsetzung der Wahrheit von Aussagen verstanden wird, synthetische Sätze niemals vollständig verifiziert werden können; vielmehr können diese nur zunehmend bestätigt werden. Da seines Erachtens die Begriffe der Verifikation und Falsifikation zu eng sind, schlägt er vor, diese durch die Begriffe der Prüfbarkeit und der Bestätigungsfähigkeit zu ersetzen. Ein Satz ist prüfbar, wenn die Methode, wie er getestet werden kann, bekannt ist, und er ist bestätigungsfähig, wenn bekannt ist, unter welchen Bedingungen er bestätigt werden kann[144]. Die Begriffe der Bestätigungsfähigkeit und Prüfbarkeit sind einer zweifachen Analyse zugängig.

In einer logischen Analyse geht es um die Definition und Reduktion von Begriffen, denen die Eigenschaften prüfbar und bestätigungsfähig zukommen. Ausgangspunkt ist eine endliche Basisklasse K von anerkannten Beobachtungsaussagen. Alle Aussagen werden nun hinsichtlich ihrer Zurückführbarkeit auf diese Klasse K qualifiziert, wobei zwischen

---

[143] R. *Carnap:* Testibility and Meaning, op. cit.

[144] Siehe R. *Carnap:* Testibility and Meaning, op. cit., S. 420.

direkter und indirekter sowie vollständiger und unvollständiger Zurückführbarkeit unterschieden wird.

Vollständige Reduzierbarkeit liegt vor, wenn die Bestätigung einer Aussage S logisch vollständig auf K zurückgeführt werden kann, so daß diese eine Unterklasse von K ist[145]. Dementsprechend ist eine unvollständige Zurückführbarkeit dann gegeben, wenn diese Beziehung zwar grundsätzlich, jedoch nicht vollkommen herleitbar ist. Dagegen ist eine Bestätigung von S direkt reduzierbar auf K, wenn entweder eine vollständige oder eine direkt unvollständige Reduzierbarkeit vorliegt. Letztere ist deswegen problematisch, weil sie das von *Popper* kritisierte Induktionsproblem betrifft. In diesem Falle liegen sogenannte Allgeneralisatoren vor, d. h. eine Unklasse K' von Begriffen, die zwar K entstammen, jedoch unendlich viele Anwendungsfälle umfassen[146]. Wie das Induktionsproblem zeigt, können solche Aussagen nur annähernd, nicht jedoch vollkommen verifiziert werden. Solche Aussagen sind daher zwar bestätigungsfähig, nicht jedoch verifizierbar. Ist nun eine der obigen Ableitbarkeits- oder Rückführbarkeitsbeziehungen gegeben, so wird eine Aussage bestätigungsfähig genannt. Entsprechendes soll für die Prüfbarkeit gelten[147]. Bestätigungsfähigkeit und Prüfbarkeit sind in dieser Analyse keine empirischen Eigenschaften, sondern syntaktische Begriffe, die die Ableitbarkeits- bzw. Rückführbarkeitsbeziehung aus bzw. zu anderen Zeichen betreffen. Sie entsprechen jedoch dem Programm des Empirismus, wonach alle Erkenntnis der Erfahrung entstammen soll, indem diese in logischen Kriterien präzisiert wird. Innerhalb einer empirischen Methodologie dagegen ist das Begriffspaar „beobachtbar" und „realisierbar" deren Pendant[148]. Beobachtbarkeit liegt vor, wenn eine Person unter geeigneten Umständen mit Hilfe von Beobachtungen das Vorliegen bestimmter Eigenschaften bejahen oder verneinen kann, während Realisierbarkeit gegeben ist, wenn diese Eigenschaften unter geeigneten Umständen auch verwirklicht werden können.

Die Verbindung zwischen logischer und empirischer Analyse erfolgt nun dadurch, daß eine Aussage dann bestätigungsfähig genannt wird, wenn sie auf die Klasse der beobachtbaren Prädikate zurückgeführt werden kann. Diese Rückführbarkeit kann, wie aus der logischen Analyse hervorgeht, in verschiedenen Formen vorliegen. Je nachdem welche Art der Reduzierbarkeitsbeziehungen vorliegt, dementsprechend ist das Prinzip des Empirismus, daß alle Erkenntnis der Erfahrung

[145] Siehe ebenda, S. 425.

[146] Vgl. W. *Stegmüller:* Hauptströmungen der Gegenwartsphilosophie, op. cit., S. 405.

[147] Siehe L. *Krauth:* Die Philosophie Carnaps, op. cit., S. 95.

[148] Vgl. R. *Carnap:* Testibility and Meaning, op. cit., S. 454.

entstamme, verwirklicht. *Carnap* unterscheidet folgende Möglichkeiten, die er in Forderungen formuliert:

(1) Forderung der vollständigen Prüfbarkeit:
"Every synthetic sentence must be completely testable";

(2) Forderung der vollständigen Bestätigungsfähigkeit: "Every synthetic sentence must be completely confirmable";

(3) Forderung der Prüfbarkeit: "Every synthetic sentence must be testable";

(4) Forderung der Bestätigungsfähigkeit: "Every synthetic sentence must be confirmable[149]."

Die Aufzählung berücksichtigt, daß der Grad der Strenge entsprechend der Reihenfolge der Aufzählung abnimmt. Die beiden ersten Postulate enthalten das Verifikationsprinzip und schließen die Allsätze aus. Das vierte Postulat dagegen ist die toleranteste Fassung; hier wird nur noch gefordert, daß eine Aussage, um sinnvoll zu sein, einer bestätigungsfähigen Sprache angehören muß.

2. Basisprobleme des Empirismus

a) Strukturelle Basis: Wittgenstein und Carnap

Das Basisproblem betrifft die Grundlage der empiristischen Erkenntnis. Der naive Empirismus versuchte, dieses Problem mit Hilfe der sinnlichen Evidenz zu lösen. Da hiernach alle Erkenntnis der empirischen Erfahrung entstammt, muß auch alle Erkenntnis an der Erfahrung überprüft werden. Dies geschieht mit Hilfe der sinnlichen Evidenz. Die Erkenntnis konstituiert sich in einer Abbildbeziehung zwischen dem Erkennenden und dem zu Erkennenden, in einer Widerspiegelung der Realität in der Erkenntnis. Der Weg hierzu ist die unmittelbare Wahrnehmung des Gegebenen durch die Sinne. Diese sinnliche Evidenz hat sich jedoch — wie die Evidenz überhaupt[150] — als eine trügerische Instanz erwiesen. Die Psychologie der Wahrnehmung hat zahlreiche auf Evidenzurteilen beruhende Irrtümer aufgezeigt[151]. Darüber hinaus verstößt sie gegen den Grundsatz der Intersubjektivität, denn Evidenz- und Wahrnehmungserlebnisse sind personen-, raum- und zeitgebunden.

---

[149] R. *Carnap:* Testibility and Meaning, op. cit., S. 33 f.

[150] Zur Kritik der Evidenz siehe W. *Stegmüller:* Metaphysik, Skepsis, Wissenschaft, op. cit., S. 162 ff., S. 320 ff.; V. *Kraft:* Erkenntnislehre, op. cit., S. 176 f., S. 206 f.

[151] Siehe N. R. *Hanson:* Patterns of Discovery, op. cit., S. 4 ff.; A. *Bohnen:* Zur Kritik, op. cit., S. 183 ff.; W. N. *Dember:* The Psychology of Perception, New York, Chicago, San Francisco, Toronto, London 1965, passim.

Eine fundamentale Alternative zu diesem sensualistischen Ansatz ist die Theorie einer logischen oder strukturellen Basis bei *Wittgenstein* und *Carnap*. Ausgangspunkt hierfür ist die Sprachtheorie *Wittgensteins:*

„Das Bestehen und Nichtbestehen von Sachverhalten ist die Wirklichkeit. (Das Bestehen von Sachverhalten nennen wir eine positive, das Nichtbestehen eine negative Tatsache).“ „Wir machen uns Bilder der Tatsachen.“ „Das logische Bild der Tatsachen ist der Gedanke.“ „Im Satz drückt sich der Gedanke sinnlich wahrnehmbar aus.“ „Der Satz ist ein Bild der Wirklichkeit.“ „Der Satz ist ein Modell der Wirklichkeit, so wie wir sie uns denken[152].“

Wittgenstein überträgt somit die kantische Frage nach der Möglichkeit und den Bedingungen der Erkenntnis auf die Sprache. Auch er geht von der Abbildtheorie der Wahrheit aus und versucht, diese durch eine Strukturtheorie zu rechtfertigen, in der die Struktur das Gemeinsame von Sprache und Sachverhalt darstellt. „Daß sich die Elemente des Bildes in bestimmter Art und Weise zueinander verhalten, stellt vor, daß sich die Sachen so zueinander verhalten. Dieser Zusammenhang der Elemente des Bildes heiße seine Struktur und ihre Möglichkeit seine Form der Abbildung[153].“ Die gleiche Struktur, die sich in der Welt zeigt, zeigt sich auch in der Sprache, und „die abbildende Beziehung besteht aus der Zuordnung der Elemente des Bildes und der Sachen“[154]. Das Problem einer solchen strukturellen Basistheorie reduziert sich ausschließlich auf die Isomorphie der Strukturen von Sprache und Sachverhalt.

Carnaps Basistheorie baut auf diesen Gedanken auf. Seine Intention ist es, ein Konstitutionssystem der Begriffe aufzustellen, in dem alle Begriffe aus Begriffen der untersten Stufe hergeleitet bzw. auf diese zurückgeführt werden. Die hierin enthaltenen „Grundgegenstände“ bilden die Basis seines Systems[155]. Der Weg hierzu führt über die Verbindung zweier Ansätze, nämlich der der Logistik von *Whitehead* und *Russel* entstammenden Relationentheorie und der Wirklichkeitsanalyse des traditionellen Positivismus. Sein Ziel ist die logistische Überwindung der Aporien des älteren Positivismus.

Voraussetzung hierfür ist, daß es möglich ist, alle Gegenstände durch strukturelle Eigenschaften, d. h. durch formal-logische Relationen zu charakterisieren und somit wissenschaftliche Aussagen in Strukturaussagen umzuformen. Wissenschaft behandelt dann nur die Struktureigenschaften der Gegenstände. „Alle wissenschaftlichen Aussagen sind Struk-

---

[152] L. *Wittgenstein:* Tractatus logico-philosophicus, op. cit., S. 14, 17, 26.

[153] Ebenda, S. 15.

[154] Ebenda, S. 15.

[155] R. *Carnap:* Der logische Aufbau der Welt, op. cit., S. 2.

turaussagen"[156], die aus Eigenschaftsbeschreibungen und aus Beziehungsbeschreibungen bestehen. Die Aussagen sind somit rein formal und beziehen sich auf die Eigenschaften der Elemente, die nur mit Hilfe der Klassen- und Relationenlogik dargestellt werden.

Das Problem der Basis zerteilt *Carnap* in eine Frage nach den Grundelementen und eine Frage nach den Grundrelationen. Die Grundrelationen bilden die undefinierten Grundbegriffe des Systems, ihre Glieder sind wiederum ausschließlich Elementarerlebnisse. Um daher die Grundrelationen aufstellen zu können, bedarf es nur der Kenntnis der grundlegenden Beziehungen zwischen den Elementarerlebnissen. Diese sind Formen der Gleichheit und Ähnlichkeit. Im Mittelpunkt der *Carnap*schen Basistheorie steht damit das Grund- oder Elementarerlebnis, welches die eigentliche Basis der Erkenntnis des Faktischen bildet. Dieses Elementarerlebnis ist ich- oder subjektbezogen, weshalb *Carnap* als Basis die eigenpsychische wählt. Zu beachten ist jedoch, daß dieser Subjektbezug keine ursprüngliche Eigenschaft der Grundelemente ist; das Gegebene ist vielmehr an sich subjektlos[157].

Hier entsteht die Frage, ob und wie die Objektivität der Abbildung in der eigenpsychischen Basis erreicht werden kann; denn gerade das Eigenpsychische läßt die Vermutung der Subjektivität aufkommen, und diese würde gegen das Gebot der Intersubjektivität verstoßen. Objektivität im Sinne von intersubjektiver Unabhängigkeit vom urteilenden Subjekt ist für *Carnap* wie für den Positivismus überhaupt ein entscheidendes Charakteristikum der Wissenschaft: „Die intersubjektive Welt bildet das eigentliche Gegenstandsgebiet der Wissenschaft[158]." Elementarerlebnisse dagegen sind subjektbezogen und damit für jedes Subjekt verschieden. *Carnap* sucht daher die Lösung mit Hilfe einer transzendentalen Struktur: „Gewisse Struktureigenschaften stimmen für alle Erlebnisströme überein. Auf Aussagen über solche Struktureigenschaften muß sich die Wissenschaft beschränken, da sie objektiv sein soll. ... Nur aufgrund der Erkenntnis, daß Wissenschaft ihrem Wesen nach Strukturwissenschaft ist, und daß es daher den Weg gibt, vom individuellen Erlebnisstrom ausgehend Objektives zu konstituieren, ist die Systemform mit eigenpsychischer Basis annehmbar[159]."

Damit dient der Strukturbegriff[160] als Synthese von Logistik und Empirismus. Der logische Aufbau der Welt erfolgt durch eine Beschränkung

---

[156] Ebenda, S. 20.

[157] Vgl. R. *Carnap:* Der logische Aufbau der Welt, op. cit., S. 87 f.

[158] Ebenda, S. 200.

[159] R. *Carnap:* Der logische Aufbau der Welt, op. cit., S. 91.

[160] Zur Herleitung und Kritik des Strukturbegriffs bei *Carnap* siehe F. *Kambartel:* Erfahrung und Struktur, op. cit., S. 153 ff.

auf strukturelle Kennzeichnungen und Strukturaussagen; die Verbindung von Erfahrung und Logistik erfolgt durch die Überführung aller Begriffe und Aussagen in solche, die strukturell interpretiert sind. Fraglich ist nur, ob der logistische Strukturbegriff nicht eine zu weitgehende Abstraktion vom Empirischen und eine Überführung der Realwissenschaft in eine Formalwissenschaft bewirkt. Eben dies werfen ihm die Kritiker vor. „In der Basistheorie versucht *Carnap*, an die Stelle des Gegebenen, das Struktur hat, die Struktur selbst als Gegebenes zu setzen“[161], was nichts anderes als eine Auflösung des Empirismus in einen Logizismus bedeutet. Diese zentrale Stellung des Strukturbegriffs hat zwar zur Folge, daß die Erfahrungswissenschaft in ein logisches Kalkül überführt werden kann, doch die Bedingung hierfür ist, daß die Struktur a priori eingeführt wird. Solange das Homo- bzw. Isomorphieproblem nicht vollständig gelöst ist, muß vielmehr die Behauptung einer empirischen Struktur als eine transzendentale Aussage angesehen werden. In diesem Falle vermittelt die strukturelle Basis keine empirischen Sachverhalte, sondern analysiert hypothetische Zusammenhänge[162]. In diesem Sinne lassen sich beispielsweise morphologische Probleme in der Organisationslehre[163] oder in der Marktformenlehre[164] durchaus in einer Strukturtheorie erfassen; doch wenn diese Analyse nicht hypothetisch-fiktiv sein soll, so müssen interpretative und damit hermeneutische Komponenten die Funktion einer Überbrückung zwischen logischer und empirischer Struktur ausüben.

Ein weiterer Ansatzpunkt zur Kritik ist das Elementarerlebnis, worin sich das positivistische Anliegen einer unmittelbaren Erfahrung äußert. *Carnap* sieht die Elementarerlebnisse als die Grundelemente seines Konstitutionssystems an. Sie sind in sich geschlossene und unzerlegbare Einheiten und bilden für ihn den Ausgangspunkt von dem, was vor allem anderen erkenntnismäßig primär ist: das Gegebene, „die Erlebnisse selbst in ihrer Totalität und geschlossenen Einheit“[165]. Dies führt jedoch zu Resultaten, die mit der hierfür zuständigen Disziplin, der Wahrnehmungspsychologie, nicht in Übereinklang zu bringen sind. Hier geht man gerade nicht von einem atomistischen Modell unzerlegbarer Elementarerlebnisse aus, sondern von der Wahrnehmung von Gestalten und Gestaltungszusammenhängen, also von strukturierten Ganzheiten[166]. Es

[161] H. *Schnädelbach:* Begründung, Erfahrung und Reflexion, op. cit., S. 96; siehe auch V. *Kraft:* Erkenntnislehre, op. cit., S. 369 ff.; ders.: Der Wiener Kreis, op. cit., S. 93 f.; F. *Kambartel:* Erfahrung und Struktur, op. cit., S. 174 ff.

[162] Siehe K. *Wuchterl:* Struktur und Sprachspiel, op. cit., S. 62 ff.; K. *Lorenz:* Elemente der Sprachkritik, op. cit., S. 54 ff.

[163] Siehe J. *Wild:* Grundlagen und Probleme, op. cit.

[164] Siehe K. *Brandt:* Methodologische Bemerkungen, op. cit., S. 107 ff.

[165] R. *Carnap:* Der logische Aufbau der Welt, op. cit., S. 92.

werden nicht nur einfach Dinge wahrgenommen, sondern Dinge werden als etwas wahrgenommen, Dinge werden als Gegenstände erkannt. *Carnaps* Elementarerlebnis dagegen erinnert an *Hilbert,* der sagte: „Ich will nichts als bekannt voraussetzen", worauf *Frege* kommentierte: „Wir haben Münchhausen, der sich an seinem eigenen Schopfe aus dem Sumpfe zieht[167]." Wahrnehmungen und damit auch das *Carnap*sche Elementarerlebnis enthalten mehr als nur das Wahrgenommene. Es kommt ein begriffliches Element hinzu: das im Erlebnis Vorliegende wird, bereits bevor es sprachlich formuliert wird, begrifflich bestimmt und damit in Beziehung zu dem bereits Gekannten gesetzt. *Carnap* selber geht davon aus, daß die Elementarerlebnisse dem Erlebnisstrom entstammen[168]. Dann können diese jedoch auch nicht als atomare Elemente einer unmittelbaren Erfahrung gesehen werden; sie bestimmen sich vielmehr aus dem Kontext des Erlebniszusammenhanges[169].

b) Protokollsätze und physikalische Basis

Carnap selber hat das Programm der Elementarerlebnisse und der eigenpsychischen Basis einer Revision unterworfen und sich anderen Möglichkeiten der Lösung des Basisproblems zugewandt, die er in der Theorie der Protokollsätze in Verbindung mit der physikalischen Sprache gesucht hat[170]. Voraussetzung für diesen Neuansatz ist die Formulierung des Basisproblems, wie es *Popper* versteht: Wissenschaft ist das Aufstellen von Sätzen und Aussagen über die Realität, die in die Form von Theorien oder Hypothesen gekleidet sind. Die Überprüfung dieser Sätze erfolgt durch einzelne Sätze, die einen konkreten Sachverhalt beschreiben, wobei es gleichgültig ist, ob diese Sätze im Verfahren der Verifikaton oder der Falsifikation verwendet werden. Wesentlich ist nur der Umstand, daß nicht ein Satz mit einem Gegenstand oder einer Wahrnehmung verglichen werden kann, sondern daß nur Sätze logisch miteinander vergleichbar sind.

Carnap hat daher versucht, die Beobachtungs- und Wahrnehmungserlebnisse in Sätzen zu objektivieren. Diese sind die sogenannten Protokollsätze. „Hierunter sind Sätze verstanden, die das ursprüngliche Pro-

---

[166] Siehe W. N. *Dember:* The Psychology of Perception, op. cit.; N. R. *Hanson:* Patterns of Discovery, op. cit., S. 8 ff.; M. *Polanyi:* Personal Knowledge, op. cit., S. 262 ff.; V. *Kraft:* Erkenntnislehre, op. cit., S. 103 ff.; A. *Bohnen:* Zur Kritik, op. cit., S. 185 f.

[167] Zitiert nach F. *Kambartel:* Erfahrung und Struktur, op. cit., S. 168.

[168] Siehe R. *Carnap:* Der logische Aufbau der Welt, op. cit., S. 93.

[169] Vgl. H. *Schnädelbach:* Begründung, Erfahrung und Reflexion, op. cit., S. 86 f.

[170] R. *Carnap:* Die physikalische Sprache als Universalsprache der Wissenschaft, op. cit., S. 432 ff.

tokoll etwa eines Physikers oder Psychologen enthält. Wir stellen uns hierunter das Verfahren so schematisiert vor, als würden all unsere Erlebnisse, Wahrnehmungen, aber auch Gefühle, Gedanken usw. sowohl in der Wissenschaft als auch im gewöhnlichen Leben zunächst schriftlich protokolliert, so daß die weitere Verarbeitung immer an ein Protokoll als Ausgangspunkt anknüpft[171]."

Carnaps Protokollsätze weisen damit auf einen ähnlichen Zusammenhang wie die Elementarsätze bei *Wittgenstein,* wobei offen bleiben kann, ob dieser seine Elementarsätze als Basissätze im Sinne einer empirischen Wissenschaft verstanden hat. *Wittgenstein* schreibt: „Im Satz kann der Gedanke so ausgedrückt sein, daß den Gegenständen des Gedankens Elemente des Satzzeichens entsprechen[172]." Festzustellen ist, daß die Theorie der Protokollsätze weitgehend dem traditionellen Positivismus verhaftet ist. Das Problem der Protokollsätze ist nicht der Charakter der Sätze selber, denn diese sind ja in ihrer Form objektiv. Problematisch ist vielmehr ihre Entstehung; denn hier zeigt sich, daß sie nichts anderes sind als eine Angabe dessen, was wahrgenommen wurde. Zwar wird in der Theorie der Protokollsätze der naive Empirismus, wonach Hypothesen durch eine unmittelbare Konfrontation mit der Erfahrung überprüft werden können, implizit abgelehnt, doch bedeutet die Verwendung des Protokolls noch keinen Fortschritt. Genaue Orts- und Zeitangaben sowie die Angabe der Umstände mögen zwar eine gewisse Genauigkeit der Darstellung und Angabe bewirken — wodurch auch möglicherweise die Illusion der Objektivität erzeugt werden kann —, sie garantieren jedoch nicht die Objektivität der Wahrnehmung. Der Fehler der Protokollsatztheorie ist, daß nicht streng zwischen der Objektivität des Protokollierens und der Objektivität der Wahrnehmung unterschieden wird. Die Objektivität des Protokollierens gewährleistet jedenfalls nicht die Objektivität der Wahrnehmung. „Die Protokollsätze sollen, was ja schon ihr Name andeutet, Wahrnehmungsprotokolle sein[173]."

Damit zeigt sich, daß die Protokollsätze zwar einen Umweg enthalten, daß dieser jedoch unergiebig ist. Der naive Empirismus glaubte an die direkte sinnliche Überprüfung wissenschaftlicher Theorien und Hypothesen mit Hilfe der unmittelbaren Erfahrung. In der Theorie der Protokollsätze dagegen werden diese zwischen die Wahrnehmung und die Theorie oder Hypothese geschoben und entsprechend den Regeln der Logik mit dem zu Überprüfenden konfrontiert. Das Problem liegt jedoch nicht in dieser Konfrontation — diese ist vielmehr eine rein logische Operation, die in diesem Zusammenhang eher eine technische Bedeu-

---

[171] R. *Carnap:* Die physikalische Sprache als Universalsprache der Wissenschaft, op. cit., S. 437.

[172] L. *Wittgenstein:* Tractatus logico-philosophicus, op. cit., S. 18 f.

[173] K. R. *Popper:* Logik der Forschung, op. cit., S. 63.

tung hat —, problematisch ist die Subjektgebundenheit der Wahrnehmung. *Carnap* scheint dies zu spüren, wenn er schreibt: „Die einfachsten Sätze der Protokollsprache beziehen sich auf das Gegebene; sie beschreiben die unmittelbaren Erlebnisinhalte oder Phänomene, also die einfachsten erkennbaren Sachverhalte[174].“ Dieser Satz läßt vermuten, daß auch *Carnap* Zweifel an der Objektivität der Wahrnehmung des Gegebenen hegt. Zumindest scheint ihm der Gedanke vorzuschweben, daß eine Komplexität der Wahrnehmungsinhalte eine potentielle Fehlerquelle der Erkenntnis darstellt, weswegen er die Notwendigkeit eines unmittelbaren Zugangs zu den elementaren Erlebnisinhalten betont. Der Unterschied zwischen elementaren Sachverhalten und komplexen ist jedoch nur ein gradueller, das Problem ist aber prinzipieller Art. Objektivität kann hier nur die Unabhängigkeit vom Subjekt bedeuten. Wahrnehmung dagegen ist genuin subjektgebunden.

Carnap sucht die Lösung dieses Problems im Physikalismus einer physikalischen Sprache, die die einzige Sprache ist, die seines Erachtens die Intersubjektivität der Wissenschaft garantieren kann. Sie ist dadurch charakterisiert, daß ein Satz einfachster Form „die Beschaffenheit einer bestimmten Raum-Zeit-Stelle zu einer bestimmten Zeit quantitativ angibt[175].“ Qualitative Bestimmungen können dann mit zur physikalischen Sprache gerechnet werden, „wenn sie als Bestimmungen physikalischer Zustände oder Vorgänge gedeutet werden“[176]. Fraglich ist jedoch, ob diese Sprache universal ist, was sie sein muß, um auf alle Subjekte und auf alle Objekte anwendbar zu sein. Insbesondere alle Aussagen über psychische und kulturelle Zusammenhänge müssen in Kategorien des Physikalischen transformierbar sein. Dies ist die Konsequenz des Physikalismus, hinter dem die Vorstellung einer totalen Intersubjektivität wissenschaftlicher Aussagen steht. Für die Sozialwissenschaften würde dies bedeuten, daß alle Begriffe nur und ausschließlich behavioristisch eingeführt werden dürfen.

Die Suche nach einer objektiven Basis steckt somit fest. Ein Ausweg ist nur dadurch ersichtlich, daß Abstriche bei dem Ziel der Objektivität und Intersubjektivität vorgenommen werden. „Die moderne Wissenschaftslogik führt somit dazu, daß man, falls nicht gewisse Zugeständnisse an den ‚Psychologismus‘ gemacht werden, den Weg zu einer adäquaten Interpretation der empirischen Erkenntnis versperrt[177].“ Der Versuch einer Selbstbegründung des Positivismus stößt hier an seine

---

[174] R. *Carnap:* Die physikalische Sprache als Universalsprache der Wissenschaft, op. cit., S. 438.

[175] Ebenda, S. 41.

[176] Ebenda, S. 442.

[177] W. *Stegmüller:* Metaphysik, Skepsis, Wissenschaft, op. cit., S. 331.

Grenzen. Die Situation ist vergleichbar mit der Theorie des „second best". Die Durchsetzung einzelner Postulate — hier der Intersubjektivität — führt zu Einschränkungen in anderen Bereichen. Das vollkommene Ideal ist nicht zu verwirklichen. Aus positivistischer Sicht muß dies zum Skeptizismus führen, denn für einen Positivisten kann die erreichte Situation nicht anders gedeutet werden, als daß die Erfahrung eine metaphysische Grundlage hat.

c) Die konventionelle Basis: Popper

Popper stellt drei Forderungen an ein empirisches System: „Es muß synthetisch sein (eine nicht widerspruchsvolle, ‚mögliche' Welt darstellen); es muß dem Abgrenzungskriterium genügen, darf also nicht metaphysisch sein (es muß eine mögliche ‚Erfahrungswelt' darstellen); und es soll ein auf irgendeine Weise gegenüber anderen derartigen Systemen (als ‚unsere Erfahrungswelt' darstellend) ausgezeichnetes System sein[178]." Das entscheidende Charakteristikum für ein empirisches und, da Wissenschaft an der Erfahrung scheitern können muß, somit auch für ein wissenschaftliches System ist somit der Bezug zur empirischen Erfahrung. Die Abgrenzung zwischen empirischen Systemen und der Metaphysik wiederum führt entsprechend *Poppers* Lösung des Abgrenzungsproblems über die Falsifizierbarkeit. „Soll die Falsifizierbarkeit als Abgrenzungskriterium verwendbar sein, so muß es besondere empirische Sätze geben, die als Obersätze der falsifizierenden Schlüsse auftreten können. So scheint unser Abgrenzungskriterium das Problem nur zu verschieben: Es führt die Frage nach dem empirischen Charakter der Theorien auf die Frage nach dem empirischen Charakter der besonderen Sätze zurück[179]."

Das Problem einer erfahrungswissenschaftlichen Grundlage, wie *Popper* sie versteht, hängt damit vom Charakter jener Sätze ab, die zur Überprüfung der Theorien und Hypothesen verwendet werden. Diese haben eine doppelte Funktion, da sie über den empirischen Charakter der Theorien und Hypothesen entscheiden und darüber hinaus zur Beurteilung von deren Gültigkeitsanspruch dienen. Das Basisproblem spielt somit auch in der Methodologie *Poppers* eine entscheidende Rolle. Entscheidend ist, welchen logischen und materiellen Charakter die Basissätze haben. Für *Popper* müssen sie so bestimmt sein, daß „(a) aus einem allgemeinen Satz (ohne spezielle Randbedingungen) niemals ein Basissatz folgen kann, daß jedoch (b) ein allgemeiner Satz mit Basissätzen im Widerspruch stehen kann[180]." Das bedeutet, daß die Basis-

---

[178] K. R. *Popper:* Logik der Forschung, op. cit., S. 13.

[179] Ebenda, S. 17.

[180] K. R. *Popper:* Logik der Forschung, op. cit., S. 66 f.

sätze die Form von singulären Es-gibt-Sätzen haben sollen; denn als solche können sie Gesetzesaussagen logisch widersprechen, wenn aus diesen unter Verwendung von Randbedingungen bedingte Prognosen abgeleitet werden. In materieller Hinsicht müssen Basissätze beobachtbare Vorgänge enthalten. Dies kennzeichnet den empiristischen Bezug der Methodologie. Theorien und Hypothesen sind nur durch solche Sätze falsifizierbar, die sich auf Gegebenes beziehen. Da andererseits entsprechend dem Abgrenzungskriterium nur solche Hypothesen und Theorien nach *Poppers* Wissenschaftsverständnis zulässig sind, die falsifizierbar sind, müssen auch die zu falsifizierenden Aussagen sich auf zu beobachtende Sachverhalte beziehen. Das entspricht der Intention, auf definitorischem Wege Wissenschaft und Metaphysik zu trennen. Der materielle Charakter der Basissätze dient somit als Abgrenzungskriterium für den Gehalt der empirischen Gesetzesaussagen, wobei die logische Korrespondenz zwischen Basissatz und dem zu falsifizierenden Satz vorausgesetzt ist.

Hieran anknüpfend könnte nun die Frage gestellt werden, ob *Poppers* Methodologie in dem gleichen Sinne positivistisch ist wie die der Vertreter des „*Wiener Kreises*". Zweifelsohne liegt ein positivistisches Anliegen vor, das sich darin äußert, jene Bereiche der Wissenschaft, die nicht auf Gegebenes oder auf beobachtbare Zusammenhänge bezogen sind, mit Hilfe falsifizierbarer Basissätze abzugrenzen. Der Versuch einer solchen Definition kennzeichnet jedoch nicht den Positivismus bei *Popper*, insbesondere nicht, da er sich auch um eine erkenntnistheoretische Würdigung jener Bereiche bemüht, die nicht in dem Gebiet des erfahrungswissenschaftlichen Interesses liegen[181]. Es wäre daher verfehlt, *Poppers* Methodologie als positivistisch zu bezeichnen. Da sie aber dennoch einem positivistischen Anliegen entspringt und sich selber als Überwindung des Positivismus versteht, muß sie auch an ihren eigenen Ansprüchen gemessen werden.

Die Probleme dieser Methodologie entstehen dort, wo alle anderen Versuche des Empirismus wenig überzeugen, nämlich bei dem Basisproblem. *Poppers* Lösung des Basisproblems entspringt der Auffassung, daß zwar alle Formen des Positivismus bis auf die jeweilige Lösung des Basisproblems in einem gewissen Umfang vertretbar sind, daß diese aber jene Objektivität, die sie zu vertreten beanspruchen, deswegen nicht behaupten können, weil letztlich die Basis, auf der diese Objektivität beruht, nicht objektiv ist. Die Aufgabe der Suche nach einer objektiven Basis kennzeichnet daher auch den wesentlichen Unterschied zum Positivismus. Die Idee einer sicheren Grundlage der Erkenntnis wird aus der Einsicht, daß jede Erkenntnis genauso wie jeder Basissatz jederzeit

---

[181] Siehe K. R. *Popper:* On the Theory of the Objective Mind, op. cit., S. 153 ff.

revidierbar ist, aufgegeben. Dies hat weitreichende Konsequenzen. Im Grunde kann es gar keine Erkenntnis mehr geben, genauso wenig, wie es eine Wahrheit im eigentlichen Sinne geben kann. Alles vermeintliche Wissen besteht vielmehr nur aus Vermutungen und Hypothesen. Da aber dennoch auch diese Vermutungen empirisch überprüft werden müssen, soll dies durch Basissätze geschehen, die nicht objektiv sind. Das ist der Gedanke einer konventionellen Basis. *Popper* selber bezeichnet sie als „relativ“[182], wobei „relativ“ nur in dem Zusammenhang von objektiv und subjektiv verstanden werden kann. „Relativ“ kann nur heißen, daß die Basissätze als Grundlage der Erkenntnis auf das erkennende Subjekt bezogen oder hierdurch bedingt sind.

Basissätze können daher nicht aus sich heraus einen Gültigkeitsanspruch erheben. Sie erfahren ihre Legitimation vielmehr durch ein Verfahren der Anerkennung. Dies ist die Idee einer konventionellen Basis. „Jede Nachprüfung einer Theorie, gleichgültig ob sie als deren Bewährung oder als Falsifikation ausfällt, muß bei irgendwelchen Basissätzen halt machen, die anerkannt werden[183].“ Die Anerkennung der Basissätze wiederum betrifft das Verhältnis von Satz und empirischer Realität; andernfalls hätte das Anliegen einer erfahrungswissenschaftlichen Methodologie keinen Sinn. So sind auch letztlich alle übrigen Ansätze, die in der Form von Elementarsätzen, Protokollsätzen, Sätzen über Sinnesempfindungen etc. auftreten, nichts anderes als ein Versuch, das Verhältnis von Satz und Realität, von Sprache und Wirklichkeit zu überbrücken. All diese Ansätze vermögen die kantische Fragestellung nicht zu sprengen; die Unterscheidung zwischen der Realität oder dem kantischen Ding an sich und der Erkenntnis über das Objekt, die sich letztlich in Sprache äußert, ist all diesen Ansätzen fundamental. Der Unterschied zu *Kant* liegt nur in der Würdigung des erkennenden Subjekts; *Kant* hat dessen synthetischer Leistung eine vordergründige Stellung eingeräumt, die der sprachanalytische Ansatz zu eliminieren versucht. Die konstruktive Semantik will vielmehr die direkte Relation von Realität und Sprache unter Ausklammerung des Subjekts herstellen.

Popper dagegen hat erkannt, daß diese Relation nicht möglich ist. Die Objektivität der Erkenntnis verlangt dann eine Begründung ihres Wesens aus dem Verfahren der Entstehung, und dies ist nicht möglich. Sprache und Realität sind zwei vollkommen verschiedene Dinge, zwischen denen eine direkte Kongruenz nicht bestehen kann[184]. Die Feststellung dieser Kongruenz bleibt vielmehr stets einem Urteil des erken-

---

[182] K. R. *Popper:* Logik der Forschung, op. cit., S. 69.

[183] Ebenda, S. 69.

[184] Der Versuch, diese Kongruenz durch Definitionen herzustellen, führt in die Aporien der strukturellen Basis.

nenden Subjekts vorbehalten. So steht *Popper* im Gegensatz zur analytischen Philosophie eindeutig in der Tradition der kantischen Vernunftkritik. Die Anerkennung eines Basissatzes als Basissatz ist ein Urteil, das an das erkennende Subjekt gebunden ist. *Popper* bringt dies plastisch zum Ausdruck, wenn er dieses Urteil mit der Beschlußfassung eines Schwurgerichtsverfahrens verdeutlicht[185]. Die Gültigkeit der durch Urteile anerkannten Basissätze beruht nicht auf ihrer Entstehung, sondern auf der Gültigkeit des Urteils. Wie ein Geschworenenurteil seine Gültigkeit im Verfahren der Strafprozeßordnung hat, so beruht die Gültigkeit von Basissätzen auf dem Konsensus der Wissenschaft.

Die Überbrückung von Satz und Realität entsteht durch das kollektive Urteil, das nichts anderes ist als die Summe von Einzelentscheidungen. Diese Einzelentscheidungen enthalten bei *Popper* den Rest der synthetischen Leistung des erkennenden Subjekts. Indem das erkennende Subjekt ein Urteil über die Kongruenz von Satz und Realität abgibt, wird der Schein einer mechanischen Beziehung zwischen Satz und Realität zerstört. Insofern das Verhältnis von Satz und Realität nicht objektiv ist, ist es relativ, d. h. es ist bezogen auf das erkennende oder urteilende Subjekt. Soweit ist *Popper* also zuzustimmen, wenn er von der Relativität der Basissätze spricht. Wieso *Popper* es allerdings ablehnt, die in die Relativität der Basissätze eingehende Subjektivität einer erkenntnistheoretischen Reflexion oder Analyse zu unterziehen, ist nicht einzusehen. *Popper* begründet dies mit dem Charakter der Methodologie: nicht die Entstehung ist relevant, sondern die Geltung. Die Analyse des Urteils dagegen würde den abgelehnten Entstehungszusammenhang wieder aufleben lassen. *Popper* bricht daher sein erkenntnistheoretisches Fragen hier ab; der kritische Rationalismus steckt seiner eigenen Kritik die Grenzen. Die Philosophie der Kritik muß sich um ihrer eigenen Geschlossenheit willen hier das kritische Weiterfragen verbieten[186].

Dennoch ist der Vorgang sowohl einer Analyse als auch einer Reflexion zugängig. Dies läßt sich an einem einfachen Beispiel verdeutlichen: Gegeben sei ein roter Tisch. Wenn es nun zu dem Basissatz kommt: „Dieser Tisch ist rot", so steht dahinter ein analysierbarer Vorgang. Der rote Tisch als Ding an sich ist objektiv, er ist durch seine physikalischen Eigenschaften bestimmt. Um zu einem Basissatz über den Tisch zu gelangen, bedarf es zunächst der Wahrnehmung; weiterhin bedarf es der sprachlichen Ausdrucksmittel und der Kenntnis von „Tisch" und „rot". Dann kann die Wahrnehmung in die Sprache transformiert und ausgesprochen werden. Erst dann liegt ein Satz über das Ding vor, der objektiv

---

[185] Siehe K. R. *Popper:* Logik der Forschung, op. cit., S. 74 f.

[186] In diesem Sinne geht auch *Habermas'* Kritik; siehe J. *Habermas:* Gegen einen positivistisch halbierten Rationalismus, op. cit., S. 39 ff.

im Sinne intersubjektiver Kommunizierbarkeit ist und dessen Anerkennung als Basissatz nach bestimmten Regeln erfolgen kann. Es kann zu einer Abstimmung kommen, ob der Satz anerkannt wird oder nicht. Diese Abstimmung ist dann eine Wertung oder Beurteilung des in der Wahrnehmung und Transformation enthaltenen Elements.

Poppers Methodologie bringt jedoch eine Verlagerung des erkenntnistheoretischen Problems. Wenn der Entstehungszusammenhang, d. h. der in der Beurteilung stattfindende Nachvollzug ausgeschlossen wird, so muß das Urteil willkürlich erscheinen. Hier liegen Elemente, die — um bei *Poppers* Beispiel zu bleiben — in der Strafprozeßordnung eindeutig zu regeln sind. Wer entscheidet über einen Basissatz, warum entscheiden nur bestimmte Personen, aufgrund welcher Kritiken ist zu entscheiden, welche Motive gehen in die Entscheidung ein, ist diese von Wert- oder Seinsvorstellungen beeinflußt? Zwar lassen sich diese Fragen niemals endgültig beantworten, doch daraus läßt sich nicht ableiten, daß der Versuch einer Beantwortung nicht unternommen werden soll. Das Abstrahieren von dem Entstehungszusammenhang läßt daher die Anerkennung von Basissätzen willkürlich erscheinen. Es wird nicht der geringste Versuch unternommen, sinnvolle Theorien von logischen Märchen durch erkenntnistheoretische Reflexion zu trennen. Die Abstraktion vom Entstehungszusammenhang steht einer — zwar abwegigen, aber denkbaren — generellen Verschwörungsbehauptung der Wissenschaft hilflos gegenüber. Wenn die These aufgestellt wird, es würden nur diejenigen Basissätze anerkannt, die beispielsweise einer bestimmten Weltanschauung entsprechen, gleichgültig, ob sie die Realität wiedergeben oder nicht, so kann *Popper* dem nichts entgegensetzen, weil er das Verfahren der Anerkennung nicht hinterfragen will. Denn man kann jetzt zu jeder vorgegebenen Theorie kraft Beschluß geeignete Basissätze in anerkannte verwandeln, die nur diese, aber keine weitere Theorie bestätigen. „Konventionalismus bezüglich der Basissätze impliziert also logisch Konventionalismus in bezug auf das theoretische System. Die Annahme oder Nichtannahme einer Theorie kann nur durch außerlogische, außerwissenschaftliche Motive erfolgen: Zweckmäßige Verwertbarkeit, Brauchbarkeit für praktische Lebensbelange (Technik), usw.[187]." Es ist *Popper* nicht gelungen, den Erfahrungsaspekt in seiner Methodologie eindeutig abzugrenzen. Das einzig sichere Kriterium bleibt die logische Prüfung der Theorien. Solange die Kritik vor dem Verfahren der Anerkennung, vor der Konvention endet, bleiben die Resultate der Konvention willkürlich.

Dies hat zunächst Konsequenzen für den logischen Status der Basissätze. „Die Basissätze, bei denen wir jeweils stehenbleiben, bei denen wir

[187] W. *Stegmüller:* Metaphysik, Skepsis, Wissenschaft, op. cit., S. 327.

uns befriedigt erklären, die wir als hinreichend geprüft anerkennen — sie haben insofern den Charakter von Dogmen, als sie ihrerseits nicht weiter begründet werden[188]." Da aber die Basissätze die Grundlage des erfahrungswissenschaftlichen Aspekts der *Popper*schen Methodologie sind, kann hieraus nur die Konsequenz gezogen werden, daß die Erfahrungswissenschaften auf einer dogmatischen Basis beruhen. Die Alternative hierzu, die erkenntnistheoretische Reflexion des subjektiven Elements im Erkenntnisprozeß, lehnt *Popper* ab, da er sie als eine psychologische Fundierung der Erfahrungswissenschaften ansieht: „Und was schließlich die psychologische Basis betrifft, so ist es sicher richtig, daß der Beschluß, einen Basissatz anzuerkennen, sich mit ihm zu begnügen, mit Erlebnissen zusammenhängt — etwa mit Wahrnehmungserlebnissen; aber die Basissätze werden durch diese Erlebnisse nicht begründet; Erlebnisse können Entschlüsse, also auch Festsetzungen motivieren, aber sie können einen Basissatz ebensowenig begründen wie einen Faustschlag auf den Tisch[189]." Dennoch ist auch bei *Popper* der Unterschied von Begründungsversuchen und Konvention nicht so wesentlich. Das Verfahren der Anerkennung tritt an die Stelle der Begründung[190]; es hat die gleiche Funktion und die gleiche Stellung wie ein Begründungsversuch. Funktional besteht kein Unterschied zwischen der Begründung und der Festsetzung von Basissätzen[191].

Aus der Sicht der Erkenntniskritik dagegen besteht ein erheblicher Unterschied. Beruhen Basissätze auf Festsetzungen, so gelten sie kraft der Form des Verfahrens; sie sind mit materiellen Argumenten nicht angreifbar. Beruhen sie dagegen auf Begründungen, so sind diese Begrün-

---

[188] K. R. *Popper:* Logik der Forschung, op. cit., S. 70.

[189] K. R. *Popper:* Logik der Forschung, op. cit., S. 71.

[190] A. *Wellmer:* Methodologie als Erkenntnistheorie, op. cit., S. 139 ff., qualifiziert *Poppers* Konventionen als willkürlichen Dezisionismus. Dies trifft insofern zu, als *Popper* kaum etwas über die Motive der Festsetzungen sagt; sie müssen daher willkürlich erscheinen. *Wellmer* hat jedoch insofern unrecht, als kaum ein Konventionalist behaupten wird, den Festsetzungen lägen überhaupt keine Motive zugrunde. Wenn *Wellmer* daher *Poppers* Konventionalismus als erkenntnistheoretischen Dezisionismus kritisiert, so tut er dieses, weil er von der von *Popper* selber betonten Trennung von Geltung und Begründung ausgeht. Er kritisiert *Popper* nur mit den Konsequenzen dessen eigener Methodologie, indem er zeigt, zu welch unhaltbarem Standpunkt diese führen muß. *Wellmers* zweifelsohne destruktiv angelegte Kritik erweist sich damit als wesentliche Voraussetzung einer konstruktiven Lösung; indem er zeigt, daß *Poppers* Konventionen zwangsläufig in der Willkür enden, macht er den Weg frei für ein Neuaufgreifen des Problems.

[191] „Der Konventionalismus könnte als eine Theorie bezeichnet werden, in der der Begriff der Festsetzung die systematische Funktion übernimmt, die im Empirismus der Begriff der Erfahrung ausfüllte: Festsetzungen sind im Konventionalismus der Erfahrung vor- und übergeordnet und treten tendenziell an ihre Stelle." H. *Schnädelbach:* Begründung, Erfahrung und Reflexion, op. cit., S. 150.

dungen einer weiteren erkenntniskritischen Fragestellung zugängig. Das Argument der Vertreter des kritischen Rationalismus, dieses Weiterfragen müsse in einem infiniten Regreß enden oder sei zirkelhaft[192], beweist nicht, daß der Abbruch des Fragens bei selbsterbauten Dogmen vorteilhafter ist. Sind beispielsweise zwei anerkannte, konkurrierende Basissätze bekannt, so stehen zwei Dogmen gegeneinander, unter denen nicht entschieden werden kann. Die Festsetzungen bauen damit in den Verfahren einen objektiven Schein auf, hinter dem sich möglicherweise Erkenntnisinteressen, Weltvorstellungen und Wertungen verbergen[193]. Warum scheut sich *Popper*, die Festsetzung erkenntnistheoretisch zu hinterfragen? Es kann nur dahingehend erklärt werden, daß er nicht das an den Tag bringen will, was hier verborgen ist und in die Festsetzung eingeht. Damit gewinnt die Festsetzung eine wesentlich apologetische Funktion; sie rettet die Idee der Erfahrungswissenschaft dadurch, daß sie ein Dogma konstruiert und bei diesem abbricht. Die konventionelle Basis erscheint nicht als eine Basis, sondern als Ende der empirischen Idee einer festen Grundlage überhaupt, es sei denn, einem Dogma werden die Eigenschaften einer festen Grundlage zugesprochen.

So markiert denn auch der Konventionalismus das Ende der Selbstbegründungsversuche des Empirismus. Die Suche nach einer sicheren Grundlage für die Erfahrungserkenntnis endet in der Konvention. Das Streben nach der Objektivität in der Erfahrungserkenntnis endet in der Subjektivität von Festsetzungen. Die Motive für diese Entwicklung sind pragmatischer Art: „sie resultieren aus der Unauffindbarkeit der theoretisch postulierten unbezweifelbaren Erfahrungsbasis und der Diskre-

---

[192] Siehe H. *Albert:* Traktat über kritische Vernunft, op. cit., S. 11 ff.

[193] V. *Kraft:* Erkenntnislehre, op. cit., zeigt die Konsequenzen des Konventionalismus am Erkenntnisbegriff: „Es besteht aber andererseits doch insofern eine Beziehung zum Dogmatismus, als der Erkenntnisbegriff einfach definitorisch hingestellt wird. Daß man ‚Erkenntnis‘ so und so definiert, dafür gibt es keinen Beweis der Allgemeingültigkeit. Das ist eine Entscheidung, und diese ist nicht eindeutig determiniert. Sie kann nicht als die einzig zulässige bewiesen werden. Denn ein solcher Beweis wäre nur durch Ableitung aus noch allgemeineren Zielsetzungen zu führen. Damit wäre die wahlfreie Entscheidung nur zurückgeschoben, aber nicht zwingend festgelegt. Die Entscheidung für einen bestimmten Erkenntnisbegriff kann nur motiviert werden. Man kann nur seine Gründe dafür angeben, warum man seine Definition der Erkenntnis so wählt, warum man die und die Merkmale als wesentlich für Erkenntnis aufstellt. Aber das sind keine theoretischen Gründe der Geltung, sondern praktische, die im Zusammenhang mit anderen Zielen liegen, darin, daß man auf eine gewisse Leistung besonders Wert legt oder gewisse Konsequenzen oder Voraussetzungen vermeiden will.“ (S. 31.) Ein solcher Erkenntnisbegriff hat für die Wissenschaftstheorie weitreichende Konsequenzen. Wissenschaftliche Erkenntnis ist genauso von Zielen und Wertvorstellungen geleitet wie praktisches Handeln; die Festsetzung von Erkenntnis „kann nur motiviert werden“, das kann nur heißen, daß persönliche Motive und Werte in den Vorgang einfließen. Die Werturteilsdebatte erübrigt sich, die Wertung ist ex definitione im Begriff der Erkenntnis schon enthalten.

panz zwischen Erkenntniswirklichkeit und dem Korpus von Erkenntnisnormen, die aus jenem Gedankenmodell folgen[194]."

Schnädelbach denkt aus dieser Diagnose heraus den Konventionalismus konsequent zu Ende und bringt ihn durch dessen Implikationen zur Selbstaufhebung: „Der Konventionalismus ist in Wahrheit eine Wiederaufnahme der transzendentalen Reflexion innerhalb der empiristischen Tradition, nicht eine Methodenlehre unter anderen[195]." Der Weg hierzu ist naheliegend: entweder sind die Festsetzungen willkürlich, unmotiviert und ohne jeden Sinn — dann liegt, wie *Wellmer*[196] *Popper* vorgeworfen hat, ein reiner Dezisionismus vor — oder die Festsetzungen erfolgen aufgrund von Motiven und persönlichen Vorstellungen — dann sind sie sinnhaft, woraus sich aber die Möglichkeit und Notwendigkeit ergibt, diese Sinnhaftigkeit erkenntnistheoretisch zu hinterfragen[197]. Verschiedene Wege sind denkbar, um das Problem zu lösen. Die erste Möglichkeit ist, daß man die Basissätze logisch selber als Hypothesen betrachtet. Dann muß jedoch das Ziel der Erfahrungserkenntnis aufgegeben werden. Hypothesen würden durch Hypothesen falsifiziert, was der Logik des Verfahrens widerspräche. *Poppers* Weg ist undeutlich formuliert, für ihn sind Entscheidungen über Basissätze logisch betrachtet willkürliche Festsetzungen und psychologisch betrachtet zweckmäßige Reaktionen[198]. Insofern knüpft *Wellmer* an die logische und *Schnädelbach* an die psychologische Betrachtung an, während wir der Auffassung sind, daß die Sinnhaftigkeit der Festsetzungen hermeneutisch zu begreifen ist. Wenn die Festsetzungen logisch willkürlich sind und psychologisch nicht fundiert werden sollen, so bietet sich für *Popper* nur noch die Möglichkeit, die Festsetzungen aus einer außerlogischen Sinnhaftigkeit zu rechtfertigen. Rudimentär sind solche Ansätze vorhanden: „Über die

---

[194] H. *Schnädelbach:* Begründung, Erfahrung und Reflexion, op. cit., S. 119.

[195] H. *Schnädelbach:* Begründung, Erfahrung und Reflexion, op. cit., S. 161.

[196] A. *Wellmer:* Methodologie als Erkenntnistheorie, op. cit., S. 157: „Dann kann man wirklich von ‚Entschließen' sprechen; der Fortschritt der Wissenschaft verdankt sich einer Kette blinder Dezisionen in einem doppelten Sinn: diese Dezisionen sind grundlos, man weiß nicht, wozu man sich entschließt. Indem Popper der Logik statt einer normativen eine konstitutive Funktion für die Rationalität von Begründungen gibt, indem er Sprache und Erfahrung auseinanderreißt, löst er den Empirismus auf; Erfahrung, weil nicht möglich, wird durch geregelte Beschlüsse ersetzt. Deren Irrationalität wird um einer vollkommenen Rationalität willen in Kauf genommen, ohne daß doch die vollkommene Rationalität die Spuren dieser Irrationalität verleugnen könnte: sie ist Wahnsinn mit Methode."

[197] Diesen Weg geht *Schnädelbach,* indem er den Konventionalismus um eine Theorie der Motivation zu ergänzen versucht, worin eine als vorgängig gegeben angesehene Motivationsstruktur den Entstehungsort der Festsetzungen beinhaltet. Diese Motivationsstruktur erscheint dann als Möglichkeitsbedingung sinnvoller Festsetzungen erkenntnistheoretisch hinterfragbar; siehe H. *Schnädelbach:* Begründung, Erfahrung und Reflexion, op. cit., S. 150 ff.

[198] Siehe K. R. *Popper:* Logik der Forschung, op. cit., S. 74.

Zweckmäßigkeit einer Festsetzung kann man verschiedener Meinung sein; einen vernünftigen, argumentierenden Meinungsstreit kann es jedoch nur zwischen denen geben, die denselben Zweck verfolgen; die Wahl des Zweckes aber ist allein Sache des Entschlusses, über den es einen Streit mit Argumenten nicht geben kann[199].“ „Wir geben also offen zu, daß wir uns bei unseren Festsetzungen in letzter Linie von unserer Wertschätzung, von unserer Vorliebe leiten lassen. Wer, wie wir, logische Strenge und Dogmenfreiheit schätzt, wer praktische Anwendbarkeit sucht, wer gefesselt wird vom Abenteuer der Forschung, die uns immer wieder vor neue, unvorhergesehene Fragen stellt und uns anregt, immer wieder neue, vorher ungeahnte Antworten zu erproben, der wird den Festsetzungen, die wir vorschlagen werden, wohl zustimmen können[200].“ Die außerlogische Rationalität von Festsetzungen entstammt daher einer generellen Lebensphilosophie, die in der persönlichen Haltung des Forschers ihren Niederschlag findet. Erkenntnistheorie wird zur ethischen Attitüde, für die sich nur werben läßt. Die in neueren Arbeiten von *Popper*[201] und *Albert*[202] festzustellende Ausweitung der Methodologie zu einer Theorie der offenen Gesellschaft im Zeichen universeller Rationalität kann dann als eine Darlegung der oben qualifizierten Attitüde für den Bereich der Wissenschaft gedeutet werden, und die Zweckmäßigkeit außerlogischer Festsetzungen entspringt dieser lebensphilosophischen Haltung. Wenn *Habermas* diese Ausweitung als eine „gesellschaftspolitische Extrapolation einer Methodologie“[203] ansieht, so entspricht dies zwar der historischen Entwicklung der Philosophie des kritischen Rationalismus, nicht jedoch der Logik des Gedankengebäudes. Erst die Ausweitung des kritischen Rationalismus zu einer ethisch durchsetzten Lebensphilosophie vermag die außerlogische Zweckmäßigkeit von Festsetzungen in der Methodologie vor dem Verdikt des willkürlichen Dezisionismus zu retten. Unter diesem Aspekt ist die Wissenschafts- und Gesellschaftsphilosophie nicht eine Konsequenz der einzig richtigen Er-

---

199 Ebenda, S. 12.

200 K. R. *Popper:* Logik der Forschung, op. cit., S. 12; *Popper* sieht die Festsetzung als praktisches Handeln: „Wir können, ähnlich wie der Konventionalismus, sagen: die Auszeichnung der jeweils bevorzugten Theorien ist Sache des praktischen Handelns“ (ebenda, S. 74). Damit kann Handeln und Erkennen logisch nicht getrennt werden; Erkennen ist vielmehr und nur menschliche Aktivität.

201 Siehe dazu K. R. *Popper:* Of Clouds and Clocks, in: Objective Knowledge, op. cit., S. 206 ff.; ders.: Towards a Rational Theory of Tradition, in: Conjectures and Refutations, op. cit., S. 120 ff.; ders.: Public Opinion and Liberal Principles, ebenda, S. 347 ff.; ders.: Humanism and Reason, ebenda, S. 377 ff.

202 Siehe H. *Albert:* Traktat über kritische Vernunft, op. cit., S. 158 ff.; ders.: Wissenschaft, Technologie und Politik, in: Konstruktion und Kritik, op. cit., S. 74 ff.; ders.: Ethik und Metaethik, ebenda, S. 127 ff.; ders.: Wissenschaft und Verantwortung, op. cit., S. 76 ff.

203 J. *Habermas:* Dogmatismus, Vernunft und Entscheidung, op. cit., S. 330.

kenntnistheorie und Methodologie, sondern notwendig, um die Aporien der Methodologie zu überbrücken. Die Sozialphilosophie basiert nicht auf einem gesicherten Fundament in der Erkenntnistheorie, sondern dient in Form der rationalen Attitüde zu deren Rechtfertigung. Das ganze System gleicht eher einem logischen Zirkel als einem aufeinander aufbauenden Zusammenhang.

Ein anderer Weg, die Zweckmäßigkeit von Festsetzungen über Basisaussagen herzuleiten, besteht darin, den Vorgang der Anerkennung von Basissätzen aus dem Kontext der zu überprüfenden Theorie zu begreifen. Das bedeutet, daß im Rahmen einer komplexen Theorie der Bestätigung und Rechtfertigung von Hypothesen das Verhältnis von zu überprüfender Theorie und der Überprüfung selber neu bestimmt werden muß; die Überprüfung in Form der Verifikation und Falsifikation darf nicht streng isoliert von der zu bestätigenden Hypothese und auch vom Stand des theoretischen Wissens gesehen werden. Zwischen diesen drei Elementen bestehen Beziehungen außerordentlich komplizierter Art, aus denen sich die Zweckmäßigkeit und Motivation der Annahme oder Verwerfung der Basissätze und damit letztlich auch der zu überprüfenden Theorien herleitet. Pauschal läßt sich diese Auffassung durch die Behauptung charakterisieren, daß die Bestätigung im Lichte oder vor dem Hintergrund der zu überprüfenden Hypothese und des theoretischen Wissens erfolgt. Die naive Falsifikation oder Verifikation muß in eine komplexe Theorie der Bestätigung überführt werden. Daß dieses Verfahren die gleiche Struktur hat wie der vorstehende Zirkel — nämlich Einzelheiten werden vor dem Hintergrund eines Ganzen gesehen und aus diesem Hintergrund heraus interpretiert, andererseits geht von diesen Einzelheiten und Fakten eine Wirkung auf den Hintergrund aus —, führt in die Hermeneutik.

Wenn dieses Verfahren logisch betrachtet nicht der Willkür anheim gestellt werden, die Erkenntnistheorie aber auch nicht dem Psychologismus unterworfen werden soll, so bleibt nur übrig, diese Sinnhaftigkeit hermeneutisch zu hinterfragen. Wird die Hermeneutik in diesem Sinne verstanden, so sind der hermeneutische Ansatz und das erfahrungswissenschaftliche Anliegen durchaus in Einklang zu bringen[204]. *Popper*[205] selber hat sich in seinen neueren Arbeiten hierzu bekannt. Das, was als rationale Attitüde, also als wissenschaftliche Haltung erscheint, weist doch nur auf ein bewußtes Bekenntnis zur Vorstruktur des Erkennens hin; d. h. daß die Vorstellung der Voraussetzungslosigkeit der Erfahrungserkenntnis zugunsten einer Theorie des schon vorher Verstandenen

---

[204] Das bedeutet gleichzeitig, daß der psychologistische Ansatz der Hermeneutik, wie er beispielsweise im Handlungs- und Motivverstehen auftritt, abgelehnt werden muß.

[205] Siehe K. R. *Popper:* On the Theory of the Objective Mind, op. cit., S. 153 ff.

aufgegeben wird. Dies verweist in die Hermeneutik des Vorverständnisses, deren zirkelhafte Struktur auch bei der Beobachtung festzustellen ist.

3. Die Beobachtung

a) Die Interdependenz von theoretischer und Beobachtungssprache

Es ist einer der wesentlichen Grundzüge sowohl des älteren als auch des modernen Empirismus, daß alle Erkenntnis nicht der Spekulation, sondern der Erfahrung entstamme. *Carnaps* „Testibility and Meaning" beginnt mit dem Satz: "Two chief problems of the theory of knowledge are the question of meaning and the question of verification[206]." Dies gilt auch für die Problematik des Sinnkriteriums und — in modifizierter Sicht — für das *Popper*sche Abgrenzungskriterium: "the criterion of the scientific status of a theory is its falsifibility, or refutability, or testibility[207]." Zwar wird bei *Popper* die Frage der Genesis des Wissens aus der Erfahrung anders gesehen als im klassischen Positivismus[208], doch auch bei *Popper* erfolgt die Überprüfung von Theorien und Hypothesen nur auf einem Wege, nämlich durch die Beobachtung in der Realität. Die Beobachtung, die ja nichts anderes ist als die konkrete Ausgestaltung der Falsifikation, hat damit innerhalb der Methodologie eine doppelte Funktion[209]: die Falsifizierbarkeit bzw. die Beobachtbarkeit entscheidet zunächst darüber, ob ein System einen wissenschaftlichen oder einen metaphysischen Status hat; das Resultat der Falsifikation bzw. der Beobachtung bestimmt dann in zweiter Instanz, ob die zu überprüfende Theorie oder Hypothese aufgrund der Beobachtung oder einer Anzahl von Beobachtungen anerkannt oder verworfen wird.

Mag noch die Unterscheidung von Wissenschaft und Metaphysik nach dem Kriterium der Falsifizierbarkeit — in konkreto: der Beobachtbarkeit — eine Trennung sein, für die sich mit vernünftigen Argumenten einer pragmatischen Forschungshaltung werben läßt, so birgt die Verabsolutierung der Beobachtung als alleiniges Korrektiv und Kriterium wissenschaftlicher Wahrheit und Richtigkeit erhebliche Gefahren in sich. Es ist nicht ausgeschlossen, daß die Beobachtung jene Voraussetzungen, die für die Wahrnehmung dieser Funktion notwendig sind, nicht zu erfüllen vermag. Indem *Popper* schreibt: "the method of trial and error is a method of eliminating false theories by observation statements"[210], muß er

---

[206] R. *Carnap:* Testibility and Meaning, op. cit., S. 420.

[207] K. R. *Popper:* Science: Conjectures and Refutations, op. cit., S. 37.

[208] Siehe K. R. *Popper:* On the Sources of Knowledge and of Ignorance, in: Conjectures and Refutations, op. cit., S. 3 ff.; ders.: The Demarcation Between Science and Metaphysics, op. cit., S. 255 ff.; ders.: The Bucket and the Searchlight: Two Theories of Knowledge, in: Objective Knowledge, op. cit., S. 341 ff.

[209] Siehe K. R. *Popper:* Logik der Forschung, op. cit., S. 14 ff.

davon ausgehen, daß die Beobachtung eine weitgehend objektive Instanz ist, damit die aufgrund der Beobachtung gebildeten Beobachtungsaussagen ein vertretbares Kriterium für die Annahme oder Verwerfung wissenschaftlicher Systeme abgeben können. Wäre diese erkenntnistheoretische Dignität der Beobachtungsaussagen nicht gegeben, so hätte es wenig Sinn, die Beobachtung zum Mittelpunkt einer Methodologie der Erfahrungswissenschaften zu machen. Dementsprechend ist die empiristische Methodologie danach zu beurteilen, wieweit die Beobachtungen bzw. die Beobachtungsaussagen die ihnen zugemessene Funktion auszuüben vermögen.

Eine wesentliche und doch nur selten explizit formulierte Bedingung hierfür ist, daß der Dualismus von Theorie und Beobachtung zwei selbständige, untereinander unabhängige und gegenseitig indifferente Systeme beinhaltet. Ist dies nicht der Fall, d. h. sind Beobachtungsaussagen von dem Theoriensystem, zu dessen Überprüfung sie dienen, abhängig oder werden sie durch dieses System beeinflußt, so erscheint das gesamte Konzept des Empirismus in einem neuen Licht; das Programm der Falsifikation oder der Verifikation muß mit erheblichen Fragezeichen versehen werden.

Schon der ältere Empirismus hat diese Probleme gesehen. Der empiristische Grundsatz, daß die Realitätserkenntnis sich notwendig durch die Sinne vollzieht, zeigt, daß die Vorstellung einer objektiven Erfahrungserkenntnis die dem Sensualismus entstammende Idee einer objektiven Vermittlung der Realität durch entsprechende Qualitäten der Sinnesorgane zur Bedingung hat[211]. An dieser grundsätzlichen Problematik hat auch der Einfluß der sprachanalytischen Philosophie im logischen Empirismus wenig geändert. Die Verlagerung auf die sprachphilosophische Ebene hat nur die Konsequenz, daß nunmehr statt der Beobachtungen Beobachtungsaussagen hinsichtlich ihrer Objektivität und Unabhängigkeit zu untersuchen sind. Hier geht es darum, daß Theorien und Theoriensysteme als empirisch interpretierte logistische Systeme konstruiert und analysiert werden müssen. Solche Systeme haben nach Auffassung der analytischen Wissenschaftstheorie zwei wesentliche Komponenten: einerseits das Kalkül, das das logische Skelett darstellt und ohne jeden empirischen Gehalt ist, und andererseits die empirische Interpretation des Kalküls mit einer Reihe von Sinnangaben oder semantischen Regeln, die in jenen nicht-logischen Konstanten, die im Kalkül vorkommen, gegeben sind[212]. Zwar müssen nach dieser Auffassung nicht

---

[210] K. R. *Popper:* Science: Conjectures and Refutations, op. cit., S. 56.

[211] Siehe E. *Mach:* Analyse der Empfindungen, Leipzig 1911; H. *Schnädelbach:* Erfahrung, Begründung und Reflexion, op. cit., S. 27 ff.; L. *Kolakowski:* Die Philosophie des Positivismus, op. cit., S. 123 ff., S. 157 ff.; M. *Grene:* The Knower and the Known, op. cit., S. 98 ff.

alle nicht-logischen Komponenten des Kalküls direkt semantisch interpretierbar sein; es können auch Komponenten auftreten, die indirekt, ohne direkten Bezug auf die aufweisbare Realität und unter Verwendung weiterer Elemente interpretiert werden; dennoch ist dieser Ansatz durch eine strenge Trennung von logischem Kalkül und empirischer Interpretation gekennzeichnet.

Damit liegt hier jedoch die gleiche Situation vor wie bei der obigen Unterscheidung von Beobachtungsaussagen und zu überprüfenden theoretischen Aussagen. Beide Ansätze gehen von einem Dualismus von theoretischer und empirischer Sprache aus, den zu überbrücken die Aufgabe der Semantik ist. Die nicht-logischen Elemente bedürfen einer semantischen Interpretation, indem Zuordnungsverhältnisse zwischen diesen Systemelementen und beobachtbaren Sachverhalten festgelegt werden[213]. Fraglich ist jedoch, ob eine so eindeutige Trennung zwischen theoretischer und empirischer Sprache möglich ist. Zunächst ist festzustellen, daß sowohl die meisten Theorien auch Ausdrücke verwenden, die nicht eindeutig einer rein theoretischen Sprache oder einer rein empirischen Beobachtungssprache zugeordnet werden können. Der Übergang ist vielmehr fließend. So läßt sich unterscheiden zwischen:

(1) Beobachtungsprädikaten, die einen direkten empirischen Bezug haben,

(2) Beobachtungsaussagen, die Beobachtungsprädikate enthalten, deren empirische Wahrheit oder Falschheit direkt festgestellt werden kann, wenn eine entsprechende empirische Situation vorliegt,

(3) theoretischen Prädikaten, die keinen direkten empirischen Bezug haben und

(4) theoretischen Aussagen, die nicht direkt bestätigt oder falsifiziert werden können und deren indirekte Bestätigungsfähigkeit oder Falsifizierbarkeit durch logische Beziehungen zu Beobachtungsaussagen aufgezeigt werden muß[214].

---

[212] Siehe R. *Carnap:* Testibility and Meaning, op. cit., passim; G. *Kade:* Die logischen Grundlagen der mathematischen Wirtschaftstheorie, op. cit., S. 42 ff.; O. *Morgenstern:* Logistik und Sozialwissenschaft, op. cit., S. 315 ff.; J. *Wild:* Grundlagen und Probleme der betriebswirtschaftlichen Organisationslehre, op. cit., S. 131 ff.; W. *Mathias:* Wirtschaftswissenschaftliche Theorie- und Modellbildung, op. cit., S. 244 f.; F. *Kambartel:* Erfahrung und Struktur, op. cit., S. 149 ff.; A. *Pap:* Analytische Erkenntnistheorie, op. cit., S. 61; I. *Scheffler:* Möglichkeiten eines bescheidenen Empirismus, in L. *Krüger* (Hg.): Erkenntnisprobleme der Naturwissenschaften, op. cit., S. 99 ff.

[213] Siehe K. *Lorenz:* Elemente der Sprachkritik, op. cit., S. 55 ff.

[214] Vgl. M. B. *Hesse:* Positivism and the Logic of Scientific Theories, in: P. *Achinstein,* St. F. *Barker:* The Legacy of Logical Positivism, Baltimore 1969, S. 87 f.

Falls nun trotz dieses im Gebrauch wissenschaftlicher Theorien feststellbaren gleitenden Überganges zwischen den reinen Formen der Beobachtungssprache und der theoretischen Sprache der Dualismus dieser Sprachen aufrecht erhalten werden soll, so muß sich auch zeigen lassen, daß entgegen der Interdependenz im Gebrauch der beiden Sprachen diese beiden Systeme voneinander unabhängig sind. Was hierbei die Ausdrücke der theoretischen Sprache anbetrifft, so scheint die verbreitete Auffassung, die Bedeutung theoretischer Ausdrücke hänge von entsprechenden Beobachtungsausdrücken ab[215], wenig überzeugend. Es erscheint vielmehr einsichtiger, daß theoretische Ausdrücke sich auf Einheiten, Elemente und Zusammenhänge des jeweiligen Systems, in dem sie auftreten, beziehen und daß sie ihren Sinn auch aus diesem Zusammenhang erfahren[216]. Wäre dies nicht der Fall, so müßten Ausdrücke wie Zins, Gleichgewicht oder Energie immer die gleiche Bedeutung haben, gleichgültig wo sie auftreten[217].

Was dagegen die Ausdrücke der Beobachtungssprache anbetrifft, so muß eine empiristische, an der Beobachtung orientierte Erkenntnis- und Wissenschaftstheorie davon ausgehen, daß die Beobachtungsprädikate autonom sind, d. h. daß die Beobachtungsaussagen und somit auch indirekt die Beobachtungen unabhängig von der Theorie sind, zu deren Überprüfung sie verwendet werden. Die Bedeutung der Beobachtungsaussagen als empiristisches Wahrheitskriterium lassen diese Autonomie ziemlich wesentlich erscheinen; denn wäre sie nicht gegeben, welchen Sinn hätte es dann noch, die Beobachtungsaussagen zum Wahrheitskriterium von theoretischen Systemen zu machen, wenn der Sinn oder die Bedeutung von Beobachtungsausdrücken von jenen theoretischen Systemen abhängt, zu deren Überprüfung sie ja dienen? Genauso wie die Existenz einer objektiven Wahrnehmung eine wesentliche Prämisse des klassischen Empirismus ist, so ist die Existenz einer unabhängigen Beobachtungssprache ein essentieller Grundpfeiler des sprachphilosophisch beeinflußten Empirismus.

Entscheidend ist, was man unter einer Beobachtungssprache versteht. *Carnap* schreibt:

---

[215] Siehe H. *Putnam:* What are Theories not, in: E. *Nagel* u. a. (Hg.): Logic, Methodology and Philosophy of Science, Stanford 1963, S. 240 ff.; M. B. *Hesse:* Is There an Independent Observation Language?, in: R. *Colodny* (Hg.): The Nature and Function of Scientific Theories, Pittsburgh 1970, S. 36.

[216] Zur Bedeutungs- und Sinnbestimmung theoretischer Ausdrücke siehe unten das Kapitel „Sprachspiele und Bedeutung", II. D. 3. a.

[217] Siehe P. K. *Feyerabend:* Über die Interpretation wissenschaftlicher Theorien, in: H. *Albert* (Hg.): Theorie und Realität, op. cit., S. 59 ff.; ders.: An Attempt at a Realistic Interpretation of Experience, in: Proceedings of the Aristotelian Society, N. S., Bd. 58, 1958, S. 143 ff.; W. *Stegmüller:* Hauptströmungen der Gegenwartsphilosophie, op. cit., S. 464 ff.; A. *Bohnen:* Zur Kritik des modernen Empirismus, op. cit., S. 173 f.

"A predicate 'P' of a language L is called observable for an organism (e. g. a person) N, if, for suitable arguments, e. g. 'b', N is able under suitable circumstances to come to a decision with the help of few observations about a full sentence, say 'P (b)', ... of such a high degree that he will either accept or reject 'P (b)'[218]."

Dem ist jedoch die Frage nach der Herkunft der Beobachtungsprädikate entgegenzuhalten, und es kann wohl kaum bestritten werden, daß alle beschreibenden Prädikate, also sowohl direkte Beobachtungsprädikate als auch theoretische Prädikate, die durch semantische Interpretation zu Beobachtungsprädikaten umgewandelt werden können, durch einen Vorgang entstehen, der durch ein Erlernen, ein Verstehen und durch den umgangssprachlichen Gebrauch der Ausdrücke bestimmt wird. Zumindest ist es auf jeden Fall einsichtig, daß die Beobachtungsprädikate nicht erst in der direkten empirischen Situation entstehen, in der sie verwendet werden[219]. Dieser Vorgang des Erlernens, Verstehens und des Gebrauchs der Beobachtungsausdrücke selber wiederum kann jedoch kein willkürlicher sein; es ist vielmehr evident, daß die Verwendung, Einführung und Entstehung solcher Prädikate von bestimmten Vorstellungen geleitet wird, die in der Wissenschaft als theoretisches Wissen bezeichnet werden können. Dies erscheint bei solchen Ausdrükken, die einen teilweise theoretischen Charakter haben, einsichtig; dies muß jedoch auch bei so elementaren Beobachtungsausdrücken wie „rot", „sinken", „schwer" oder „Bewegung" der Fall sein, denn es erscheint nicht möglich, eine Begriffsexplikation solcher Begriffe zu geben, ohne auf ein theoretisches Wissen — sei es auch allgemeinster Art — zurückzugreifen. Die einzige Alternative hierzu wäre, daß die Beschreibung empirischer Situationen hinsichtlich der Bedeutung der Beobachtungsausdrücke nur und ausschließlich von den empirischen Zuständen, die beschrieben werden, abhängt. Das bedeutet, daß die Vorstellung eines Dualismus von theoretischer und Beobachtungssprache bzw. von der Autonomie der Beobachtungssprache zur Bedingung hat, daß die Einführung, Entstehung und Verwendung von Beobachtungsprädikaten nicht nur von dem gesamten Wissen, das ja letztlich nur theoretisches Wissen sein kann, unabhängig ist, sondern auch ausschließlich von der zu beschreibenden empirischen Situation bestimmt wird. Wie allerdings ein realer Vorgang an sich bei dem beschreibenden Beobachter die Verwendung bestimmter Beobachtungsprädikate hervorrufen soll, ist nicht einsichtig.

Die Verlagerung des empiristischen Beobachtungsproblems auf die sprachtheoretische oder sprachphilosophische Ebene hat daher im Ver-

---

218 R. *Carnap:* Testibility and Meaning, op. cit., S. 454 f.

219 Siehe M. B. *Hesse:* Is There an Independent Observation Language?, op. cit., S. 38.

gleich zum klassischen Empirismus die Position des Empirismus eher geschwächt, als daß sie sie unangreifbar gemacht hat. Während der klassische Empirismus unter Verwendung sensualistischer Ideen von der Objektivität der Sinneswahrnehmung ausgehen konnte, so verlangt der Umstand, daß unter dem Einfluß der Sprachphilosophie nicht mehr Beobachtungen, sondern Beobachtungsaussagen als Kriterium und Korrektiv der Erkenntnis zur Diskussion stehen, daß die Existenz einer gegenüber dem theoretischen Wissen unabhängigen und autonomen Beobachtungssprache nachgewiesen wird, was nicht erklärbar ist.

Eine andere Frage ist, ob Beobachtungen indifferent sind gegenüber dem theoretischen Wissen, und wenn auch dies nicht der Fall ist, wie die Bewertung von Theorien durch Beobachtungen dann selber zu beurteilen ist. Daß jedoch auch die Objektivität der Beobachtung in Bereichen der Naturwissenschaft mit Fragezeichen versehen werden muß, zeigt das Beispiel der Quantenphysik.

b) Exkurs: Beobachtung in der Quantenphysik

Die klassische Physik ging von der Vorstellung einer Welt aus, die in sich objektiv ist und die vor und unabhängig von jeder Erkenntnis besteht. Aus diesem Weltbild leitete sich die Aufgabenstellung der Physik als Wissenschaft ab. Es war die Aufgabe, die objektiv-reale Welt zu erkennen, festzustellen und in entsprechenden Darstellungsformen darzustellen. In dieser Vorstellung vom Objekt und auch von der Aufgabenstellung und Möglichkeit der Physik spielte die Beobachtung und Vermittlung der Wirklichkeit keine Rolle. Zwar war man sich bewußt, daß die Beobachtung der Realität ein komplexer Vorgang war, zu dessen Durchführung Sinneswahrnehmungen, die Täuschungen unterliegen können, und komplizierte Apparaturen erforderlich waren, doch erschienen diese Zusammenhänge bedeutungslos. Man wußte, daß Messungen von Objekten und auch die Meßapparaturen einen Einfluß auf die Objekte ausüben können; diese Einflüsse hielt man jedoch für die theoretische Analyse und für die Feststellung der Wirklichkeit für irrelevant; denn man war der Meinung, mit Hilfe einer eigenen Theorie der Messung oder der Meßapparatur diese Wirkungen auf theoretischer Ebene kalkulieren und damit auch eliminieren zu können[220]. Die Vorstellung einer objektiven, vom Subjekt nicht abhängigen Feststellung der Wirklichkeit wurde hierdurch nicht tangiert. Die Feststellung von Wirklichkeitsstrukturen und deren Beobachtung schienen einen Charakter zu haben, der eine Reflexion auf den Akt der Beobachtung und auf den Beobachter selber erübrigt.

---

[220] Vgl. E. *Scheibe:* Einführung, in: L. *Krüger* (Hg.): Erkenntnisprobleme der Naturwissenschaften, op. cit., S. 405.

So war z. B. die Mechanik von *Newton* bis zum Ende des 19. Jahrhunderts der Auffassung, daß sich von bestimmten Prinzipien exakte Antworten herleiten lassen, so beispielsweise für die Bewegung der Planeten oder für die Bewegung von Teilen einer Maschine. So ist es verständlich, daß gerade von der Physik eine Faszination auf andere Wissenschaften ausging; die Mechanik beispielsweise hat in vielen anderen Bereichen und Wissenschaften den Versuch, analoge Darstellungsweisen zu entwickeln, hervorgerufen[221]. Diese Vorstellung von den Naturwissenschaften und der Physik an ihrer Spitze hat auch die Auffassungen über den Dualismus von Natur- und Geisteswissenschaften beeinflußt. Der Unterschied zwischen den beiden Richtungen schien sowohl in dem Objekt als auch in der Methode der Erkenntnis zu liegen. Vereinfacht ausgedrückt, schienen die Geisteswissenschaften durch ihren subjektiven, an das erkennende Subjekt gebundenen Status ausgezeichnet zu sein[222], während die Naturwissenschaften durch Objektivität und Exaktheit gekennzeichnet schienen. Während geisteswissenschaftliche Erkenntnis von Wertungen, Interessen, Meinungen und der subjektiven Deutung der Zusammenhänge geprägt war, erschienen die Physik und die Naturwissenschaften als die Feststellung deterministischer und objektiv darstellbarer Systeme, denen die gleiche Notwendigkeit und logisch-formale Strenge zukommt wie den Darstellungen der Mathematik oder Geometrie. Es bedurfte daher nur noch des Umstandes, daß die Objektivitäts- und Exaktheitsvorstellungen zum eigentlichen Ziel der Wissenschaft erhoben wurde, um das latente Gefühl einer wissenschaftlichen und methodischen Inferiorität der Geisteswissenschaften aufkommen zu lassen[223].

Diesen Auffassungen liegt jedoch nicht nur ein Vorurteil, das Andersartigkeit mit Inferiorität gleichsetzt, zugrunde, sondern sie basieren auf Voraussetzungen, die selbst in der zum Ideal erhobenen Physik im höchsten Grade strittig sind. Die erkenntnistheoretischen und methodologischen Diskussionen im Anschluß an die quantenphysikalischen Untersuchungen der sogenannten *Kopenhagener Schule (Bohr, Heisenberg,*

---

[221] So z. B. bei W. G. *Waffenschmidt:* Wirtschaftsmechanik, Stuttgart 1957; siehe auch den dogmengeschichtlichen Überblick zur mechanischen Analogie in der Nationalökonomie bei K. *Brandt:* Struktur der Wirtschaftsdynamik, Frankfurt 1952, S. 13 ff.

[222] Explizit formuliert findet sich diese Auffassung wohl am deutlichsten bei *Dilthey;* siehe W. *Dilthey:* Der Aufbau der geschichtlichen Welt, op. cit., passim.

[223] *Comtes* Dreistadiengesetz läßt sich in diesem Sinne deuten, obwohl *Comte* nicht von einer so krassen Unterscheidung ausging, wie hier dargelegt ist. Noch deutlicher — allerdings wissenschaftstheoretisch begründet — findet sich diese Vorstellung in der physikalistischen Idee der Einheitswissenschaft, wo die Inferioritätsauffassung soweit geht, daß die eigentlich geisteswissenschaftliche Sicht als illegitim, sinnlos und unwissenschaftlich angesehen wird. Siehe z. B. O. *Neurath:* Soziologie im Physikalismus, op. cit., S. 393 ff.; R. *Carnap:* Die physikalische Sprache, op. cit., S. 432 ff.; ders.: Der logische Aufbau der Welt, op. cit., passim.

Born u. a.) haben vielmehr gezeigt, daß ein strenger Objektivitätsbegriff in den Naturwissenschaften genauso wenig haltbar ist wie der strikte Gegensatz von Subjekt und Objekt der Erkenntnis. Dementsprechend ist nach dieser Auffassung auch der strikte Dualismus von Natur- und Geisteswissenschaften nicht haltbar, da die diesem Gegensatz zugrundeliegende Trennung von Subjekt und Objekt zugunsten eines aktiven Wechselspiels zwischen den beiden Polen aufgegeben werden muß.

Anstoß zu diesen Überlegungen waren die von *Heisenberg* formulierten sogenannten Unbestimmtheitsrelationen[224]. Der hier vorliegende Vorgang läßt sich auf folgende Art verdeutlichen: Angenommen, ein Objekt soll genau lokalisiert werden, so führt die Frage nach der Genauigkeit dieses Lokalisierens zu einem unerwarteten Resultat. Dieses Lokalisieren könnte durch Anlegen eines Metermaßes geschehen, doch das würde zu ungenauen Ergebnissen führen. Bei Verwendung einer Schieblehre dagegen werden zwar genauere Ergebnisse erzielt; es tritt jedoch folgendes Problem auf: Die Schieblehre muß an das zu lokalisierende Objekt herangeschoben werden, so daß sie das Objekt zwar berührt, nicht aber aus seiner Stellung verschiebt. Dies erscheint möglich, solange das Objekt wesentlich schwerer ist als die Schieblehre. Ist das Objekt dagegen wesentlich leichter — ist es z. B. ein Elektron —, so wird das Objekt beim Berühren angestoßen und damit in seiner Position verändert; d. h., wenn das Objekt vor der Messung in einer Ruhestellung war, so bekommt es durch die Messung einen Stoß und verändert genau dann seine Position, wenn diese lokalisiert werden soll.

Dies ist das Problem quantenphysikalischer Beobachtungen und Messungen. Diese vollziehen sich durch einen Energieaustausch zwischen dem Objekt und dem Beobachter bzw. dessen Meßapparatur, indem das Objekt mit Lichtstrahlen angestrahlt und die am Objekt gestreuten Lichtstrahlen vom Beobachter bzw. der Beobachtungsapparatur aufgefangen werden. Indem aber die Lichtstrahlen am Objekt gebrochen werden, verändern sie dessen Position; das Elektron wird durch die Messung selber in Bewegung gesetzt, so daß der praktische Nutzen der Messung abgeschwächt ist; denn die Messung kann nur sagen, daß das Elektron in einer bestimmten Position gewesen ist, nicht aber, daß es sich noch dort befindet. Die Messung ist somit ein irreversibler Vorgang. So werden bei der Messung der Geschwindigkeit eines Mikroobjektes durch Strahlung in Form von Lichtquanten entweder der Ort oder der Impuls des Mikroobjektes oder gar beide beeinflußt; zumindest ist eine Bestimmung beider Werte mit beliebiger Genauigkeit genauso wenig möglich wie eine Prognose.

---

[224] Siehe dazu W. *Heisenberg:* Die Entwicklung der Deutung der Quantentheorie, op. cit., S. 412 - 427.

Die hierbei auftretenden Beziehungen sind in der *Heisenberg*schen Unbestimmtheitsrelation zusammengefaßt[225]:

$$\Delta x \cdot \Delta p_x \geq h$$

Das *Planck*sche Wirkungsquantum h ist eine physikalische Konstante und markiert die Grenzen der Meßgenauigkeit. Es ist gleich oder kleiner als das Produkt der beiden Ungenauigkeiten Δx und Δp_x[226]. Die Relation bedeutet also, daß die Ungenauigkeit in der Ortskoordinate x multipliziert mit der Ungenauigkeit bei der Impulsgeschwindigkeit niemals geringer sein kann als die *Planck*sche Konstante h, die zwar klein ist, aber endlich und nicht reduzierbar. Ist der Impuls schwach und die Impulsgenauigkeit dementsprechend niedrig, kann die Ungenauigkeit der Position vernachlässigt werden. Ist dagegen die Impulsgenauigkeit hoch, so ist die Positionsgenauigkeit entsprechend niedrig.

Hieraus lassen sich verschiedene Konsequenzen ziehen. Die Beschaffenheit eines einzelnen Objektes als solches ist unbestimmt und kann im einzelnen nicht prognostiziert werden. Vielmehr läßt sich nur noch das Verhalten einer statistischen Gesamtheit durch statistische Gesetzmäßigkeiten bestimmen, und Aussagen über das Verhalten einzelner Objekte gelten nur noch unter idealisierten Bedingungen als Wahrscheinlichkeitsaussagen, die nur bedingt experimentell überprüfbar sind. Die Tatsache, daß eine experimentelle Messung das Verhalten des Objekts an sich nicht objektiv widerspiegelt, sondern Erkennen und aktive Beeinflussung eine untrennbare Einheit bilden, hebt den Anspruch, daß die Wissenschaft den Objektbereich widerspiegelt, auf. Die Prüfung von Gesetzen erfolgt nicht nur unter jenen Bedingungen, die im Gesetz formuliert sind, sondern unter Anfangsbedingungen, die nicht zum Gesetz selber gehören, jedoch einen Einfluß auf das Experiment ausüben.

Heisenberg selber ist der Auffassung, daß die Unschärferelation der Quantenmechanik von wesentlicher Bedeutung für die Objektivitätsvorstellung in der Physik ist. Das Charakteristische scheint die Interaktion zwischen Beobachter und Objekt beim Beobachtungsvorgang zu sein, weswegen die Vorstellung einer vom Subjekt unabhängigen Beobachtung aufgegeben werden muß. *Heisenberg* zieht daraus die Konsequenz, „daß ein von der Außenwelt getrenntes System den Charakter des Potentiellen, aber nicht des Faktischen hat“[227], daß ein abgetrenntes

---

[225] Vgl. A. *Pap:* An Introduction to the Philosophy of Science, op. cit., S. 320; K. R. *Popper:* Logik der Forschung, op. cit., S. 169 ff.

[226] p_x ist eine Impulskomponente; Δp_x gibt den Abweichungsspielraum bei der Messung der Impulskomponente an; X ist eine beliebige Ortskoordinate; ΔX ist die entsprechende Abweichung oder Ungenauigkeit.

[227] W. *Heisenberg:* Die Entwicklung der Deutung der Quantentheorie, op. cit., S. 425.

System zwar objektiv, aber nicht real sein kann und daß daher die Vorstellung von objektiv-realen Dingen aufgegeben werden muß: „Die Kenntnis des ‚Faktischen' ist also, von der Quantentheorie aus gesehen, ihrem Wesen nach stets eine unvollständige Kenntnis[228]." Die Idee der Feststellung einer objektiven Wirklichkeit wird zu einem Phantom, dem nachzujagen a priori vergeblich ist. *Heisenberg* schreibt: „Wenn man versucht, hinter diese Wirklichkeit in die Einzelheiten des atomaren Geschehens vorzudringen, so lösen sich die Konturen dieser ‚objektiv-realen' Welt auf — nicht in dem Nebel einer neuen und noch unklareren Wirklichkeitsvorstellung, sondern in der durchsichtigen Klarheit einer Mathematik, die das Mögliche, nicht das Faktische, gesetzmäßig verknüpft. Daß die ‚objektiv-reale Wirklichkeit' auf den Bereich des vom Menschen anschaulich in Raum und Zeit Beschreibbaren beschränkt wird, ist natürlich kein Zufall. Vielmehr äußert sich an dieser Stelle die einfache Tatsache, daß die Naturwissenschaft ein Teil der Auseinandersetzung des Menschen mit der Natur und insofern vom Menschen abhängig ist. Das Argument des Idealismus, daß gewisse Vorstellungen ‚a priori', d. h. insbesondere vor aller Naturwissenschaft sind, besteht hier zu Recht[229]."

Der Umstand, daß keine Erscheinung der atomistischen Welt beschrieben werden kann, ohne daß dabei auf den Beobachter Bezug genommen wird, sondern daß die Beobachtung selber auf das Objekt einwirkt, muß nicht nur die Idee der Feststellbarkeit objektiver Strukturen als leer erscheinen lassen; er zeigt auch, daß die These von der Einheit von Erkennen und Handeln auch für den Bereich der Naturwissenschaften eine gewisse Plausibilität besitzt[230]. Damit scheinen auch die Naturwissenschaften jenes „Leibapriori der Erkenntnis"[231] zu besitzen, das ursprüng-

---

[228] Ebenda, S. 426.

[229] W. *Heisenberg:* Die Entwicklung der Deutung der Quantentheorie, op. cit., S. 426.

[230] *Born* schreibt: „Wir haben den Glauben an die Möglichkeit verloren, die Erkenntnis von unserer Entscheidung zu trennen; wir wissen uns in jedem Augenblick zugleich als Beobachtende und Handelnde im Lebensdrama." M. *Born:* Physik im Wandel meiner Zeit, Braunschweig 1957, S. 119.

[231] K. O. *Apel:* Das Leibapriori der Erkenntnis, in: Archiv für Philosophie, Bd. 12, 1964, S. 152. *Apel* ist der Auffassung, daß die gleichen Zusammenhänge schon bei der Relativitätstheorie vorliegen: „Es zeigt sich jedoch bei näherem Zusehen, daß auch schon die Relativitätstheorie die Objektivierung des Leibgesichtspunktes der Erkenntnis keineswegs unter den Voraussetzungen der traditionellen Erkenntnistheorie und ihrer Subjekt-Objekt-Relation bewerkstelligt. Wenn die Relativitätstheorie eine kontinuierliche Objektivation des Naturgeschehens einschließlich der leiblichen Voraussetzungen der Beobachtung zustande bringt, so gelingt ihr das nur unter Verzicht auf die unmittelbare ‚Vorstellbarkeit' der so theoretisch objektivierten ‚Welt'. Die Vorstellbarkeit der Welt wird von ihr gerade im vorhinein mit der Identifikation des erkennenden Subjekts mit der Leibvermittlung der Erkenntnis abhängig gemacht ... Während die traditionelle Erkenntnistheorie dazu neigte, ‚Vorstellungsnotwendigkeiten', z. B. Axiome der euklidischen Geometrie als ‚Denk-

lich nur bei den Geisteswissenschaften den reflexiven Bezug auf den Erkenntnisvorgang selber beinhaltet. Die Notwendigkeit, das denkende Subjekt selber reflexiv in den Beobachtungsakt einzubauen, läßt die strenge Dichotomie von Subjekt und Objekt fraglich erscheinen, und der Umstand, daß die quantenphysikalischen Gesetzmäßigkeiten keine Notwendigkeiten oder Beschreibungen der faktisch-realen Wirklichkeit, sondern Konsequenzen einer Mathematik potentieller Gesetzmäßigkeiten sind, setzt das Verhältnis von Beobachter und zu erfassendem oder zu erklärendem Objekt in ein neues Licht.

c) Interpretative Beobachtung

Zweifelsohne besteht zwischen dem quantenphysikalischen Problem einer „Interaktion" von Subjekt und Objekt und dem wissenschaftstheoretischen Problem einer autonomen Beobachtungssprache ein erheblicher Unterschied. Auch ist zu beachten, daß die philosophischen Konsequenzen aus der Quantentheorie auf makrophysikalische Zustände, Objekte und Prozesse wohl kaum übertragen werden können; doch andererseits zeigt die Quantenmechanik eindeutig, daß nicht nur die Beobachtungsaussage, sondern auch der Akt der Beobachtung selber nur durch eine Theorie erfaßt werden kann, die einen Rekurs auf den Beobachtenden impliziert. Jene Voraussetzungslosigkeit der Beobachtung, von der der naive Empirismus ausgeht, muß zumindest zum Problem erhoben werden. Ist diese Voraussetzungslosigkeit nicht gegeben, d. h. ist der Akt und das Resultat der Beobachtung von Bedingungen und Umständen abhängig, die jenseits der reinen Erfahrung liegen und den Vorgang der Vermittlung zwischen Realität und Subjekt beeinflussen, so ist auch eine Theorie der reinen Erfahrungserkenntnis nicht haltbar. In diesem Falle ist es im Ergebnis gleichgültig, ob man den Fehler des Empirismus in dem Irrglauben über die Objektivität der Sinneswahrnehmung oder in einem verengten Begriff der Erfahrung sucht. Geht man von einem erfahrungswissenschaftlichen Anliegen aus, so ist es angebracht, den Begriff der Erfahrung entsprechend neu zu interpretieren. Es muß aufgezeigt werden, daß die Erfahrung nicht die erfahrbare — im Sinne von beobachtbare — Realität umfaßt, sondern daß die Erfahrung auch Aspekte hat, die eindeutig hermeneutischer Natur sind und in einer Theorie der Hermeneutik zu hinterfragen sind[232].

---

notwendigkeiten' auszugeben, geht Einstein faktisch davon aus, daß der Sinn der Begriffe, die den Vorstellungsnotwendigkeiten entsprechen, im Hinblick auf mögliche Messungen definiert werden muß, also z. B. der Sinn des Begriffes ‚gerade Linie' im Hinblick auf ihre mögliche Realisierung durch einen Lichtstrahl, dessen sich die Raum- und Zeitmessung als eines Maßstabes bedienen kann." (S. 158 f.)

[232] Siehe Kapitel II, D, 2, b. „Hermeneutische Aspekte der Erfahrung".

Was in diesem Falle die Beobachtung anbetrifft, so offenbart die erkenntnistheoretische Würdigung der Beobachtung die außerordentlichen Schwierigkeiten einer komplexen Theorie der Erkenntnis in den Wissenschaften. Im Gegensatz zum Empirismus ist der Rationalismus hier stets wesentlich umsichtiger vorgegangen. Dadurch, daß es nach der Vorstellung des ursprünglichen Rationalismus primär die Ideen sind, die die Wirklichkeitserkenntnis bestimmen, hat der Rationalismus den Einfluß dieser Ideen auf die Erkenntnis der Realität stets zu berücksichtigen versucht. *Popper* steht daher weitgehend in rationalistischer Tradition, wenn er auf die Gefahren einer Theorie der voraussetzungslosen Beobachtung hinweist: „Because all our dispositions are in some sense adjustments to invariant or slowly changing enviromental conditions, they can be described as theory-impregnated, assuming a sufficiently wide sense of the term 'theory'. What I have in mind is, that there is no observation which is not related to a set of typical situations — regularities — between which it tries to find a decision. And I think we can assert even more: there is no sense organ in which anticipatory theories are not genetically incorporated[233]."

Die Dominanz der Ideen in der Philosophie des Rationalismus findet in der Wissenschaftstheorie *Poppers* ihr Pendant im Primat der Theorie. Diese ist es, die die Bedeutung von Beobachtungen, Experimenten und — da Tatsachenaussagen weitgehend Beobachtungsaussagen sind — auch von wissenschaftlichen Fakten bestimmt. Beobachtungen entwachsen dem Kontext der Theorie; diese ist es, der die beobachtungsleitenden Vorstellungen entstammen. Das bedeutet, daß der Inhalt von Beobachtungen und Beobachtungsaussagen nicht nur unter Rückgriff auf eine Theorie der Apparaturen und Möglichkeiten, mit denen die Beobachtungen gewonnen werden, zu interpretieren ist, sondern daß die Beobachtungen auch deswegen auf den theoretischen Kontext relativiert werden müssen, weil dieser die leitenden Vorstellungen für den Beobachtungsvorgang abgibt. *Popper* verdeutlicht dies am Unterschied zwischen der „Kübeltheorie" und der „Scheinwerfertheorie" der Erkenntnis[234]. Während die „Kübeltheorie" von der Annahme ausgeht, daß Wahrnehmungen und Eindrücke dem Geiste wie einem Kübel möglichst unbeeinflußt von außen zugeführt werden sollen, stellt die „Scheinwerfertheorie" auf eine

---

[233] K. R. *Popper:* Two Faces of Common Sense: An Argument for Commonsense Realism and Against the Commonsense Theory of Knowledge, in: Objective Knowledge, op. cit., S. 71 f.; siehe auch ders.: Evolution and the Tree of Knowledge, ebenda, S. 258 f.; ders.: The Bucket and the Searchlight: Two Theories of Knowledge, ebenda, S. 342 ff.; ders.: Logik der Forschung, op. cit., S. 224 f.; S. 377 f.; ders.: On the Sources of Knowledge and of Ignorance, in: Conjectures and Refutations, op. cit., S. 27; ders.: Towards a Rational Theory of Tradition, op. cit., S. 127 ff.

[234] Siehe K. R. *Popper:* The Bucket and the Searchlight, op. cit., S. 341 ff.

gesteuerte und bewußte Ausleuchtung des zu Erkennenden ab. Daß im letzteren Falle Erkennen nicht nur eine Handlung ist, sondern die Beobachtung selber von Vorstellungen und Interessen geleitet ist, die einen Horizont der Erwartung bilden, ist evident: "In science it is observation rather than perception which plays the decisive part. But observation is a process in which we play an intensively active part. An observation is a perception, but one which is planed and prepared. We do not 'have' an observation (as we may 'have' a sense experience) but we make an observation ... An observation is always preceeded by a particular interest, a question or a problem — in short by something theoretical[235]."

Damit ist jedoch eine eindeutige Trennung von Theorie und Beobachtung nicht möglich. Nicht nur die Selektion von Beobachtungen, sondern auch die Bedeutung von Beobachtungsinhalten ist theorieabhängig und -bestimmt. Das Primat der Theorie ist alldurchdringend; alle Aussagen sind mehr oder weniger theoretische Aussagen; eine absolute Autonomie der Beobachtung ist zumindest auf keinen Fall gegeben. Das, was beobachtet wird, ist unvermeidlicherweise durch Erwartungen, Wertungen und Vorstellungen bestimmt, die bereits vor der Beobachtung bestehen. *Feyerabend* verdeutlicht dies an einem netten Beispiel[236]. Viele Augenzeugen haben berichtet, daß sie wirklich den Teufel gesehen oder dämonische Einflüsse erfahren haben. A priori besteht jedoch kein Anlaß anzunehmen, daß diese Augenzeugen lügen oder schlechte Beobachter sind. Vielmehr sind die Phänomene, die zum Glauben an die Dämonen führen, offensichtlich; Besessenheit, Persönlichkeitsspaltung, Verlust der Persönlichkeit, Hören von Stimmen etc. sind als Symptome auch heute bekannt. Daß diese Dinge jedoch im Mittelalter als Dämoneneinfluß und heute als bestimmte Krankheitssymptome interpretiert werden, zeigt nichts anderes, als daß die Beobachtungen und Beobachtungsaussagen auf verschiedene theoretische Konzepte oder Bezugsrahmen angepaßt werden können und müssen. Beobachtungsaussagen sind ohne den Kontext der Theorie, in dem sie dienen und auftreten, weitgehend sinnlos; denn die einzige Möglichkeit, einer willkürlichen Beobachtungsaussage einen Sinn zu verleihen, ist die, sie in einen theoretischen Kontext zu setzen[237].

Damit erhebt sich jedoch die Frage, was diese Überlegung für den erkenntnistheoretischen Status der Beobachtung selber bedeutet. Der Objektivitätscharakter der Beobachtung ist abzulehnen. Beobachtungen sind vielmehr das Resultat und der Inhalt eines Verfahrens, in das we-

---

[235] Ebenda, S. 201.

[236] Vgl. P. K. *Feyerabend:* Problems of Empiricism, in: R. G. *Colodny* (Hg.): Beyond the Edge of Certainity, Englewood Cliffs, N. J. 1965, S. 181.

[237] Dies gilt auch für so elementare Aussagen wie „Dieser Tisch ist rot"; siehe dazu M. *Grene:* The Knower and the Known, op. cit., S. 160 ff.

sentliche Elemente der Interpretation einfließen; und daher scheint es angebracht, von einem interpretativen Charakter der Beobachtung zu sprechen. Die Beobachtung und die Formulierung von Beobachtungsaussagen ist kein mechanischer Vorgang zwischen dem Beobachteten und dem Beobachter, sondern ist Ausdruck einer Aktivität, die viele Ähnlichkeiten mit der Gestaltwahrnehmung aufweist[238]. Aus der Existenz dieser interpretativen Charakterzüge müssen jedoch auf jeden Fall erkenntnistheoretische Konsequenzen gezogen werden. Das Element der Interpretation ist selber erkenntnistheoretisch zu würdigen, was nur in einer Theorie der Hermeneutik geschehen kann. Hierbei ist es für das Ergebnis relativ gleichgültig, ob nun die Existenz hermeneutischer Elemente in einer Theorie der Erfahrungserkenntnis als Ausdruck der Unvollkommenheit der reinen Theorie der Erfahrung des Empirismus angesehen wird oder ob die Erfahrungserkenntnis selber — wie im folgenden Teil darzulegen ist — hermeneutisch begriffen wird. In beiden Fällen führt es zu einer Unumgänglichkeit der Hermeneutik.

D. Hermeneutische Komponenten

1. Ansätze einer Theorie der Hermeneutik

a) Die ältere Verstehenslehre

Der Ursprung der Hermeneutik[239] liegt in der Philologie, der Rhetorik und der Auslegungskunst der Griechen. In der „Epinomis", dem Zusatz zu *Platons* „Gesetzen", treten die hermeneutischen Künste auf. Sie bestehen sowohl in der Auslegung des dichterischen Wortes als auch in der Interpretation der Sprüche der Götter, deren Bote Hermes eine Mittler- oder Überbringerstellung zwischen den Göttlichen und den Irdischen innehat. „Hermeneia" ist die Exegese, Interpretation und Auslegung des noch Unverstandenen, des Geheimnisvollen und zu Ergründenden. Im „Organon", der Sammlung der erkenntnistheoretischen Schriften des

[238] Siehe F. A. *Hayek:* Rules, Perception and Intelligibility, in: Studies in Philosophy, Politics and Economics, London 1967, S. 45 f.; N. R. *Hanson:* Patterns of Discovery, op. cit., S. 54 ff., S. 96 ff., S. 154 ff.; W. N. *Dember:* The Psychology of Perception, op. cit., S. 145 ff., wo diese These durch eine Anzahl von Beispielen belegt wird; zur Diskussion wahrnehmungspsychologischer Grundlagen für eine Theorie der Beobachtung siehe auch A. *Bohnen:* Zur Kritik des modernen Empirismus, op. cit., S. 180 ff.; M. *Polanyi:* Personal Knowledge, op. cit., S. 56 ff., S. 340 ff.; W. I. B. *Beveridge:* The Art of Scientific Investigation, Melbourne, London, Toronto 1953, S. 96 ff.; I. *Scheffler:* Science and Subjectivity, op. cit., S. 23 ff.

[239] Vgl. hierzu R. E. *Palmer:* Hermeneutics, Evanston 1969, S. 12 ff.; K. O. *Apel:* Heideggers philosophische Radikalisierung der „Hermeneutik" und die Frage nach dem „Sinnkriterium" der Sprache, in: O. *Loretz,* W. *Strolz* (Hg.): Die hermeneutische Frage in der Theologie, Freiburg 1968, S. 89 ff.

Aristoteles, finden sich die „perihermeneiai", worin die Arten des Sprechens diskutiert werden. Die Sophisten treiben Hermeneutik, wenn sie in den Rhetorikschulen über den Gehalt und die Auslegung gesprochener und literarischer Sätze streiten. Auch die Auslegung der alten Überlieferungen in der alexandrinischen und der antiochenischen Schule ist „ars interpretandi", genauso wie die Auseinandersetzung mit den Schriften des alten Testamentes im jüdisch-christlichen Raume.

Im ausgehenden Mittelalter haben *Luther, Melanchton* und *Calvin* von der Kunst der Bibelauslegung her die Hermeneutik weiterentwickelt und die Theologie als herrschende hermeneutische Disziplin begründet. Daneben entwickelte sich eine juristische Hermeneutik[240]. *Spinoza* und *Leibniz* beschäftigten sich mit der Auslegungskunst. Zuvor hatten Naturwissenschaftler wie *Keppler, Galilei* und *Cusanus* in der pantheistischen Naturphilosophie die Begrenztheit des „Erklärens" betont[241]. Im 17. Jahrhundert tritt erstmals die Bezeichnung „Hermeneutik" anstelle der „ars interpretandi" auf. Die Renaissance brachte eine Rückbesinnung auf die Klassik und damit eine erneute Auseinandersetzung mit den von ihr überlieferten Fragmenten. Die bisherigen Auslegungs- und Interpretationsregeln werden zu einer Systematik zusammengefaßt; die Auslegung findet ihren methodischen Charakter. Darüber hinaus wird die Interpretation von Texten auf die Wahrheitsfrage in der Kunst ausgedehnt, beispielsweise in der Rechtfertigung der Allegorie. *Herder, Schlegel* und *Novalis*[242] greifen das Problem des hermeneutischen Verstehens auf. Die Hermeneutik wird zu einer eigenen Disziplin, zu einer Auslegungslehre, die von einem Methodenbewußtsein geprägt ist. Dennoch gibt es noch keine generelle Disziplin der Hermeneutik, sondern nur ihre Anwendung als Methode im Einzelnen; sie behält ihre propädeutische Funktion. „Die Hermeneutik als Kunst des Verstehens existiert noch nicht allgemein, sondern nur spezielle Hermeneutiken[243]."

Der eigentliche Beginn der Hermeneutik als Disziplin sui generis liegt bei *Schleiermacher.* Der Unterschied zwischen der philologischen und theologischen „ars interpretandi", die nur Auslegungsregeln für einzelne Sätze aus tradierten Texten beinhalten, und der Hermeneutik *Schleiermachers* ist nicht nur ein gradueller, d. h. ein weiterer Schritt auf dem Wege zur Vollendung der Auslegungs- und Verstehenslehre, sondern ein prinzipieller. Bei *Schleiermacher* wird aus der Propädeutik eine eigene Disziplin mit wissenschaftlichem Charakter, der zum Problem erhoben

---

240 Zur juristischen Hermeneutik siehe H. G. *Gadamer:* Wahrheit und Methode, op. cit., S. 307 ff.; E. *Betti:* Allgemeine Auslegungslehre, op. cit., S. 613 ff.

241 Vgl. K. O. *Apel:* Das Verstehen, op. cit., S. 147 f.

242 Siehe hierzu J. *Wach:* Das Verstehen, Bd. I, Die großen Systeme, Tübingen 1926, S. 12 ff.

243 F. D. E. *Schleiermacher:* Hermeneutik, op. cit., S. 79.

wird. „Die Allgemeinheit dieses Problems bezeugt, daß das Verstehen in einem neuen Sinne zur Aufgabe geworden ist, und damit erhält auch die theoretische Reflexion einen neuen Sinn[244].“ Zwar nennt auch *Schleiermacher* seine Hermeneutik eine „Kunstlehre“, aber er bestimmt sie von einer universalen Absicht her, und hier liegt die Kehre und der neue Ansatzpunkt.

Schleiermacher entwickelt seine Hermeneutik in der Auseinandersetzung mit D. F. *Ast* und F. A. *Wolf*, die er selber als seine Vorläufer bezeichnet. *Ast*, Philologe, Philosoph, Historiker und Ästhetiker, veröffentlichte 1808 zwei Schriften zur Hermeneutik[245]. Er ist ein typischer Altertumswissenschaftler des romantischen Idealismus; das Ziel seiner Bemühungen besteht darin, den Geist des Altertums und seines literarischen Erbes in der Gesamtschau zu verstehen, „denn nur aus der Gesamt-Anschauung und -Erkenntnis geht der Geist der klassischen Welt hervor“[246], der sich in ihren Werken widerspiegelt. Dementsprechend ist Philologie das Studium des Altertums auf der Basis einer hermeneutischen Anschauung, die man als „Allgeistlehre“[247] bezeichnet. Der Begriff des Geistes oder des Geistigen wird sehr weit gefaßt: „Alles Leben ist Geist, und außer dem Geiste gibt es kein Leben, kein Seyn, selbst keine Sinnenwelt; denn die körperlichen Dinge, die dem alles mechanisch Auffassenden träg, leblos und materiell erscheinen, sind dem tiefer Forschenden nur scheinbar erstorbene, im Produkt erloschene, im Seyn erstarrte Geister[248].“ *Ast* hebt die erkenntnistheoretische Trennung in der Subjekt-Objekt-Relation zugunsten einer umfassenden Einheit alles Geistigen auf, aus dem alles hervorgegangen ist und in das alles zurückstrebt. Man sieht eine gewisse Nähe zu *Hegel:* „Alles Verstehen und Auffassen nicht nur einer fremden Welt, sondern überhaupt eines Anderen ist schlechthin unmöglich ohne die ursprüngliche Einheit und Gleichheit alles Geistigen und ohne die ursprüngliche Einheit aller Dinge im Geiste[249].“ Der Geist konkretisiert und offenbart sich in dem einzelnen Wesen, und es gilt, mittels der Hermeneutik diesen Geist zu ergründen, seinen Sinn und Gehalt zu erfassen und innere Zusammenhänge aufzudecken. Die Methode hierzu vollzieht sich in einer dreifachen Form des Verstehens in bezug auf die klassischen Werke[250]:

---

244 H. G. *Gadamer:* Wahrheit und Methode, op. cit., S. 167.

245 D. F. *Ast:* Grundlinien der Grammatik, Hermeneutik und Kritik, Landshut 1808; ders.: Grundriß der Philologie, Landshut 1808; siehe auch R. E. *Palmer:* Hermeneutics, op. cit., S. 76 ff.

246 D. F. *Ast:* Grundriß der Philologie, op. cit., S. 2.

247 J. *Wach:* Das Verstehen, op. cit., S. 37.

248 D. F. *Ast:* Grundlinien der Grammatik, op. cit., S. 167.

249 D. F. *Ast:* Grundlinien der Grammatik, op. cit., S. 167 f.

250 Vgl. Ebenda, S. 177.

— historisch in Beziehung auf den Inhalt der Werke,
— grammatisch in Rücksicht auf ihre Form und Sprache,
— geistig in Beziehung auf den Geist des einzelnen Schriftstellers und des gesamten Altertums.

Die letzte Form des Verstehens ist die höchstentwickelte, da sie Sinn und Idee des Schriftstellers als auch seiner Epoche erfaßt. Hierbei stellt sich das Problem der Dialektik des Allgemeinen und des Besonderen, deren Lösung im geistigen Verstehen liegt. „Der Grundsatz alles Verstehens und Erkennens ist, aus dem Einzelnen den Geist des Ganzen zu finden und durch das Ganze das Einzelne zu begreifen[251].“ Die Dichotomie von Erklären und Verstehen hebt sich auf. „Verständnis entwickeln und darlegen heißt erklären. Die Erklärung setzt vornehmlich Verständnis voraus und beruht auf ihm[252].“

Schleiermacher greift die Gedanken von Ast auf und baut aus dem Konglomerat von Regeln ein System der hermeneutischen Theorie. Sein Verdienst ist es, den bei *Ast* in Ansätzen vorhandenen universalen Charakter der Hermeneutik erkannt und entwickelt zu haben[253]. Hier wird erstmals die Methode vom Objekt gelöst und erscheint selber isoliert als Objekt und Problem mit theoretischem Charakter. Dementsprechend deutet er auch das Verstehen als einen theoretischen Akt der Wiedererfahrung oder Nachkonstruktion des vom Autor vollzogenen geistigen Prozesses. Es ist die Inversion des vom Autor Vollzogenen, denn es beginnt mit dessen Resultat. Das gleiche gilt für den rhetorischen Dialog; hier begründet sich die Zusammengehörigkeit von Hermeneutik und Rhetorik damit, „daß jeder Akt des Verstehens die Umkehrung eines Aktes des Redens ist, in dem in das Bewußtsein kommen muß, welches Denken der Rede zugrunde gelegen[254].“ Verstehen ist so eine Umkehr des Aktes der Rede, wobei dieser eine verbale, eine literarische oder allgemein eine künstlerische Form haben kann. Trifft dies für das zu Verstehende zu, so ist auch der Akt der Rekonstruktion selber Kunst. „Das volle Geschäft der Hermeneutik ist als Kunstwerk zu betrachten, aber nicht, als ob die Ausführung in einem Kunstwerk endete, sondern so, daß die Tätigkeit nur den Charakter der Kunst an sich trägt, weil mit den Regeln nicht auch die Anwendung gegeben ist, d. i. nicht mechanisiert werden kann[255].“ Insofern dieser Vorgang ein psychologischer ist, beinhaltet er

---

[251] Ebenda, S. 178.

[252] D. F. *Ast:* Grundlinien der Grammatik, op. cit., S. 184.

[253] Zur Genesis und Kritik der Hermeneutik *Schleiermachers* siehe J. *Wach:* Das Verstehen, op. cit., S. 83; H. G. *Gadamer:* Wahrheit und Methode, op. cit., S. 162 ff.; R. E. *Palmer:* Hermeneutics, op. cit., S. 84 ff.

[254] F. D. E. *Schleiermacher:* Hermeneutik, in: Werke, Bd. IV, Aalen 1967, S. 137 f.

[255] F. D. E. *Schleiermacher:* Hermeneutik, op. cit., S. 141.

einen geistigen Nachvollzug, ein Sichhineinversetzen in den Autor und in die Bedingtheit seiner Lebensmomente. Der Vorgang vollzieht sich nach *Schleiermacher* mit Hilfe des Gefühls und bedeutet ein „unmittelbares sympathisches und kongeniales Verstehen: Hermeneutik ist eben Kunst und nicht ein mechanisches Verfahren"[256].

Hierdurch stellt *Schleiermacher* das subjektive Element des Verstehens an die Spitze. Es gilt der Satz *Kants,* man müsse einen Schriftsteller besser verstehen, als dieser sich selber verstanden habe[257]; man muß zwischen sich und dem Autor dasselbe Verhältnis herstellen wie zwischen ihm und seiner ursprünglichen Adresse. Indem er aber diesen subjektiven Charakter der Hermeneutik betont, stellt er das Problem des Verstehens als Methode, als ein universelles dar, das die Gemeinsamkeit in eben dieser Individualität begründet. Indem er seine Vorstellungen an der Interpretation von Texten ausrichtet, bestimmt er gleichzeitig die Möglichkeiten und die Grenzen seiner Hermeneutik. Verstehen beschränkt sich auf die geistige Rekonstruktion des vom Autor Vollzogenen. Sein Interesse gilt einem relativ begrenzten Objekt, das auszuweiten seinen Nachfolgern überlassen bleibt. Dennoch ist sein Ansatz ein genereller, denn die Methode der Hermeneutik liegt a priori vor der Interpretation des einzelnen Werkes, und darin findet sich ihr genereller Charakter. Dem objektbezogenen Verstehen geht die Hermeneutik als Kunst voraus, erst die Begründung ihrer Möglichkeit ermöglicht ihre Anwendung im Einzelfalle.

Im Anschluß an die Romantik greift der deutsche Historismus und die aus ihm hervorgegangene „*historische Schule*" das Problem der Hermeneutik wieder auf. Die Intention ist hier jedoch eine andere als bei *Schleiermacher.* Während bei diesem der Zweck das Verstehen des Textes ist, stellt sich den Historikern das Problem der Universalgeschichte. Daher konnte die *historische Schule* eigentlich den Ansatz von *Schleiermacher* nicht weiterentwickeln. Insoweit sie dies dennoch unternahm, mußte sie auf die Reflexion des Lebens als Referenzrahmen ihrer Tätigkeit verzichten; und es blieb *Dilthey* vorbehalten, diesen weiteren Zusammenhang aufzuzeigen. Mit seiner Übertragung der Hermeneutik auf die Historik ist er nur der Interpret der historischen Schule: er formuliert das, was *Ranke* und *Droysen* denken[258].

Zuvor hatte sich jedoch der deswegen von *Droysen* als „Bacon der Geisteswissenschaften"[259] bezeichnete W. von *Humboldt* um eine spezifische Erkenntnistheorie der Geisteswissenschaften und der Geschichte ins-

---

[256] H. G. *Gadamer:* Wahrheit und Methode, op. cit., S. 179.

[257] Vgl. I. *Kant:* Kritik der reinen Vernunft, op. cit., S. 322.

[258] Vgl. H. G. *Gadamer:* Wahrheit und Methode, op. cit., S. 186.

[259] J. G. *Droysen:* Historik, op. cit., S. 324.

besondere bemüht. Seine Intention war — wie die der gesamten historischen Schule — eine doppelte: die Distanzierung von der apriorisch konstruierten, spekulativen Geschichtsphilosophie *Hegels* einerseits und die Abgrenzung gegen den Positivismus bzw. Naturalismus der physikalisch-naturwissenschaftlichen Weltauffassung andererseits. Er sah das Problem in der prinzipiellen Unterscheidung zwischen Natur sowie Geist und Kultur und der daraus abgeleiteten Differenzierung zwischen den abstrakten Methoden, die auf die Erfassung des Wiederkehrenden abzielen, und den subjektiven Methoden, die der Ergreifung des Individuellen dienen[260]. Die hieraus notwendige spezifische Erkenntnistheorie sucht er in der Geschichte, indem er den subjektiven Charakter der Geschichte selber historisch versteht. In der Artikulation der Subjektivität äußert sich das hermeneutische Element geschichtlichen Verstehens: „Um zu verstehen, muß man sich in einem anderen Sinne verstanden haben[261].“ Voraussetzung hierfür ist die Aufgabe der *Kant*schen Trennung von Subjekt und Objekt der Erkenntnis. „Jedes Begreifen einer Sache setzt als Bedingung seiner Möglichkeit in dem Begreifenden schon ein Analogon des nachher wirklich Begriffenen voraus; eine vorhergängige Übereinstimmung von Subjekt und Objekt[262].“ Somit beruht die Hermeneutik der *Humboldt*schen Geschichtstheorie letzlich auf dem kongenialen Charakter des geschichtlichen Objekts; der Historiker hat es nicht mit toter Materie, sondern mit lebendigen, geistbestimmten Wesen zu tun, die von der gleichen Art sind wie er selber. Daher sind sie einem verstehenden Nachvollziehen zugänglich.

Neben *Ranke*[263] greift J. G. *Droysen* das Problem einer Hermeneutik der Geschichtstheorie auf. Seine „Enzyklopädie und Methodologie der Geschichte“[264] und der „Grundriß der Historik“[265] sind die bedeutendsten Versuche einer Darstellung der Wissenschafts- und Erkenntnistheorie sowie der Methodologie der Geschichtswissenschaft. *Droysens* Intention war ähnlich der von *Humboldt*, nämlich den Historismus in einer Theorie der Geschichtswissenschaft zu fundieren, die methodisch an der Dichotomie zwischen der zeitlosen Gesetzlichkeit der Natur und der Geschichtlichkeit des Menschen und seiner Werke anknüpft. Die Methode leitet sich aus dem spezifischen, lebendigen Charakter des Objekts ab. „Hier ist das Bewegende und Wirkende nicht die Mechanik der Atome, sondern

---

260 Insofern findet sich hier eine ähnliche Unterscheidung wie die zwischen nomothetischer und idiographischer Wissenschaft bei *Rickert* und *Windelband*.

261 W. von *Humblodt:* Werke, Bd. I, Darmstadt 1960, S. 597; siehe auch K. O. *Apel:* Das Verstehen, op. cit., S. 169 f.

262 Ebenda, S. 596.

263 Zu *Ranke* siehe H. G. *Gadamer:* Wahrheit und Methode, op. cit., S. 185 ff.

264 J. G. *Droysen:* Historik, op. cit., S. 1 - 316.

265 Ebenda, S. 317 - 366.

der Wille, der aus dem Ichsein entspringt und bestimmt wird und der zusammenwirkende Wille Vieler, die in dieser Gemeinschaft, in diesem Familiengeist, Gemeingeist, Volksgeist usw. gleichsam ein gemeinsames Ichsein haben, das sich in analoger Weise verhält[266]." Geschichte ist Bewegung und Veränderung, verursacht durch menschliches Handeln, das eine Objektivation menschlichen Willens ist. Dies ist der Unterschied zur Bewegung der Natur, das, „was die Menschenwelt zur sittlichen Welt macht"[267].

Im Mittelpunkt der Geschichtstheorie steht der Mensch. Zwar stammt das Material aus der Empirie, doch vollzieht sich der Zugang hierzu durch das Verstehen. Die Brücke zwischen Vergangenheit und Gegenwart liegt in der Kongenialität des Verstehens. Der Ursprung der geschichtlichen Fragestellung liegt in der Geschichtlichkeit selber; doch vor dieser Frage liegt ein geschichtliches Vorverständnis, das diese bereits prägt. So vollzieht sich das Erfassen des Vergangenen im Verstehen. Grundsätzlich unterscheidet *Droysen* drei Methoden des wissenschaftlichen Denkens[268]: die spekulativ-philosophische, die physikalische und die historische, deren Wesen es ist zu erkennen, zu erklären und zu verstehen. Ihr Verhältnis untereinander ist ein zweifaches[269]: die historische Methode steht zwischen der idealistischen und der materiellen; andererseits bedarf eine jede der anderen, so daß sie einander ergänzen. Bewußt wendet *Droysen* sich gegen den physikalistischen Methodenmonismus und stellt dem sein Konzept eines Kanons der Methoden und der Wissenschaften entgegen: „Wenn die Naturwissenschaft nicht befähigt ist, alles nach ihrer Art zu erfassen, so kann man daraus noch nicht schließen wollen, daß das andere wissenschaftlich überhaupt nicht zu erfassen sei. Und wenn in der Welt der Erscheinungen deren bleiben, die sich zu der naturwissenschaftlichen Methode irrational verhalten, so müssen für diese, wie viele oder wie wenige sie sein mögen, andere Erkenntniswege zu finden sein; denn sonst würden wir nicht aus unseren längst instinktiv geübten Wahrnehmungen wissen, daß es Erscheinungen gibt, die eine andere als die naturwissenschaftliche Empirie fordern[270]."

Droysens verstehende Historik basiert auf zwei Fundamentalsätzen: „Dies ist der erste große Fundamentalsatz unserer Wissenschaft, daß, was sie über die Urgegebenheiten erfahren will, sie nicht in diesen sucht, denn sie sind gar nicht oder nirgends mehr vorhanden, sondern in dem, was von ihnen noch, in welcher Gestalt auch immer, vorhanden und da-

---

266 J. G. *Droysen:* Historik, op. cit., S. 12.

267 Ebenda, S. 13.

268 Siehe ebenda, S. 330.

269 Siehe ebenda, S. 232.

270 J. G. *Droysen:* Historik, op. cit., S. 18.

mit der empirischen Wahrnehmung zugänglich ist[271].“ „Unsere Methode ist forschend zu verstehen. Das ist der zweite Fundamentalsatz[272].“ *Droysens* Konzept des Verstehens weicht hierbei von dem seiner Zeitgenossen *Ranke* und *Humboldt* insofern ab, als diese das Verstehen von Individualitäten als hauptsächliches Ziel der Geschichtswissenschaft ansahen, während *Droysen* die geschichtliche Bewegung als Gesamtheit verstehend zu erfassen trachtet. Er unterscheidet drei Verstehensbegriffe[273]: Zunächst sieht er das Verstehen als intuitiven Akt, wodurch eine neue Vorstellung oder Idee geboren wird[274]. Im Ausdrucksverstehen sieht er Verstehen als eine Erfassung dessen, was sich in dem Ausdruck hat äußern wollen. Die Kongenialität zwischen dem Verstehenden und dem zu Verstehenden, zwischen dem Subjekt und Objekt, ermöglicht es sogar, vom Ausdruck zu abstrahieren, die hinter dem Ausdruck verborgenen, inneren Vorgänge und Sinngehalte offenzulegen. Als drittes unterscheidet er ein Verstehen als Grundelement der menschlichen Existenz, als „menschlichster Akt des menschlichen Wesens“[275], der „das innigste Band zwischen den Menschen und die Basis alles sittlichen Seins“[276] bedeutet.

Obwohl auch *Droysen* das Problem einer Fundierung der hermeneutischen Theorie nicht endgültig gelöst hat, hat er die Frage der Hermeneutik doch ein wesentliches Stück weiterentwickelt. Insbesondere seine Vorstellungen vom Verstehen als einer Grundform der menschlichen Existenz zeigen Ansätze einer hermeneutischen Analytik des Daseins, die später erst von *Heidegger* in ihrer vollen Tiefe entfaltet wurde. Das letztliche Scheitern der hermeneutischen Geschichtstheorie der historischen Schule hängt mit ihrer engen Verknüpfung an den Historismus zusammen, der aufgrund seines rigorosen Epochenbezugs den Ansprüchen eines zeitlosen Rationalismus und einer wertenden Betrachtung der Geschichte nicht zu entsprechen vermochte.

b) Hermeneutik als Grundlegung der Geisteswissenschaften: Dilthey

Diltheys Werk[277] gewinnt heute, nach mehr als einem halben Jahrhundert, neue Aktualität und neue Dimensionen. Er hat, obwohl sein Ansatz

---

[271] Ebenda, S. 20.

[272] Ebenda, S. 22.

[273] Siehe auch K. O. *Apel:* Das Verstehen, op. cit., S. 172 f.; H. G. *Gadamer:* Wahrheit und Methode, op. cit., S. 199 ff.; W. *Dilthey:* Der Aufbau der geschichtlichen Welt, op. cit., S. 311 ff.

[274] „Das Verstehen ist das vollkommenste Erkennen, das uns menschlicherweise möglich ist. Darum vollzieht es sich wie unmittelbar, plötzlich, ohne daß wir des logischen Mechanismus, der dabei tätig ist, bewußt sind.“ J. G. *Droysen:* Historik, op. cit., S. 26.

[275] Ebenda, S. 26.

[276] Ebenda, S. 26.

von *Heidegger*[278] und *Gadamer*[279] wesentlich verändert wurde, der modernen Hermeneutik entscheidende Impulse gegeben. Die Bedeutung des *Dilthey*schen Werkes liegt in einem Dreifachen:

— in der methodischen Trennung von Natur- und Geisteswissenschaften;
— in der von ihm begründeten Beziehung der Hermeneutik auf die Erkenntnistheorie;
— in der Bezugnahme der Geisteswissenschaften auf die Geschichtlichkeit der Welt[280].

Seine geistige Herkunft aus dem Erbe des deutschen Idealismus und dem Positivismus und Empirismus französisch-englischer Provenienz bestimmt die Ambivalenz seiner philosophischen und erkenntnistheoretischen Bemühungen. Seine Grundeinstellung war einerseits durch ein tiefes Gefühl für die Ideenwelt des deutschen Idealismus und ihre historisch-ethische Weltauffassung und andererseits durch die dem entgegenstehende realistisch-exakte, moderne Bewegung des wissenschaftlichen wie des politischen Lebens bestimmt. Diese Zwiespältigkeit setzt sich durch sein ganzes Werk hindurch fort. Exemplarisch hierfür ist sein Verhältnis zum Erbe *Kants*. Einerseits ist er von der Gewaltigkeit der *Kant*schen Vernunftkritik fasziniert, andererseits lehnt er ihre Ausdehnung bzw. Übertragung auf die Geisteswissenschaften ab. In vielen Ansätzen versucht er das, was *Kants* Vernunftkritik für die Naturwissenschaften bedeutet: eine „Kritik der historischen Vernunft"[281].

Daraus leitet sich die erkenntnistheoretische Problemstellung ab. Das Objekt sind die Geisteswissenschaften[282], die Methode ist die Hermeneutik, und die Aufgabenstellung ergibt sich als die Bestimmung des allgemeinen Charakters jenes Zusammenhanges, in den die logische Struktur dieser Wissenschaften aufgeht. Die Bedingungen für Erkenntnisse dieser Art finden sich nach *Dilthey* — analog zu *Kant* — letztlich im erkennenden Subjekt, dessen auslegende und aussagende Tätigkeit endlich die

[277] Die hier wesentlichen Arbeiten sind zusammengefaßt in W. *Dilthey:* Der Aufbau der geschichtlichen Welt, op. cit.; siehe auch die Einleitung von M. *Riedel*, ebenda, S. 9 - 80.

[278] Zu *Heideggers* Auseinandersetzung mit *Dilthey* siehe M. *Heidegger:* Sein und Zeit, op. cit., S. 397 ff.; R. E. *Palmer:* Hermeneutics, op. cit., S. 130 ff.

[279] Zur Kritik *Gadamers* siehe H. G. *Gadamer:* Wahrheit und Methode, op. cit., S. 205 ff.

[280] Vgl. M. *Riedel:* Einleitung, op. cit., S. 10.

[281] W. *Dilthey:* Der Aufbau, op. cit., S. 233.

[282] Diese sind bei *Dilthey:* „Geschichte, Nationalökonomie, Rechts- und Staatswissenschaften, Religionswissenschaft, das Studium der Literatur und Dichtung, von Raumkunst und Musik, von philosophischen Weltanschauungen und Systemen, endlich die Psychologie." W. *Dilthey:* Der Aufbau, op. cit., S. 89.

Geisteswissenschaften konstituiert. *Diltheys* Ziel ist es daher, im Bewußtsein des erkennenden Subjekts eine erkenntnistheoretische Instanz gleicher Bonität zu schaffen, wie *Kant* sie in seiner Vernunftkritik den Notwendigkeiten der Natur zukommen ließ. Erkenntnistheorie wird so materiell zu Bewußtseinsphilosophie[283]. Daher lehnt er auch den Ansatz der Neokantianer ab. Er sah darin eine Grundvorstellung, der eine implizite Gleichsetzung von mathematischer Naturerkenntnis und Wissenschaft und damit eine unzulässige Einengung des Wissenschaftsbegriffs zugrundelag. Während *Kant* die Dinge an sich und ihre Erscheinungen im Bewußtsein trennte, sah *Dilthey* die Objekte und Erscheinungen innerhalb der Sphäre der Innenerfahrung als identisch. Nicht vom bloßen Verstand oder von den Sinnen geht die Erkenntnis aus, sondern vom Leben[284]; sie ist nicht bewußtseinslos, sondern essentiell geschichtlicher Art, und das erkennende Bewußtsein ist ihr Bestandteil. So sind die Geisteswissenschaften fundiert „in einem Zusammenhang von Leben, Ausdruck und Verstehen“[285]. Ein Versuch, diesen Zusammenhang zu sprengen, wäre für ihn der Wille des Geistes, sich selber zu verlassen, sich außerhalb seiner selbst zu stellen[286]. Es wäre etwas Widersprüchliches, wodurch die Erkenntnistheorie dem Dogmatismus unterstellt würde.

Dilthey sah das Problem in dem desolaten Zustand der Erkenntnistheorie seiner Zeit. Naturwissenschaften und Handlungswissenschaften hatten sich gegenüber der Philosophie emanzipiert und aus ihrer Umfassung gelöst. Der Preis für diese Emanzipation war der Verlust des Ganzen und des Zusammenhangs; insbesondere die Handlungswissenschaften[287] schwebten im freien Raume und hatten jenen erkenntnistheo-

---

[283] Siehe dazu M. *Riedel:* Einleitung, op. cit., S. 32 ff.; M. *Heidegger:* Sein und Zeit, op. cit., S. 398.

[284] „Der Lebensbezug, sei er auf einen gegebenen Moment eingeschränkt oder dauernd, macht diese Menschen und Gegenstände für mich zu Trägern von Glück, Erweiterung meines Daseins, Erhöhung meiner Kraft, oder sie schränken in diesem Bezug den Spielraum meines Daseins ein, sie üben einen Druck auf mich, sie vermindern meine Kraft. Und den Prädikaten, die so die Dinge nur im Lebensbezug zu mir erhalten, entspricht der aus ihm stammende Wechsel der Zustände in mir selbst. Auf diesem Untergrund des Lebens treten dann gegenständliches Auffassen, Wertgeben, Zwecksetzen als Typen des Verhaltens in unzähligen Nuancen, die ineinander übergehen, hervor. Sie sind im Lebenslauf zu inneren Zusammenhängen verbunden, welche alle Betätigung und Entwicklung umfassen und bestimmen.“ W. *Dilthey:* Der Aufbau, op. cit., S. 158 f. *Habermas* versucht, aus diesem Lebensbezug Ansätze einer Vermittlung von Theorie und Praxis herzuleiten; siehe J. *Habermas:* Erkenntnis und Interesse, op. cit., S. 204 ff.

[285] W. *Dilthey:* Der Aufbau, op. cit., S. 99.

[286] Diese Ausweitung zur Bewußtseins- und Lebensphilosophie läßt die Interpretation *Alberts,* wonach *Diltheys* Hermeneutik nur eine technologische Disziplin ist, für die *Dilthey* eine theoretische Grundlage gesucht habe, fraglich erscheinen; siehe H. *Albert:* Theorie, Verstehen und Geschichte, op. cit., S. 205; ders.: Hermeneutik und Realwissenschaft, op. cit., S. 128 f.

retischen Boden verloren, den er ihnen in der Kritik der historischen Vernunft wiederzugeben erhoffte. Sie beschränkten sich auf das Konstatieren von Gleichförmigkeiten und Zusammenhängen, ohne eine Ableitung aus dem Gesamt zu besitzen oder ihre eigene Sinnfrage zu beantworten. Sie erlagen der Faszination des selbst konstituierten Objekts und hielten dies für richtig. Ihrer strengen Sicherheit und Genauigkeit, am Objekt und ihren technisch instrumentalen Erfolgen entsprach eine genauso große Unsicherheit, soweit es die Prinzipien, Motive und Ziele individuellen und kollektiven Handelns betraf. Das Handeln hatte sich aus dem Kontext der Philosophie gelöst und auf ein technisch-instrumentales Verständnis reduziert. Aus dieser Analyse erwuchs für *Dilthey* die philosophische Dimension einer Kritik der historischen Vernunft als Erkenntnistheorie[288]. Die Geisteswissenschaften sind für ihn das Bindeglied zwischen Philosophie und Wissenschaft.

Der Aufbau der geschichtlichen Welt hat seine Basis in der inneren Geschichtlichkeit menschlicher Erfahrung[289]. Seine Instanz der Erkenntnis ist das historische Bewußtsein, seine Methode das Verstehen. Die Erkenntnis selber spiegelt sich in einem psychischen Prozeß, der sich in der Mikrobetrachtung im Einzelnen und in der Makrobetrachtung in der Geschichte vollzieht. Letztlich ist dieser Prozeß das Leben, hinter das kein Erkennen zurückgehen kann. So wird die Erkenntnistheorie Element einer allgemeinen Philosophie des Lebens, deren relativistischer und geschichtlicher Charakter jedoch nicht ein Zeichen ihrer Fehlerhaftigkeit, sondern ein Ausdruck der Vielschichtigkeit des Lebendigen ist. Nur das historische Bewußtsein vermag diesen Widerspruch zwischen dem Anspruch der Allgemeingültigkeit und der geschichtlichen Vielfältigkeit der Meinungen zu lösen. Hier öffnet sich der Weg zur Erforschung des lebendigen Seins durch eine Erkenntnistheorie in anthropologischer und psychologischer Absicht[290].

Der Begriff der Geschichtlichkeit, der sich in verschiedenen Phasen entwickelt, gewinnt eine entscheidende Stellung innerhalb der Erfor-

---

[287] *Dilthey* sieht Handlungswissenschaften als jene Disziplinen, die einen Wirkungszusammenhang mit teleologischem Charakter betreffen; siehe W. *Dilthey:* Der Aufbau, op. cit., S. 156 ff.; vgl. auch R. E. *Palmer:* Hermeneutics, op. cit., S. 106 ff.

[288] Vgl. M. *Riedel:* Einleitung, op. cit., S. 12 ff.

[289] Dieser Erfahrungszusammenhang ist für *Dilthey* ein Apriori jeder erkenntnistheoretischen Fragestellung; siehe W. *Dilthey:* Der Aufbau, op. cit., S. 367 ff.

[290] Zur Diskussion psychologischer und psychoanalytischer Deutungsaktivitäten bei und im Anschluß an *Dilthey* siehe K. *Bühler:* Die Krise der Psychologie, Stuttgart 1965; R. *Lay:* Grundzüge, op. cit., Bd. II, S. 103 ff.; zum Versuch einer methodischen Fundierung der *Freud*schen Psychoanalyse durch die *Dilthey*sche Verstehenslehre siehe J. *Habermas:* Erkenntnis und Interesse, op. cit., S. 178 ff., S. 262 ff.

schung des lebendigen Seins. Leben und Geschichte treten in ein Verhältnis der Gegenseitigkeit. Es ist das Wesen des Menschen selbst, daß er geschichtlich ist. Geschichte ist Erlebnis als aufweisbare Wirklichkeit. Ihre Möglichkeit als Wissenschaft liegt darin, daß Subjekt und Objekt wesensgleicher Art sind, d. h. sie beruht auf der Kongenialität. Doch der weitere Schritt, den *Dilthey* zu tun hat, um den an den Vorstellungen von *Schleiermachers* Textmodell orientierten Bereich der Kongenialität zugunsten einer universalen Hermeneutik zu verlassen, wird bei ihm nie ganz vollzogen. Bezüglich des Übergangs von der psychologischen zur hermeneutischen Fundierung der Geisteswissenschaften bleibt er in den Ansätzen stecken. Seine Überlegungen kreisen immer wieder um das Problem der Geschichtlichkeit des Bewußtseins als erkenntnistheoretische Kategorie. Den möglichen Ausweg durch eine anthropologische Wendung der Hermeneutik oder durch eine universale Hermeneutik sieht er nicht. So versteht er letztlich die Eigenständigkeit der Geschichte und der gesamten Geisteswissenschaften nur aus der Abgrenzung gegen die Naturwissenschaften. Die von ihm erstrebte methodische Autonomie der menschlichen Vernunft in den Geisteswissenschaften entsteht, indem er zwar immer wieder die unterschiedliche Beschaffenheit und Strukturiertheit des Objekts im Vergleich zu den Naturwissenschaften betont[291], doch letzten Endes immer noch mit einem Auge nach dem selbstgesetzten Vorbild der Vernunftkritik *Kants* schielt. In dieser hat er sich die methodischen Maßstäbe gesetzt, die er nicht erfüllen konnte. Daher ist sein Anliegen methodisch, seine Vorgehensweise jedoch ontologisch[292]. Die Autonomie der Geisteswissenschaften glaubt er in der Ontologie, der Seinslehre des Objekts, begründen zu müssen. Die Methode leitet sich aus dem Objekt ab, die Struktur und die Besonderheiten des Objekts rechtfertigen das Verstehen. Verstehen ist eine Form des Zugangs, die die Bedingungen ihrer Möglichkeit in den Gemeinsamkeiten des Lebens und in seiner Geschichtlichkeit hat. Die Kongenialität im Modell der Textauslegung wird auf zwei Wegen konkretisiert: in der Lebensphilo-

---

[291] Siehe W. *Dilthey:* Der Aufbau, op. cit., S. 101 ff., S. 365 ff.

[292] So gehen denn auch alle Ansätze, die die methodische Autonomie der Geistes- und Sozialwissenschaften mit den „Besonderheiten" des Objekts begründen, nicht über den von *Dilthey* gesteckten Rahmen hinaus. Siehe z. B. F. *Machlup:* If Matter Could Talk, op. cit., S. 286 ff.; K.-G. *Faber:* Theorie der Geschichtswissenschaft, op. cit., S. 128 ff.; O. H. v. d. *Gablentz:* Sache und Methode, op. cit., S. 508 ff.; D. *Oberndörfer:* Politik als praktische Wissenschaft, op. cit., S. 9 ff.; N. *Kloten:* Der Methodenpluralismus, op. cit., S. 207 ff.; E. *Nagel:* The Structure of Science, op. cit., S. 447 ff. Dieser aus den Besonderheiten des Objekts deduzierte Autonomieanspruch, der seinen Niederschlag in der Theorie der Gegensätzlichkeit von Erklären und Verstehen gefunden hat, ist dann nicht mehr haltbar, wenn eine Methodenlehre entwickelt wird, die gegenüber dem Objekt indifferent ist und den Gegensatz aufzuheben vermag. Dies ist der Anspruch und das Problem der Wissenschaftslehre; siehe H. *Albert:* Probleme der Wissenschaftslehre in der Sozialforschung, op. cit., S. 38 ff.

sophie erfährt sie eine Ausweitung zur Geschichtlichkeit, in der Mikrobetrachtung wird sie psychologische Einfühlung[293]. Das ist, was seine Kritiker als Psychologismus und Historismus[294] bezeichnen.

c) *Die Ontologisierung der Hermeneutik: Heidegger*

Diltheys Intention war eine erkenntnistheoretische; *Heidegger* dagegen geht weit über *Dilthey* hinaus. Sein Anspruch ist genuin philosophischer Art; nicht die Methodologie oder Erkenntnistheorie der Geisteswissenschaften und der Geschichte, sondern die Frage nach dem Sinn von Sein ist sein Problem. Der *Dilthey*sche Ansatz bleibt im Vergleich hierzu auf halbem Wege stecken; indem er bei dem Verstehen des Lebens halt macht, sieht er nicht, daß es noch etwas gibt, das über das Leben hinausgeht, nämlich das Sein als die allgemeinste Kategorie überhaupt. So muß denn die *Dilthey*sche Lebensphilosophie als eine Zwischenstation auf dem Wege zur Ontologie *Heideggers* gesehen werden, die sich in die Wissenschaftstheorie abdrängt oder abdrängen läßt[295].

Heideggers ontologische Deutung des Verstehens dagegen bedeutet eine „Radikalisierung"[296] der Hermeneutik, die aus dem Kontext seiner Ontologie und Existenzialphilosophie erwächst. Diese Ontologie hebt die eigentliche Erkenntnistheorie auf; Erkennen hat seinen Fundus im Sein selber: „Erkennen ist ein Seinsmodus des Daseins als In-der-Welt-sein, es hat seine ontische Fundierung in dieser Seinsverfassung[297]." Die

---

[293] Zur Diskussion der psychologischen Einfühlung siehe Th. *Abel:* The Operation called Verstehen, op. cit., S. 177 ff.; J. R. *Martin:* Another Look at the Doktrin of Verstehen, in: British Journal for the Philosophy of Science, Bd. 20, 1969, S. 53 ff.; G. *Radnitzky:* Contemporary Schools, op. cit., Bd. II, S. 43 ff.

[294] Zum Historismus siehe den Literaturüberblick in R. *Lay:* Grundzüge, op. cit., Bd. II, S. 66 ff.

[295] *Heidegger* selber vertritt die Auffassung, das zentrale Anliegen bei *Dilthey* sei weniger eine „Logik der Geisteswissenschaften" oder eine methodologische Verbesserung der positiven Wissenschaften vom Psychischen gewesen; in diesem Sinne sei er vielmehr durch die Umstände der Zeit abgedrängt und interpretiert worden; sondern *Diltheys* philosophisches Interesse sei dahin gegangen, „das uns gemeinsame Interesse Geschichtlichkeit zu verstehen"; siehe M. *Heidegger:* Sein und Zeit, op. cit., S. 398. Noch weiter geht die Interpretation von *Habermas,* der *Dilthey* gar für einen Vorläufer der modernen Reflexionsphilosophie hält, was u. E. eine Überinterpretation ist; siehe J. *Habermas:* Erkenntnis und Interesse, op. cit., S. 195 ff.

[296] K. O. *Apel:* Heideggers philosophische Radikalisierung der „Hermeneutik", op. cit., S. 86; zum Unterschied zur traditionellen Hermeneutik siehe E. *Betti:* Allgemeine Auslegungslehre, op. cit., S. 167 ff.; R. E. *Palmer:* Hermeneutics, op. cit., S. 130 ff.

[297] M. *Heidegger:* Sein und Zeit, op. cit., S. 61; noch deutlicher sagt er es in seiner *Kant*-Interpretation: „Für alles Verständnis der Kritik der reinen Vernunft muß man sich gleichsam einhämmern: Erkennen ist primär anschauen." M. *Heidegger:* Kant und das Problem der Metaphysik, Frankfurt 1965, S. 29;

eigentliche erkenntnistheoretische Fragestellung erübrigt sich hierdurch; Erkennen und Erkenntnistheorie werden in die Ontologie überführt. Beides erscheint als eine Form der Auslegung durch das menschliche Sein oder das Dasein, wie *Heidegger* das Sein des Menschen nennt. Es ist ein Vorgang, der in dem Vertrautsein mit der Welt, dem Immer-schonkennen der Welt oder, wie *Heidegger* es nennt, dem Schon-sein-bei-der Welt gründet. Die traditionelle Sicht der Erkenntnistheorie wird damit in Frage gestellt. Die Unterscheidung von Subjekt und Objekt der Erkenntnis, die in der landläufigen Erkenntnistheorie als fundamental angesehen wird, erscheint als eine Dichotomie, die der erkenntnistheoretischen Fragestellung entsprungen und in dem Augenblick, wo die Erkenntnistheorie in die Ontologie überführt wird, hinfällig ist. Indem *Heidegger* zeigt, daß das Phänomen des Ontischen vor dem Erkennen liegt, daß jedes Erkennen Sein notwendig voraussetzt, daß ohne Sein ein Erkennen nicht möglich ist, kann er die Erkenntnistheorie in die Ontologie, in die Beschäftigung mit dem Sein selber überführen. Erkennen und Erkenntnistheorie müssen, weil beide aus dem Umgang mit dem Sein ableitbar sind, der gleichen Verfahrensweise gehorchen und entsprechen wie die Beschäftigung mit dem Sein. Erkennen entspringt nach *Heidegger* nicht einer Gegensätzlichkeit, die dichotom in der Relation von Subjekt und Objekt gefaßt ist, sondern der Auseinandersetzung des Daseins mit dem Sein. „Im Sichrichten auf ... und Erfassen geht das Dasein (hier das erkennende Subjekt — G. S.) nicht etwa erst aus seiner Innensphäre hinaus, in die es zunächst verkapselt ist, sondern es ist in seiner primären Seinsart immer schon ‚draußen' bei einem begegnenden Seienden der je schon entdeckten Welt. Und das bestimmende Sichaufhalten bei dem zu erkennenden Seienden ist nicht etwa ein Verlassen der inneren Sphäre, sondern auch in diesem ‚Draußen-sein' beim Gegenstand ist das Dasein im recht verstandenen Sinne ‚drinnen', d. h. es selbst ist es als In-der-Welt-sein, das erkennt. Und wiederum, das Vernehmen des Erkannten ist nicht ein Zurückgehen des erfassenden Hinausgehens mit der gewonnenen Beute in das ‚Gehäuse' des Bewußtseins, sondern auch im Vernehmen, Bewahren und Behalten bleibt das erkennende Dasein als Dasein draußen[298]."

Erkennen ist damit letztlich eine Beschäftigung des Seins mit sich selber. Ausgedrückt in den traditionellen Kategorien der Erkenntnistheorie bedeutet dies eine radikale Wendung in die Subjektivität. Die überkommene Auffassung, daß ein erkennendes Subjekt an ein Objekt herantritt, daß das Subjekt das Objekt irgendwie zu erfassen versucht, daß die Probleme der Erkenntnis in der Relation zwischen dem Objekt

---

siehe dazu die in vieler Hinsicht ähnliche Auffassung über das Denken bei W. G. *Waffenschmidt:* Denkformen und Denktechnik, Meisenheim/Glan 1961.

[298] M. *Heidegger:* Sein und Zeit, op. cit., S. 62.

und dem Subjekt oder — in der Sicht der analytischen Philosophie — zwischen dem Objekt und dem vom Subjekt in der Sprache Wiedergegebenen liegen, wird aufgehoben zugunsten einer ontischen Einheit von Subjekt und Objekt in der radikalen Subjektivität dieser Ontologie[299]. Nicht die Erfassung der Strukturen des Seins ist die Fragestellung, nicht die Erkenntnistheorie steht über der Ontologie, sondern das Erkennen ist eine Seinsweise des Daseins; die Erkenntnistheorie entspringt der Ontologie. „Der aufgezeigte Fundierungszusammenhang der für das Welterkennen konstitutiven Modi des In-der-Welt-seins macht deutlich: im Erkennen gewinnt das Dasein einen neuen Seinsstand zu der im Dasein je schon entdeckten Welt. Diese neue Seinsmöglichkeit kann sich eigenständig ausbilden, zur Aufgabe werden und als Wissenschaft die Führung übernehmen für das In-der-Welt-sein. Das Erkennen schafft aber weder allererst ein ‚commercium' des Subjekts in einer Welt, noch entsteht dieses aus einer Einwirkung der Welt auf ein Subjekt. Erkennen ist ein im In-der-Welt-sein fundierter Modus des Daseins[300]."

Was bedeutet dies für die erkenntnistheoretische Fragestellung in den Wissenschaften[301]? Den bisher dargestellten erkenntnis- und wissenschaftstheoretischen Ansätzen ist die Dichotomie von Subjekt und Objekt der Erkenntnis fundamental[302]. All diesen Ansätzen entspringt aus der Idee, daß das Subjekt das Objekt zu erfassen sucht, die Vorstellung der Wahrheit als eine Adäquanz oder Kongruenz von Geist oder Sprache und Objekt oder Realität. *Heideggers* ontologische Deutung des Erkennens liegt all diesen Ansätzen quer. Das aus der Subjekt-Objekt-Dicho-

---

[299] Siehe O. F. *Bollnow:* Philosophie der Erkenntnis, Stuttgart 1970, S. 44 ff.

[300] M. *Heidegger:* Sein und Zeit, op. cit., S. 62.

[301] Dem grundsätzlichen Einwand, *Heideggers* Anliegen sei kein wissenschaftstheoretisches, ist entgegenzuhalten, daß *Heidegger* selber sich zum Verständnis der Naturwissenschaften geäußert hat (siehe M. *Heidegger:* Sein und Zeit, op. cit., S. 362 f.) und daß die „new philosophy of science" wie eine exakte Präzisierung der Gedanken Heideggers für den Bereich der Naturwissenschaften anmutet. So schreibt *Polanyi* in einem neuerlichen Vorwort zu seiner Theorie des „tacit knowing" in den Naturwissenschaften: "All understanding is based on our dwelling in the particulars of that which we comprehend. Such indwelling is a participation of ours in the existence of that which we comprehend; it is Heideggers being-in-the-world." Und: "Indwelling is being-in-the-world. Every act of tacit knowing shifts our existence, re-directing, contracting our participation in the world. Existentialism and phenomenology have studied such processes under other names. We must re-interpret such observations now in terms of the more concrete structure of tacit knowing." M. *Polanyi:* Personal Knowledge, op. cit., S. X f.; siehe auch ders.: Knowing and Being, London 1969; Th. *Kiesel:* Zur Hermeneutik, op. cit., S. 206 ff. Das Problem liegt vielmehr bei dem Verständnis der Wissenschaft; siehe dazu St. *Toulmin:* Voraussicht und Verstehen, op. cit., passim; G. *Radnitzky:* Theorienpluralismus — Theorienmonismus, op. cit., S. 135 ff.

[302] Siehe dazu R. *Lay:* Grundzüge, op. cit., Bd. I, S. 23 ff.; auch die in der Tradition *Diltheys* stehende Hermeneutik geht hiervon aus; siehe W. *Dilthey:* Der Aufbau, op. cit., S. 101 ff.

tomie entstandene Objektivitätsideal kann in seinem Denken überhaupt nicht auftreten. Indem er Erkennen in die Ontologie überführt, es als einen Modus der Auslegung begreift und Subjekt und Objekt in den umfassenderen Begriff des Seins aufgehen läßt, tut er etwas, das traditionell-erkenntnistheoretisch nur als die totale Subjektivierung der Erkenntnis und des Erkennens gedeutet werden kann. Erkennen ist Auslegung und Entwurf, und indem es Auslegung und Entwurf ist, thematisiert es das Vorhandene auf eine Art und Weise, die ein bestimmtes Seinsverständnis offenbart[303].

Das gilt auch für die mathematischen Naturwissenschaften, wie z. B. die Physik: „Das Entscheidende für ihre Ausbildung liegt weder in der höheren Schätzung der Beobachtung der ‚Tatsachen', noch in der ‚Anwendung' von Mathematik in der Bestimmung der Naturvorgänge — sondern im mathematischen Entwurf der Natur selbst. Dieser Entwurf entdeckt vorgängig ein ständig Vorhandenes (Materie) und öffnet den Horizont für den leitenden Hinblick auf seine quantitativ bestimmbaren konstitutiven Momente (Bewegung, Kraft, Ort und Zeit). Erst ‚im Licht' einer dergestalt entworfenen Natur kann so etwas wie eine ‚Tatsache' gefunden und für einen aus dem Entwurf regulativ umgrenzten Versuch angesetzt werden. Die ‚Begründung' der ‚Tatsachenwissenschaft' wurde nur dadurch möglich, daß die Forscher verstanden: es gibt grundsätzlich keine ‚bloßen Tatsachen'. Am mathematischen Entwurf der Natur ist wiederum nicht primär das Mathematische als solches entscheidend, sondern daß er ein Apriori erschließt. Und so besteht denn auch das Vorbildliche der mathematischen Naturwissenschaft nicht in ihrer spezifischen Exaktheit und Verbindlichkeit für ‚Jedermann', sondern darin, daß in ihr das thematische Seiende so entdeckt ist, wie Seiendes einzig entdeckt werden kann: im vorgängigen Entwurf seiner Seinsverfassung[304]."

[303] Konsequenterweise muß eine Wissenschaftstheorie, die zwar die Hermeneutik als eine synthetische Wissenschaftstheorie begreift, jedoch das Subjekt-Objekt-Schema beibehält, die Ontologisierung ablehnen; siehe R. *Lay:* Grundzüge, op. cit., S. 80 f.; E. *Betti:* Allgemeine Auslegungslehre, op. cit., S. 167 ff.

[304] M. *Heidegger:* Sein und Zeit, op. cit., S. 362 f. Die insbesondere von *Kuhn* und *Toulmin* aufgrund wissenschaftsgeschichtlicher Forschungen entwickelten Theorien muten wie eine Konkretisierung und empirische Aufweisung des *Heidegger*schen „Entwurfs" an. So faßt *Toulmin* zusammen: „Wenn wir die Entwicklung wissenschaftlicher Ideen betrachten, müssen wir immer nach den Idealen und Paradigmata Ausschau halten, die von den Menschen dazu benutzt werden, sich die Natur verständlich zu machen ... An diese Aufgabe der Deutung gehen wir mit Regularitätsprinzipien, Begriffen der Naturordnung, Paradigmata, Idealen, oder wie immer man das nennen will, heran: Denkfiguren, die den Bereich von Dingen definieren, die wir (mit den Worten des Kopernikus) als hinreichend absolut und dem Geiste angenehm" akzeptieren können. St. *Toulmin:* Voraussicht und Verstehen, op. cit., S. 98; siehe auch T. S. *Kuhn:* The Function of Dogma in Scientific Research, op. cit., S. 347 - 369; M. *Master-*

Ähnliches gilt für die Beschäftigung mit dem anderen Menschen, für die Analyse des anderen Daseins. Dasein als Form des menschlichen Seins ist nicht nur ein In-der-Welt-sein, sondern wesenhaft und immer auch ein Mitsein mit dem anderen Dasein. Was für die Analyse der Subjekt-Objekt-Relation bezüglich der Objekte der Welt gilt, gilt daher auch für das andere menschliche Sein, das andere Dasein. Auch hier ist die Konstruktion der Subjekt-Objekt-Relation ein sinnloses Unterfangen; das Kennen des anderen Daseins setzt vielmehr das Dasein notwendig voraus. Daher hat das Dasein selber schon das Verständnis des anderen Daseins, und es bedarf daher nicht erst eines Versuches, die Möglichkeit eines Weges zum anderen Dasein zu begründen. Selbst wenn das faktische Dasein scheinbar des Anderen nicht bedarf, so berührt dies nicht den Umstand, daß das Mitsein mit dem Anderen wesenhaft zum Dasein gehört und daß dadurch das Dasein des Anderen im (eigenen) Dasein wesenhaft schon erschlossen ist: „im Seinsverständnis des Daseins liegt schon, weil sein Sein Mitsein ist, das Verständnis Anderer“[305]. Die Versuche, den Weg zum anderen Dasein erst zu begründen, sind damit unsinnig, weil überhaupt nicht notwendig und überflüssig.

Alle früheren Versuche, den Weg eines verstehenden Zugangs zum Anderen zu finden, können aus der Perspektive *Heideggers* nur auf einer falschen Sicht der grundlegenden Situation beruhen. Solange die Verstehenslehre einen Weg sucht, der in der Art des Objekts die Begründung und Möglichkeiten des Zugangs zum Anderen offenbart, geht sie von der Annahme aus, ein Subjekt suche den Weg zu einem Objekt, das zwar „Objekt“ sei, aber dennoch wiederum kein „Objekt“ sei, weil es ja von der gleichen Art wie das „Subjekt“ sei. Genau dies ist der Gedanke der Kongenialität im Textmodell bei *Schleiermacher* und der Ausgangspunkt bei *Dilthey,* wenn er auf der Basis der psychologischen Einfühlung einen Zugang zum anderen „Objekt“ sucht, das von der Art des Subjekts ist[306]. Auch *Heidegger* verkennt nicht, daß das Sein zum Anderen, d. h. zum anderen menschlichen Sein, ontologisch verschieden ist gegenüber dem Sein zu vorhandenen Dingen; „der Andere ist eine Doublette des Selbst“[307], aber der Zugang zum anderen begründet sich nicht in der psychologischen Einfühlung; nicht die Psychologie ist die Basis aller Wissenschaften vom Menschen, sondern die im Ontologischen begründete

mann: The Nature of a Paradigma, in: I. *Latakos,* A. *Musgrave* (Hg.): Criticism, op. cit., S. 59 ff.; auch *Albert* betont, daß *Heidegger* das Neue an der mathematischen Physik richtig gesehen habe, siehe H. *Albert:* Traktat über kritische Vernunft, op. cit., S. 138 Fn. 14.

305 M. *Heidegger:* Sein und Zeit, op. cit., S. 123.

306 Am deutlichsten tritt diese Vorstellung bei *Machlup* hervor, der in einer Parabel eine Situation schildert, in der die „tote“ Materie „lebendig“ wird und sich mit den Forschern unterhält; siehe F. *Machlup:* If Matter Could Talk, op. cit., S. 286 ff.

307 M. *Heidegger:* Sein und Zeit, op. cit., S. 124.

Gemeinsamkeit des eigenen und des fremden Daseins bildet die Grundlage. Nicht das eigene Sein wird in das fremde Sein hineinprojiziert, sondern das Verstehen setzt das Mitsein voraus.

Die Methode dieser Erschließung ist die Phänomenologie; sie beinhaltet den Weg zu dem Ziel der *Heidegger*schen Fragestellung, nämlich der Frage nach dem Sein und dem Sinn von Sein. *Heidegger* bestimmt den Weg negativ: „es darf keine beliebige Idee von Sein und Wirklichkeit, und sei sie noch so ‚verständlich', an dieses Sein konstruktiv-dogmatisch herangebracht, keine aus einer solchen Idee vorgezeichneten ‚Kategorien' dürfen dem Dasein ontologisch aufgezwungen werden. Die Zugangs- und Auslegungsart muß vielmehr dergestalt gewählt sein, daß dieses Seiende sich an ihm selbst und von ihm selbst her zeigen kann[308]." Dem entspricht eine Neuinterpretation der Phänomenologie. Sie ist der Ort jenes Verfahrens, wo in direkter Aufweisung und in direkter Ausweisung die Erfassung der Gegenstände abgehandelt wird. Sie ist die Wissenschaft von den Phänomenen, die Wissenschaft von dem Sich-an-ihm-selbst-zeigenden, von dem Offenbaren[309]. Dies bedeutet für *Heidegger* die Anwendung des alten phänomenologischen Prinzips „zu den Sachen selbst", worin die Zugangsart und die Methode zur Erschließung des Seins herauskristallisiert werden. „Phänomenologie ist Zugangsart zu dem und die ausweisende Bestimmungsart dessen, was Thema der Ontologie werden soll. Ontologie ist nur als Phänomenologie möglich[310]." Sie vollzieht sich im Wege einer wesenhaften Aufdeckung des bereits im Verborgenen in den Seinsstrukturen Vorhandenen und stellt sich dar als eine Erschließung des bereits Erschlossenen, als ein Aufweisen des schon Aufgewiesenen, als ein Verstehen des bereits Verstandenen. Der methodische Sinn — und dies ist die Neubestimmung der Phänomenologie — ist die Auslegung. „Phänomenologie des Daseins ist Hermeneutik in der ursprünglichen Bedeutung des Wortes, wonach es das Geschäft der Auslegung bezeichnet[311]."

---

308 Ebenda, S. 16.

309 Vgl. M. *Heidegger:* Sein und Zeit, op. cit., S. 27 ff. Die Kritik an den Offenbarungsmodellen in der Erkenntnislehre (siehe H. *Albert:* Traktat über kritische Vernunft, op. cit., S. 15 ff.; K. R. *Popper:* On the Sources of Knowledge and of Ignorance, op. cit., S. 3 ff.) trifft diesen Ansatz nicht, denn sie geht von einer Subjekt-Objekt-Dichotomie aus. Indem *Heidegger* alle Beschäftigung mit dem Sein am Modell der Hermeneutik begreift, kann dies nur als ein Offenlegen oder Offenbarmachen geschehen.

310 M. *Heidegger:* Sein und Zeit, op. cit., S. 35.

311 Ebenda, S. 37. Damit dreht *Heidegger* den ursprünglichen Sinn der Phänomenologie auf den Kopf. Während die ursprüngliche Phänomenologie gezielt die Voraussetzungslosigkeit sucht, bedeutet die hermeneutische Neuinterpretation das bewußte Hinzunehmen des Vorverständnisses. *Heideggers* Begriff der Phänomenologie steht damit in einem direkten Gegensatz zu dem bei *Husserl.* Siehe H. G. *Gadamer:* Wahrheit und Methode, op. cit., S. 240 ff.; R. E. *Palmer:* Hermeneutics, op. cit., S. 124 ff.

2. Hermeneutik als Theorie der Wissenschaft

a) Das Verstehen

aa) Die Struktur des Verstehens

Daß die Hermeneutik in einer komplexen Wissenschaftstheorie eine wesentliche Bedeutung innehat, kann nach dem Stand der wissenschaftstheoretischen Diskussion kaum noch bestritten werden[312]. Ihre Problematik liegt weniger in der Frage, ob Hermeneutik überhaupt in eine Wissenschaftstheorie hineingehört, als vielmehr darin, welche Funktionen sie innehat und wie diese Funktionen erkenntnis- und wissenschaftstheoretisch zu würdigen und legitimierbar sind. Hermeneutik erweist sich immer mehr als der Ort der Wissenschaftstheorie, wo all das zusammengefaßt ist, was mit den Methoden der reinen Analytik und Logik nicht erfaßt und geklärt werden kann[313], und eben daraus entstehen die Probleme der Hermeneutik, nämlich die Vermutung, daß die Trennung zwischen Wissenschaftlichkeit und Unwissenschaftlichkeit irgendwo in der Hermeneutik liegt.

Hermeneutik ist die Kunst, Technik oder Theorie des Verstehens. Das Verstehen selber und seine Ausbildung oder Anwendung in der Auslegung stellen einen außerordentlich komplexen Vorgang dar, und es ist die Aufgabe der Hermeneutik, diesen Vorgang als das, was er ist, begreiflich zu machen, seine wissenschaftstheoretische Legitimität darzulegen und seine Funktion zu begründen. Diese Aufgabe der Selbstlegitimation des Verstehens wird durch ein weit verbreitetes Vorurteil wesentlich erschwert: die Hermeneutik ist in Anbetracht anderer Erkenntnisformen und -methoden mit dem Ruch wissenschaftlicher Inferiorität behaftet, da das Verstehen als nur heuristisch relevant angesehen wird, als ein Verfahren, das nur instrumental der Bildung und Gewinnung wissenschaftlicher Hypothesen dient[314]. *Albert* beispielsweise ist der Auffassung, daß die Legitimität der Hermeneutik in einer Wissenschaftstheorie der Realwissenschaften davon abhängt, was unter Hermeneutik verstanden wird. Er ist dann bereit, der Hermeneutik eine legitime Stel-

[312] Einer der wenigen Wissenschaftstheoretiker, die die Bedeutung der Hermeneutik noch bestreiten, ist *Stegmüller;* siehe W. *Stegmüller:* Probleme und Resultate, Bd. I, op. cit., S. 360 ff.

[313] So teilt *Lay* die gesamte Wissenschaftstheorie in einen analytischen und einen nicht-analytischen Bereich, wobei die Behandlung des nicht-analytischen Teils mit der Hermeneutik weitgehend identisch ist; siehe R. *Lay:* Grundzüge, op. cit., Bd. II, S. 9 ff. Auch *Kambartel* weist darauf hin, daß die Analyse des Verstehens in vieler Hinsicht an die Analyse der Urteilskraft anschließt; siehe F. *Kambartel:* Erfahrung und Struktur, op. cit., S. 218. *Shapere* betont die Notwendigkeit einer zum logisch-analytischen Teil komplementären „presupposition theory“; siehe D. *Shapere:* Meaning and Scientific Change, op. cit., S. 50 ff.

lung zuzusprechen, wenn sie als „Erklärung des Verstehens“[315] begriffen wird. Sein Programm der Hermeneutik umfaßt:

„(1) die Anerkennung eines Erklärungsproblems, das über das in der Hermeneutik und Analytik behandelte Verstehensproblem hinausgeht und die nomologische Deutung auch desjenigen Verhaltens involviert, das als sinnvolles Handeln verstanden werden kann, ohne daß dabei die Möglichkeit und Nützlichkeit dieser Abgrenzung bestritten werden müßte;

(2) die Suche nach einer brauchbaren Theorie des Verhaltens, die selbst den Charakter einer erklärenden Theorie hat und als Grundlage einer Technologie des Verstehens dienen kann, weil sie eine Erklärung der menschlichen Deutungsaktivitäten möglich macht; und schließlich:

(3) die Anerkennung der Aufgabe, gegebene sozialkulturell verankerte oder vorgeschlagene Regeln, Standards und Kriterien — also: Normierungen des Verhaltens und Maßstäbe für seine Beurteilung und die Beurteilung seiner Produkte und Konsequenzen — einer Kritik im Zusammenhang mit unseren Erkenntnissen, Zielsetzungen und Idealen zu unterwerfen, sie also in einem kritischen Kontext zu analysieren, der Dogmatisierungen irgendwelcher Art aufhebt[316].“

Damit geht *Albert* von Anfang an von einem methodisch verengten Begriff der Hermeneutik aus, der der Absicht entspringt, die hermeneutische Deutungsaktivität in eine Theorie der nomologischen Wissenschaften einzubauen. Nach diesem Programm wird die Hermeneutik in die Theorie der erklärend-nomologischen Wissenschaften integriert, ohne daß dies die Fundamente dieser Theorie tangiert. Die hermeneutische Deutungsaktivität nimmt hier eine nützliche und apologetische Funktion ein: sie dient der Überbrückung der Theorie des Erklärens dort, wo das Erklären vor ungelösten Problemen steht, nämlich im historischen, kulturellen und im sozialen Bereich. Sie geht von der grundsätzlichen Überlegenheit des Erklärens aus und versucht dort, wo das Erklären nicht oder noch nicht zu Erfolgen geführt hat, das Verstehen als eine Hilfsdisziplin einzuführen. Obwohl *Albert* die These *Apels* von der Komplementarität

---

[314] So z. B. bei W. *Stegmüller:* Probleme und Resultate, op. cit., S. 360 ff.; Th. *Abel:* The Operation called Verstehen, op. cit., S. 177 ff.; C. G. *Hempel:* The Function of General Laws in History, op. cit., S. 239 f.; K. R. *Popper:* Das Elend des Historizismus, op. cit., S. 16 ff.; W. *Mathias:* Wirtschaftswissenschaftliche Theorie- und Modellbildung, op. cit., S. 168 f.; H. *Albert:* Probleme der Wissenschaftslehre, op. cit., S. 39 f.; N. *Kloten:* Der Methodenpluralismus, op. cit., S. 207 ff.; G. *Kade:* Die logischen Grundlagen, op. cit., S. 114 ff.

[315] H. *Albert:* Hermeneutik und Realwissenschaft, op. cit., S. 137.

[316] Ders.: Traktat über kritische Vernunft, op. cit., S. 152 f.

von Szientistik und Hermeneutik[317] ablehnt, gesteht er die Ergänzungsbedürftigkeit des Erklärens durch das Verstehen indirekt dadurch ein, daß er der Hermeneutik eine sinnvolle Funktion innerhalb der Methodologie der empirischen Wissenschaften zuerkennt.

Diese Hilfsfunktion der Hermeneutik ist jedoch nur dann möglich und angebracht, wenn man wie Albert[318] von einem bestimmten Begriff dessen ausgeht, was Hermeneutik und Verstehen sind. Bevor daher die Frage erhoben wird, wie und ob überhaupt Verstehen und Hermeneutik möglich sind, ob Verstehen eine wissenschaftlich legitime und legitimierbare Art der Erkenntnis sei, muß die Frage gestellt werden, was Verstehen eigentlich ist. Das Problem gerade der geisteswissenschaftlichen Verstehenslehre ist und ist immer gewesen, daß das Verstehen und die Auslegung in einen nebulösen, fast mythischen Kontext gestellt werden, der dem analysierenden Denken durch so mysteriöse Begriffe wie „Geist" oder „Innerlichkeit" entzogen ist. Wenn das Verstehen, die Auslegung, die Deutung oder die Interpretation bestimmte Techniken, Verfahren, Wege oder auch ein „fundamentales Existenzial"[319] sind, die innerhalb der Erkenntnisgewinnung auch der Wissenschaften vertretbar, legitim und nützlich sein sollen, so ist es erforderlich, daß das, was im Verstehen vollzogen wird, selber zum Problem und zum Objekt erhoben wird. Verstanden wird immer, sowohl im täglichen Leben, in der Umgangssprache als auch in der Wissenschaft; d. h. daß Hermeneutik praktiziert wird — und sei es auch nur in der Form des Verstehens der Sprache — darüber kann kaum gestritten werden. Aber erst wenn dargelegt ist, was im Geschäft des Verstehens geschieht, kann sinnvollerweise über die Wissenschaftlichkeit des Verstehens gestritten werden; denn so wenig es gerechtfertigt ist, die Wissenschaftlichkeit und die Legitimität des Verstehens einfach abzustreiten, so wenig ist es angebracht, dessen Legitimität schlichtweg zu behaupten. Wenn wir daher der Auffassung sind, daß das Verstehen erklärt werden muß — nicht als eine Überführung in eine naturalistische Methodenlehre, sondern als ein Analysieren im Sinne von Durchleuchten — so führt dies zu dem, was als Apriori

[317] Siehe K. O. *Apel:* Szientistik, Hermeneutik, Ideologiekritik, op. cit., S. 7 ff.

[318] *Albert* beruft sich dabei weitgehend auf den Begriff der Hermeneutik bei *Dilthey* und *Bühler* (siehe H. *Albert:* Hermeneutik und Realwissenschaft, op. cit., S. 128 ff.; ders.: Traktat über kritische Vernunft, op. cit., S. 149 ff.; ders.: Theorie, Verstehen und Geschichte, op. cit., S. 200 ff.). *Albert* lehnt jedoch die Ausweitung, die die Hermeneutik durch Heidegger erfahren hat, ab. Obwohl er eingesteht, daß Heidegger das Neue an der mathematischen Physik richtig gesehen habe (siehe: Traktat über kritische Vernunft, op. cit., S. 138, Fußnote 14), schreckt er vor dem zweifelsohne esoterischen Begriffsapparat bei *Heidegger* zurück und prüft nicht ernsthaft die Möglichkeiten, die die in diesem Begriffsapparat enthaltene neue Sicht bietet; siehe: Traktat über kritische Vernunft, op. cit., S. 137 ff.

[319] M. *Heidegger:* Sein und Zeit, op. cit., S. 336.

jeden sinnvollen Diskutierens erscheint, nämlich sich darüber klar zu werden, über was man redet.

Wenn nun das Verstehen hinsichtlich seiner Struktur analysiert werden soll, so muß es zunächst als das begriffen werden, was es ist und was es bezeichnet, nämlich als das ursprüngliche Geschäft der Auslegung und Interpretation, das in einen bestimmten Zusammenhang gebettet ist und das aus diesem erwächst. Ob das Verstehen nun in der Textauslegung, in der historischen Interpretation, im „problem solving“[320], in der Deutung und Interpretation einer Theorie[321], im Sprachverstehen, in der Interpretation einer Beobachtung vor einem „horizon of expectations“[322], als eine Aktivität, die von „presuppositions“[323] ausgeht, in dem Verhältnis von Theorie, Tatsachen und „background-knowledge“[324] oder als Selbstauslegung des Daseins erscheint, es ist immer eine Aktivität, von der man nicht genau weiß, was sie ist und die häufig in Begriffen gefaßt ist, die eher geeignet sind, zu verdecken, was sie offenlegen sollen: die formale Struktur des Vorgangs selber. Gerade der Idealismus in den Geisteswissenschaften hat es oft mit wahrhaftiger Genialität verstanden, durch esoterische Wortschöpfungen dieses Problem und die hinter ihm stehende Sinnfrage zu verschleiern[325]. Dennoch ist Verstehen kein Vorgang, vor dem die Analyse anzuhalten hat, und der Einwand, das Verstehen sei von seiner Natur her nicht zerlegbar, sondern nur als solches zu begreifen, wird schon durch *Heideggers* Versuche einer Analyse des Verstehensaktes widerlegt. Dies ist nicht unbedingt die Intention einer Methodenlehre der Geisteswissenschaften; es wird sich vielmehr zeigen, daß die Hermeneutik im weiten Sinne ein universales Verfahren ist, das weniger einzelnen Wissenschaften oder Disziplinen zugeordnet ist, sondern sich ähnlich wie die Logik auf das Denken überhaupt bezieht. Ge-

---

[320] K. R. *Popper:* On the Theory of the Objective Mind, op. cit., S. 166: “I wish to suggest here that the activity of understanding is, essentially, the same as that of all problem solving.”

[321] Siehe P. K. *Feyerabend:* Über die Interpretation wissenschaftlicher Theorien, op. cit., S. 59 ff.; ders.: Explanation, Reduction and Empiricism, in: H. *Feigl,* G. *Maxwell* (Hg.): Scientific Explanation, Space, and Time, Minneapolis 1962, S. 28 ff.; ders.: On the „Meaning“ of Scientific Terms, in: The Journal of Philosophy, Bd. 62, 1965, S. 266 ff.; G. *Ryle:* Dilemmas, Cambridge 1956, S. 90.

[322] K. R. *Popper:* Naturgesetze und theoretische Systeme, op. cit., S. 46.

[323] D. *Shapere:* Meaning and Scientific Change, op. cit., S. 50.

[324] M. *Bunge:* Scientific Research, Bd. I, Berlin, Heidelberg, New York 1967, S. 455 f.

[325] So schreibt z. B. W. *Sombart:* Noo-Soziologie, op. cit., S. 89: „Wir verstehen Seele durch Geist.“ Und J. G. *Droysen:* Historik, op. cit., S. 26: „Das Verstehen ist das innigste Band zwischen den Menschen und die Basis alles sittlichen Seins.“ Auch Heideggers Terminologie hat eher eine verschleiernde als aufklärende Wirkung. Erst die neuere hermeneutisch orientierte Semantik hat hier einige Aufklärung gebracht; siehe Schaffs Untersuchung zu „Bedeutung“ in: A. *Schaff:* Einführung in die Semantik, Frankfurt, Wien 1969, S. 196 ff.

nauso wie wir schon logisch gedacht haben, bevor es eine Methodenlehre der Logik gab oder diese so weit wie im gegenwärtigen Stadium ausgebildet war, genauso verstehen wir, obwohl die Lehre vom Verstehen, die Hermeneutik, sich noch in einem embryonalen Stadium befindet.

Voraussetzung einer solchen Analyse des Verstehens ist eine Ausweitung des Verstehensbegriffs auf einen weitestmöglichen Umfang, wie sie bei *Heidegger*[326], *Popper*[327], *Gomperz*[328] oder teilweise bei *Sombart*[329] zu finden ist; denn nur auf diese Art und Weise kann das Verstehen davon befreit werden, ein psychologisierendes Anhängsel des Erklärens zu sein. So definiert *Gomperz:* „ ‚Sinn' hat für uns alles, was wir verstehen. Etwas verstehen aber bedeutet soviel wie: es so auffassen, wie wir's aufgrund einer uns einwohnenden Bereitschaft aufzufassen bereit sind. Eine solche Bereitschaft beruht ursprünglich auf Trieb, Gewohnheit oder Übereinkunft[330]." Während jedoch bei *Gomperz* die Frage nach dem Sinn und dem Verstehen erst dadurch entsteht, daß er danach fragt, was naturwissenschaftliches Erklären nicht zu leisten vermag, begreift *Heidegger* Philosophie selber als hermeneutisch. Sie ist für ihn das Geschäft des Auslegens und Interpretierens, ein Offenlegen dessen, was ist. Indem die Beschäftigung mit dem Sein betrieben wird, indem Sein auslegend analysiert wird, vollzieht sich das Verstehen. *Heideggers* Anspruch ist kein methodischer; nicht das erkenntnistheoretische Problem der Geisteswissenschaften ist seine Intention, sondern die Frage nach dem Charakter des Philosophierens. Er will nicht nur die formale Struktur analysieren, in der sich das Verstehen bewegt, sondern darüber hinaus nachweisen, daß dieses Verfahren nicht nur zulässig ist, sondern auch einen positiven Sinn hat und das einzig mögliche ist.

Heidegger bestimmt daher das Verstehen aus dem Kontext der hermeneutischen Phänomenologie: „Mit dem Terminus Verstehen meinen wir ein fundamentales Existenzial; weder eine bestimmte Art von Erkennen, unterschieden etwa vom Erklären und Begreifen, noch überhaupt ein Erkennen im Sinne des thematischen Erfassens. Wohl aber konstituiert das Verstehen das Sein des Da dergestalt, daß ein Dasein auf dem Grunde des Verstehens die verschiedenen Möglichkeiten der Sicht, des Sichumsehens, des Nurhinsehens existierend ausbilden kann. Alles Erklären wurzelt als verstehendes Entdecken des Unverständlichen im primären Verstehen des Daseins. Ursprünglich existenzial gefaßt, be-

---

[326] M. *Heidegger:* Sein und Zeit, op. cit., S. 142 ff.

[327] K. R. *Popper:* On the Theory of the Objective Mind, op. cit., S. 162 ff.

[328] H. *Gomperz:* Über Sinn und Sinngebilde, Erklären und Verstehen, Tübingen 1929, passim, insbesondere S. 36 ff., S. 153 ff.

[329] W. *Sombart:* Die drei Nationalökonomien, op. cit., S. 210 ff.: Das Sachverstehen.

[330] H. *Gomperz:* Über Sinn und Sinngebilde, op. cit., S. 153.

sagt Verstehen: entwerfend-sein zu einem Seinkönnen, worumwillen je das Dasein existiert. Das Verstehen erschließt das eigene Seinkönnen dergestalt, daß das Dasein verstehend je irgendwie weiß, woran es mit ihm selbst ist[331]."

Damit beinhaltet auch die Hermeneutik als die Lehre des Verstehens eine Neuinterpretation. Während die ältere Hermeneutik und Verstehenslehre, ausgehend von der Subjekt-Objekt-Dichotomie, im Verstehen eine Art des Erfassens oder des Ergreifens des Objekts durch das Subjekt sah, dessen primäres Problem in den Bedingungen und der Möglichkeit einer „richtigen" Erfassung lag, dreht *Heidegger* die Problemstellung radikal um. Verstehen ist nicht primär Erfassen, auch nicht Erfassen von Sinn, sondern Verstehen ist primär ein Entwerfen oder Erschließen. In diesem Sinne läßt sich auch Sombarts Sachverstehen interpretieren, obwohl es eine gewisse Affinität zur Theorie des objektiven Geistes besitzt: „Von Sachverstehen rede ich dort, wo es sich um das Verständnis wirklicher Wirtschaft in Raum und Zeit, das heißt in der Geschichte, also um das Verständnis objektivierten, niedergeschlagenen Geistes handelt[332]." Verstehen beinhaltet einen Vorgriff im Sinne eines Vorauf-greifens, eines Vorwärts-greifens-auf, auf die in ihm und durch es erschließbaren Möglichkeiten. „Es entwirft das Sein des Daseins auf sein Worumwillen ebenso ursprünglich auf die Bedeutsamkeit als die Weltlichkeit seiner jeweiligen Welt. Der Entwurfscharakter des Verstehens konstituiert das In-der-Welt-sein hinsichtlich der Erschlossenheit seines Da als Da eines Seinkönnen. Der Entwurf ist die existenziale Seinsverfassung des Spielraums des faktischen Seinkönnens. Und als geworfenes ist das Dasein in die Seinsart des Entwerfens geworfen[333]." Verstehen ist gekennzeichnet durch die Sicht, was bedeutet, daß im Verstehen etwas als etwas gesehen wird; etwas wird gesehen, indem es ge-sichtet wird. Dies gilt auch und gerade für die phänomenologische Wesensschau. Indem das Wesen, das in dem Postulat „zu den Sachen selbst" angestrebt wird, durch die verstehende Sicht offenbart wird, wird es auf seine Möglichkeiten entworfen.

Die Anwendung oder die Ausbildung des Verstehens nennt *Heidegger* die Auslegung. „Die Auslegung ist nicht die Kenntnisnahme des Verstandenen, sondern die Ausarbeitung der im Verstehen entworfenen Möglichkeiten[334]." Sie basiert auf der „Vorsicht", d. h. auf der Voraussicht, auf jener Sicht, aus der heraus der Auslegende an das Auszulegende herantritt; sie gründet im „Vorgriff", d. h. sie hat sich schon endgültig

---

331 M. *Heidegger:* Sein und Zeit, op. cit., S. 336.

332 W. *Sombart:* Die drei Nationalökonomien, op. cit., S. 210.

333 M. *Heidegger:* Sein und Zeit, op. cit., S. 145.

334 Ebenda, S. 148.

oder vorbehaltlich für eine bestimmte Begrifflichkeit, für ein bestimmtes Begriffsinstrumentarium entschieden; und sie verwendet eine „Vorhabe", nämlich das, was sie bereits vorher hat, den Sinnzusammenhang, mit dem sie an das Auszulegende herangeht. Die Auslegung und damit auch das Verstehen haben somit eine „Vor"-struktur: „Die Auslegung von Etwas als Etwas wird wesenhaft durch Vorhabe, Vorsicht und Vorgriff fundiert[335]." Eine ähnliche Struktur hat der Begriff „Sinn": „Wenn innerweltliches Seiendes mit dem Sein das Dasein entdeckt, das heißt zu Verständnis gekommen ist, sagen wir, es hat Sinn. Verstanden aber ist, streng genommen, nicht der Sinn, sondern das Seiende, bzw. das Sein. Sinn ist das, worin sich die Verständlichkeit von etwas hält. Was im verstehenden Erschließen artikulierbar ist, nennen wir Sinn. Der Begriff des Sinnes umfaßt das formale Gerüst dessen, was notwendig zu dem gehört, was verstehende Auslegung artikuliert. Sinn ist das durch Vorhabe, Vorsicht und Vorgriff strukturierte Woraufhin des Entwurfs, aus dem her etwas als etwas verständlich wird[336]."

Diese schon begrifflich enorme Breite des Ansatzes ist zweifelsohne die Stärke der Philosophie *Heideggers*. Der Begriff des Seins selber ist so umfassend, daß alle Aktivitäten und Begriffe — somit auch das Erkennen sowie Subjekt und Objekt der Erkenntnis — auf ihn zurückgeführt werden können. Obwohl *Heideggers* Analysen sich weitgehend im Begrifflichen bewegen, so sind sie doch von erheblicher Relevanz für das Erkenntnisproblem der Wissenschaften. Denn wird die Logik dieser Analysen unwidersprochen akzeptiert, so muß sie auch für das gelten, was aus dem Begriff des Seins ableitbar ist. Wird dagegen für abgeleitete Aktivitäten ein anderer Status als der hermeneutische postuliert, so ist entweder der Nachweis zu erbringen, daß die Logik der *Heidegger*schen Analyse in sich nicht konsistent ist oder daß aus bestimmten Gründen die Analyse, die für den Begriff des Seins gilt, für bestimmte Bereiche oder Dinge wie die Wissenschaften nicht gilt. Zumindest ist es ein Widerspruch, einerseits die Konsistenz dieser Begriffsanalysen zu akzeptieren, andererseits jedoch deren Gültigkeit oder Relevanz in einigen Bereichen des Seins zu bestreiten[337]. Dies ist es, was die Antwort auf *Heideggers* Analysen so schwierig macht, denn der Allgemeinheit der Begriffsbildung entspricht die Allgemeinheit des Anspruchs. Dementsprechend

---

335 M. *Heidegger:* Sein und Zeit, op. cit., S. 150.

336 Ebenda, S. 151.

337 Diese Widersprüchlichkeit findet sich in *Alberts* Auseinandersetzung mit *Heidegger;* siehe H. *Albert:* Traktat über kritische Vernunft, op. cit., S. 137 ff. *Albert* bestreitet nicht die Richtigkeit der *Heidegger*schen Analysen, wirft ihnen jedoch pauschal „Essentialismus", „vorgalileischen Denkstil" und Irrelevanz für die Behandlung und Lösung des Methodenproblems vor. Ähnlich ist auch seine Auseinandersetzung mit der Hermeneutik des späten *Wittgenstein;* siehe ebenda, S. 143 ff.

müßte eine Kritik an diesem Ansatz sich auf ein gleich hohes Niveau der Allgemeingültigkeit erheben.

Somit hat das Verstehen eine formale Struktur, die sowohl mit einer Methodenlehre nur für die Geisteswissenschaften als auch mit dem psychologisierenden Nachvollziehen oder der Einfühlung in den Handlungswissenschaften wenig zu tun hat. In dem hier dargelegten Sinne ist auch die Methodik der Naturwissenschaften verstehender Entwurf. Es ist kein Erkennen von Strukturen oder Beschaffenheiten des umweltlichen Seins, sondern ein Bestimmen der Struktur des Seins, ein mathematischer Entwurf der Natur selbst, der das in der Natur thematisierte auf eine Art und Weise offenlegt, wie das „Objekt" einzig entdeckt werden kann: „im vorgängigen Entwurf seiner Seinsverfassung"[338]. Damit bekommt das Verstehen eine Bedeutung, die die scheinbare Gegensätzlichkeit zwischen *Heidegger* und *Popper* in einem neuen Licht erscheinen läßt. Auch in *Poppers* Theorie der „conjectures and refutations"[339] kommen ja die Mutmaßungen oder Ideen, die gebildeten Hypothesen nicht aus dem Nichts; wenn *Popper* sagt: "The method of science is the method of bold conjectures and ingenious and severe attempts to refute them"[340], so sind sich beide über den subjektiven Charakter dieser Entwürfe einig. Der erkenntnistheoretische Status des Wissens ist in beiden Fällen ein Ausdruck der Subjektivität des Verfahrens, und *Popper* weicht nur insofern von *Heidegger* ab, als sein Anliegen darin besteht, diese Entwürfe, die als Hypothesen erscheinen, mit der Realität zu konfrontieren. *Poppers* Aussage: „Unser Wissen ist ein kritisches Raten; ein Netz von Hypothesen; ein Gewebe von Vermutungen"[341] besagt im wesentlichen das gleiche wie *Heideggers* Aussage: „Dies phänomenologische Auslegen ist demnach kein Erkennen seiender Beschaffenheit des Seienden, sondern ein Bestimmen der Struktur des Seins"[342]; denn indem die Strukturen des Seins bestimmt und nicht erkannt werden, werden sie auf eine Art und Weise festgelegt, die erkenntnistheoretisch den Status einer Vermutung, Deutung oder Interpretation hat, die also gar nicht so unähnlich der von *Popper* konstruierten unobjektiven Welt wissenschaftlicher Hypothesen ist, die niemals sicher, sondern nur mehr oder weniger bewährt ist.

Dies bestätigt sich auch dadurch, daß *Popper* die hermeneutische Situation als die im wesentlichen gleiche wie die des Problemlösens versteht[343]. Problemlösungen werden ebenfalls nicht erkannt, sie werden

---

[338] M. *Heidegger:* Sein und Zeit, op. cit., S. 362.

[339] Siehe K. R. *Popper:* Science: Conjectures and Refutations, op. cit., S. 33 ff.

[340] K. R. *Popper:* Two Faces of Common Sense, op. cit., S. 81.

[341] K. R. *Popper:* Logik der Forschung, op. cit., S. XXV.

[342] M. *Heidegger:* Sein und Zeit, op. cit., S. 67.

[343] Siehe K. R. *Popper:* On the Theory of the Objective Mind, op. cit., S. 166. Gerade bei der hier zitierten Abhandlung ist auf die wesentlich veränderte Betrachtungsweise *Poppers* im Vergleich zu früheren Arbeiten hinzuweisen.

vielmehr in einem Akt produktiver Tätigkeit entworfen; und bei *Popper* ist dieser Akt deswegen mehr als nur praktizierte Heuristik, weil er sich vor dem Hintergrunde und im Kontext der sog. dritten Welt abspielt. Auch bei *Popper* ist die Hermeneutik nicht nur ein Methodenproblem der Geisteswissenschaften (humanities), sondern gehört in die Wissenschaft überhaupt: "Thus I oppose the attempt to proclaim the method of understanding as the characteristic of the humanities, the mark by which we may distinguish them from the natural sciences"[344], und: "I am quite prepared to accept the thesis that understanding is the aim of the humanities. But I doubt whether we should deny that it is the aim of the natural sciences also. Of course, it will be 'understanding' in a slightly different sense[345]." Indem damit *Poppers* Verstehen auch in den Naturwissenschaften genauso legitim ist wie in den Geisteswissenschaften, indem es ein Element der Wissenschaft überhaupt ist, kann es nicht von der Art des Einfühlens in den Menschen oder des psychologischen Nachvollzugs sein, wie es vom Handlungsverstehen oder vom Verstehen der beispielsweise im Text objektivierten Handlungen ist; sondern es ist für *Popper* ein „to get familiar with“[346] und zwar in dem Sinne, wie es bei *Heidegger* ein Vertrautsein ist, das aus der Beschäftigung mit den Dingen resultiert, oder wie es bei *Polanyi* als ein „dwelling in the particulars of that which we comprehend“[347] erscheint[348].

Diese Ausweitung des Verstehensbegriffs, die in Anbetracht traditioneller Vorstellungen wie eine Radikalisierung des Verstehens anmutet und dennoch nur eine Rückkehr zum ursprünglichen Sinn des Begriffs beinhaltet, betrifft auch den Verstehensakt selber. Dieser richtet sich genau wie das Erklären auf das Neue, das zwar neuartig, aber dennoch nicht vollkommen fremd oder unbekannt ist; denn indem etwas als etwas verstanden wird, ist es vorher schon verstanden worden; indem etwas als etwas ausgelegt wird, muß immer schon das vorhanden sein, als was es ausgelegt wird. Wenn ein Problem als ein Etwas gelöst wird, so setzt das

---

[344] K. R. *Popper:* On the Theory of the Objective Mind, op. cit., S. 185.

[345] Ebenda, S. 183.

[346] Ebenda, S. 182. Es könnte der Einwand erfolgen, *Poppers* Verstehen richte sich nur auf objektivierte Handlungen, doch er selber schreibt: "Labouring the difference between science and the humanities has long been a fashion, and has become a bore. The method of problem solving, the method of conjecture and refutation is practised by both. It is practised in reconstructing a damaged text as well as in constructing a theory of radioactivity"; ebenda, S. 185; siehe auch die Bemerkungen zu einem Satz von *Einstein,* ebenda, S. 183 f.

[347] M. *Polanyi:* Personal Knowledge, op. cit., S. X.

[348] Im wesentlichen finden sich diese Gedanken auch schon bei *Gomperz;* siehe beispielsweise die Bemerkungen zum Verstehen körperlicher Gebilde und ihrer Zusammenhänge; siehe H. *Gomperz:* Über Sinn und Sinngebilde, op. cit., S. 162 f.

Problemlösen dieses Etwas voraus. Damit hat das Verstehen eine Als-Struktur und ist ein ähnlicher Vorgang wie das Vertrauter-werden mit etwas, dessen Struktur an das Verhältnis von Kennen und Erkennen erinnert. Indem etwas erkannt wird, muß entweder das Etwas, das erkannt wird, oder das, als was das Etwas erkannt wird, schon gekannt sein. Erkennen setzt Kennen logisch voraus; nichts kann als etwas erkannt werden, wenn nicht schon vorher etwas bekannt ist[349]. Genauso wie der totale Ignorant, der nichts kennt und weiß, etwas als etwas nicht erklären kann, genauso wenig kann etwas als etwas verstanden werden, ohne daß schon verstanden ist. Alles Verstehen gründet im Fundus des schon vorher Verstandenen. In diesem Sinne kann es das absolut Neue nicht geben; das Neue ist vielmehr relativ auf das Vorhandene; das absolut Neue dagegen setzt das Nichts voraus.

Damit hat das Verstehen die gleiche Struktur und den gleichen formalen Aufbau wie der Akt des Erklärens; und diejenigen Auffassungen, die von einer Gegensätzlichkeit des Verstehens und Erklärens ausgehen, beinhalten entweder einen verengten Begriff des Verstehens, oder sie sind sich nicht darüber im klaren, worüber sie reden. Erklären und Verstehen haben beide nicht die Struktur der tabula rasa; indem etwas als etwas ausgelegt wird oder indem etwas als etwas erklärt wird, wird immer etwas vorausgesetzt: beim Verstehen das, als was es verstanden wird, beim Erklären das, als was es erklärt wird. Beide haben die Als-Struktur. Das Schema von explicans und explicandum[350], in dem das explicandum unter Verwendung geeigneter Anfangsbedingungen durch das explicans deduktiv erklärt wird, setzt zur Erklärung des explicandums das explicans logisch voraus. Zu Erklärendes kann nur durch Geklärtes erklärt werden — gleichgültig, ob das Geklärte als empirische Adäquanzbedingung wahr sein muß, wie *Hempel*[351] verlangt, oder ob es eine Hypothese sein kann, die möglichst gehaltvoll und unabhängig vom explicandum sein soll, wie *Popper*[352] es fordert. Es wäre genauso gut möglich, analog zum Schema von explicans und explicandum ein Schema von implicatio und explicatio zu konstruieren, das das Verstehen veranschaulicht. Das zeigt nochmals, daß die Auffassung von der Gegensätzlichkeit und gegenseitigen Ausschließlichkeit sowie von der jeweiligen Reservierung des Verstehens für den geistigen Bereich und des Er-

---

[349] Siehe hierzu die Auseinandersetzung um die *Menon*-Frage zwischen *Popper* und *Polanyi* bei M. *Grene:* The Knower and the Known, op. cit., S. 17 ff.

[350] Siehe C. G. *Hempel:* Aspects of Scientific Explanation, in: Aspects of Scientific Explanation, op. cit., S. 333 ff.; A. *Pap:* Philosophy of Science, op. cit., S. 343 ff.; K. R. *Popper:* The Aim of Science, op. cit., S. 191 ff.

[351] C. G. *Hempel:* Studies in the Logic of Explanation, in: Aspects of Scientific Explanation, op. cit., S. 248 f.

[352] K. R. *Popper:* The Aim of Science, op. cit., S. 191 ff.; ders.: Naturgesetze und theoretische Systeme, op. cit., S. 49 ff.

klärens für den Bereich der Natur nicht haltbar ist. In der hier dargelegten Bedeutung von Verstehen stellen beide, Verstehen und Erklären, Verfahren dar, die für die Wissenschaft — gleichgültig wo sie sich betätigt — charakteristisch sind. Wenn *Albert*[353] daher fordert, das Auseinandertrennen von Erklären und Verstehen zu beenden, den unsinnigen Methodenseparatismus aufzugeben und das Verstehen als einen erklärungsbedürftigen Tatbestand oder als einen analysierbaren Vorgang zu erfassen, so trifft er in vieler Hinsicht den Kern des Problems. Die Gefahr hierbei ist nur, daß das Verstehen zu einer Hilfsdisziplin des Erklärens heruntergezogen wird. *Poppers* Vorschlag, die wissenschaftliche Situation, sei es beispielsweise in der Geschichtsschreibung[354] oder sei es die in einer Theorie der Radioaktivität, grundsätzlich als eine Situation des Problemlösens zu begreifen, die durch „conjectures" überwunden wird, scheint hier unseres Erachtens angemessener zu sein. Erklären und Verstehen sind beides Modi der menschlichen Aktivität, die in der Wissenschaft genauso wie in der Alltäglichkeit Platz greift, wo ja ebenfalls verstanden und erklärt wird. Und Aktivität heißt hier Einsatz von Sinn zur Lösung wissenschaftlicher Probleme[355].

Es erscheint daher wenig sinnvoll, durch ein vordergründiges Schema der Unterscheidung nach Objektbereichen oder Objektarten eine grundsätzliche Gegensätzlichkeit dieser beiden Modi menschlicher Aktivität konstruieren zu wollen. Max *Webers* Auffassung, die Soziologie sei „eine Wissenschaft, welche soziales Handeln deutend verstehen und dadurch in seinem Ablauf und seinen Wirkungen ursächlich erklären will"[356], konstruiert (leider nur) für die Soziologie eine Einheit, die unseres Erachtens für die Wissenschaft überhaupt sich darin begründet, daß die Wissenschaft letztlich nichts anderes als eine Aktivität des Menschen ist, die reale Phänomene deutend oder durch Sinn verstehen will. Erst wenn dargelegt ist, daß Verstehen nicht ein Einfühlen oder Nachvollziehen ist, das in der Mitmenschlichkeit gründet, erst wenn die Hermeneutik den Anspruch aufgegeben hat, eine Methodenlehre der Geisteswissenschaften zu sein, die an der Kongenialität des *Schleiermacher*schen Textmodells orientiert ist, erst nachdem klar geworden ist, welchen Horizont die Hermeneutik freilegt, erst dann kann geisteswissenschaftliches oder psychologisierendes Verstehen begriffen werden als das, was es ist: als ein Derivat des ursprünglichen Verstehens.

---

353 H. *Albert:* Theorie, Verstehen und Geschichte, op. cit., S. 202 ff.

354 Siehe auch *Poppers* Bemerkungen zur Geschichtsphilosophie *Collingwoods,* in: K. R. *Popper:* On the Theory of the Objective Mind, op. cit., S. 186 ff.

355 Siehe dazu W. *Sombart:* Die drei Nationalökonomien, op. cit., S. 206 ff., und *Luhmanns* Bemerkungen zum Sinnbegriff in der Systemtheorie in N. *Luhmann:* Systemtheoretische Argumentation, op. cit., S. 10 ff.

356 M. *Weber:* Soziologische Grundbegriffe, op. cit., S. 280.

Auch die Frage nach einem Rangverhältnis von Erklären und Verstehen, der offensichtlich Vorstellungen über unterschiedliche Grade oder ein unterschiedliches Niveau an Wissenschaftlichkeit zugrunde liegen, mutet nun auch wie ein Streit um des Kaisers Bart an. Beide beinhalten das, was *Popper* als „to get familiar with" und als „a matter of handling third-world structural units and their logical interrelations"[357], *Polanyi* als „indwelling"[358] und *Heidegger* als „Vertrautsein" bezeichnet. Beide sind eine Form, in der sich die Aktivität Wissenschaft vollzieht, und es ist daher nicht ersichtlich, wieso a priori die eine Form dieser Aktivität wissenschaftlicher als die andere sein soll, nur weil sie in einem bestimmten Gewande, dem mathematischen, erscheint. Das Mathematische im naturwissenschaftlichen Erklären ist ja nicht ein Ausdruck des mathematischen Charakters der Natur selber, sondern zeigt nur einen bestimmten Charakter — nämlich den mathematischen — dieses Entwurfs der Seinsverfassung. Genauso wenig ist die Wirtschaft in sich mathematisch, und wenn dennoch die Wirtschaftstheorie die Wirtschaft mathematisch-formal versteht oder deutet, so offenbart auch dies nur eine bestimmte Art des Entwerfens oder Auslegens, nämlich die mathematische[359]. Gerade die neue Logik in der Form der Logistik hat gezeigt, daß der mathematische Charakter an sich nichts über das Objekt aussagt. Logik in diesem Sinne ist vielmehr nichts anderes als eine formalisierte Sprache, die keine Gemeinsamkeit mit dem Objekt hat — im Gegenteil, erst die ontologische Indifferenz der Logik hat die Möglichkeit des mathematischen Kalküls erschlossen[360]. In der exakten Begriffsbildung zeigt sich dies schon in der Unterscheidung von Mathetik für quantifizierbare Relationen und Mathematik für mathematische Ordnungen.

bb) Die Funktion des Verstehens

Daß alle Wissenschaft, auch die Erfahrungswissenschaft, auf einer metaphysischen Grundlage beruht, erscheint aus zwei Gründen einsichtig: Der erste Grund betrifft die trivial anmutende Behauptung, daß jeder wissenschaftliche wie außerwissenschaftliche Sprachverkehr eine

---

357 K. R. *Popper:* On the Theory of the Objective Mind, op. cit., S. 182.

358 M. *Polanyi:* Personal Knowledge, op. cit., S. X.

359 Genauso läßt sich die Wirtschaft als ein Spiel entwerfen; siehe K. *Brandt:* Das Spiel als Methode in der Nationalökonomie, in: Freiburger Dies Universitatis, Bd. 13, 1966, S. 109 ff.; oder sie läßt sich als ein mechanisches System denken; siehe W. G. *Waffenschmidt:* Wirtschaftsmechanik, Stuttgart 1957; zur Problematik eines solchen Denkens siehe K. *Brandt:* Struktur der Wirtschaftsdynamik, op. cit., S. 1 ff.

360 Interessanterweise ist bei der Verwendung graphischer Methoden niemals ein Streit vergleichbarer Bedeutung entstanden; siehe K. *Brandt:* Entwicklung und Anwendungsbereich der graphischen Methode in der Nationalökonomie, in: R. *Henn* (Hg.): Operations Research-Verfahren, Meisenheim 1963, S. 81 ff.

Kontinuität des Sprachverstehens zur Bedingung hat[361]. „Jede Art von Metaphysik, alle logischen und mathematischen Wissenschaften, wie immer man sich auch zu ihnen stellt, müssen diesen zusätzlichen metaphysischen Glauben voraussetzen[362].“ Der zweite Grund betrifft das Problem der empirischen Basis der Erfahrungswissenschaften. Das Scheitern der Suche nach einer objektiven Basis der Erfahrungserkenntnis, das den Empirismus zur Theorie der konventionellen Basis geführt hat, zeigt, daß auch hier metaphysische Elemente auftreten. *Poppers* Feststellung, daß die Basissätze vom Wesen her keine wahren Aussagen, sondern Dogmen seien[363], bringt dies deutlich zum Ausdruck. Daß aber die Metaphysik auch eine wesentliche Funktion — und zwar eine hemmende und eine fördernde — für die Erkentnis in den Erfahrungswissenschaften hat, ist eine These, die immer mehr an Zulauf gewinnt[364]. Sie folgt aus der Einsicht, daß Metaphysik und Wissenschaft nicht so eindeutig getrennt werden können, wie lange Zeit angenommen wurde[365], und sie wird bestätigt durch die empirische Feststellung, daß metaphysische Elemente, beispielsweise Weltbildannahmen, immer schon in die Wissenschaft eingeflossen sind[366].

Dieses Problem, das als metaphysisches erscheint, stellt die Wissenschaftstheorie vor außerordentliche Schwierigkeiten; denn es drängt geradezu danach, die Lösungen der Wissenschafts- und Erkenntnistheorie in einem genialen System zu suchen, das die Frage nach den Bedingungen und Möglichkeiten beantwortet und eine eindeutige Basis für

---

361 Hieraus läßt sich allerdings eine aufwendige Theorie einer Kommunikationsgemeinschaft als transzendentales Apriori der Wissenschaft entwickeln; siehe K. O. *Apel:* Die Kommunikationsgemeinschaft als transzendentale Voraussetzung der Sozialwissenschaften, op. cit., S. 1 ff.; ders.: Die Entfaltung der „sprachanalytischen“ Philosophie und das Problem der „Geisteswissenschaften“, op. cit., S. 269 ff.

362 W. *Stegmüller:* Metaphysik, Skepsis, Wissenschaft, op. cit., S. 338.

363 Siehe K. R. *Popper:* Logik der Forschung, op. cit., S. 66 ff.

364 Siehe P. K. *Feyerabend:* Wie wird man ein braver Empirist?, op. cit., S. 305 f.; ders.: Von der beschränkten Gültigkeit methodologischer Regeln, op. cit., S. 160 ff.; I. *Latakos:* Popper zum Abgrenzungs- und Induktionsproblem, op. cit., S. 86; ders.: Falsification and the Methodology of Scientific Research Programmes, op. cit., S. 91 ff.; D. *Shapere:* Notes Toward a Post-Positivitic Interpretation of Science, op. cit., S. 115 ff.; H. *Tönebohm,* G. *Radnitzky:* Forschung als innovatives System, op. cit., S. 286; M. *Grene:* The Knower and Known, op. cit., S. 202 ff.; M. *Polanyi:* Science, Faith and Society, Chicago, London 1964, S. 10 ff.

365 Siehe J. *Agassi:* The Nature of Scientific Problems, op. cit., S. 189 ff.; K. R. *Popper:* The Demarcation Between Science and Metaphysics, op. cit., S. 253 ff.

366 Siehe G. *Radnitzky:* Theorienpluralismus — Theorienmonismus, op. cit., S. 145 ff.; P. K. *Feyerabend:* Consolations for the Specialist, op. cit., S. 214 ff.; T. S. *Kuhn:* The Function of Dogma in Scientific Research, op. cit., S. 347 ff.; M. *Polanyi:* Tacit Dimension, op. cit., S. 4 ff.; ders.: Science, Faith and Society, op. cit., S. 16.

die Verwendung metaphysischer Elemente innerhalb des Verfahrens Wissenschaft liefert. Doch uns erscheint dieses Unterfangen, an dem selbst *Kant* sich scheinbar vergeblich versucht hat, nicht nur unlösbar, sondern auch nicht erforderlich. Der umgekehrte Weg, der die traditionelle Fragestellung auf den Kopf stellt, kann vielmehr Möglichkeiten aufzeigen, die eine sinnvolle Lösung des Problems eröffnen. In der konventionellen Sicht der Wissenschaftstheorie, die die Wissenschaft als eine in Sprache gefaßte Widerspiegelung der Realität interpretiert, erscheinen die metaphysischen Probleme als etwas, das das Subjekt tangiert: als Urteilskraft, als Wesenseinsicht oder beispielsweise als Evidenz. Wenn *Popper* sagt, die Annahme oder Verwerfung eines Basissatzes, der letztlich ein Dogma sei, gleiche dem Urteilsspruch eines Geschworenengremiums[367], so bringt er doch damit nur zum Ausdruck, daß die letzte Grundlage der Erfahrungswissenschaft das urteilende Subjekt ist. Und wenn er diesen Vorgang nicht weiter zu hinterfragen bereit ist, so macht er halt vor einem neuen Element, das in diesen Urteilsspruch einfließt, nämlich vor der Subjektivität. Das objektive Verfahren der Realitätswiedergabe stößt hier an seine Grenzen: daran, daß diese Wiedergabe durch das Subjekt geschieht. Genau das gleiche Problem betrifft den logisch einwandfreien Wahrheitsbegriff von *Tarski*[368]. Wenn gesagt wird, etwas sei so, dann und nur dann, wenn es so ist, so liegt ein wesentliches Problem in der Feststellung, ob es auch so ist, und dieses Problem muß aus logischer Sicht als ein metaphysisches erscheinen, das nicht einwandfrei lösbar ist; denn wäre es einwandfrei lösbar, so gäbe es eine objektive Erkenntnis; eben die gibt es aber nach *Popper* nicht. Soll daher das, was als Erkenntnis angesehen wird, nicht aufgrund eines Verfahrens entstehen, das, wie *Wellmer* sagt, „Wahnsinn mit Methode“[369] ist, soll es dennoch sinnvoll sein, so muß ein Weiteres Platz greifen, das erkenntnis- und wissenschaftstheoretisch zu hinterfragen ist.

Wenn wir dies als einen sinnvollen Ansatzpunkt der Hermeneutik ansehen, so soll damit nicht das Problem der Metaphysik durch die Hermeneutik gelöst werden; es soll auch nicht behauptet werden, daß die Hermeneutik das Problem der Metaphysik auszufüllen vermag; Hermeneutik wird auch nicht mit Metaphysik identifiziert; es wird auch nicht behauptet, das Verstehen liefere wahre Erkenntnisse — dies ist schon nach der obigen Analyse des Verstehens ausgeschlossen —; vielmehr soll das Problem, das als Metaphysik erscheint, umgangen werden. Hierzu muß betont werden, daß die Aufgabe des Verstehens nicht die Wahrheit

---

[367] Siehe K. R. *Popper:* Logik der Forschung, op. cit., S. 74 f.; vgl. Kapitel II. C. 2. c. dieser Arbeit.

[368] A. *Tarski:* Der Wahrheitsbegriff in formalisierten Sprachen, op. cit., S. 261 ff.

[369] A. *Wellmer:* Methodologie als Erkenntnistheorie, op. cit., S. 157.

ist; denn dann gleitet die Hermeneutik in die Metaphysik ab. Es ist vielmehr die Aufgabe des Verstehens, vertraut zu werden mit den Dingen dieser Welt, wie *Popper* sagt: „to get familiar with“[370] oder für die Erfahrungswissenschaften: „to find satisfactory explanations, of what ever strikes us as being in need of explanation“[371], wobei die Betonung weniger auf „explanations“ als auf „satisfactory“ zu legen ist. Und *Popper* sagt mit Recht, daß dies Verstehen bei der Rekonstruktion eines nur in Fragmenten erhaltenen Textes genau das gleiche ist wie das Verstehen beim Aufstellen einer Theorie der Radioaktivität und daß derjenige, der durch das Verstehen die Geisteswissenschaften von den Naturwissenschaften unterscheiden wolle, einem platten Positivismus und Szientismus in den Naturwissenschaften das Wort redet[372]. Dies bedeutet auch das Sinnverstehen bei *Sombart:* es ist das Verständnis der „Ideen“, mit deren Hilfe das System der Wissenschaft aufgebaut wird und die „in ihrer begrifflichen Reinheit, ihrer gesetzmäßigen Gestalt und in ihrer funktionellen Bedeutung zu erfassen“[373] sind.

Die grundsätzliche Funktion des Verstehens geht damit weit über den Begriff der Methodik einzelner Erkenntnisarten hinaus und weist auf das eigentliche Ziel der Wissenschaft überhaupt, in jenen Zusammenhang, aus dem auch das methodische Erklären und Verstehen abgeleitet sind. Wenn daher *Gomperz*[374] und *Schunck*[375] betonen, das Erklären sei eine unter verschiedenen Möglichkeiten des Verständlichmachens, so meinen sie damit, daß das, was die Wissenschaft betreibt, selber auf seine Funktion hin hinterfragt werden muß. All die Theorien, Hypothesen, Modellsysteme und Erklärungen, die die Wissenschaft entwickelt, müssen selber, da sie kein Selbstzweck sind, auf einen Sinn bezogen werden, aus dem sie ihre Funktion erhalten. Im Hinblick auf diesen Systemzweck kann auch beispielsweise der freie Fall eines Steines verstanden werden. In diesem Sinne läßt er sich verstehen:

(1) als der Ausdruck der Neigung eines Körpers, seinem natürlichen Ort zuzustreben (Mittelalter);

(2) als der Ausdruck des Wunsches, sich an einem günstigen Ort zu erholen (Mittelalter);

(3) als die senkrechte Bewegung eines Körpers mit konstanter Beschleunigung auf die Erdoberfläche (*Galilei*); oder

---

370 K. R. *Popper:* On the Theory of the Objective Mind, op. cit., S. 182.

371 Ders.: The Aim of Science, op. cit., S. 191.

372 Siehe K. R. *Popper:* On the Theory of the Objective Mind, op. cit., S. 185.

373 W. *Sombart:* Die drei Nationalökonomien, op. cit., S. 206.

374 H. *Gomperz:* Über Sinn und Sinngebilde, op. cit., S. 204 ff.

375 K. *Schunck:* Verstehen und Einsehen, Halle 1926.

(4) als die Wirkung der Anziehungskraft der Masse, wodurch sich der Körper mit zunehmender Beschleunigung auf den Kernpunkt der Anziehungskraft zubewegt *(Newton)*[376].

Indem wir uns für eine dieser Erklärungen entscheiden, verstehen wir das Phänomen durch die Erklärung, wobei die Frage der Richtigkeit dieser Erklärung für den grundsätzlichen Charakter dieses Vorgangs nicht relevant ist. Wichtig ist vielmehr, daß in dem Gebilde der Erklärung oder Theorie etwas gegeben wird, das das Bedürfnis nach einem Verständnis befriedigt[377]. Hier liegt das Problem der „satisfactory explanations"[378] und dies heißt etwas verstehen, nämlich „es so auffassen, wie wir's auf Grund einer uns innewohnenden Bereitschaft aufzufassen bereit sind"[379].

In der klassischen Ziel-Mittel-Dichotomie konnte man mithin den wissenschaftlichen Theorien und Erklärungen eine Mittelfunktion auf die Zwecksetzung der Wissenschaft zuerkennen. Und genau dies scheint der Gedanke einer falsch verstandenen Methodologie zu sein. Indem sie als Zweckbestimmung nur einen Zweck setzt, beispielsweise die empirische Wahrheit, scheint sie das Problem der Methodologie auf ein Problem der rationalen Entscheidung reduzieren zu können. Methodologie scheint nur noch ein Problem rationalen Entscheidungsverhaltens zu sein, das man dadurch lösen kann, daß man ein System von rationalen Regeln, hier Methodenregeln, entwirft, das man der Wissenschaft an die Hand gibt, damit diese dann zu wahren Erkenntnissen gelangt. Diese Auffassung ist inzwischen nicht nur aufgrund empirischer Forschungen

---

[376] Es dürfte schwierig sein, aus dem Wissenshorizont der jeweiligen Erklärung heraus diese zu falsifizieren. Die Primitivität der ersteren Deutungen wird vielmehr erst bewußt, wenn die besseren Erklärungen bekannt sind.

[377] In diesem Sinne ist auch der Sinnbegriff in der Systemtheorie zu verstehen: „Sinn ist die Ordnungsform menschlichen Erlebens, die Form der Prämissen für Informationsaufnahme und bewußte Erlebnisverarbeitung, und ermöglicht die bewußte Erfassung und Reduktion von Komplexität." N. *Luhmann:* Sinn als Grundbegriff der Soziologie, op. cit., S. 61.

[378] K. R. *Popper:* The Aim of Science, op. cit., S. 191. Das Problem liegt weniger im Begriff der Erklärung als in der Relativierung dieses Begriffs durch „befriedigend"; denn dies bedeutet nichts anderes, als daß die Erklärungen selber auf das jeweils vorhandene Wissen bezogen sind, innerhalb dessen sie sich bewegen. Siehe F. A. *Hayek:* Degrees of Explanation, in: Studies in Philosophy, Politics and Economics, op. cit., S. 3 ff. *Polanyi* wählt daher als Bezugsbasis die „society of explorers"; siehe M. *Polanyi:* Tacit Dimension, op. cit., S. 53 ff.; bei *Kuhn* ist das Paradigma in diesem Sinne zu interpretieren; siehe T. S. *Kuhn:* The Structure of Scientific Revolutions, op. cit., S. 43 ff.; siehe auch ders.: Tradition and Innovation in Scientific Research, in: C. W. *Taylor*, F. *Baron* (Hg.): Scientific Creativity: Its Recognition and Development, New York, London, Sidney 1963, S. 341 - 354; bei *Toulmin* sind es die „Ideale der Naturordnung"; siehe St. *Toulmin:* Voraussicht und Verstehen, op. cit., S. 76 ff.

[379] H. *Gomperz:* Über Sinn und Sinngebilde, op. cit., S. 153.

unhaltbar geworden, wo sich gezeigt hat, daß selbst die elementarsten Regeln methodologischer Rationalität nicht nur nicht begründbar sind, sondern sogar durchaus Situationen aufzeigbar sind, wo das Befolgen solcher Regeln eindeutig zu Fehlverhalten führen würde. In vielen Fällen ist wissenschaftlicher Fortschritt nicht aufgrund dieser Regeln, die zu finden man sich so viel Mühe gemacht hat, eingetreten, sondern trotz solcher Regeln[380].

Darüber hinaus geht diese Vorstellung von einer monistischen Zwecksetzung in der Wissenschaft aus. Eben dies ist aber nicht der Fall. *Toulmin*[381] und *Kuhn*[382] haben aufgezeigt, daß die Wissenschaft nicht nur einen einzigen Zweck, sondern ein komplexes Zielsystem hat, in das nicht nur wissenschaftsinterne Komponenten wie beispielsweise Wahrheit, sondern auch externe Faktoren wie psychologische, politische, soziologische oder historische Momente einfließen[383]. Weiterhin verlangt die Ziel-Mittel-Dichotomie, die der Idee eines Systems rationaler Methodenregeln zugrunde liegt, eine eindeutige Trennbarkeit von Zielen und Mitteln. *Luhmanns*[384] Untersuchungen zum Zweckbegriff haben jedoch gezeigt, daß diese Dichotomie nicht haltbar ist. Mithin muß auch für die Wissenschaft ein wesentlich komplexeres System definiert werden, das in sich variabel ist. Erst dann bekommt beispielsweise das Festhalten an eidetischen Theorien oder an Theorien, die falsifiziert wurden, was nach den Regeln der rationalen Methodenlogik des Empirismus als irrational angesehen werden muß, in dem Bezugssystem einen Sinn.

Nunmehr erweist sich auch die Universalität des hermeneutischen Problems, und es zeigt sich, daß die Hermeneutik nicht die Lehre einer privilegierten Zugangsform zu geistigen Dingen ist. Hermeneutik erscheint als etwas, das zur Wissenschaft als Aktivität des Menschen genauso hinzugehört, wie die Logik konstitutiv für die Wissenschaft ist. Und der Umstand, daß auch im Alltag oder beispielsweise in der Kunst verstanden wird, vermag die Unwissenschaftlichkeit der Hermeneutik genauso wenig zu begründen wie die Tatsache, daß auch die Alltäglichkeit ihre „Logik“ hat, die Logik nicht zu einem unwissenschaftlichen Verfahren macht. Wenn es wissenschaftliches und unwissenschaftliches Verstehen gibt, die Grenze der Wissenschaftlichkeit somit durch die Hermeneutik

---

380 Siehe P. K. *Feyerabend:* Von der beschränkten Gültigkeit methodologischer Regeln, op. cit., S. 168.

381 St. *Toulmin:* Voraussicht und Verstehen, op. cit., passim.

382 T. S. *Kuhn:* Logic of Discovery or Psychology of Research, op. cit., S. 1 ff.; ders.: The Function of Dogma in Scientific Research, op. cit., S. 347 ff.

383 Zur Unterscheidung von internen und externen Faktoren siehe I. *Latakos:* History of Science and its Rational Reconstructions, op. cit., S. 105 ff.; M. *Bunge:* Scientific Research, op. cit., S. 31 f.

384 N. *Luhmann:* Zweckbegriff und Systemrationalität, Frankfurt 1973.

verläuft, so ist dies somit weder ein Anlaß, zu behaupten, das Verstehen sei unwissenschaftlich, noch ein Grund, die Hermeneutik in die Grauzone der Heuristik zu verweisen. Das hermeneutische Anliegen erscheint vielmehr konstitutiv für die wissenschaftliche Situation schlechthin. Wenn der Historiker ein historisches Ereignis oder eine historische Handlungssituation darlegen will, so will er sich doch nicht in die unergründliche Psyche von Personen versetzen, die schon möglicherweise seit Jahrhunderten tot sind und über die er nur von Fragmenten weiß — zudem könnte er bei einer größeren Anzahl von Personen damit überfordert sein —, sondern was er sucht, ist ein Verstehen, das das historische Ereignis — auch das als unvernünftig gewertete — zu einem sinnhaft verstehbaren Vorgang macht. Hierbei liegt das Problem nicht im nachträglichen Unterstellen rationalen Handelns, wie *Stegmüller*[385] gegen *Dray* einwendet, sondern darin, historische Ereignisse und Handlungen begreiflich zu machen, selbst den Wahnsinn in der Geschichte so zum Verstehen zu bringen[386]. Wenn der Wirtschaftstheoretiker die wirtschaftliche Welt in einem Modell oder einem theoretischen System darstellt, das in Anbetracht der Komplexität der Realität nur als naiv und simpel anmuten kann, so will auch er nicht behaupten, das Modell oder die Theorie sei ein Spiegelbild der Realität, sondern er will in dem System die Realität so erfassen, daß sie aufgrund der sinnhaften Verknüpfung der Theorie- oder Modellkomponenten verstanden werden kann[387]. Dies bedeutet „theorein" im ursprünglichen Sinne des Wortes, und dies ist das Ziel, wenn eine befriedigende Erklärung für ein Phänomen gesucht wird. Der Übergang von *Galilei* zu *Newton* ist der Wechsel von einem Erklärungsschema zu einem anderen, von einer Anschauung der Wirklichkeit zu einer anderen, wobei jedes Schema für sich eine sinnhafte Verknüpfung der Phänomene beinhaltet. Und genauso wie der Naturwissenschaftler in einem Erklärungsschema den Dingen einen Sinn geben und sie dadurch verstehen will, so will auch der Textinterpret beispielsweise ein Gedicht dadurch, daß er es interpretiert, verstehen. Das hermeneutische Problem ist immer das gleiche; es ist nur eine Frage der Qualität der Lösung, die den komplexen Vorgang der Selektion

---

[385] W. *Stegmüller:* Probleme und Resultate, op. cit., S. 382 f.

[386] Siehe dazu die Bemerkung *Hayeks* zur Geschichtsschreibung über einen Dschingis-Chan oder einen Hitler in: F. A. *von Hayek:* Rules, Perception and Intelligility, op. cit., S. 59.

[387] Wie berechtigt die Kritik an dem mangelnden Erfahrungsbezug von Theorien und Modellen auch sein mag, unter dem hier vorliegenden Aspekt ist sie verfehlt. Der Sinn der Modelle und Theorien liegt weniger in der Konkurrenz mit der Realität, sondern darin, diese im Modell oder in der Theorie zu veranschaulichen. Daß dies möglicherweise auf eine Art und Weise geschieht, daß die Realität kaum oder nur schwierig direkt wiederzuerkennen ist, ist unter diesem Aspekt eine Randerscheinung. Siehe dazu J. *Back:* Der Streit um die nationalökonomische Wertlehre, op. cit.; W. G. *Waffenschmidt:* Denkformen und Denktechnik, op. cit., S. 35 ff.

zwischen verschiedenen Erklärungen, Deutungen, Interpretationen und Theorien bestimmt.

Daher ist auch die Geschichte der Wissenschaft weniger eine Geschichte neuer Phänomene oder Dinge; diese sind im wesentlichen immer die gleichen. Sie werden immer nur aus dem Horizont wechselnder Erklärungsschemata als neu oder anders begriffen[388]. Die Geschichte der Wissenschaft ist vielmehr primär eine Abfolge von Versuchen, die Phänomene und Dinge neu und anders zu erklären; sie werden anders verstanden. Bestimmte Theorien werden durch andere ersetzt, die die Dinge anders deuten. Diese Verdrängung erfolgt weniger durch einen Vergleich der vorhandenen Theorien mit der Realität, wie der Empirismus behauptet, sondern erstrangig durch einen Vergleich der Theorien untereinander und erst dann durch die Konfrontation mit der Wirklichkeit. Daher ist es auch nur zu erklären, daß selbst falsifizierte Theorien erst dann verworfen werden, wenn neue bekannt sind. Die Beurteilung theoretischen Wissens erfolgt primär durch anderes Wissen, das neu auftritt. Hierbei müssen die neuen Erklärungen nicht unbedingt allgemeiner sein als die vorherigen; sie können auch einen engeren Objektbereich umfassen. Wäre die Geschichte der Wissenschaft dagegen eine Abfolge, in der nur bisher unbekannte Phänomene und Dinge durch Bekanntes erklärt werden, wie es das Schema von explicans und explicandum behauptet, so stände die Wissenschaft noch heute auf dem Niveau frühzeitlicher Mythologie.

Ein Beispiel, das zunächst absurd erscheint, mag dies verdeutlichen. Das Phänomen konjunktureller Schwankungen ist eine jener Erscheinungen in der Nationalökonomie, für die es eine größere Anzahl unterschiedlichster Erklärungen gibt. Eine der aus heutiger Sicht abwegigsten Erklärungen dieses Phänomens ist die sogenannte Sonnenfleckentheorie, die die konjunkturellen Schwankungen durch Sonnenflecken erklärt, die in bestimmten Perioden auftreten, die Ernte beeinflussen, über die Erntezyklen auf die industrielle Produktion durchschlagen und somit die konjunkturellen Schwankungen hervorrufen. Sie beinhaltet eine Verknüpfung zwischen einer Ursache, den Sonnenflecken, und einem Symptom, dem Erscheinungsbild konjunktureller Schwankungen und ist somit ein Deutungsschema, um das, was sich hinter dem Symptom verbirgt, zu verstehen oder zu erfassen. Abstrahiert man von strukturellen Veränderungen der Wirtschaft, nämlich dem prozentualen Anteil der Landwirtschaft an der Erstellung des Sozialprodukts, so ist die Theorie heute noch prinzipiell beispielsweise auf Entwicklungsländer anwendbar. Wenn sie heute dennoch nicht mehr angewendet wird, so weil sie als archaisch und naiv erscheint. Ist sie aber deswegen unwissenschaftlich? In ihrer

---

388 Vgl. St. *Toulmin:* Voraussicht und Verstehen, op. cit., S. 41 f.

Zeit wurde sie von Wissenschaftlern aufgestellt, fand ihren Niederschlag in wissenschaftlichen Publikationen und diente zur Erklärung und zum Verständnis der Realität. Sie gab in ihrer Zeit eine Erklärung für das Phänomen der Konjunktur, die im allgemeinen als genauso befriedigend angesehen wurde wie lange Zeit die Theorie von *Keynes*. Sie gab den Dingen einen Sinn, stellte eine ernst genommene Verknüpfung zwischen den Phänomenen auf und erklärte so die Konjunktur als die Wirkung bestimmter Ursachen, genauso wie die Dynamik die Bewegung als die Wirkung von Kräften erklärt. Sie erfreute sich durchaus einer wissenschaftlichen Reputation, die dahin ging, daß sie zwar das Phänomen der Konjunkturschwankungen nicht vollkommen erkläre, daß an der Theorie jedoch „etwas dran" sei.

Noch deutlicher wird das Problem bei der Produktionsfunktion. Eine unendliche Anzahl von Produktionsvorgängen, -arten und -erscheinungen werden in der Form einer allgemeinen Input-Output-Relation, in der Wirksamkeit eines mathematischen Prinzips, das die Vorgänge erklärt, verstanden. Auch hier ist es so, daß unabhängig von der Ausgestaltung durchaus viele Phänomene in der Realität als die Wirksamkeit des Prinzips der beispielsweise ertragsgesetzlichen Produktionsfunktion gedeutet werden können[389]. Die Realität wird somit mit Hilfe dieses Prinzips verstanden; genauer: das Verständnis dieses Prinzips und der in ihm enthaltenen sinnvoll erscheinenden Verknüpfungen eröffnet einen Weg zum Verständnis der Realität, indem die Phänomene der Realität als die Wirksamkeit dieses Prinzips gedeutet werden[390]. Hierbei ist es für den prinzipiellen Sachverhalt der Deutung gleichgültig, ob das Prinzip oder die Theorie verbal oder mathematisch formuliert ist oder ob es sich um ein einfaches oder kompliziertes System handelt. Genauso wenig, wie einfache Systeme deswegen besser sind, weil sie einfach sind, sind komplexe Systeme deswegen besser, weil sie komplex sind[391].

Entscheidend ist vielmehr, sich bewußt zu machen, was Erklärungen oder Theorien, mit denen Sachverhalte erklärt werden, eigentlich sind: Vermutungen, Deutungen, Interpretationen oder Theorien im ursprüng-

---

389 Siehe dazu J. H. *Müller:* Zur ökonomischen Problematik des Ertragsgesetzes, in: Zeitschrift für die gesamte Staatswissenschaft, Bd. 111, 1955, S. 71 - 79.

390 In diesem Sinne lassen sich auch „geisteswissenschaftliche" Phänomene mit Hilfe „naturwissenschaftlicher" Prinzipien erklären; siehe K. *Brandt:* Struktur der Wirtschaftsdynamik, op. cit., S. 13 ff. Es ist auch nicht erforderlich, daß ein Phänomen, das nomologisch erklärt wird, in sich determiniert ist, wie *Hoppmann* behauptet; siehe E. *Hoppmann:* Periodenanalyse als Theorie der volkswirtschaftlichen Dynamik, op. cit., S .30 ff., S. 82 ff.

391 Zur Kritik des *Mach*schen Ökonomieprinzips und des Einfachheitspostulats siehe H. *Schnädelbach:* Begründung, Erfahrung und Reflexion, op. cit., S. 135 ff.

lichen Sinne von Anschauungen über das Thema Realität, die dazu dienen, die Realität zu verstehen. Wenn der freie Fall im Mittelalter als die Wirkung des Wunsches nach Ruhe und heute als die Wirkung von bestimmten Kräften erklärt wird, so liegt prinzipiell in beiden Fällen das gleiche vor, nur die konkrete Ausgestaltung ist unterschiedlich. Doch niemand würde aus dem Umstand, daß die zweite Erklärung besser ist als die erste, folgern, daß in fünfhundert Jahren der freie Fall genauso erklärt wird wie heute.

Dies ist nicht nur ein Kunstgriff, wodurch das Verstehen so definiert wird, daß methodisches Verstehen und Erklären als Derivate einer grundlegenden Hermeneutik erscheinen müssen; dies hat vielmehr erhebliche Konsequenzen für das Methodenproblem. Indem nämlich aufgezeigt wird, was der prinzipielle Charakter dessen ist, was in der Wissenschaft betrieben wird, und welche Funktion das Verstehen hat, ergeben sich erst die Möglichkeiten, die Hypertrophie des Methodenproblems ins rechte Licht zu rücken. Um dies zu verdeutlichen, sei auf ein Beispiel der Forschungspraxis verwiesen: Im Prozeß der Bildung und Überprüfung wissenschaftlicher Hypothesen geschieht es immer wieder, daß die Hypothesen oder Theorien durch ein einzelnes Ereignis falsifiziert werden. Dennoch werden diese Theorien oder Hypothesen nicht verworfen. Dies ist bei naturwissenschaftlichen Theorien genauso wie bei sozialwissenschaftlichen der Fall[392] — bei letzteren wegen ihres meist eidetischen Charakters noch häufiger als bei ersteren. Vielmehr werden die Hypothesen durch verschiedenste Strategien gerettet. Wie kann man dieses Phänomen erklären? Dies nur auf eine unredliche Haltung der Forscher zurückzuführen, die sich scheinbar nicht einem bestimmten methodologischen Schema unterwerfen wollen, wäre zu vordergründig. Statt dessen wird durch dieses Phänomen die methodische Metatheorie, die ja das Verhalten und den Gang der Wissenschaft erklären will, selber falsifiziert; dies ist, wie *Latakos* es nennt, eine quasi-polanyische Falsifikation der Falsifikation. Dieses Phänomen ist erst dann erklärbar, wenn die grundsätzliche Funktion des Verstehens in diesen Zusammenhang eingebaut wird und die idealtypisch naive Falsifikationstheorie durch eine komplexe Theorie der Bestätigung ersetzt wird, die auch hermeneutische Faktoren berücksichtigt. Weiterhin zeigt es, daß unter Berücksichtigung der Funktion wissenschaftlicher Theorien und Erklärungen die methodische Dichotomie von Entstehungs- und Begründungszusammenhang nicht unverändert beibehalten werden kann.

---

[392] *Kuhn* resümiert für die naturwissenschaftlichen Theorien, daß kein Fall bekannt ist, wo eine einmal anerkannte Theorie wegen einer Falsifikation verworfen wurde; entscheidend für die Verwerfung naturwissenschaftlicher Theorien ist immer nur der Vergleich mit besseren Theorien; siehe T. S. *Kuhn:* The Structure of Scientific Revolutions, op. cit., S. 77 f.

b) *Hermeneutische Aspekte der Erfahrung*

Verstehen in dem hier dargelegten Sinne bezeichnet somit eine Tätigkeit, von der die Wissenschaft als Tätigkeit abgeleitet ist. Mithin ist die wohl unbestreitbare Behauptung, daß Wissenschaft eine Tätigkeit ist, eine logische Voraussetzung für die Hermeneutik in der Wissenschaft. Wird diese triviale These, daß die Wissenschaft eine Aktivität desjenigen ist, der Wissenschaft betreibt, akzeptiert, so erhebt sich die Frage nach dem Ursprung dieser Aktivität; denn diese Aktivität ist ja ein Ausdruck der Fähigkeit, diese Aktivität auszuüben. Verstehen ist somit ein Können, dem der verstehende Umgang mit den Dingen entspringt, — genauso wie Wissenschaft ein Können ist, nämlich die Fähigkeit, Wissenschaft zu treiben. Hätte derjenige, der Wissenschaft betreibt, diese Fähigkeit nicht, könnte er keine Wissenschaft betreiben; hätte er beispielsweise nicht die Fähigkeiten zu erklären, könnte er nicht erklären.

Das Verstehen hat somit zwei Voraussetzungen: Aus der Als-Struktur des Verstehens folgt, daß etwas vorhanden sein muß, als das etwas verstanden wird, und der Umstand, daß das Verstehen eine Aktivität ist, setzt die Fähigkeit hierfür voraus. Diese beiden Voraussetzungen gehen im Begriff der Erfahrung auf. Erfahrung bezeichnet hier nicht die Realität im Sinne der erfahrbaren Wirklichkeit, sondern etwas, das man hat. Erfahrungen werden erworben und gesammelt, und der Erwerb von Erfahrungen wiederum bedeutet eine Bereicherung der Erfahrung. In der Erfahrung findet das Erfahrensein und das Erfahrenwerden seinen Niederschlag. Erfahrung ist somit in diesem Sinne das Resultat und der Prozeß des Lernens, wobei Resultat und Prozeß in einem Verhältnis der Wechselseitigkeit stehen[393].

Nun erhebt sich die Frage nach der Relevanz der so verstandenen Erfahrung für das wissenschaftstheoretische Anliegen. Daß diese Erfahrung in das Unternehmen Wissenschaft eingreift, erscheint ziemlich einsichtig. Wäre das nicht der Fall, so träte der Wissenschaftler mit einem tabula-rasa-Bewußtsein an seine jeweilige Problemsituation heran. Methodisch würde ihn nichts von einem erfahrungslosen Kleinkind unterscheiden. Dies kann jedoch schon deswegen nicht sein, weil das Erkennen einer wissenschaftlichen Problemsituation ein wissenschaftliches Problembewußtsein voraussetzt. Ein zur Lösung anstehendes Problem muß zunächst einmal, bevor es gelöst wird, als Problem herauskristallisiert werden; es müssen vor der Problemlösung vorgängige Vorstellungen

---

[393] Zum Erfahrungsbegriff siehe F. *Kambartel:* Erfahrung und Struktur, op. cit., passim; siehe auch *Polanyis* Untersuchungen zum Begriff „skill“, in: M. *Polanyi:* Personal Knowledge, op. cit., S. 49 - 65; eine Ausweitung in die Metaphysik erhält der Begriff bei H. G. *Gadamer:* Wahrheit und Methode, op. cit., S. 329 ff.

von der grundsätzlichen Existenz eines Problems vorhanden sein; das Problem selber muß aus seiner wissenschaftlichen Umwelt abgegrenzt werden; es muß erkannt werden, daß Lücken innerhalb des Wissens vorhanden sind. Die einfache Aufforderung: „Löse Probleme!“ provoziert nicht nur die Frage, welche oder was für Probleme gelöst werden sollen, sondern setzt auch noch voraus, daß der Satz: „Löse Probleme!“ in seinem Bedeutungsgehalt verstanden wird.

Man versetze sich doch einmal in die Situation desjenigen, der ein wissenschaftliches Problem, beispielsweise eine Theorie der Inflation, zu lösen versucht. Schon der Umstand, daß dieser Forscher die Inflation erklären will, setzt ein umfangreiches wissenschaftliches Vorverständnis voraus. Er muß zunächst die Inflation kennen; er muß die Möglichkeiten haben, die Phänomene, die die Inflation charakterisieren, aus der Unzahl der alltäglichen Eindrücke herauszukristallisieren. Was er in der Alltäglichkeit wahrnimmt, ist ja nicht die Inflation, sondern eine Anzahl einzelner Ereignisse, die erst vor dem Hintergrunde eines theoretischen Verständnisses den Sinn bekommen, daß sie Ausdruck der Inflation sind. Seine Beobachtungen, die er anstellt, sind zielgerichtet und werden durch ein die Erkenntnis führendes Interesse geleitet; sie sind somit, wenn auch noch keine endgültige Theorie der Inflation vorhanden ist, theorieabhängig. Wäre dies nicht der Fall, so müßte er ein willkürliches Tatsachensammeln betreiben. „All knowledge is theory-impregnated, including our observations“[394], wie *Popper* sagt, wobei Theorie eher im weitesten Sinne als Weltvorstellung zu verstehen ist. Wäre dies nicht der Fall, so wüßte er überhaupt nicht, was er beobachtet: er würde die Inflation im Wald und auf der Wiese suchen.

Daß das Verstehen und Problemlösen somit eine hermeneutische Erfahrung voraussetzt und diese auch in die wissenschaftliche Problemsituation und -lösung eingreift und einfließt, ist offensichtlich. Die Frage, was hier zuerst ist, die Hypothese, die die Beobachtungen leitet und den beobachteten Phänomenen den Sinn gibt, oder die Beobachtungen, aufgrund deren die Hypothesen entstehen, mutet nun an wie die Frage, ob die Henne oder das Ei zuerst gewesen sei. Sie ist in dem gestellten Sinne nicht beantwortbar, sondern kann nur auf einen Bildungsprozeß zurückgeführt werden[395].

Bezüglich der Art dieser Erfahrung kann zwischen einem wissenschaftlichen und unwissenschaftlichen Vorverständnis unterschieden werden. Die unwissenschaftliche oder vorwissenschaftliche Erfahrung ist die des alltäglichen Lebens, der Lebenspraxis; die wissenschaftliche ist diejenige, die in Form von Theorien, Hypothesen, wissenschaftlichen Weltbildern,

---

[394] K. R. *Popper:* Two Faces of Common Sense, op. cit., S. 71.

[395] Vgl. K. R. *Popper:* Science: Conjectures and Refutations, op. cit., S. 47.

Erklärungsmustern schon vorhanden ist. Diese beiden Arten sind nicht unbedingt streng voneinander zu trennen. Vorwissenschaftliche Erfahrung kann durchaus ihren Niederschlag in der Wissenschaft finden, wie auch das Popularisieren und Absolutieren wissenschaftlicher Vorstellungen die alltägliche Erfahrung beeinflussen kann.

Eine andere Frage ist, wie die Tatsache zu würdigen ist, daß das Verstehen eine Vorstruktur hat und daß die hermeneutische Erfahrung in die Erkenntnis und in das Erkenntnisverfahren eingreift. Hierzu müssen zwei Aspekte, ein analysierender und ein normativer, streng unterschieden werden. Der analysierende versucht, den Tatbestand als solchen darzustellen und Aufschlüsse hieraus zu gewinnen; der normative dagegen geht über den analytischen hinaus; er betrifft die Frage nach der Berechtigung und der Legitimität der hermeneutischen Erfahrung im Erkenntnisverfahren. Die bisherigen diesbezüglichen Überlegungen waren rein analysierend; sie dienten nur dazu, den tatsächlichen Charakter des Erkennens und die Unumgänglichkeit des Vorverständnisses in der hermeneutischen Erfahrung freizulegen. Ihre Aufgabe war es, die Unmöglichkeit einer voraussetzungslosen wissenschaftlichen Welterkenntnis darzulegen, sozusogen die Brille, durch die die wissenschaftliche Welt gesehen wird, bewußt zu machen.

Hinsichtlich des normativen Aspekts erscheint als erste Möglichkeit, den Einfluß und die Wirkung der hermeneutischen Erfahrung und des Vorverständnisses unter wissenschafts- und erkenntnistheoretischen Zielsetzungen als negativ zu erachten und daher nach Möglichkeit zu eliminieren zu versuchen. Dies führt zum cartesischen Prinzip des Zweifels, das in der aufklärerischen Philosophie der Kritik seine Anwendung findet. Hinter der Vorstruktur des Verstehens und der hermeneutischen Erfahrung scheint sich zu verbergen, was im höchsten Grade als unwissenschaftlich gilt, nämlich Dogmatismus in Form des Vorurteils, dem es durch radikalen Zweifel zu Leibe zu rücken gilt, um so vorurteilsfreie und voraussetzungslose Erkenntnis zu schaffen. Daß hierbei jedoch nur ein neues Vorurteil geschaffen wird, nämlich das Vorurteil, ein Vorurteil sei grundsätzlich schlecht, wird im Eifer übersehen[396]; denn zweifelsohne schafft die grundsätzliche Diskreditierung des Vorurteils durch die Aufklärung ein neues Vorurteil, daß nicht streng genug zwischen der vorurteilhaften oder vorstrukturhaften formalen Struktur des Verstehens und der Wertung dieser wohl unumgänglichen Tatsache unterscheidet. Darüber hinaus soll zwar nicht bestritten werden, daß der Zweifel heuristischen Nutzen hat und Kritik Bestandteil einer wissenschaftlichen Haltung ist, doch darf auch nicht verkannt werden, daß der Zweifel formal das gleiche ist wie der Glaube[397]. Belief-Sätzen von der Art „Ich

[396] Vgl. H. G. *Gadamer:* Wahrheit und Methode, op. cit., S. 272 ff.

meine a“ kann die Kritik nur „Ich bezweifle a“ entgegensetzen, und dies ist identisch mit „Ich meine nicht a“.

Über das Prinzip des direkten Zweifelns hinaus geht der Versuch, auf methodischem Wege durch Entwurf einer entsprechenden Methodologie den genetischen Aspekt der Wissenschaft zu eliminieren und für die Geltung wissenschaftlicher Theorien nur den Begründungszusammenhang heranzuziehen. Dies setzt jedoch voraus, daß der Entstehungszusammenhang und der Begründungszusammenhang eindeutig voneinander getrennt werden können. Die obige Kritik an *Poppers* Theorie der deduktiven Bestätigung[398] hat jedoch gezeigt, daß diese Theorie in ihrer letztlichen Basis mit Aporien behaftet ist, da sie die Transformation eines Ereignisses in einen Basissatz dem subjektiven Ermessen anheimstellt. Soll dieses subjektive Ermessen nicht als ein Akt prinzipieller Willkür gedeutet werden, so muß das genetische Element, das sich in dieser Subjektivität äußert, hermeneutisch hinsichtlich seiner Sinnhaftigkeit hinterfragt werden.

Die zweite Möglichkeit hinsichtlich des normativen Aspekts ist, das Positive in der Vorstruktur und der hermeneutischen Erfahrung zu suchen. Dies ist der Grundgedanke der *Gadamer*schen Hermeneutik[399]. Der eigentliche Ort seiner Hermeneutik ist die hermeneutische Erfahrung, der nicht nur das Verstehen entspringt, sondern die auch das Verstehen begründet, indem sie den Geltungsgrund für das Verstehen beinhaltet. Dies ist der eigentlich normative Anspruch, der in einem krassen Gegensatz zum Kritizismus des cartesischen Zweifels steht. Um diesen Standpunkt zu rechtfertigen, muß *Gadamer* nicht nur die Vorstruktur des Verstehens darlegen, sondern er muß auch die philosophische Dignität von Autorität und Tradition, auf denen ja die der hermeneutischen Erfahrung entstammenden Aussagen basieren und die ein Ausdruck des Erfahrenseins sind, wiederherstellen und das Prinzip der Kritik als etwas Vordergründiges erscheinen lassen, das die Tiefe hermeneutischer Erfahrung nicht zu tangieren vermag: „Die Autorität von Personen hat aber ihren letzten Grund nicht in einem Akt der Unterwerfung und der Abdikation der Vernunft, sondern in einem Akt der Anerkennung und der Erkenntnis — der Erkenntnis nämlich, daß der andere einem an Urteil und Einsicht überlegen ist und daß daher sein Urteil vorgeht, d. h. vor dem eigenen Urteil den Vorrang hat[400].“ In diesem Sinne habe Autorität nichts mit blindem Kommandogehorsam, sondern mit Erkentnis zu tun und sei deswegen nicht unvernünftige Willkür, sondern im Prinzip ein-

---

[397] Siehe M. *Polanyi:* Personal Knowledge, op. cit., S. 273 ff.

[398] Siehe das Kapitel über die konventionelle Basis, II., C., 2. c.

[399] Siehe H. G. *Gadamer:* Wahrheit und Methode, op. cit., S. 261 ff.

[400] H. G. *Gadamer:* Wahrheit und Methode, op. cit., S. 263 f.

sehbar, und auch die Tradition habe den Grund ihrer Geltung in der Autorität, was sich schon darin äußere, daß große Leistungen geisteswissenschaftlicher Forschung kaum je veralten[401]. Die Verwurzelung dieser hermeneutischen Erfahrung liegt bei *Gadamer* wiederum in der Lebenserfahrung und — wie bei *Heidegger* — in der Erfahrung der Zeitlichkeit der eigenen Existenz, weswegen das Verstehen selber auch als ein Geschehen begriffen werden muß[402].

Damit folgt *Gadamer* weitgehend den Gedanken *Heideggers* und übernimmt dessen These von der Zeitlichkeit des Seins[403]. Es ist daher auch verständlich, daß seine Hermeneutik ihren Höhepunkt im geschichtlichen Verstehen findet, wo hermeneutisch und historisch geschultes Bewußtsein ineinandergreifen. Hier treffen im Zeitenabstand zwei Horizonte, der historische und der gegenwärtige, aufeinander, die ihre Vermittlung und Verschmelzung in einem Zwischen finden, das für *Gadamer* den wahren Ort der Hermeneutik darstellt[404].

Gadamer verläßt somit den Rahmen, den schon *Heidegger* durch seine Analysen von Sein und Zeit gesteckt hat, nicht. Indem auch er auf das Moment der Zeitlichkeit abstellt, geht seine Hermeneutik immer mehr in eine Philosophie der Geschichtlichkeit des Menschen über, die das erkenntnistheoretische Problem der Hermeneutik weitgehend vernachlässigt[405]. „Erfahrung ist also Erfahrung der menschlichen Endlichkeit"[406], und das wirkungsgeschichtliche Bewußtsein bestimmt die Dignität hermeneutischen Tuns, so daß auch andere Arten des Verstehens — beispielsweise das philosophische Verstehen — im wirkungsgeschichtlichen Bewußtsein verwurzelt sind. *Heideggers* und *Gadamers* Anliegen gehen jedoch dort auseinander, wo es sich um das wissenschaftstheoretische Interesse handelt. Während *Heideggers* Problem in der Existenz des Menschen liegt, sucht *Gadamer* die Wahrheitsfrage in den Geisteswissenschaften[407]. Hierbei kommt es zu dem verwunderlichen Ergebnis, daß er

---

[401] Vgl. ebenda, S. 264 f.

[402] Siehe ebenda, S. 293, 323, 437 ff.

[403] Siehe M. *Heidegger:* Sein und Zeit, op. cit., S. 231 ff.; H. G. *Gadamer:* Wahrheit und Methode, op. cit., S. 243.

[404] Vgl. H. G. *Gadamer:* Wahrheit und Methode, op. cit., S. 284 ff.

[405] So wird denn *Gadamers* Hermeneutik selbst von solchen Geschichtstheoretikern abgelehnt, die ausdrücklich die hermeneutische Methode befürworten; siehe K. G. *Faber:* Theorie der Geschichtswissenschaft, op. cit., S. 209 ff.

[406] H. G. *Gadamer:* Wahrheit und Methode, op. cit., S. 339. Bormann formuliert die Konsequenz hieraus sehr deutlich: „Zeit ist dann Träger von Wahrheit". C. *v. Bormann:* Die Zweideutigkeit der hermeneutischen Erfahrung, in: Hermeneutik und Ideologiekritik, op. cit., S. 93.

[407] *Gadamer* betont zwar mehrfach, sein Anliegen sei nicht das Methodenproblem in den Geisteswissenschaften (siehe H. G. *Gadamer:* Wahrheit und Methode, op. cit., S. XIV f., XVII, XXVII); dennoch lautet der zweite Teil von „Wahrheit und Methode": „Ausweitung der Wahrheitsfrage auf das Verstehen in den Geisteswissenschaften" (S. 162 - 360).

einerseits die Universalität des hermeneutischen Problems anerkennt, andererseits aber die Hermeneutik wissenschaftstheoretisch den Geisteswissenschaften vorbehalten will. Dies Ergebnis ist wohl darin begründet, daß er die Hermeneutik als mehr als nur eine Kunst oder Technik, als mehr als nur einen Ausdruck erkenntnistheoretischer Subjektivität begreift. Indem das Verstehen seinen Geltungsgrund in der Erfahrung der menschlichen Endlichkeit hat, ist es nicht nur eine Kunst oder Technik des Subjekts; es hat auch mehr als die Funktion, die Welt zu erschließen; es gewinnt in der Erfahrung der menschlichen Endlichkeit einen Wahrheitswert, und dieser Wahrheitswert kennzeichnet den eigentlich normativen Anspruch[408]. Damit geht die Hermeneutik über in die Metaphysik und verläßt den Kontrollbereich wissenschaftlicher und methodischer Erfahrung.

Der eigentlich normative Anspruch, den *Gadamer* erhebt, verbindet somit zwei Aspekte. Aus der Tatsächlichkeit der hermeneutischen Erfahrung folgert er, daß dies auch gut sei, daß das hermeneutisch geschulte Bewußtsein die wahren Vorurteile, unter denen wir verstehen, von den falschen, unter denen wir mißverstehen, zu scheiden vermag[409]; aus dem Umstand, daß alle Welt durch die Brille des Vorurteils gesehen wird, schließt er, daß die Existenz und Funktion dieser Brille auch gut sei. Die Würde der hermeneutischen Erfahrung besteht nicht trotz, sondern gerade wegen ihrer Subjektivität. Diese Begründung, die den Anspruch erhebt, methodische Wahrheit zu überschreiten, ist jedoch metaphysisch. Wenn man die Argumentation *Gadamers,* um die von ihm vorgebrachte metaphysische Begründung zu vermeiden, auf die entscheidungstheoretische Ebene bringt und sagt, das verstehende Urteil sei ceteris paribus um so besser, je größer die Erfahrung, so besitzt der Gedanke durchaus eine gewisse Plausibilität, gleichgültig, ob der Begriff „Erfahrung" nur als quantitatives und qualitatives Element des Wissens oder wie bei *Gadamer* als metaphysische Kategorie verstanden wird. Zweifelsohne ist es das Verdienst *Gadamers,* die Bedeutung der hermeneutischen Erfahrung für den Akt des Verstehens freigelegt zu haben,

---

[408] Daher kommt er auch zu einem ungeklärten Verhältnis von Wissenschaft, Wahrheit und Methode: „Es hat sich im Ganzen unserer Untersuchung gezeigt, daß die Sicherheit, die der Gebrauch wissenschaftlicher Methoden gewährt, nicht genügt, Wahrheit zu garantieren. Das gilt im besonderen Maße für die Geisteswissenschaften, bedeutet aber nicht eine Minderung ihrer Wissenschaftlichkeit, sondern im Gegenteil die Legitimierung des Anspruchs auf besondere humane Bedeutung, den sie seit alters erheben. Daß in ihrer Erkenntnis das eigene Sein des Erkennenden mit ins Spiel kommt, bezeichnet zwar wirklich die Grenze der ‚Methode', aber nicht die der Wissenschaft. Was das Werkzeug der Methode nicht leistet, muß vielmehr und kann auch wirklich durch eine Disziplin des Fragens und des Forschens geleistet werden, die Wahrheit verbürgt." H. G. *Gadamer:* Wahrheit und Methode, op. cit., S. 465.

[409] Vgl. ebenda, S. 282.

aber wir können seiner Argumentation deswegen nicht folgen, weil die Begründung der Geltung des Verstehens metaphysisch ist und damit den Bereich wissenschaftstheoretischer Methodik verläßt. In dem Augenblick, wo Hermeneutik mehr als nur ein Ausdruck notwendiger Subjektivität ist, wo ihr Umfang den Anspruch, eine Kunst oder technische Fertigkeit zu sein, überschreitet, wo sie ein Akt der Innerlichkeit wird, verläßt sie das wissenschaftstheoretisch Zulässige. In diesem Augenblick, wo sie sich auf die Ebene der Metaphysik begibt und hier die Begründung ihrer selbst liefert, muß sie als dogmatisch angesehen werden.

Die dritte Möglichkeit hinsichtlich des normativen Anspruchs der hermeneutischen Erfahrung ist damit in den Grundzügen aufgezeigt. Die Tatsächlichkeit der Vorstruktur allen Verstehens läßt den Versuch der Voraussetzungslosigkeit in der Theorie des Zweifels als ein illusionäres Unterfangen erscheinen. Andererseits muß die Auffassung, daß die wahre hermeneutische Erfahrung ihre Geltung aus sich beanspruchen könne, als eine Dogmatisierung angesehen werden, die das Problem der methodisch rationalen Diskussion entzieht. Dennoch besitzt die hermeneutische Erfahrung produktive Funktionen. Die wesentlichste ist die ideologiekritische, die sich direkt aus der Vorstruktur des Verstehens und der Wirksamkeit der hermeneutischen Erfahrung ableitet. Sie vermag zwar nicht die Brille, durch die alles Verstehen die Welt erfaßt, abzusetzen, doch sie kann die Verzerrungen, die durch die Brille entstehen, festzustellen versuchen und hoffen, daß auf diese Art und Weise ein aufklärerischer Effekt erzielt wird, der das Erkennen vor Illusionen bewahrt. Dazu gehört zunächst, den grundsätzlichen Charakter dessen, was in der Wissenschaft betrieben wird, freizulegen und den fundamentalen Aspekt des Verstehens von der Funktion her zu begreifen. In diesem Sinne versteht sich die Aufgabenstellung einer Theorie des Vorverständnisses oder der hermeneutischen Erfahrung, die ein variables Bezugssystem liefert, in dem der Sinn wissenschaftlicher Begriffe, der Sinn von Problemen, Problemlösungen und Erklärungen sowie der Sinn von Tatsachen bestimmt werden kann. Hierzu ist es notwendig, zu begreifen, daß sowohl Theorien und Erklärungen als auch Tatsachen sich immer im Bereiche einer Sinnhaftigkeit bewegen, die nicht absolut, sondern variabel ist. Sie haben eine variable Bezugsbasis auf komplexe Gebilde, die als Paradigmen oder als „Ideale der Naturordnung“[410] identifiziert werden können und in denen sich der Sinn von einzelnen Theorien, Erklärungen, Tatsachen und Beobachtungen konstituiert.

---

[410] Vgl. St. *Toulmin:* Voraussicht und Verstehen, op. cit., S. 76 ff.

c) Der hermeneutische Zirkel

Zur eigentlichen Relevanz gelangt die hermeneutische Erfahrung im hermeneutischen Zirkel. Dieser ist als methodisches Verfahren bereits lange bekannt. Er findet sich schon mehr oder weniger explizit formuliert in der Sammlung methodischer Regeln in der älteren Verstehenslehre. So scheint er auch ein wesentliches Charakteristikum der eigentlichen geisteswissenschaftlichen und geschichtlichen Methodenlehre zu sein, das seine typische Ausprägung im Modell der Textinterpretation oder im Problem der Auslegung, Bewertung und Interpretation historischer Dokumente oder Fragmente am deutlichsten erfährt. Hier ist die Situation die, daß ein bestimmtes Objekt, beispielsweise ein Gedicht, in einem Kontext oder vor einem Hintergrunde einzuordnen ist, der die hermeneutische Erfahrung betrifft. Um den Sinn und Gehalt eines Gedichtes zu verstehen — um das zu verstehen, was der Autor mit dem Gedicht hat sagen wollen — bedarf es einer Summe von Kenntnissen, die beispielsweise die historisch-kulturelle Situation der Entstehung des Gedichtes, das Verhältnis des Autors zu dieser Situation und zu seiner Zeit, die Stimmung und Mentalität des Autors, als er das Gedicht schrieb, literarische Eigenheiten des Autors und seiner Epoche und ähnliche Dinge anbetrifft. Dies scheint bei Gedichten, bei der Interpretation von Kunstwerken wie Gemälden oder Musikstücken und auch bei der Deutung historischer Quellen die typische Situation zu sein. Sie findet als Kunst oder Fertigkeit ihren Höhepunkt stets darin, daß ein Werk, ohne daß dem Interpreten in der konkreten Situation des Interpretierens der Schöpfer bekannt ist, einer bestimmten Epoche, einem einzelnen Autor oder gar einer bestimmten Phase in der Entwicklung des Autors zugeordnet werden kann; denn in diesem Falle ist das Verfahren oder zumindest dessen Resultat sogar methodisch überprüfbar.

Dies ist, was sich nach der Auffassung einer Methodenlehre der Auslegung im interpretierenden Verstehen vollzieht[411]. Die formale Struktur dieses Verfahrens besteht darin, daß ein hermeneutisches Objekt vor dem Hintergrund eines hermeneutischen Ganzen gesehen wird, mithin daß ein Akt methodischer Dialektik vorliegt[412], dessen Problematik in der Relation vom Ganzen zum Besonderen, vom Hintergründigen zum Vordergründigen liegt. Die Kunst des Verstehens besteht darin, das Ganze, das den Hintergrund bildet, zu verstehen und zu bewerten und die Relation zum einzelnen herzustellen; dies ist ein Problem der Selektion und Bewertung von vordergründigen Ereignissen und Tatsachen.

---

[411] Siehe die umfangreiche Arbeit von E. *Betti:* Allgemeine Auslegungslehre, op. cit., passim.

[412] Zur Dialektik als Methodik siehe R. *Lay:* Grundzüge, op. cit., Bd. II, S. 169 ff., S. 317 ff.

Die Lösung dieses Problems ist ein produktiver oder kreativer Akt, der der Urteilskraft der hermeneutischen Erfahrung entspringt. Am deutlichsten wird dies beim Methodenproblem der Geschichtsschreibung. Die Geschichte hat es im Prinzip mit einer unendlich großen Menge von Ereignissen zu tun. Dennoch sind diese nicht alle Ereignisse der Historie als Wissenschaft. Das Problem liegt vielmehr darin, was ein beliebiges Ereignis aus der Vergangenheit zu einem historisch relevanten Ereignis macht. Die Relevanz eines Ereignisses kann vielmehr nur aus dem hermeneutischen Zirkel von Ereignis und Wissen um die Umstände und Zusammenhänge bestimmt werden.

Dieser Vorgang, der sich hinter diesem Zirkel verbirgt, ist jedoch nicht ein Privileg der Geisteswissenschaften oder der Geschichte, auch nicht etwas, das die Geisteswissenschaften von den übrigen Wissenschaften unterscheidet, sondern etwas, das für die Wissenschaft schlechthin charakteristisch ist. Der hermeneutische Zirkel ist ein Verfahren, das in allen Wissenschaften zur Anwendung kommt. Hierzu ist es nur notwendig, zu verdeutlichen, was in den Wissenschaften geschieht. Das vermeintlich Besondere der Geisteswissenschaften scheint zu sein, daß es eine Objektivität der Dinge und Ereignisse nicht gibt; daß vielmehr geisteswissenschaftliche Tatsachen, wie der Wortlaut eines Textes oder ein historisches Ereignis, bevor sie zu etwas Tatsächlichem werden, einer hermeneutischen Sinnklärung bedürfen, die den Sinn und die Bedeutung eines einzelnen auf ein System eines Ganzen bestimmt. Diese Vorstellung geht dahin, daß es z. B. in der Textinterpretation keinen feststehenden, in allen Verwendungen gleichen Sinn oder eine konstante Bedeutung eines Wortes oder Wortgebildes gibt, sondern daß der Sinn und die Bedeutung situativ sind, d. h. aus der jeweiligen besonderen Situation im Verfahren des hermeneutischen Zirkels neu zu bestimmen sind. Dies ist jedoch bei theoretischen Begriffen der Naturwissenschaft genauso der Fall[413]. Es wird als die Aufgabe geisteswissenschaftlicher Methodik angesehen, den Sinn der jeweiligen Situation zu erfassen und das Eigenartige oder Besondere herauszukristallisieren.

Dem entspricht die gegensätzliche Auffassung von den Naturwissenschaften, wo scheinbar ewige und unveränderliche Gesetze herrschen, deren Dasein frei und unabhängig von der Person des Forschenden ist und die von den persönlichen Vorstellungen nicht tangiert werden. Dieses findet wohl den prägnantesten Niederschlag in der populären Vorstellung, daß Vertreter zweier verschiedener Weltanschauungen wohl kaum in geisteswissenschaftlichen Dingen, eher jedoch in naturwissenschaftlichen Dingen einen Konsens erzielen können. Dementsprechend ist auch die Nationalökonomie diejenige unter den Sozialwis-

[413] Siehe dazu Kapitel II., D., 3. c.

senschaften, die den Naturwissenschaften am meisten ähnelt, weil sie sich besonders formal und gesetzesartig gibt. Diese Auffassung verkennt jedoch den grundsätzlichen Charakter dessen, was in den Naturwissenschaften, in der Nationalökonomie und in den Wissenschaften überhaupt geschieht. Es muß streng unterschieden werden zwischen der Natur an sich und den Aussagen, die die Wissenschaft macht. Die Wissenschaft redet über die Realität; sie erklärt die Realität in der Sprache, sei es in verbaler Form, sei es in mathematisch-formalisierter Form. Wissenschaft ist jedoch nicht in der Realität an sich, sie ist nicht ein Verinnerlichen der Phänomene — dann wäre sie reine Metaphysik —, sie ist vielmehr ein Reden über die Phänomene.

Mithin muß auch in den Naturwissenschaften das Prinzip des hermeneutischen Zirkels erkannt und eingesehen werden, daß zwischen der Interpretation eines Gedichtes, dem Aufstellen eines Wirtschaftsmodells und dem Entwerfen einer Theorie der Quantenmechanik methodisch kein Unterschied besteht. In allen drei Fällen werden von jemandem Theorien oder Hypothesen, d. h. sprachliche Gebilde über ein Objekt aufgestellt: Deutungshypothesen über das Gedicht, über das Wirtschaftsgeschehen und über die Quanten. Daß sich jedoch diese Deutungshypothesen in einem hermeneutischen Zirkel bewegen, folgt daraus, daß Deuten die Anwendung und Ausbildung des Verstehens ist, das Verstehen sich jedoch im Zirkel des Verstehens bewegt. Man kann es auch anders begründen: Auch die Naturwissenschaft kann sich nicht von der Bindung an den Menschen befreien; sie ist und bleibt immer eine Aktivität, in der der Mensch die Welt zu verstehen versucht; auch das Wissen der Naturwissenschaften ist „personal knowledge“[414], ein an den Menschen gebundenes Wissen. Dies ist es auch, was *Popper* meint, wenn er von der Relativität der Basissätze spricht[415]; ‚sie sind relativ‘ bedeutet, daß sie auf das Subjekt bezogen sind. Alle Versuche, die Realität ohne die Zwischenstation des Menschen in wissenschaftliche Gebilde zu transformieren, müssen sich als Illusion erweisen.

Deutlich wird dies auch, wenn veranschaulicht wird, was im hermeneutischen Zirkel geschieht: etwas wird als etwas ausgelegt. Wir legen den Fall eines Steines aus als die Wirkung von Kräften; soll dies mehr als nur eine Auslegung sein, soll es die Wahrheit im eigentlichen Sinne sein, so ist dies Metaphysik, und es wird gleichzeitig behauptet, daß der freie Fall für alle Zukunft so erklärt werden wird. Da alle Auslegung im Verstehen basiert, ist auch somit die Auslegung niemals voraussetzungslos.

---

[414] M. *Polanyi:* Personal Knowledge, op. cit.; siehe auch die Entwicklung dieses Gedankens über *Aristoteles, Descartes, Hume, Kant* bis zu *Polanyi* bei M. *Grene:* The Knower and the Known, op. cit., passim.

[415] Siehe K. R. *Popper:* Logik der Forschung, op. cit., S. 69.

Heidegger verdeutlicht dies an der Textinterpretation: „Auslegung ist nie ein voraussetzungsloses Erfassen eines Vorgegebenen. Wenn sich die besondere Konkretion der Auslegung im Sinne der exakten Textinterpretation gern auf das beruft, was ‚dasteht', so ist das, was zunächst ‚dasteht', nichts anderes als die selbstverständliche, undiskutierte Vormeinung des Auslegers, die notwendig in jedem Auslegungsansatz liegt als das, was mit Auslegung überhaupt schon ‚gesetzt', das heißt in Vorhabe, Vorsicht, Vorgriff vorgegeben ist[416]." Hier tritt jedoch ein Problem auf: um das Auszulegende A zu verstehen, muß schon ein Verständnis B des Auszulegenden A vorhanden sein. „Alle Auslegung, die Verständnis beistellen soll, muß schon das Auszulegende verstanden haben[417]." Mithin erhebt sich die Frage, ob im hermeneutischen Zirkel nicht das vorausgesetzt wird, was erst bewiesen werden soll. „Wenn aber Auslegung sich je schon im Verstandenen bewegen und aus ihm her sich nähren muß, wie soll sie dann wissenschaftliche Resultate zeitigen, ohne sich in einem Zirkel zu bewegen, zumal wenn das vorausgesetzte Verständnis überdies noch in der gemeinen Menschen- und Welterkenntnis sich bewegt? Der Zirkel ist nach den elementarsten Regeln der Logik circulus vitiosus[418]."

Somit scheint ein Dilemma zu bestehen: Entweder es gelingt, den Zirkel zu vermeiden und zur objektiven Erkenntnis durchzustoßen, oder die Subjektivität in der Standortgebundenheit der Person schließt die Idee einer objektiven und voraussetzungslosen Wissenschaft aus. Zwei Lösungen bieten sich an. Die erste ist die Lösung von *Heidegger* und *Gadamer*: es ist weniger entscheidend, daß hier ein Zirkel vorliegt; wichtig ist vielmehr, „daß dieser Zirkel einen ontologisch positiven Sinn hat"[419]. „Aber in diesem Zirkel ein vitiosum sehen und nach Wegen Ausschau halten, ihn zu vermeiden, ja ihn nur als unvermeidliche Unvollkommenheit ‚empfinden', heißt, das Verstehen von Grund aus mißverstehen ... Das Entscheidende ist nicht, aus dem Zirkel heraus-, sondern in ihn nach der rechten Weise hineinzukommen. Dieser Zirkel des Verstehens ist nicht ein Kreis, in dem sich eine beliebige Erkenntnisart bewegt, sondern er ist der Ausdruck der existenzialen Vor-struktur des Daseins selbst[420]." Die Begründung, die *Gadamer,* der das Problem mehr unter methodischem Aspekt sieht als *Heidegger,* dafür gibt, daß der Zirkel beibehalten werden kann, ist jedoch, mit den Maßstäben der Methodologie gemessen, wenig überzeugend: „Sieht man näher zu, so erkennt man jedoch, daß auch Meinungen nicht beliebig verstanden werden. Sowenig

[416] M. *Heidegger:* Sein und Zeit, op. cit., S. 150.

[417] Ebenda, S. 152.

[418] M. *Heidegger:* Sein und Zeit, op. cit., S. 152.

[419] H. G. *Gadamer:* Wahrheit und Methode, op. cit., S. 251.

[420] M. *Heidegger:* Sein und Zeit, op. cit., S. 153.

wir einen Sprachgebrauch dauernd verkennen können, ohne daß der Sinn des Ganzen gestört wird, so wenig können wir an unserer eigenen Vormeinung über die Sache blindlings festhalten, wenn wir die Meinung eines anderen verstehen. ... Lediglich Offenheit für die Meinung des Anderen oder des Textes wird gefordert. Solche Offenheit aber schließt immer schon ein, daß man die andere Meinung zu dem Ganzen der eigenen Meinungen in ein Verhältnis setzt oder sich zu ihr. ... Die hermeneutische Aufgabe geht von selbst in eine sachliche Fragestellung über und ist von dieser immer schon mitbestimmt. Damit gewinnt das hermeneutische Unternehmen festen Boden unter den Füßen. Wer verstehen will, wird sich von vornherein nicht der Zufälligkeit der eigenen Vormeinung überlassen dürfen, um an der Meinung des Textes so konsequent und hartnäckig wie möglich vorbei zu hören — bis etwa diese unüberhörbar wird und das vermeintliche Verständnis umstößt... Daher muß ein hermeneutisch geschultes Bewußtsein für die Andersheit des Textes von vornherein empfänglich sein[421]." Mithin ist das hermeneutisch geschulte Bewußtsein und die persönliche, ethische Attitüde das letztliche Korrektiv[422].

Die zweite Lösung gleicht in mancher Hinsicht der ersten. Sie knüpft an der Kritik der ungelösten Basisprobleme des Empirismus an und setzt voraus, daß genauso, wie die Wahrheit von Theorien nicht feststellbar ist, auch die Wahrheit von Tatsachen nicht absolut bestimmt werden kann, daß auch Tatsachen durch ein Verfahren entstehen, das die Struktur des hermeneutischen Zirkels hat. Die Begründung hierzu folgt der obigen Analyse des Verstehens: Wissenschaftliche Tatsachen sind Aussagen über etwas. Eine Tatsachenbehauptung, die in einer Aussage enthalten ist, ist jedoch nur dann wahr, wenn auch die Aussage wahr ist. Daher könnte der *Tarski*sche Wahrheitsbegriff[423] auch auf die Wahrheit von Tatsachen angewendet werden; er ist jedoch auch hier nur hypothetisch und bringt somit keinen Nutzen. Dagegen zeigt *Heideggers* Analyse der Aussage, die er in drei Bedeutungen des Begriffs „Aussage" zusammenfaßt, daß auch eine Aussage eine Abart des Verstehens ist:

(1) „Aussage bedeutet primär Aufzeigung."

(2) „Aussage besagt soviel wie Prädikation."

(3) Aussage bedeutet Mitteilung, Heraussage[424]."

---

[421] H. G. *Gadamer:* Wahrheit und Methode, op. cit., S. 253.

[422] Es sei daran erinnert, daß die Kritik der konventionellen Basis ergeben hatte, daß auch hier die ethische Attitüde des Rationalismus und die persönliche Haltung des kritischen Bewußtseins letztlich den Ausschlag geben; vgl. Kapitel II., C., 2. c.

[423] Siehe A. *Tarski:* Der Wahrheitsbegriff, op. cit., S. 261 ff.

[424] M. *Heidegger:* Sein und Zeit, op. cit., S. 154 f.

Diese drei Bedeutungen lassen sich in der Formel zusammenfassen: „Aussage ist mitteilend bestimmende Aufzeigung[425].“ Damit tritt die gleiche formale Struktur, die in der Auslegung und deren Ursprung, dem Verstehen, erscheint, auch in der Aussage auf. Eine Aussage ist nicht etwas, das aus sich heraus, losgelöst von allem anderen, bestehen kann; sie hat ihre Grundlage vielmehr immer im In-der-Welt-sein des Daseins. Daher gilt für die Aussage das gleiche, das für das Erkennen gilt.

Beide Lösungen basieren somit auf der gleichen Grundlage, nämlich auf der Einsicht, daß die Zirkelstruktur unumgänglich ist. Wenn wir dagegen der Lösung von *Heidegger* und *Gadamer* nicht folgen, so muß dies deswegen geschehen, weil diese Lösung wegen ihrer metaphysischen Begründung vom methodischen Anliegen her nicht nachvollziehbar ist. Die metaphysische Lösung des Wahrheitsproblems überschreitet den Bereich des methodisch Kontrollierbaren, ohne daß damit ein Urteil über diese Lösung verbunden ist. Methodisch muß vielmehr die Unumgänglichkeit und Unvermeidbarkeit als ein Ausdruck der Unvollkommenheit jeden wissenschaftlichen Erkennens schlechthin begriffen werden. Dennoch lassen sich hieraus für das Geschäft der Methodologie wesentliche Konsequenzen ziehen. Die Idee der Überprüfung oder Bestätigung wissenschaftlicher Theorien ist wegen der Unumgänglichkeit des Zirkels nur bedingt durchführbar; sie hat eher eine Wirkung, die die Konsistenz eines wissenschaftlichen Theoriensystems anbetrifft. Indem nämlich Tatsachen in einem ähnlichen Zirkel des Verstehens entstehen, aus dem auch die Theorien oder Hypothesen entspringen, ist durch Konfrontation mit der Realität nur die innere Struktur des Systems von Hypothesen oder Theorien betroffen, nicht jedoch, wie der Positivismus glaubt, die Existenz des Systems als solches. Wenn z. B. eine Hypothese durch eine ‚Tatsache‘ falsifiziert wird, so kann daraus nur geschlossen werden, daß der Zirkel, durch den die ‚Tatsache‘ entsteht, im Widerspruch steht zu dem Zirkel, dem die Hypothese entstammt. Somit hat die Überprüfung durchaus, auch wenn sie bedingt ist, eine wesentliche Funktion. Sie schützt das Denken vor Inkonsequenzen. Wenn z. B. eine abwegige Theorie durch eine ‚Tatsache‘ falsifiziert wird, so zeigt dies, daß der Zirkel der Theorie ein anderer ist als der der ‚Tatsache‘; mithin ist entweder die Theorie oder die Tatsache ‚falsch‘. Wird hingegen eine Theorie durch einen Test verifiziert, so besagt dies, daß die beiden Zirkel übereinstimmen. Das Prädikat „bewährt“ ist daher nicht eine Aussage, die die Übereinstimmung des Theorien- oder Hypothesensystems mit der Realität zum Ausdruck bringt, sondern es bedeutet, daß ein System von Aussagen, und zwar von Theorienaussagen und Tatsachenaussagen, im wesentlichen konsistent ist; es ist ein logisches Prädikat.

---

[425] M. *Heidegger:* Sein und Zeit, op. cit., S. 156.

Eine weitere Konsequenz ist die, daß Tatsachen, die dem gleichen Zirkel wie die Theorie entstammen, zur Überprüfung der Theorie wenig geeignet sind. Um es bildhaft auszudrücken: es erinnert an jemanden, der, weil er eine dunkle Brille trägt, die Theorie aufstellt, alle Welt sei dunkel, und die Tatsachen hierfür mit Hilfe seiner Brille findet. D. h. daß Tatsachen, die dem Instrumentarium und Apparat einer Theorie entstammen, die sie überprüfen sollen, auch meist diese Theorie nicht falsifizieren können. Daraus folgt, daß Tatsachen, die einer anderen Theorie entstammen, noch am ehesten geeignet sind, eine Theorie zu überprüfen. Da jedoch auch diese Fakten nur einem Zirkel entstammen, bedeutet dies — was schon aufgrund der obigen logischen Überlegungen zur Bestätigung festgestellt wurde[426] —, daß Theorien nicht durch Tatsachen überprüft werden, sondern durch andere Theorien. Wenn man sich nun wieder verdeutlicht, daß Theorien nur Deutungen, Interpretationen und Auslegungen sind, so offenbart sich damit das Problem der Methodologie: Theorien werden primär nicht an der Realität überprüft, sondern alternative Theorien konkurrieren um die Gunst des Publikums.

3. Hermeneutik der Sprache

a) Sprachtheoretische Ansätze

Die Rolle der Sprache in der Erkenntnisgewinnung wird immer mehr zu dem Problem der Erkenntnis- und Wissenschaftstheorie überhaupt. Wissenschaft ist Sprache und vollzieht sich in Sprache und sprachlichen Gebilden, gleichgültig ob diese in einem formalisierten oder im Gewande der Umgangssprache auftreten. Die Probleme des Empirismus und Positivismus, die Fragen der Verifikation und Falsifikation haben einen wesentlich sprachlichen Aspekt; denn sie lassen sich auf die Frage der Kongruenz oder Adäquanz von sprachlichen Gebilden und Realität zurückführen. Wären die wissenschaftlichen Systeme nicht sprachliche Gebilde, wären sie nicht von grundsätzlich anderer Art als die Objekte, von denen sie handeln, wären sie sozusagen bei den Dingen an sich, so könnten die Fragen der Verifikation und Falsifikation überhaupt nicht auftreten; erst der Umstand, daß Wissenschaft sich in der Sprache befindet, läßt die Beschäftigung mit der Realität zu einem solch schwierigen Geschäft werden.

Dementsprechend lassen sich auch große Teile der gesamten wissenschaftstheoretischen Diskussion auf sprachliche Probleme zurückführen. Ihnen liegen im wesentlichen zwei grundsätzliche Auffassungen über das Wesen der Sprache zugrunde, die gleichzeitig die beiden Hauptrichtungen in der Theorie oder Philosophie der Sprache darstellen. Die erste Auffassung ist die, daß die Sprache ein Bild, ein Spiegel oder eine Kopie der Wirklichkeit sei. Dies ist der Grundsatz der analytischen Sprachphilosophie. Die zweite Auffassung läßt sich am besten durch einen Satz *Gadamers* charakterisieren: „Sein, das verstanden werden kann, ist Sprache[427].“ Nach dieser Auffassung hat die Sprache nicht eine passive, sondern eine aktive Funktion; die Erschließung des Seins erfolgt am Leitfaden der Sprache. Diese beiden Auffassungen über das Wesen der Sprache schließen einander weitgehend aus. Ihre Gegensätzlichkeit läßt sich wohl am deutlichsten durch den radikalen Wandel der Philosophie *Wittgensteins* charakterisieren, dessen Frühphilosophie im Zeichen einer analytischen Theorie der Sprache steht, während seiner Spätphilosophie eine Auffassung von der Sprache zugrunde liegt, die wesentlich hermeneutische Züge aufweist[428].

Logischer Empirismus und analytische Philosophie sind, was die Behandlung der Sprache anbetrifft, weitgehend identisch[429], was darauf zurückzuführen ist, daß beide wesentliche Impulse durch die Frühphilosophie *Wittgensteins*[430] erfahren haben. *Wittgensteins* Sätze charakterisieren die Grundzüge des gemeinsamen Programms:

„Der Satz ist ein Bild der Wirklichkeit.“
„Das Bild bildet die Wirklichkeit ab, indem es die Möglichkeit des Bestehens oder Nichtbestehens von Sachverhalten darstellt.“
„Die Grenzen meiner Sprache bedeuten die Grenzen meiner Welt.“
„Das denkende, vorstellende Subjekt gibt es nicht[431].“

Philosophie versteht sich somit als Sprachkritik, deren kritische Funktion darin besteht, die Sprache von den metaphysischen „Scheinproblemen“ des denkenden Subjekts zu reinigen, und deren konstruktive Aufgabe die Entwicklung künstlicher und formalisierter Sprachen ist, die den analytischen Bestimmungen der Sprache entsprechen. Dieses Programm einer formalisierten Idealsprache entspringt einem tiefgründigen

---

426 Siehe das Kapitel zur Bestätigung, II., C. 1.

427 H. G. *Gadamer:* Wahrheit und Methode, op. cit., S. 450.

428 Siehe L. *Wittgenstein:* Tractatus logico-philosophicus, op. cit., und Philosophische Untersuchungen, op. cit.; zur Kehre *Wittgensteins* siehe W. *Stegmüller:* Hauptströmungen der Gegenwartsphilosophie, op. cit., S. 564 ff.; K. O. *Apel:* Heideggers philosophische Radikalisierung der „Hermeneutik“, op. cit., S. 116 ff.; ders.: Die Entfaltung der „sprachanalytischen“ Philosophie und das Problem der „Geisteswissenschaften“, op. cit., S. 241 ff.; ders.: Wittgenstein und das Problem des hermeneutischen Verstehens, Zeitschrift für Theologie und Kirche, Bd. 63, 1966, S. 52 ff.

429 Siehe A. J. *Ayer:* Sprache, Wahrheit und Logik, op. cit., S. 41 ff.; L. *Kolakowski:* Die Philosophie des Positivismus, op. cit., S. 203 ff.; G. *Radnitzky:* Contemporary Schools, op. cit., Bd. I, S. 72 ff.

430 Zum Verhältnis *Wittgensteins* zum Empirismus siehe B. *Juhos:* Formen des Positivismus, op. cit., S. 39 ff.; K. *Wuchterl:* Struktur und Sprachspiel, op. cit., S. 92 ff.; K. *Lorenz:* Elemente der Sprachkritik, op. cit., S. 64 ff.

431 L. *Wittgenstein:* Tractatus logico-philosophicus, op. cit., S. 26, 16, 64, 65.

Mißtrauen ob der fehlenden Struktur und Systematik der natürlichen Sprache. Seine erste Station ist die logische Syntax der Sprache. Hier stellte sich jedoch schon bald heraus, daß diese die ihr zugedachte Funktion allein nicht wahrzunehmen vermochte. Die Protokollsatztheorie, die ihr empiristisches Pendant darstellt, muß daher als ein kurzes und naives Zwischenstadium auf dem weiteren Weg des Empirismus angesehen werden; denn die protokollierende Niederschrift der Wahrnehmungserlebnisse in den Zeichen der Protokolle erforderte eine Theorie oder ein System von Regeln, wodurch über das Verhältnis der Zeichen untereinander hinaus die Beziehungen zwischen den Zeichen in den Protokollen und dem Bezeichneten festgelegt werden. Das Sinnproblem der Sprache erwies sich mit den Kategorien des syntaktischen Sinnes allein nicht lösbar.

Erst der Wahrheitsbegriff von *Tarski*[432] vermochte den grundsätzlichen Charakter des Problems offenzulegen. So trivial er zunächst erscheint, so wesentlich ist doch sein Beitrag zur Semantik. Indem er sagt: „a ist wahr dann und nur dann, wenn a“[433], verlagert er das Problem der Wahrheit von Aussagen auf eine rein sprachliche Ebene, wodurch deutlich wird, daß logische Wahrheit und empirische Wahrheit zwei verschiedene Aspekte sind. Seine logische Stärke offenbart jedoch zugleich die Schwäche der analytischen Philosophie; es zeigt sich, daß der *Tarski*sche Wahrheitsbegriff — und damit die Wahrheit in analytischen Sprachen überhaupt — nicht nur Sprache grundsätzlich voraussetzt, sondern daß Wahrheit allgemein auf einer sprachlichen Basis beruht, die mit analytischen Mitteln allein nicht faßbar ist. Wenn beispielsweise eine Investition vorliegt, so sagt *Tarskis* Definition: „Der Satz: ‚Dies ist eine Investition‘, ist wahr dann und nur dann, wenn dies eine Investition ist.“ Voraussetzung ist somit nicht nur die Sprache überhaupt, sondern auch ein Konsensus darüber, was das Zeichen, in diesem Falle der Begriff „Investition“, bedeutet und was der reale und zu bezeichnende Sachverhalt ist. Dieser Konsensus ist jedoch nicht ein semantisches Problem, das die Relation von Zeichen und Bezeichnetem betrifft, sondern ein Problem des richtigen Gebrauchs von Zeichen. Wenn *Carnap* daher für die Wahl von empiristischen Sprachen das pragmatische Kriterium der Übereinstimmung mit der tatsächlichen Praxis vorschlägt[434], mithin die Verwendung von Zeichen ein Problem der Interpretation des Zeichengebrauchs ist, so verbirgt sich hinter dieser Pragmatik ein hermeneutisches Problem. Die Verwendung von Zeichen setzt das Verstehen des praktischen Zeichengebrauchs voraus. Der Sinn oder die Bedeutung von

---

[432] A. *Tarski:* Der Wahrheitsbegriff in formalisierten Sprachen, op. cit., S. 261 ff.

[433] Ebenda, S. 267.

[434] R. *Carnap:* Testibility and Meaning, op. cit., S. 26 f.

Zeichen ist weniger eine Relation zwischen Zeichen und Bezeichnetem als vielmehr eine Frage des verstandenen Zeichengebrauchs.

Wesentlich ist somit, daß ein Zeichen nicht nur etwas bezeichnet, sondern daß dadurch, daß ein Zeichen verwendet wird, dieses auch etwas bedeutet. Bedeutung und Bezeichnung sind somit nicht identisch; Bedeutung betrifft vielmehr das Verstehen des Zeichengebrauchs und den Sinn des Zeichens, den das Zeichen in der Situation der Zeichenverwendung besitzt[435]. Wenn *Carnap* daher die Notwendigkeit einer pragmatischen, also subjektbezogenen Interpretation betont und sein Sinnkriterium nur noch als einen Vorschlag für den Sprachgebrauch begreift[436], so verweist dies in eine Hermeneutik der Zeichenverwendung. Damit ist gleichzeitig dem Behaviourismus in der Theorie der Sprache eine eindeutige Abfuhr erteilt. Die Tatsache, daß Sprache bedeutungsgeladen ist, kann nicht umgangen werden und betrifft auch so elementare Begriffe wie „rot“, „dunkel“, „gehen“ etc. Insbesondere das Problem der sog. Belief-Sätze hat dies immer schon gezeigt. Der Satz: „Ich glaube, daß ich glücklich bin“, kann behaviouristisch nicht dadurch umgangen werden, daß protokollierend ein Kopfnicken auf die Frage nach dem Glück registriert wird[437]. Der kommunikative Aspekt des Sprachverstehens offenbart vielmehr die Möglichkeit einer Rückbeziehung der Sprache auf sich selber.

Ein sprachliches Problem scheint auch bei den Aporien der konventionellen Basis bei *Popper* vorzuliegen. Die Falsifikation bei *Popper* endet letztlich in dem Problem der Annahme oder Verwerfung eines Basissatzes, mithin in dem Aufstellen eines Basissatzes, was bei *Popper* ein Verfahren der Konvention ist. Indem *Popper* diese Konvention nicht näher erläutert, muß sie als blinder Dezisionismus erscheinen, der scheinbar willkürlich ist[438]. Der Vorgang, der hier vorliegt, ist jedoch ein sprachliches Problem. Eine reale Erscheinung, ein Sachverhalt oder ein Prozeß werden in einen Basissatz gefaßt, der dann mit Hilfe logischer Schlüsse über die Gültigkeit von Theorien entscheidet. Dieser Vorgang ist ein Akt der Transformation der Realität in Sprache, nämlich in den Basissatz. Hier ist somit der Punkt, wo das Sprachgebilde der Theorie und die Welt, von der die Theorie handelt, direkt aneinanderstoßen. Daß dieser Akt der Transformation von Realität in Sprache kein mechanischer Vorgang ist, ist in Anbetracht der Verschiedenartigkeit der beiden Bereiche offensichtlich, obwohl die Theorie der Elementarerlebnisse oder die Protokollsatztheorie dies behaupten. Die Sprache und die

---

[435] Siehe A. *Schaff:* Einführung in die Semantik, op. cit., S. 196 ff.

[436] R. *Carnap:* Testibility and Meaning, op. cit., S. 33.

[437] Vgl. K. O. *Apel:* Heideggers philosophische Radikalisierung der „Hermeneutik“, op. cit., S. 132 f.

[438] Siehe A. *Wellmer:* Methodologie als Erkenntnistheorie, op. cit., S. 139 ff.

Realität, über die die Sprache spricht, sind zwei vollkommen verschiedene Sphären, und wenn die Sprache nur ein Bild, eine Spiegelung oder so etwas wie eine Photographie der Realität wäre, so wäre das Aufstellen eines Basissatzes ja nicht ein so großes Problem. Wäre es ein rein passiver Vorgang, in dem die Sprache die Realität direkt widerspiegelt, so wäre die Objektivität der Spiegelung in der Sprache gewährleistet. Ist jedoch diese Transformation ein produktiver und aktiver Vorgang, in den das denkende, vorstellende und sprechende Subjekt einwirkt, so wird der Vorgang erst dann zu einem Problem.

Wenn *Popper* daher sagt: „So ist die empirische Basis der objektiven Wissenschaft nichts ‚Absolutes'; die Wissenschaft baut nicht auf Felsengrund"[439], so bringt er damit zum Ausdruck, daß diese Transformation nicht ohne Bezug auf das transformierende Subjekt gesehen werden kann, daß alle Aussagen über die Realität relativ auf das sprechende Subjekt sind; und indem sie relativ sind, ist Sprechen über die Realität mehr als nur ein passiver Vorgang. *Poppers* Vergleich mit dem Wahrspruch der Geschworenen bringt dies deutlich zum Ausdruck: „Durch den Beschluß der Geschworenen wird eine Behauptung über einen konkreten Vorgang aufgestellt, gewissermaßen ein Basissatz[440]." Was die Geschworenen jedoch tun, ist die Transformation eines realen Vorgangs, der vor Gericht dargelegt wird, in einen juristischen Begriff, beispielsweise Mord, Totschlag oder Tötung. Dieser Urteilsvorgang ist zwar nicht objektiv, aber dennoch ist er nicht willkürlich, sondern er folgt dem Sinn juristischer Begriffsbildung und juristischen Sprachgebrauchs, und insofern ist er nachvollziehbar. Indem er dem Sinn der Begriffsbildung folgt, ist er auch von ihm abhängig. Zumindest ist es ein teilweise hermeneutisches Problem, denn die sprachliche Klassifizierung von Tatbeständen setzt ein Bedeutungsverstehen der sprachlichen Kategorien voraus.

b) Sprachspiele und Bedeutung

Wird jedoch angenommen, daß die Sprache auch Träger von Bedeutungen ist, so bedeutet dies eine vollkommen andere Auffassung über das Wesen der Sprache. Das Problem der Wirklichkeitserkenntnis ist zwar immer noch ein sprachliches Problem, doch die Art, wie diese Erkenntnis sich vollzieht, ist in einer Bedeutungstheorie der Sprache eine vollkommen andere als in einer analytischen Theorie. Zwar ist in beiden Fällen das Erkenntnisproblem auf die Ebene der Sprache verlagert, doch die analytische Theorie geht von der *Wittgenstein*schen Prämisse aus, daß es das erkennende und vorstellende Subjekt nicht gebe[441] und damit

---

[439] K. R. *Popper:* Logik der Forschung, op. cit., S. 75.

[440] K. R. *Popper:* Logik der Forschung, op. cit., S. 74.

[441] Siehe L. *Wittgenstein:* Tractatus logico-philosophicus, op. cit., S. 65.

das Problem von Sprache und Wirklichkeit durch eine reine Strukturtheorie gelöst werden könne, während die Bedeutungstheorie der Sprache impliziert, daß die synthetische Erkenntnisleistung des Subjekts in der Sprache zum Ausdruck kommt. Im letzteren Falle analysieren Semantik und Hermeneutik das gleiche Problem; nur die Aspekte unterscheiden die Ansätze[442].

Wenn daher wie oben für den Bereich der Theorien und wissenschaftlichen Erklärungen ein sinnkritischer Realismus vertreten wird, wonach die Welt durch sinngebende, sprachliche Gebilde erschlossen wird, so müssen ähnliche Überlegungen auch für die Sprache gelten; denn letztlich stellen Theorien oder Erklärungen nichts anderes als sprachliche Gebilde dar, gleichgültig, ob sie in einem formalen oder in einem umgangssprachlichen Gewande auftreten. Damit müssen die Überlegungen, die für den Bereich wissenschaftlichen und theoretischen Erkennens gelten, auch für den Bereich der Sprache ihre Gültigkeit haben. Wird der Grundsatz anerkannt, daß wissenschaftliche Erklärungen und Theorien nichts anderes sind als das Resultat des Bemühens, die Welt zu verstehen und einsichtig zu machen, so muß diese Auffassung auch auf die Sprache anwendbar sein. Genauso wie jedoch dieser sinnkritische Realismus im Bereiche der Theorien und Erklärungen nicht ohne Bezug auf das Subjekt, dem dies alles entspringt, verstanden werden kann, genauso wenig kann dann auch Wissenschaft als Sprache begriffen werden, ohne daß berücksichtigt wird, daß diese Sprache dem Subjekt entstammt und daß es ohne Subjekt keine Sprache gibt[443]. Dementsprechend müssen alle Versuche, das sprechende und das erkennende Subjekt aus der Sprache durch die Konstruktion subjektunabhängiger und rein analytischer Sprachen zu eliminieren, als Ansätze angesehen werden, die zwar einen heuristischen Wert besitzen, aber dennoch die grundsätzliche Subjektgebundenheit der Sprache verkennen. Daß diese Subjektabhängigkeit notwendig zum Wesen der Sprache gehört, mithin die Sprache mehr ist als etwas, das die gleiche Struktur hat wie die Wirklichkeit, zeigt sich daran, daß subjektunabhängige Sprachen zwar konstruiert werden können, aber dies niemals ohne Rückgriff auf die letzte Metasprache, die subjektbedingte Umgangssprache[444].

Die Initiative zu dieser Sprachauffassung stammt aus der Spätphilosophie *Wittgensteins,* wo er den größten Teil der Voraussetzungen seiner Frühphilosophie einer umfangreichen Kritik unterzogen hat[445]. Nicht

---

[442] Siehe H. G. *Gadamer:* Semantik und Hermeneutik, in: Kleine Schriften, III, Idee und Sprache, Tübingen 1972, S. 251 ff.

[443] Konsequenterweise hat denn auch eine Theorie der subjektlosen Sprache ihr Pendant in einer subjektlosen Wissenschaftstheorie oder Erkenntnistheorie.

[444] Siehe W. *Stegmüller:* Das Wahrheitsproblem und die Idee der Semantik, op. cit., S. 42 f.

die logische Struktur ist es, die den Mittelpunkt der Sprachphilosophie ausmacht, sondern das Sprachspiel. Das sprachliche Problem ist das gleiche; nur die Auffassung vom Charakter der Sprache hat sich geändert. Nicht die Struktur der Welt ist es, die der Sprache die Struktur gibt und auf diese Art sprachliches Erkennen präjudiziert, sondern Sprache ist etwas dem Subjekt ursprünglich Gegebenes, aus dem heraus die Welt ergriffen wird. Daher ist der Ausgangspunkt seiner Betrachtungen nicht ein logisches System der Sprache, sondern die natürliche, immer schon verstandene Alltagssprache. Da auch die Konstruktion der künstlichen Sprachen hierauf zurückgreifen muß, befindet sich hier der Anfangspunkt jeglicher Sprachbetrachtung.

Die Situation der Sprache ist das Sprachspiel, das den Kontrapunkt zur früheren Idee der Idealsprache darstellt. Der Mensch wird zu einem „homo loquens": „Befehlen, fragen, erzählen, plauschen gehören zu unserer Naturgeschichte so wie gehen, essen, trinken, spielen[446]." Das Sprachspiel selber stellt eine Einheit von Sprachgebrauch und Lebensform dar: „Ich werde das Ganze: die Sprache und die Tätigkeiten, mit denen sie verwoben ist, das ‚Sprachspiel' nennen[447]." Die Bedeutung von Wörtern folgt nicht den Regeln einer abstrakten, logischen Syntax der Sprache, sondern entspringt der Situationshermeneutik des Sprachspiels. „Jedes Zeichen scheint allein tot. Was gibt ihm Leben? — Im Gebrauch lebt es[448]." „Die Bedeutung eines Wortes ist sein Gebrauch in der Sprache[449]." *Wittgenstein* analysiert dies am Beispiel des Begriffs „Spiel". Es gibt eine Anzahl von Vorgängen, die als „Spiel" bezeichnet werden, wie Brettspiele, Kartenspiele, Ballspiele, Kampfspiele etc., die, wenn sie rein äußerlich betrachtet werden, wenig Gemeinsames aufweisen und dennoch ihre Gemeinsamkeit als Spiel besitzen; denn sonst wären es nicht „Spiele". Die Frage ist daher, was etwas zu einem „Spiel" macht, oder was es heißt, zu wissen, was ein Spiel ist[450]. Das wesentliche ist bei diesem Begriff, wie auch bei allen Begriffen, daß er weniger an sich etwas darstellt, sondern daß die Möglichkeit einer sinnhaften Verwendung des Begriffes erst in der Situation des Gebrauchs festgestellt werden kann, daß es eine feststehende Bedeutung, die ohne Bezug auf den

---

445 L. *Wittgenstein:* Philosophische Untersuchungen, op. cit., S. 309 ff.; siehe auch W. *Stegmüller:* Hauptströmungen der Gegenwartsphilosophie, op. cit., S. 564 ff.; K. O. *Apel:* Wittgenstein und das Problem des hermeneutischen Verstehens, op. cit., S. 70 ff.

446 L. *Wittgenstein:* Philosophische Untersuchungen, op. cit., S. 302.

447 Ebenda, S. 435.

448 L. *Wittgenstein:* Philosophische Untersuchungen, op. cit., S. 311.

449 Siehe ebenda, S. 324 ff. Vgl. auch (wenn auch anders konzipiert) H. *Pilch:* Sprache als Spiel und Methode, in: Freiburger Dies Universitatis, Bd. 13, 1966, S. 51 - 65.

450 Siehe K. *Lorenz:* Elemente der Sprachkritik, op. cit., S. 149 ff.

Gebrauch definiert ist, nicht gibt. Die Bedeutung konstituiert sich vielmehr in der dialogischen Situation des Sprechens in der Lebenswelt[451], und das in dieser Lebenspraxis zum Ausdruck kommende Bedürfnis nach einer Pragmatik des Sprachgebrauchs schafft sich seine eigene Situationslogik der Sprache. So ist z. B. der Satz „Die Sonne geht auf" im umgangssprachlichen Gebrauch nicht nur sinnvoll, sondern auch verifizierbar, während die gleiche Aussage im Kreise von Astronomen unsinnig und falsch ist[452].

Daher ist auch nicht nur der Sprachgebrauch allein relevant; auch der Kontext der Situation ist wesentlicher Bestandteil des Sprachspiels; der Sprachgebrauch setzt ein Verstehen der jeweiligen Situation voraus. Insofern gleicht *Wittgensteins* Analyse des Sprachspiels in vieler Hinsicht der Problematik der hermeneutischen Situation, beispielsweise in der Textinterpretation. Das einzelne bekommt seinen Sinn oder die Bedeutung erst im Kontext der Situation. „Das Modell des Sprachspiels impliziert sowohl das unmittelbare Welt-(=Situations-)Verständnis, das im ‚Meinen von etwas' liegt, wie auch das im engeren Sinn ‚hermeneutische' Verstehen der Intentionen des unmittelbaren Weltverständnisses, die in Handlungen und Werken der Menschen zum Ausdruck kommen[453]."

Wittgenstein selbst begrenzt seine Analyse der Sprachspiele auf das Problem der Umgangs- oder Alltagssprache. Methodisch relevant wird dieser Ansatz jedoch erst, wenn sich zeigen läßt, daß zwischen alltäglicher und Wissenschaftssprache kein so großer Unterschied besteht, als daß sich diese Überlegungen nicht auf die Wissenschaften übertragen lassen. Ein erster Beitrag hierzu ist die Arbeit von *Winch*[454], der die Übertragung des Sprachspielmodells auf die Sozialwissenschaften übernommen hat. *Winchs* These ist die Identität von philosophischer und sozialwissenschaftlicher Forschung: „das zentrale Problem der Soziologie, von der Natur sozialer Phänomene im allgemeinen Rechenschaft zu geben, gehört selber der Philosophie an. Ja, um den Akzent etwas gröber zu setzen, dieser Teil der Soziologie ist in Wahrheit zu kurz gekommene Erkenntnistheorie[455]." Anknüpfend an *Wittgensteins* Überlegungen über die im Sprachspiel enthaltenen und verstehbaren Regeln der Sprache[456] analysiert er sinnvolles Verhalten ebenfalls als von Regeln geleitetes Handeln[457]. Damit besteht zwischen der Sprache und der Soziologie kein

---

[451] Vgl. K. O. *Apel:* Wittgenstein und das Problem des hermeneutischen Verstehens, op. cit., S. 71.

[452] Vgl. K. O. *Apel:* Wittgenstein und das Problem des hermeneutischen Verstehens, op. cit., S. 71.

[453] Ebenda, S. 73.

[454] P. *Winch:* Die Idee der Sozialwissenschaft, op. cit.

[455] Ebenda, S. 58.

methodischer Unterschied mehr; denn genauso wie die Regeln der Sprache verstanden werden können, ist auch die Regelhaftigkeit sinnvollen Verhaltens verstehbar. Das einzige Problem besteht noch darin, sämtliches Verhalten, also auch von der Norm abweichendes Handeln, als ein Verhalten nach oder gegen Regeln zu begreifen. Das gleiche Verstehen, das die Sinnhaftigkeit in der Situationslogik des Sprachspiels begründet, macht auch das Wesen des sinnvollen Verhaltens verstehbar. Aus dem Verstehen der Regel folgt das Verstehen der Handlung.

In dieser Verstehbarkeit sieht *Winch* auch den Unterschied zwischen Natur- und Geisteswissenschaften. Hierfür verwendet er allerdings eine Begründung, die eine Mischung zwischen der traditionellen Theorie des Dualismus und der Sprachphilosophie darstellt: „Ich möchte zeigen, daß die Idee einer menschlichen Gesellschaft ein Begriffsschema impliziert, das mit den von den Naturwissenschaften angebotenen Erklärungsarten logisch unvereinbar ist[458]." Hierbei greift er auf das *Hegel*sche Prinzip des Umschlags von Quantität in Qualität zurück: Der Gradunterschied in der Komplexität zwischen natur- und sozialwissenschaftlicher Begriffsbildung ist derart, daß er in einen Artunterschied umschlägt[459]. *Winch* ist der Auffassung, daß die Begriffe der Sozialwissenschaften in das gesellschaftliche Leben selber eingehen, während die Begriffe der Naturwissenschaften nur Beschreibungen durch den Beobachter beinhalten.

Damit bleibt er aber auf der halben Strecke der Argumentation *Wittgensteins* über das Sprachspiel stehen. Scheinbar erkennt er nicht, daß *Wittgensteins* Anliegen im „Tractatus" und in den „Philosophischen Untersuchungen" das gleiche ist, nämlich das Problem des Erkennens vom Wesen der Sprache her zu begreifen, daß es in beiden Philosophien *Wittgensteins* die Sprache ist, in der die Welt erfaßt wird. Nur so kann er dazu kommen, von der Verstehbarkeit des Sprachspiels her auf die Verstehbarkeit sozialer Phänomene zu schließen und gleichzeitig die Unverstehbarkeit der Natur zu behaupten. Das setzt jedoch voraus, daß entweder die Natur nicht durch Sprache erschlossen wird oder daß die Sprache, in der die Natur erschlossen wird — und allgemein die Sprache der Theorie — eine Sprache ist, die nicht verstehbar ist[460]. Damit wird die Einheit der Sprache aufgegeben und gleichzeitig die Existenz einer

---

[456] Siehe L. *Wittgenstein:* Philosophische Untersuchungen, op. cit., S. 332 ff.

[457] Eine ähnliche Argumentation findet sich bei *Hayek;* siehe F. A. *Hayek:* Rules, Perception and Intelligibility, op. cit., S. 43 ff. *Hayek* verbindet regelgeleitete Handlungen, regelgeleitete Wahrnehmungen und die Möglichkeit, gelernte Regeln zu übertragen und sucht in dem Verstehen von Regeln ein Bezugssystem für die Sozialwissenschaften.

[458] P. *Winch:* Die Idee der Sozialwissenschaft, op. cit., S. 94.

[459] Siehe ebenda, S. 93 ff.

Sprache zugegeben, die zwar vom Menschen stammt, aber scheinbar nicht verstanden werden kann. *Winch* argumentiert damit auf zwei Ebenen, und dies ist sein Verhängnis. Er folgt dem sprachphilosophischen Ansatz insofern, als die Phänomene durch die Sprache erfaßt werden; andererseits argumentiert er jedoch vom Wesen der Dinge her und konstruiert so eine Dichotomie der Sprache oder Begriffsbildung[461].

Diese Vermischung der beiden Ebenen läuft jedoch dem Gedanken der *Wittgenstein*schen Sprachtheorie zuwider — gleichgültig, ob die Spiegelbildtheorie oder die hermeneutische Theorie des Sprachspiels als Maßstab genommen wird. Soll einerseits der sprachphilosophische Grundsatz, daß die Sprache die Realität erschließt, aufrechterhalten werden und andererseits die Theorie der situativen Hermeneutik des Sprachspiels anerkannt werden, so ist es die Aufgabe, nachzuweisen, daß in der Sprache, die als Theorie erscheint, das Bedeutungsproblem des Sprachspiels genauso auftritt wie in der Alltagssprache und daß kein prinzipieller oder Artunterschied zwischen theoretischem und alltäglichem Begreifen der Welt in der Sprache besteht.

Daß diese Auffassung für die Geisteswissenschaft gilt, darf als allgemeiner Konsensus unterstellt werden; hier ist die Begriffsbildung relativ und kontextbedingt, was sich schon darin zeigt, daß beispielsweise der gleiche Begriff in verschiedenen Gedichten vollkommen unterschiedliche Bedeutungen haben kann. In den Philologien macht dies das Problem der Übersetzung aus. Auch in den Sozialwissenschaften ist es einsichtig, daß die Begriffsbildung einer situativen Hermeneutik folgt. Der Bedeutungsgehalt der Begriffe ergibt sich weitgehend aus dem Kontext ihrer Verwendung. Der Begriff der „Politischen Ökonomie" beispielsweise umfaßt ein derart breites Spektrum an Bedeutungen, daß das Politische an der politischen Ökonomie selber zu einem Politikum werden kann. Aber auch technische Begriffe wie Kapital, Faktor, Ertrag etc. sind hinsichtlich ihres Bedeutungs- und Sinngehalts erst durch den theoretischen Zusammenhang, in dem sie verwendet werden, einigermaßen bestimmt. Man denke nur daran, welch unterschiedliche Auffassun-

---

[460] *Gellner* macht es sich ein bißchen zu leicht, wenn er argumentiert, die Theorie von *Winch* folge aus der Spätphilosophie *Wittgensteins,* und wenn die Theorie von *Winch* widerlegt oder abgelehnt sei, so sei auch die Philosophie *Wittgensteins* widerlegt; siehe E. *Gellner:* Der neue Idealismus — Ursache und Sinn in den Sozialwissenschaften, in: H. *Albert:* Theorie und Realität, op. cit., S. 91.

[461] Es ist wohl letztlich dieses Ergebnis der Dichotomie der Wissenschaften, das *Winch* zu einer so umfangreichen Zustimmung bei den „geisteswissenschaftlichen" Erkenntnistheoretikern verschafft; siehe J. *Habermas:* Zur Logik der Sozialwissenschaften, op. cit., S. 232 ff.; K. O. *Apel:* Die Kommunikationsgemeinschaft als transzendentale Voraussetzung der Sozialwissenschaften, op. cit., S .28 ff.; ders.: Die Entfaltung der „sprachanalytischen" Philosophie und das Problem der „Geisteswissenschaften", op. cit., S. 271 ff.

gen, Theorien und Begriffsbestimmungen es über das Wesen des Zinses gibt. Mithin kann die Hermeneutik des Sprachspiels auch auf die Begriffe und Theorien in den Sozialwissenschaften übertragen werden. Der Bedeutungsgehalt der einzelnen hier verwendeten Zeichen oder Begriffe schwebt nicht in Kategorien des Absoluten, sondern ist variabel im Hinblick auf das Sprachspiel der jeweiligen Theorie. Damit muß auch, um den Bedeutungsgehalt eines Zeichens oder eines Begriffes zu verstehen, die Theorie oder das Erklärungsschema, worin das Zeichen verwendet wird, zuvor verstanden werden. Die gleiche methodische Dialektik des Einzelnen und des Ganzen, die für die Interpretation von Gedichten charakteristisch ist, gilt auch für die Hermeneutik sozialwissenschaftlicher Theorien.

Einzig die Begriffsbildung in den Naturwissenschaften scheint nach einer weit verbreiteten Auffassung diesem Prinzip der Sprache nicht zu unterliegen. Die in der formal-mathematischen Denkweise der Naturwissenschaften anzutreffende Sprachauffassung scheint vielmehr eine „Befreiung von der Seele“[462] geschaffen zu haben, die eine total autonome und absolute Sprache zur Folge hat. Das theoretische Denken und die theoretische Sprache der Naturwissenschaften scheinen situationslos und absolut und sich jenseits des menschlichen Daseins in ein übergeschichtliches zu erheben, das nicht historische Existenz ist.

Daß diese Meinung jedoch auf einer Verkennung des Charakters der naturwissenschaftlichen Begriffsbildung beruht, entstammt der Auffassung der „new philosophy of science“. So schreibt *Hanson:*

> “Cause-words resemble game-jargon, as was noted earlier. ‘Revoke’, ‘trump’, ‘finesse’ belong to the parlance system of bridge. The entire conceptual pattern of the game is implicit in each term: you cannot grasp one of these ideas properly while remaining in the dark about the rest... Likewise with ‘presure’, ‘temperature’, ‘volume’, ‘conductor’, ‘insulator’, ‘charge’ and ‘discharge’, ‘wave-length’, ‘amplitude’, ‘frequency’, ‘elastic’, ‘stretch’, ‘stress’ and ‘strain’ in physics... To understand one of these ideas thoroughly is to understand the concept pattern of the discipline in which it figures[463].”

Auch *Ryle* bringt einen Vergleich mit dem Spiel:

> “It is clear, I hope, how the meanings of the terms used by Bridge-players and Poker-players are heavy with the systems or schemes of those games. It would be absurd to suppose someone learning what is meant by ‘straight flush’ without learning even the rudiments of Poker... In the same general sort of way the special terms of a science

[462] W. G. *Waffenschmidt:* Denkformen und Denktechnik, op. cit., S. 99.

[463] N. R. *Hanson:* Patterns of Discovery, op. cit., S. 61 f.

are more or less heavy with the burthen of the theory of that science. The technical terms of genetics are theory-laden, laden, that is, not just with theoretical luggage of some sort or other but with the luggage of genetic theory[464]."

Feyerabend formuliert es als theoretisches Prinzip: "the meaning of every term depends upon the theoretical context in which it occurs. Words do not 'mean' something in isolation; they obtain their meanings by being part of a theoretical system[465]." Hieraus lassen sich folgende Konsequenzen ableiten, die darauf hindeuten, daß die Bedeutungstheorie des Sprachspiels auch für wissenschaftliche Theorien gilt:

(1) Die Bedeutung der außerlogischen Begriffe, die in empirischen Theorien auftreten, kann nur verstanden werden aus dem Verständnis des theoretischen Kontextes, in dem sie auftreten.

(2) Die Bedeutung eines theoretischen Terminus S ändert sich dann, wenn sich der theoretische Kontext T ändert oder durch einen anderen Kontext ersetzt wird.

(3) Ein theoretischer Terminus S, der in zwei verschiedenen theoretischen Kontexten T_1 und T_2 auftritt, die nicht miteinander vereinbar sind, kann nicht in T_1und T_2 die gleiche Bedeutung haben[466].

Die Begründung hierfür entstammt der Theorie der Erklärung[467]: Gegeben seien zwei Theorien T_1und T_2, von denen T_2 die allgemeinere ist und aus der T_1 deduziert werden soll. T_2 ist somit das explanans, T_1 das explanandum. Die Erklärung von T_1 besteht somit in der logischen Deduktion von T_1 aus T_2, wobei die Randbedingungen den Bereich B_1 für die Anwendung von T_1 spezifizieren. Diese dem üblichen Erklärungsschema entsprechende Ableitungsbeziehung scheint zunächst sinnvoll zu sein. Sie geht jedoch von zwei Voraussetzungen aus, nämlich daß erstens innerhalb von B_1 die Folgerungen, die sich aus dem allgemeineren explanans T_2 ergeben, mit den Folgerungen, die sich aus dem explanandum T_1 ergeben, kompatibel sind und daß zweitens die wesentlichen deskriptiven Begriffe, die die Konsequenzen aus den Theorien beschreiben, hinsichtlich ihres Gehalts und ihrer Bedeutung bei T_1 und T_2 identisch

---

464 G. *Ryle:* Dilemmas, op. cit., S. 90.

465 P. K. *Feyerabend:* Problems of Empiricism, op. cit., S. 180; siehe auch ders.: On the „Meaning" of Scientific Terms, op. cit., S. 266; ders.: Über die Interpretation wissenschaftlicher Theorien, op. cit., S. 59 ff.

466 Vgl. J. *Giedymin:* The Paradox of Meaning Variance, in: The British Journal for the Philosophy of Science, Bd. 21, 1970, S. 258 f.; P. *Achinstein:* On the Meaning of Scientific Terms, The Journal of Philosophy, Bd. 61, 1964, S. 497.

467 Vgl. P. K. *Feyerabend:* Explanation, Reduction and Empiricism, op. cit., S. 100 f.; ders.: Problems of Empiricism, op. cit., S. 164 f.

sind oder zumindest deswegen in Einklang zu bringen sind, weil sie durch empirische Hypothesen verbunden sind. D. h. die Bedeutung der Begriffe darf nicht dadurch tangiert werden, daß T_1 in T_2 überführt oder T_1 aus T_2 deduziert wird. Um es zu verdeutlichen: Wenn T_1 besagt, es sei die „Erde", die den Stein anziehe, und T_2 die Theorie von der Anziehungskraft der Massen ist, so kann T_1 in T_2 überführt werden. Hierbei hat jedoch der Begriff „Anziehung" aus dem Wissenshorizont von T_1 eine andere Bedeutung als aus dem Wissenshorizont von T_2; jemand, der nur T_1 kennt, würde „Anziehung" anders ‚definieren' als jemand, der T_2 kennt.

Das bedeutet aber nur, daß mit einem Wissensfortschritt gleichzeitig immer eine Neuinterpretation bestehender Begriffe im Sinne der neuen Theorie verbunden ist, daß mithin die Begriffe einer Theorie ihren Bedeutungsgehalt erst durch die Theorie, zu der sie gehören, erhalten und daß das Verstehen der Bedeutung außerlogischer Begriffe das Verstehen des theoretischen Kontextes, in dem sie erscheinen, voraussetzt[468]. Wäre das nicht der Fall, so müßte entweder jede neue Theorie vollkommen neue, bisher noch nirgendwo vorkommende Begriffe entwickeln — was nicht bedeutet, daß eine neue Theorie nicht einige neue Begriffe entwikkelt —, oder der bewußte Bedeutungsgehalt der bekannten theoretischen Begriffe müßte von der Art sein, daß er die Funktion und Bedeutung in allen zukünftigen Theorien schon mit einschließt.

c) Bedingtheiten des Erkennens

Auch die Sprache der Theorie und der Naturwissenschaften hat somit ihre hermeneutische Bedingtheit; auch das theoretische Erkennen folgt der hermeneutischen Situationslogik. Das Prinzip, wonach sich der Bedeutungsgehalt theoretischer Begriffe bestimmt, unterscheidet sich grundsätzlich nicht von dem in den Sozial- oder Geisteswissenschaften. Auch die naturwissenschaftliche Begriffsbildung ist somit nicht absolut,

---

[468] In den Grundzügen finden sich diese Gedanken bereits bei L. *Fleck:* Entstehung und Entwicklung einer wissenschaftlichen Tatsache, Basel 1935. *Fleck* untersucht die Theorie und den Begriff der Syphilis vom 15. Jahrhundert bis zur Gegenwart (1934) und kommt zu dem Ergebnis, daß auch der Begriff „Syphilis" nicht absolut ist, sondern von dem gesamten relevanten Wissens- und Theoriengebäude abhängt; „denn ‚Syphilis an sich' existiert nicht" (S. 46). Der Begriff muß vielmehr auf das „Denkkollektiv" und den „Denkstil" der Wissenschaftler bezogen werden. Hierbei zeigt sich, daß das „Denkkollektiv" die Bedeutung von Begriffen prägt und auf diese Art das Erkennen beeinflußt. Das gilt auch für die Tatsache: „Die Tatsache muß im Stil des Denkkollektivs ausgedrückt werden" (S. 108). Erkennen vollzieht sich in einem Zirkel: „bereits Erkanntes beeinflußt die Art und Weise neuen Erkennens, das Erkennen erweitert, erneuert, gibt frischen Sinn dem Erkannten" (S. 45). Dieser Prozeß ist nicht nur ein theoretischer, sondern auch ein sozialer; er bezieht sich primär auf das „Denkkollektiv". *Fleck* selber ist hierfür das beste Beispiel: seine Arbeit blieb jahrzehntelang unbeachtet.

voraussetzungslos und kontextunabhängig. Zwar mag es sein, daß hinsichtlich des Ausmaßes der Variabilität der Bedeutungen der Begriffe ein Unterschied zwischen den Geisteswissenschaften und den theoretischen oder Naturwissenschaften besteht; doch ist dies nur ein gradueller Unterschied, nicht jedoch ein prinzipieller. Auch erscheint dieser mögliche graduelle Unterschied nicht genügend, als daß sich daraus ein Artunterschied herleiten ließe, der ja eine Unterschiedlichkeit behaupten würde, die von der Notwendigkeit einer hermeneutischen Sinn- und Bedeutungserklärung bei jeglicher Art der Begriffsbildung her eben nicht besteht.

Dieses hat Konsequenzen für die Auffassungen über den Charakter der Sprache. Eine voraussetzungslose und absolute Sprache, die frei von hermeneutischen Implikationen ist, gibt es auch in den theoretischen und Naturwissenschaften nicht; ob sie grundsätzlich möglich ist, sei dahingestellt; zumindest ist sie nicht bekannt. Daß sie möglich ist, erscheint auch wenig wahrscheinlich; denn erstens haben alle Versuche, eine solche Sprache zu konstruieren, eine Hermeneutik der Umgangssprache als oberste Metasprache zur Voraussetzung, und zweitens erscheint der Gedanke einer Sprache, die nicht irgendwie durch den Sprecher bedingt ist, widersinnig. Insofern erscheint der grundsätzliche Gedanke, daß Erkennen ein sprachlich bedingtes Phänomen ist, als ein wesentlicher Beitrag zum Erkenntnisproblem. Der Glaube jedoch, das erkennende Subjekt und dessen erkenntnisbedingte Leistung durch Konstruktion einer entsprechenden Sprache eliminieren zu können, muß als eine Illusion angesehen werden, die zwar heuristisch aufschlußreich ist, aber letztlich nichts anderes darstellt als das sprachphilosophische Pendant zum Positivismus und daher mit den gleichen Aporien behaftet ist. Der Versuch einer objektiven außerlogischen Sprache verkennt die Bedingtheit durch das Subjekt genauso wie der Versuch einer objektiven Wahrnehmung in der Theorie der Elementarerlebnisse oder in der Protokollsatztheorie.

Es scheint das unvermeidbare Schicksal der Erkenntnis schlechthin und auch des wissenschaftlichen Erkennens zu sein, daß die Subjektivität unumgänglich ist. Das Problem heißt daher nicht, wie objektive Wissenschaft möglich sei, sondern wie Wissenschaft trotz Subjektivität möglich ist. Der Tatbestand, der hier vorliegt, scheint immer noch am besten durch *Polanyis* Verbindung von Wissen und Subjektgebundenheit im „personal knowledge“[469] gekennzeichnet zu sein, wobei „personal“ die notwendige und unumgängliche Metaphysik kennzeichnet. Das paradigmatische Verstehen bedeutet daher sowohl in der *Wittgenstein*schen Theorie des Sprachspiels als auch in der grundsätzlichen Universalität des hermeneutischen Problems einen Anschluß an *Kants* Analyse der

---

[469] M. *Polanyi:* Personal Knowledge, op. cit.

Funktion der Urteilskraft, der auch in einer Theorie der wissenschaftlichen Erkenntnis ihre Unumgänglichkeit zukommt[470].

Die Frage, wie Verstehen möglich sei oder welcher Faktor das Verstehen ermögliche, erinnert denn auch in vieler Hinsicht an die Frage nach der Metaphysik. Daß das Verstehen möglich ist, sei es in sprachlich-kommunikativer, sei es in sonstiger Form, wird denn auch kaum bestritten. Einzig die Art der Begründung unterscheidet die drei wesentlichen Ansätze der Philosophie. Der transzendentalphilosophische Ansatz begründet es in dem Faktor eines transzendentalen Apriori, das entweder als hermeneutisch geschultes Bewußtsein wie bei *Gadamer*[471] oder — unter dem Einfluß des Pragmatismus — als eine transzendentale Kommunikations- oder Interpretationsgemeinschaft wie bei *Apel*[472] auftritt. Die naturalistisch orientierte Philosophie begründet es schlicht und einfach in den Naturgegebenheiten geistiger Organismen oder den dispositionalen Eigenschaften des Subjekts[473], während die materialistische Erkenntnistheorie nach dem Grundsatz, daß alles dem Gesellschaftlichen entstamme, auf die Präformierungen und Präjudizierungen durch die Gesellschaft verweist[474].

Offen bleibt die Frage nach der Bedingtheit des Erkennens durch die Sprache und nach den Wirkungen dieser Bedingtheit. Wenn *Gadamer* sagt: „Sein, das verstanden werden kann, ist Sprache"[475] und *Wittgenstein* behauptet: „Die Grenzen meiner Sprache bedeuten die Grenzen meiner Welt"[476], so deutet dies nicht nur auf eine mögliche Begrenzung des Erkennens durch die Sprache, sondern auch auf einen Einfluß der Sprache auf das Erkennen hin. Entscheidend ist hier wiederum die Auffassung über das Wesen der Sprache. Ist sie mehr als nur eine passive Widerspiegelung, mehr als eine Photographie der Realität, so erscheint es einsichtig, daß die Sprache genauso aktives Handeln ist, wie auch Erkennen dann nicht nur ein Widerspiegeln ist, sondern prinzipiell von Handeln nicht zu unterscheiden ist. Sprache ist auf jeden Fall von Re-

---

[470] Vgl. *Kambartel:* Erfahrung und Struktur, op. cit., S. 218; siehe auch die *Kant*interpretation von *Grene* „the knower as agent" in M. *Grene:* The Knower and the Known, op cit., S. 120 - 156.

[471] H. G. *Gadamer:* Wahrheit und Methode, op. cit., S. 324 ff.

[472] K. O. *Apel:* Die Kommunikationsgemeinschaft als transzendentale Voraussetzung der Sozialwissenschaften, op. cit., S. 1 ff.; siehe auch die am Modell der Psychoanalyse orientierte Kommunikationsgemeinschaft bei J. *Habermas:* Erkenntnis und Interesse, op. cit., S. 262 ff. sowie G. *Radnitzky:* Contemporary Schools of Metascience, op. cit., Bd. II, S. 43 ff.

[473] Siehe H. *Gomperz:* Über Sinn und Sinngebilde, op. cit., S. 50 ff.; K. *Bühler:* Die Krise der Psychologie, op. cit., S. 37 ff.; H. *Albert:* Traktat über kritische Vernunft, op. cit., S. 151 ff.

[474] Siehe A. *Schaff:* Einführung in die Semantik, op. cit., S. 131 ff.

[475] H. G. *Gadamer:* Wahrheit und Methode, op. cit., S. 450.

[476] L. *Wittgenstein:* Tractatus logico-philosophicus, op. cit., S. 64.

geln geleitet, wodurch sie prinzipiell anderen regelgeleiteten Aktivitäten wie Wahrnehmen oder Handeln gleichgestellt ist[477]. Insofern die Zeichen der Sprache auch Träger von Bedeutungen sind, vermögen sie auch eine bedeutungsverstehende Vermittlung der Realität zu bewirken. Nur so scheint es einsichtig, wieso beispielsweise die Bedeutungsexplikation in analytischen Modellen oder Theorien für den Erkennenden von Interesse sind. Wenn z. B. die Entscheidungstheorie oder die Theorie des rationalen Handelns in analytischen Modellen, die nichts über die Realität aussagen, den Begriff der Rationalität darlegen, so kann dies nur als eine Bedeutungsexplikation von Begriffen verstanden werden, die dazu dient, die Realität zu vermitteln. Je nachdem, ob z. B. das *Bayes-*, *Savage-* oder *Hurwicz*-Kriterium zugrundeliegt, liegt dann eine verschiedene Bedeutung der Rationalität vor. Mithin hängt auch das Erkennen von Rationalität von der Bedeutung des Begriffs „Rationalität" selber ab.

Wird nun dieses Beispiel auf die Sprache überhaupt ausgedehnt, so folgt daraus, daß das Erkennen weniger von den Zeichen der Sprache an sich abhängt, sondern vom Bedeutungsverstehen der Zeichen. Die Zeichen an sich und ihre Benennung sind nur ein formales Gerüst; entscheidend ist nicht ihre Form, sondern das Verstehen ihrer Bedeutung. Damit werden die Dinge aber nicht durch ihre Benennung erkannt, sondern durch das Verstehen der Bedeutungen. Dies wiederum bedeutet, daß das Verstehen der Realität, sei es in der Sprache, sei es in sprachlichen Gebilden wie Theorien, Erklärungen oder Modellen, nicht ein Verstehen der Bezeichnungen, sondern ein Verstehen der Bedeutungen ist. Wenn daher die Sprache auf das Erkennen einwirkt, so ist es primär der hermeneutische Aspekt des Zeichens.

---

[477] Siehe F. A. *Hayek:* Rules, Perception and Intelligibility, op. cit., S. 43 ff.

III. Erkenntnistheoretische Bezüge der Nationalökonomie

A. Der logische Charakter der Nationalökonomie

Im folgenden sollen die Konsequenzen aus den bisherigen methodologischen und erkenntnistheoretischen Überlegungen gezogen werden. Ein Resümee dieser Erörterungen ergibt:

(1) Die Wirtschafts- und Sozialwissenschaften stehen in einem Spannungsfeld zwischen einerseits der Dichotomie von natur- und geisteswissenschaftlichen Ansätzen und andererseits den Postulaten einer einheitswissenschaftlichen Methodenlehre.

(2) Die tatsächlichen Ansätze der Forschung sind in erkenntnistheoretischer Sicht pragmatischer und pluralistischer als die erkenntnistheoretischen Programme, Bekenntnisse und Forderungen.

(3) Die Diskrepanz von Theorie und Realität gilt nicht nur für die Theorien in den Wissenschaften, sondern auch für die bekannten Theorien über die Wissenschaft: sie erklären die Entwicklung nur unbefriedigend.

(4) Die Diskussion der einzelnen Methodenkomponenten zeigt, daß

- die logisch-analytischen Methoden zwar ein wesentlicher Teil einer Theorie der Erfahrungserkenntnis sind, jedoch keine Erfahrungserkenntnis liefern,
- die empiristischen Komponenten mit erheblichen Aporien behaftet sind, so daß die empiristischen Methoden ergänzungsbedürftig sind, und
- die hermeneutischen Komponenten nicht nur ein erkenntnistheoretisch legitimer, sondern auch ein essentieller Bestandteil einer Theorie der Erfahrungswissenschaft sind.

Diese Überlegungen müssen auch für die Nationalökonomie gelten.

Nachdem dargelegt worden ist, daß die Mathematik analytisch ist und daher in die Logik bzw. Logistik überführt werden kann[1], fällt im Hinblick auf die Nationalökonomie die Frage nach der logischen Interpretation mit der nach dem mathematischen Charakter zusammen. Hier ist es insbesondere das Problem der reinen Theorie, das in der dogmenge-

[1] Siehe Abschnitt II, B.

schichtlichen Betrachtung Anlaß zu erheblichen Mißverständnissen gegeben hat. Diese erinnern über lange Zeiträume hinweg an die obige Unterscheidung von Mathematik und Mathetik; nicht der mathematische Charakter der Nationalökonomie als Wissenschaft, sondern die Frage nach dem quantitativen Charakter des Objekts bzw. dessen Quantifizierbarkeit — also die mathetische Fragestellung — hat die Diskussion beherrscht. Daher ist auch eine enge Korrelation der Methodenfrage und der Ontologie festzustellen; die Mathematisierung des Objekts erfolgte durch den Nachweis seines quantitativen Charakters[2].

Schon bei *Aristoteles* finden sich Überlegungen, wie die Tauschrelationen beschaffen sein müssen, damit die Idee eines gerechten Preises verwirklicht ist[3]. Dieser Gedanke findet im merkantilen Denken seine Fortentwicklung; soweit man die Katallaktik und Chrematik bereits als Formen ökonomischer Theorienbildung ansehen kann, fördert die Idee der Tausch- und Geldwirtschaft die Entwicklung des mathetischen Elementes in der Theorie der Wirtschaft. Die Verwendung quantitativer Methoden findet bei den italienischen Geldtheoretikern und im Merkantilismus einen derartigen Aufschwung, daß es darüber hinaus zu Ansätzen einer Statistik der öffentlichen Verwaltung und bei *Hobbes* und insbesondere bei *Petty* zu Versuchen einer politischen Arithmetik kommt. Die Ansätze in der quantitativen Physik seit *Keppler* und *Galilei* erwecken auch bei den Ökonomen die Hoffnung auf den Erfolg der quantitativen Methoden. Die Hypothese von der Meßbarkeit der Phänomene im wirtschaftlichen Bereich wird als erfolgversprechender Ansatz angesehen. Bei *Davanzati*[4] findet sie in dem Postulat nach einer quantitativen Behandlung des Objekts Wirtschaft ihren ersten methodischen Niederschlag[5].

Bei den Physiokraten führt das mathematische Denken zu den ersten ausgebauten ökonometrischen Systemen[6]. Die quantitative Behandlung

---

[2] Dennoch findet sich auch in neueren Arbeiten der Versuch, die mathematische Methode aus der Ontologie herzuleiten. *Mathias* z. B. begründet die einheitliche naturwissenschaftliche Methodologie in den Wirtschaftswissenschaften aus der ontologischen Gleichheit mit den Naturwissenschaften. Im einzelnen führt er an: das Repetionsphänomen in den Wirtschafts- und Naturwissenschaften, die Komplexität realer Erscheinungen als ein allgemeines erfahrungswissenschaftliches Problem und die Möglichkeit sozialwissenschaftlicher Experimente. Siehe W. *Mathias:* Wirtschaftswissenschaftliche Theorie- und Modellbildung, op. cit., S. 177 - 182.

[3] Siehe dazu die graphischen Darstellungen bei K. *Brandt:* Entwicklung und Anwendungsbereich der graphischen Methode, op. cit., S. 81 f.

[4] B. *Davanzati:* Lezione delle Monete, Firenze 1588, zitiert nach G. *Kade:* Die logischen Grundlagen, op. cit., S. 73.

[5] Vgl. auch R. D. *Theocharis:* Early Developments in Mathematical Economics, London 1961, *Theocharis* entwickelt den Weg der Logiker über *Aristoteles, Ceva, Mariotte, Hutchison* und *Spinelli.*

der Probleme ist hier naheliegend; die Analogie des Kreislaufs begünstigt die mengenmäßige Erfassung der bewerteten Güter- und Warenströme. *Quesnays* „tableau économique" stellt das erste ökonometrische Totalmodell einer Volkswirtschaft dar. *Le Trosne* bringt den physiokratischen Standpunkt hinsichtlich der Mathematisierung deutlich zum Ausdruck: "La science économique, s'exerçant sur des objets mésurables est susceptible d'être soumisse au calcul[7]." Die gesamtwirtschaftliche Systemvorstellung interdependenter Beziehungen führt zu der Idee eines quantitativ strukturierten Erkenntnis- und Erfahrungsobjekts. Das Objekt selber und nicht die Ökonomie als dessen Analyse rechtfertigt die mathematische Methode. Methode und Ontologie gehen Hand in Hand: einerseits leitet die mathematische Methode sich aus der Ontologie des Objekts ab, andererseits begünstigt die Existenz einer sich ausweitenden mathematischen Methode die Versuche, das Objekt im Sinne der Methode als ein quantitativ strukturiertes zu „entdecken". Die Vorstellungen vom Objekt und die Ausbildung der Mathematik stehen in einem Verhältnis der wechselseitigen Begünstigung. Die Mathematik als erfolgversprechende Disziplin stärkt den Glauben an die Rechenhaftigkeit der Phänomene und folgt aus ihr.

Die mehr handlungsorientierten Analysen der Tauschvorgänge in der englischen Klassik bewirken einen zeitweiligen Stillstand der Entwicklung der mathematischen Methode[8]. Der Rückgriff auf gesamtwirtschaftliche Interdependenzvorstellungen im *Say*schen Theorem dagegen bewirkt eine Renaissance quantitativen Systemdenkens. In der nachklassischen Zeit finden sich nur rudimentäre Vorstellungen einer mathematischen Wirtschaftstheorie; N. F. *Canard,* W. *Whewell* und G. v. *Buquoy* sind die wichtigsten Namen. Erst die Entwicklung der Marginalanalyse gibt dem mathematischen Ansatz ein neues Instrumentarium. J. H. v. *Thünens* „Isolierter Staat in Beziehung auf Landwirtschaft und Nationalökonomie" (1842)[9] beinhaltet einen entscheidenden Durchbruch für die mathematische Analyse, doch die methodologische Begründung dieses Verfahrens erfolgt erst durch *Cournot. Cournots* profunde Kenntnis der Mathematik ermöglicht ihm den Hinweis auf die doppelte Bedeutung

---

[6] Es ist jedoch darauf hinzuweisen, daß die Ökonometrie in der Regel nicht als mathematische Methode, sondern als metrische Anwendung verstanden wird. Allerdings ist diese Trennung bei den Physiokraten nicht immer eindeutig durchzuführen.

[7] *Le Trosne:* De l'Ordre Social, Paris 1777, zitiert nach G. *Kade:* Die logischen Grundlagen, op. cit., S. 76.

[8] *Theocharis* nennt insbesondere *Turner* und *Thompson;* siehe R. D. *Theocharis:* Early Developments, op. cit., S. 120 ff.

[9] Zu *Thünen* siehe O. *Kühne:* Über die mathematische Methode in der deutschen Theoretischen Nationalökonomie, in: Jahrbücher für Nationalökonomie und Statistik, Bd. 123, 1925, S. 663 ff., und R. D. *Theocharis:* Early Developments, op. cit., S. 113 ff.

der Mathematisierung der Nationalökonomie, nämlich auf die Unterscheidung zwischen der Mathematisierung des Objekts und der Mathematisierung der Wissenschaft. *Cournot* entwickelt die Explikation nationalökonomischer Funktionen aus der Kritik des überlieferten mathematischen Methodenverständnisses: „Man war in dem Glauben befangen, die Zeichen und Formeln hätten keinen anderen Zweck, als zahlenmäßige Berechnungen anzustellen. Und da man sehr wohl fühlte, daß der Gegenstand einer solchen zahlenmäßigen Bestimmung der Werte mit Hilfe bloßer Theorie widerstrebt, so schloß man, daß der Aufwand von Formeln, wenn er auch nicht gerade zu Irrtümern führen müsse, jedenfalls eitel und pedantisch sei. Wer jedoch die analytische Mathematik kennt, weiß, daß sie sich nicht nur mit der Berechnung von Zahlen beschäftigt, sondern daß sie gerade Beziehungen zwischen den Größen aufzuweisen vermag, die man zahlenmäßig nicht erfassen kann. Beziehungen zwischen Funktionen, deren Gesetzmäßigkeit einer zahlenmäßigen Erfassung nicht zugänglich ist[10]."

Der mathematische Funktionsbegriff wird dadurch zum Mittelpunkt der theoretischen Analyse. In Verbindung mit der Grenzanalyse führt er bei *Dupuit, Jevons* und *Gossen* zu einer mathematisch begründeten Nutzentheorie, der jedoch noch immer Analogievorstellungen einer naturwissenschaftlichen Mechanik zugrundeliegen[11]. Auch die *Lausanner Schule* sieht dieses Problem, steht ihm jedoch skeptischer gegenüber. Während die frühen Grenznutzentheoretiker die mathematische Methode noch durch die Verbindung der Psychologie des Nutzens mit der klassischen Mechanik begründen wollen, tritt hier eine Neuinterpretation des Inhalts der theoretischen Ökonomie auf: das Ziel ist die Abbildung des Objekts auf einem mathematischen Kalkül. Doch dieser Ansatz muß solange mißlingen, wie ihm das überlieferte Verständnis der Mathematik zugrundeliegt.

Geht man daher von dieser traditionellen Vorstellung der Mathematik aus, so sind in der Tat der mathematischen Interpretation der Nationalökonomie schwerwiegende Argumente entgegenzusetzen; denn all diese Ansätze basieren mehr oder weniger auf einer Mathematisierung des Objekts, sei es, daß der quantitative Charakter des Objekts betont wird, sei es, daß unter Verwendung von Analogien ein mechanischer Charakter des Objekts Wirtschaft behauptet wird[12]. Die Methode schafft sich

---

[10] A. *Cournot:* Untersuchungen über die mathematischen Grundlagen der Theorie des Reichtums, Jena 1924, S. XX f.

[11] Vgl. F. *Jonas:* Das Selbstverständnis der ökonomischen Theorie, op. cit., S. 102 ff.; G. *Kade:* Die logischen Grundlagen, op. cit., S. 99 ff.; O. *Kühne:* Über die mathematische Methode, op. cit., S. 670 ff.

[12] Siehe dazu W. G. *Waffenschmidt:* Wirtschaftsmechanik, op. cit., passim.

das geeignete Objekt, indem sie das Erfahrungsobjekt Wirtschaft zu einem ihr genehmen Erkenntnisobjekt umfingiert. In diesem Sinne ist die Kritik der „geisteswissenschaftlichen" Nationalökonomie berechtigt. Bestimmt man das „Wesen" als das tatsächliche und notwendige So-Sein der Dinge, so besteht *Sombarts* Einwand, daß die naturwissenschaftlich-mathematische Methode auf die Wesenserkenntnis verzichtet[13], zu Recht.

Gerade die mathematische Methode in der Nationalökonomie hat sich immer um das Problem der Entsprechung von Objekt und Methode gerankt; und je nachdem, wie die Entscheidung über das Objekt ausgefallen ist, so ist das Urteil über die Methode präjudiziert worden. Das Problem betrifft jedoch nicht zuerst, wie man lange geglaubt hat, die Ontologie des Objekts, sondern es betrifft den Charakter der Mathematik als Methode. Erst wenn nachgewiesen ist, daß diese Methode ontologisch neutral oder indifferent ist, d. h. daß die mathematische Methode keine Präjudizierungen hinsichtlich des Objekts der Nationalökonomie beinhaltet, erst dann ist das mathematische Verfahren legitimiert. Dieser Nachweis betrifft jedoch nicht die Nationalökonomie oder deren Ontologie, sondern dies ist ein Problem der Logik. Der nationalökonomische Methodenstreit zwischen den „Verballogikern" und den Vertretern der mathematischen Wirtschaftstheorie kann daher innerhalb nationalökonomischer Kategorien überhaupt nicht entschieden werden, da er diese nicht betrifft. Nachdem durch die Neuinterpretation der Logik und Logistik sowie der in die Logik überführbaren Mathematik dieser Nachweis der ontologischen Neutralität der Mathematik und Logik bereits erbracht ist[14], stellt sich der Nationalökonomie nur noch das Anwendungsproblem: Da die Verwendung der Mathematik noch nicht gleichzeitig die Existenz einer Theorie in den empirischen Wissenschaften bedeutet — im Gegenteil: die Verwendung der mathematischen Methode hat gerade zur Bedingung, daß dies nicht der Fall ist —, muß in der Nationalökonomie ein Gebiet mit einer mathematischen Struktur vorhanden sein, das sich auf dem Kalkül abbilden läßt. D. h. dieses Gebiet muß hypothetisch-deduktiv in der Axiomatik darstellbar sein; es muß nachgewiesen werden, daß ein Erkennungsobjekt entworfen werden kann, das einer mathematischen Struktur isomorph[15] ist.

---

[13] W. *Sombart:* Die drei Nationalökonomien, op. cit., S. 112 ff.

[14] Siehe Abschnitt II, B.

[15] Die Isomorphie ist relationslogisch wie folgt definiert: Gegeben sei ein System S mit den Elementen $a, b, c, \ldots$ zwischen denen die Relationen $r, s, t \ldots$ bestehen. Weiterhin existiere ein System S' mit den Elementen $a', b', c', \ldots$ und den Relationen $r', s', t', \ldots$ Die beiden Systeme sind dann und nur dann isomorph, wenn zwischen den Elementen und Relationen von S und S' umkehrbar eindeutige Beziehungen bestehen, d. h., wenn den Elementen und Relationen des Systems S eindeutig Elemente und Relationen von S' zugeordnet werden können und diese Zuordnung auch umkehrbar ist.

Die Verwendung der mathematischen Symbolsprache tangiert daher auch nicht das Problem des naturwissenschaftlichen Denkens[16], denn die Logik ist keine Natur-, sondern eine Formalwissenschaft. Als Formalwissenschaft sagt sie jedoch nichts über die Realität oder das Erfahrungsobjekt aus, kann also konsequenterweise auch nicht die Erkenntnis in irgendeinem Sinne beeinflussen. Genausowenig betrifft die mathematische Formulierung die Verwendung ökonomischer Gesetze[17]. Wenn diese dennoch meist in eine mathematische Sprache gekleidet sind, so ist dies nur eine Entscheidung für eine bestimmte Form der Formulierung, von der man erwartet, daß sie technische Vorzüge gegenüber der verbalen besitzt. Daher kann man auch den logischen Operationen in der deduktiven Axiomatik keine Erkenntnisleistung im erfahrungswissenschaftlichen Sinne zusprechen. Die Operationen der axiomatischen Wirtschaftstheorie stellen vielmehr nur Umformungen dar, die das freilegen, was in den Axiomen und Definitionen bereits enthalten ist[18].

Die logischen Operationen in der mathematischen Wirtschaftstheorie sind daher Tautologien, was nicht eine Abwertung der logischen Theorie bedeuten muß. Wenn auch ihr Ergebnis bereits in den Definitionen und Axiomen enthalten ist, so haben sie dennoch eine nützliche Funktion im Erkenntnisprozeß, die mit dem Nutzen tautologischer Umformungen in der Mathematik vergleichbar ist: daß 6 das Produkt von 2 x 3 sein kann, ist einsichtig, daß aber 6987 das Produkt von 411 x 17 bedeuten kann, ist ein nützliches Wissen. Tautologische Umformungen vermögen das volle Spektrum der Implikationen begrifflichen Wissens freizulegen. Und je mehr man davon ausgeht, daß es die Sprache ist, mit der die Realität erschlossen wird, desto höher wird man den Nutzen solcher Analysen veranschlagen müssen[19]. Auch wenn sie nur formalen Charak-

---

[16] Siehe W. *Sombart:* Die drei Nationalökonomien, op. cit., S. 119 ff.; F. A. *Hayek:* Mißbrauch und Verfall der Vernunft, op. cit., S. 16 ff.; siehe auch die Zusammenfassung der geisteswissenschaftlichen Kritik bei G. *Kade:* Die logischen Grundlagen, op. cit., S. 114 ff.

[17] Ökonomische Gesetze sind sowohl mit einer mathematischen als auch mit einer nicht-mathematischen Wirtschaftstheorie vereinbar; siehe dazu E. *Reigrotzki:* Exakte Wirtschaftstheorie und Wirklichkeit, Göttingen 1948, S. 54 ff.; G. *Fleischmann:* Nationalökonomie und sozialwissenschaftliche Integration, op. cit., S. 39 ff.; E. *Hoppmann:* Die Periodenanalyse, op. cit., S. 30 ff., S. 81 ff.; F. *Kaufmann:* Methodenlehre der Sozialwissenschaften, Wien 1936, S. 38 ff.; L. *Bauer:* Wissenschaftstheoretische Überlegungen, op cit., S. 95 ff.; E. *Streissler:* Wesen und Inhalt ökonomischer Gesetzmäßigkeiten, in: Das Gesetz in den Wissenschaften, Freiburger Dies Universitatis, Bd. 12, 1965, S. 85 - 121.

[18] Siehe T. W. *Hutchison:* Theoretische Ökonomie als Sprachsystem, in H. *Albert* (Hg.): Theorie und Realität, op. cit., S. 191 ff.; O. *Morgenstern:* Logistik und Sozialwissenschaft, op. cit., S. 322 ff.; W. *Mathias:* Wirtschaftswissenschaftliche Theorie- und Modellbildung, op. cit., S. 140 ff.

[19] *Hutchison* überträgt diese Gedanken auch auf die reine Theorie: „Sätze reiner Theorie handeln von der Sprache, von der Art und Weise, wie Wörter gebraucht werden. Ihre Gültigkeit hängt von der Definition der Wörter ab,

ter haben, so bietet gerade das formale Gerüst, das sie freilegen und aufbauen, ein exaktes gedankliches Gebilde, anhand dessen die Realität verstanden werden kann. Löst man sich daher von der Vorstellung, das Handlungsverstehen sei der Inhalt des Verstehens in der Nationalökonomie, so zeigt erst die logisch-analytische Methode in der mathematischen Wirtschaftstheorie die Bedeutung des hermeneutischen Elements in der Wirtschaftstheorie und die Notwendigkeit der Ergänzung logischer Operationen durch eine hermeneutische Erkenntnislehre. Dadurch, daß die logische Interpretation der Nationalökonomie und insbesondere der mathematischen Wirtschaftstheorie zu dem notwendigen Ergebnis kommt, daß das, was sie betreibt, keine Erfahrungserkenntnis bewirken kann, die nicht schon vorher vorhanden ist, muß sie zunächst sinnlos erscheinen. Beurteilt man die tautologischen Umformungen nach empiristischen Gesichtspunkten, d. h. danach, wieweit sie neues Wissen über die Realität vermitteln, so haben sie keinen Sinn und keine Existenzberechtigung; denn weil sie Tautologien sind, vermitteln sie keine Realitätserkenntnis. Vermitteln sie dagegen eine Realitätserkenntnis, so verlassen sie den Bereich der Logik; denn diese ist ja so definiert, daß sie keine Realitätserkenntnis beinhaltet.

Die logischen Operationen der axiomatischen Wirtschaftstheorie können also die Frage nach dem Sinn oder nach dem Grunde, weswegen sie betrieben werden, nicht aus sich heraus beantworten. Stellt man darauf ab, daß die Nationalökonomie als eine logische Disziplin gedeutet wird, so muß man gleichzeitig davon ausgehen, daß sie auf einer hermeneutischen Grundlage beruht. Nur so kann man dem von *Albert* aus empiristischer Sicht erhobenen Vorwurf des „Modellplatonismus"[20] entgehen. Erst wenn das Bewußtsein vorhanden ist, daß die tautologischen Umformungen der mathematischen Wirtschaftstheorie aufgrund ihrer Form und nicht ihres Inhalts gelten, erst dann wird deutlich, daß die logische Interpretation der Nationalökonomie, insbesondere der reinen oder exakten Theorie, zu einem analytisch-mathematischen Ideengebäude mit überwiegend formalem Charakter führt, dessen Sinn nur darin bestehen kann, daß anhand dieser Ideen die ökonomische Realität nicht primär wiedergegeben oder dargestellt, sondern verstanden wird. Würde die ökonomische Welt in den mathematischen Theorien und Modellen wiedergegeben oder dargestellt, so wären die Aussagen aus diesen Theorien und Modellen auch überprüfbar im Sinne einer empiristischen Methodologie. Weil sie dies aber nicht sind, wie *Albert* und andere[21] überzeugend dargelegt haben, kann man sie nur von ihrer Funktion im Erkenntnisvorgang begreifen. Sie dienen zum Verstehen der Realität; die Realität

die sie enthalten. ... Doch vermitteln sie Erkenntnis in dem Sinne, daß sie unsere Aufmerksamkeit auf den Sprachgebrauch richten, der unserer Beachtung sonst vielleicht entgangen wäre." T. W. *Hutchison:* Theoretische Ökonomie als Sprachsystem, op. cit., S. 192 f.

[20] Siehe H. *Albert:* Modell-Platonismus, op. cit., S. 331 ff.

wird durch sie verstanden. Und der Umstand, daß sie mathematisch oder logisch-analytisch formuliert sind, schließt ihre hermeneutische Grundlage nicht aus. Was *Heidegger* für die mathematische Physik formuliert hat, gilt auch für die logisch-analytische Methode in der Wirtschaftstheorie: sie offenbart eine bestimmte Form der Art des Entwurfs — nämlich die mathematische.

Anwendbar ist die mathematische oder logische Methode jedoch nur, wenn das Isomorphieproblem überwunden ist. Dieses ist dann als gelöst anzusehen, wenn das Erkenntnisobjekt — nicht das Erfahrungsobjekt — die gleiche Struktur besitzt wie das mathematische Kalkül. Da jedoch die mathematische Wirtschaftstheorie die Analyse von Größen und nicht von wirtschaftlichen Handlungen oder Handlungsweisen beinhaltet, läßt sich hiergegen einwenden, daß die mathematische Theorie deswegen den Charakter des Objekts Wirtschaft verkennt, weil sie nicht auf die Handlungen rekurriert, die das Ursprüngliche der Wirtschaft darstellen[22]. Zweifelsohne sind es die Quantitäten, in denen sich das wirtschaftliche Handeln des Menschen und der Wirtschaftsablauf manifestiert, doch dies sind nicht die eigentlichen Ausgangspunkte des Wirtschaftens. Eine mathematische Wirtschaftstheorie kann vielmehr nur dann legitim sein, wenn sie entweder direkt am Handeln der Subjekte anknüpft[23] oder wenn sie nachweisen kann, daß die mathematische Analyse der Quantitäten implizit vom wirtschaftlichen Handeln ausgeht, wenn sie auch explizit nicht auf das Handeln zurückgreift. Im letzteren Falle muß sich also die funktionale Betrachtung von Quantitäten durch einen handlungstheoretischen Ansatz fundieren lassen.

Ausgangspunkt der Überlegungen muß daher ein wirtschaftlicher Handlungsbegriff sein. Dieser läßt sich durch den Rückgriff auf zwei Situationen und eine Handlungsmaxime definieren: eine Handlung ist die Transformation einer Ausgangssituation in eine Endsituation, und der Korrelator zwischen den beiden Situationen ist die Maxime[24]. Öko-

[21] Siehe die einzelnen Aufsätze in H. *Albert:* Marktsoziologie und Entscheidungslogik, op. cit.; B. *Gahlen:* Der Informationsgehalt der neoklassischen Wachstumstheorie, op. cit.; E. *Grunberg*: Bemerkungen über die Verifizierbarkeit ökonomischer Gesetze, in: H. *Albert* (Hg.): Theorie und Realität, op. cit., S. 203 ff.

[22] Zur Frage der Reduzierbarkeit der Makrotheorie auf die Mikrotheorie siehe L. *Bauer:* Wissenschaftstheoretische Überlegungen, op. cit., S. 22 ff. und G. *Gäfgen:* Theorie der wirtschaftlichen Entscheidung, op. cit., S. 63 ff.

[23] Zur neuerlichen Begründung dieses Ansatzes siehe H. *Koch:* Die theoretische Ökonomie als individual-analytische Handlungstheorie, in: Zeitschrift für die gesamte Staatswissenschaft, Bd. 127, 1971, S. 686 ff.; vgl. dazu die Kritik an der Ökonomie als Handlungslehre bei J. A. *Schumpeter:* Das Wesen und der Hauptinhalt der theoretischen Nationalökonomie, Leipzig 1908.

[24] Vgl. J. v. *Kempski:* Handlung, Maxime und Situation. Zur logischen Analyse der mathematischen Wirtschaftstheorie, in H. *Albert* (Hg.): Theorie und Realität, op. cit., S. 141.

nomisches Handeln ist dann eine Handlung unter Maximen. Da die Ausgangssituation und die Endsituation ökonomische Quantitäten darstellen, kann die Erklärung ökonomischer Quantitäten durch die Ausgangssituation und die Handlungsmaxime erfolgen. Darüber hinaus muß dieser Ansatz nicht auf die ökonomische Handlung beschränkt bleiben; *Gäfgen*[25] ist vielmehr der Auffassung, daß auch die übrigen Sozialwissenschaften nach diesem Muster strategischen Handelns begriffen werden können. Unter diesen Bedingungen ist die mathematische Behandlung wirtschaftlicher Phänomene begründet; sie wird dadurch ermöglicht, „daß das wirtschaftliche Handeln gedacht wird als unter solchen Maximen stehend, die erlauben, die in der Beschreibung wirtschaftlicher Situationen auftretenden Namen für Zahlen durch kennzeichnende Funktionen zu ersetzen[26].“ Damit scheint die mathematische Wirtschaftstheorie genau das zu tun, was die eigentliche Aufgabe der handlungsverstehenden Nationalökonomie ist. *Schams* hat schon vor vierzig Jahren hierauf hingewiesen: „Wir können daher auch von einer ‚verstehenden mathematischen Wirtschaftstheorie‘ sprechen[27].“

Dennoch hat die handlungstheoretische Begründung der mathematischen Wirtschaftstheorie ihren Preis: nicht empirisches, sondern rationales Handeln wird analysiert; die Analyse wirtschaftlichen Handelns wird in eine Logik der rationalen Wahl transformiert. Die Maxime als Korrelator zwischen zwei Situationen ist nur dann zur Erklärung empirischen Handelns geeignet, wenn in der Realität tatsächlich rationales Handeln vorliegt. Hierbei ist zu beachten, daß in der ex-post-Betrachtung jede Handlung, bei der die Maxime nicht bekannt ist, als rationales Handeln angesehen werden muß. Der Handelnde handelt so, weil er eine entsprechende Maxime hat; und das bedeutet, er handelt so, weil er so handelt. Die Erklärung ökonomischer Quantitäten aus der Ausgangssituation und der Handlungsmaxime setzt die Kenntnis und die Berücksichtigung der Handlungsmaxime im Einzelfalle voraus. Eine generalisierende Theoriebildung auf dieser Basis jedoch ist nicht möglich, da davon ausgegangen werden kann, daß die Maxime immer durch den konkreten Einzelfall bestimmt ist. Theorien auf dieser Grundlage setzten daher immer ein situatives Motiv- oder Handlungsverstehen voraus, das nach empiristischen Grundsätzen nicht überprüfbar ist.

---

[25] Siehe G. *Gäfgen:* Formale Theorie des politischen Handelns, op. cit., S. 209 ff.

[26] J. *v. Kempski:* Handlung, Maxime und Situation, op. cit., S. 149.

[27] E. *Schams:* Wirtschaftslogik, in: Schmollers Jahrbuch, 58. Jg., 1934, S. 533. Auch *Kempski* ist dieser Auffassung: „Sie (die mathematische Wirtschaftstheorie — G. S.) macht genau das, was die ‚verstehende Ökonomie‘, die eine Theorie der wirtschaftlichen Handlungen sein möchte, machen müßte, wenn sie sich selber verstünde.“ J. *v. Kempski:* Handlung, Maxime und Situation, op. cit., S. 141.

Die mathematische Handlungstheorie führt daher zwangsläufig in eine Entscheidungslogik der rationalen Wahl, die rationales Handeln aus bestimmten Freiheitsgraden deduziert, jedoch nicht empirisches Verhalten erklärt und zu prognostischen Zwecken verwendbar ist, es sei denn, die Maxime wird als bekannt unterstellt[28]. Da dies jedoch normalerweise nicht der Fall ist, kann empirisches Verhalten nach diesem Ansatz nur als Abweichung vom zweckrationalen Handeln begriffen werden. In diesem Falle stellt auch die mathematische Handlungstheorie ein Paradigma zum Verstehen realen Geschehens dar.

B. Der empirische Charakter der Nationalökonomie

Der paradigmatische Charakter der ökonomischen Handlungstheorie läßt bereits a priori den empiristischen Charakter der theoretischen Forschung in der Nationalökonomie fraglich erscheinen. Dadurch, daß selbst diejenige Theorie in der Nationalökonomie, die die Grundlage des Wirtschaftens beinhaltet, in einem empirisch leeren System hypothetisch-deduktiver Aussagen endet, hat selbst die logische Basis der mathematischen Wirtschaftstheorie keine Fundamente in der erfahrbaren Realität. Damit scheint die Vermutung plausibel zu sein, daß die Exaktheit des Denkens nur um den Preis eines zunehmenden Realitätsverlustes erkauft werden kann. Fraglich ist daher, ob die Nationalökonomie, so wie sie sich darbietet, überhaupt als eine erfahrungswissenschaftliche oder als eine empiristische Disziplin angesehen werden kann. An Versuchen, die Wirtschaftstheorie in eine Formalwissenschaft zu transformieren, mangelt es zumindest nicht[29].

Natürlich ist die Nationalökonomie von ihrem Objekt und ihrer Intention her eine Erfahrungswissenschaft. Ihr Erfahrungsobjekt ist immer das wirtschaftliche Handeln und die wirtschaftliche Welt des Menschen, und ihre Intention ist auch immer, daß sie letztlich dieses Realobjekt erklären will[30], die Erklärung und das Verstehen der realen Welt bleiben das letzte Ziel der Nationalökonomie[31], andernfalls hätte sie als wissen-

---

[28] Siehe G. *Gäfgen:* Theorie der wirtschaftlichen Entscheidung, op. cit., S. 56 f.; ders.: Wissenschaftliche Politik, op. cit., S. 210 f.; G. *Kade:* Die Grundannahmen der Preistheorie, op. cit., S. 156 ff.

[29] So erhebt *Kade* den Anspruch, die Preistheorie in eine Entscheidungslogik zu transformieren; siehe G. *Kade:* Die Grundannahmen der Preistheorie, op. cit.; *Hutchison* sieht die reine Theorie als ein Sprachsystem; siehe T. W. *Hutchison:* Theoretische Ökonomie als Sprachsystem, op. cit., S. 273 ff.; *Morgenstern* will die Wirtschaftstheorie spieltheoretisch begründen; siehe O. *Morgenstern:* Die Theorie der Spiele und des wirtschaftlichen Verhaltens, in: Spieltheorie und Wirtschaftswissenschaft, Wien 1963, S. 71 ff.

[30] Siehe dazu den dogmengeschichtlichen Überblick bei A. *Amonn:* Objekt und Grundbegriffe, op. cit., S. 31 ff.

[31] Siehe F. *Jonas:* Das Selbstverständnis der ökonomischen Theorie, op. cit.

schaftliche Disziplin keinen Sinn. Sieht man jedoch von den Formen der historischen und deskriptiven Betrachtungsweise sowie der empirischen Wirtschaftsforschung ab, so erhebt sich dennoch die Frage, ob ihr Hauptgebiet, die Theorie und hier insbesondere die reine oder exakte Theorie, ihre Analyse nicht auf eine Art und Weise betreibt, daß ihr ein empiristischer Charakter nicht zuerkannt werden kann.

Entscheidend ist das Kriterium, d. h. wie „empiristisch" und „erfahrungswissenschaftlich" definiert werden. Setzt man „empiristisch" und „erfahrungswissenschaftlich" wie *Popper*[32] gleich und sieht nur eine solche Wissenschaft als eine Erfahrungswissenschaft an, die ausschließlich empirisch überprüfbare Theorien und Hypothesen und hiervon nur solche enthält, die noch nicht falsifiziert sind, so ist nach dem *Popper*-Kriterium die Nationalökonomie keine Erfahrungswissenschaft. Sie ist Metaphysik, und ob man diese als Wissenschaft oder als Unsinn ansieht, hängt von dem gewählten Wissenschaftsbegriff ab. Formal ließe sich die theoretische Nationalökonomie noch als Logistik begreifen, die allerdings ohne Rückgriff auf die Hermeneutik nicht um den Sinn ihrer Existenz weiß.

Belege dafür, daß die nationalökonomische Theorie keine empirische Wissenschaft ist, gibt es genügend: *Gahlen*[33] hat unter Rückgriff auf das *Popper*-Kriterium dargelegt, daß die neoklassische Wachstumstheorie keine empirischen Analysen beinhaltet. *Hutchinson*[34] und vorher schon *Robbins*[35] sind der Auffassung, daß die Sätze der reinen Theorie nur analytische Aussagen sind, die nichts über Tatsachen sagen, sondern nur die Sprache, in der über Tatsachen gesprochen wird, analysieren. *Grunberg*[36] lehnt eine direkte Verifizierbarkeit ökonomischer Gesetze ab; *Gäfgen*[37] gesteht, daß die Entscheidungstheorie keine empirischen Aussagen beinhaltet; *Bauer*[38] kommt zu einem ähnlichen Ergebnis für die Preistheorie. *Friedman*[39] fordert zwar die Formulierung von Theorien, die empirisch überprüfbar und zu prognostischen Zwecken verwendbar sind, doch *Ringel*[40] kommt zu dem Ergebnis, daß die von *Friedman* vertretene Quantitätstheorie empirisch gehaltlos und nicht falsifizierbar ist.

---

[32] K. R. *Popper:* Logik der Forschung, op. cit., S. 53.

[33] B. *Gahlen:* Der Informationsgehalt der neoklassischen Wachstumstheorie, op. cit.

[34] T. W. *Hutchison:* Theoretische Ökonomie als Sprachsystem, op. cit., S. 273 ff.

[35] L. *Robbins:* An Essay on the Nature and Significance of Economic Science, London 1946.

[36] E. *Grunberg:* Bemerkungen über die Verifizierbarkeit, op. cit., S. 203 ff.

[37] G. *Gäfgen:* Theorie der wirtschaftlichen Entscheidung, op. cit., S. 58.

[38] L. *Bauer:* Wissenschaftstheoretische Überlegungen, op. cit.

[39] M. *Friedman:* The Methodology of Positive Economics, in: Essays in Positive Economics, Chicago und London 1966, S. 3 ff.

Anspruch und Wirklichkeit zeigen also eine erhebliche Diskrepanz, an der auch die Bekenntnisse zum Empirimus wenig zu ändern vermögen. Diese stellen vielmehr ein Stück Wissenschaftssoziologie dar, in dem die „pseudo-Popperians“[41] eine umstrittene Funktion innehaben. Solange die Wirtschaftstheorie überwiegend aus „Modellplatonismus“ besteht, vermögen die Behauptungen, die Nationalökonomie enthalte dem *Popper*-Kriterium entsprechende Theorien, nur den Schein eines Fundamentes zu erwecken. Da die Nationalökonomie bisher keine den Anforderungen *Poppers* vollkommen genügende Theorien entwickelt hat, dennoch aber eine Erfahrungswissenschaft sein möchte, trifft sie die Kritik des erkenntnistheoretischen Empirismus an entscheidender Stelle.

Zu prüfen bleibt jedoch, ob die Forderung, die Nationalökonomie solle empirisch gehaltvolle und überprüfbare Theorien formulieren, überhaupt durchführbar ist. Da solche Theorien kaum bekannt sind, beinhaltet diese Prüfung eine Spekulation über Unbekanntes. *Albert* hat den Rahmen eines solchen Programms abgesteckt. Um dem von ihm richtigerweise diagnostizierten „Modellplatonismus“ zu entgehen, schlägt er eine Überführung der Nationalökonomie in die Soziologie oder die Psychologie vor: „Eine logische Analyse der ökonomischen Sprache zeigt aber, daß diese Problematik sich letzten Endes auf Probleme kommerzieller Beziehungen zwischen Personen und Gruppen und damit Probleme des gegenseitigen Verhaltens zwischen Menschen in verschiedenen Rollen reduziert. Die Lösung wirtschaftstheoretischer Probleme läuft demnach darauf hinaus, daß Theorien konstruiert werden, deren Anwendung auf die soziale Wirklichkeit die Erklärung des menschlichen Marktverhaltens und seiner Konsequenzen erlaubt. Die kommerziellen Beziehungen, die den Objektbereich des ökonomischen Denkens konstituieren, sind nichts anderes als eine spezielle Art sozialer Beziehungen, also gegenseitigen menschlichen Verhaltens, und die theoretische Nationalökonomie müßte dementsprechend als eine partielle Soziologie, nämlich die der Marktbeziehungen oder des Marktverhaltens interpretiert werden ...[42].“ Dabei erwartet er empirisch überprüfbare Resultate von einer allgemeinen Theorie sozialen Handelns oder einer allgemeinen Soziologie[43], obwohl

---

[40] J. *Ringel:* Geldtheoretische Ansätze, op. cit., S. 54 ff.

[41] L. A. *Boland:* Methodology as an Exercise in Economic Analysis, in: Philosophy of Science, Bd. 38, 1971, S. 105.

[42] H. *Albert:* Nationalökonomie als Soziologie, op. cit., S. 473; siehe auch ders.: Modell-Platonismus, op. cit., S. 361; ders.: Marktsoziologie und Entscheidungslogik: Objektbereich und Problemstellung der theoretischen Nationalökonomie, in: Marktsoziologie und Entscheidungslogik, op. cit., S. 279.

[43] „Die Nationalökonomie müßte also, soweit sie nicht entscheidungslogischen (Theorie des ‚rationalen‘ Handelns), sondern marktsoziologischen (Theorie der Preise, des Einkommens und des Geldes) Charakter hat, soweit sie also empirische Probleme des sozialen Verhaltens behandelt, in einer allgemeinen Soziologie aufgehen. Das scheint der einzig gangbare Weg zu sein, wenn man

eine solche Theorie bisher nur rudimentär und mit den wenig gehaltvollen Mechanismen von Strafe und Belohnung bekannt ist, die zur Erklärung menschlichen Handelns verwendet werden[44].

Auch *Albert* will den subjektivistischen Ansatz beibehalten. Zwar lehnt er die subjektive Wertlehre ab[45], doch sein Vorschlag der Besinnung auf soziale Rollen und Rollenträger, bestimmte Motivstrukturen und empirisch festgestellte Verhaltensformen führt nur dazu, daß die theoretischen Generalisierungen der subjektiven Wertlehre durch soziologische und psychologische Generalisierungen ersetzt werden, die nur hinsichtlich ihres Abstraktionsniveaus auf einer niederen Ebene stehen, jedoch den Anforderungen der *Popper*schen Methodologie genauso wenig entsprechen. *Alberts* Versuch, das hohe Abstraktionsniveau der Theorien wirtschaftlichen Handelns zugunsten von Theorien mittlerer Reichweite oder geringerer Allgemeingültigkeit zu ersetzen, offenbart nur ein altes Problem der ökonomischen Theoriebildung, das *Müller* am Beispiel der Lehre von der Unternehmerdisposition analysiert hat: es beinhaltet das „Schwanken zwischen einem sich im Tautologischen erschöpfenden Allgemeingültigkeitsanspruch und der zersplitterten Kasuistik einer Vielzahl konkreter Situationen[46]." Ist der Allgemeingültigkeitsanspruch der Theorien des Marktverhaltens unter Berücksichtigung der Marktstruktur hoch, so ist ihr empirischer Gehalt niedrig; liegt dagegen eine empirisch gehaltvolle Theorie vor, so ist sie mehr auf konkrete Situationen bezogen und nähert sich einer Beschreibung.

Das Problem des *Albert*schen Vorschlags hierbei ist, daß die soziologisierte Nationalökonomie sich irgendwo in der Mitte dieses Spektrums ansiedelt und zu Theorien gelangt, die einerseits wegen ihres geringen Abstraktionsniveaus deswegen nicht anwendbar sind, weil ihr Umfangsanspruch zu gering ist, andererseits jedoch deswegen nicht empirisch überprüfbar im Sinne des *Popper*-Kriteriums sind, weil sie ein abstrahierendes Element enthalten. Die Geschichte der Nationalökonomie zeigt, daß dieses von *Albert* diagnostizierte Problem zwar ein Problem, jedoch als solches nicht neu ist. Und auch der von *Albert* vorgeschlagene Weg einer Überführung der Nationalökonomie in die Soziologie ist schon praktisch durchgeführt worden: *Paretos* Lebensweg von der Mathematik zur mathematischen Wirtschaftstheorie und von dort zur Soziologie beinhaltet die Stationen eines solchen Bemühens.

---

den oben charakterisierten Modell-Platonismus mit seinen fatalen Konsequenzen vermeiden will." H. *Albert:* Der logische Charakter der theoretischen Nationalökonomie, op. cit., S. 380.

[44] Siehe A. *Malewski:* Verhalten und Interaktion, op. cit.

[45] Siehe H. *Albert:* Marktsoziologie und Entscheidungslogik, op. cit., S. 265.

[46] J. H. *Müller:* Die ökonomische Theorie zwischen logischem Formalismus und empirischer Aussage, op. cit., S. 304.

Eucken[47] hat ähnliche Probleme als die große Antinomie der Nationalökonomie angesehen. Offensichtlich den damaligen Vorstellungen vom Methodenstreit zwischen *Menger* und *Schmoller* verhaftet, verbindet er den Dualismus von individuell-historischen und allgemein-theoretischen Forschungsmethoden mit der Dichotomie von philosophischem Realismus und dem empiristisch orientierten Nominalismus und sucht die Synthese in seiner Theorie der Realtypen. Da diese Realtypen jedoch nur eine Form mittlerer Abstraktion darstellen und im Sinne der *Weber*schen Begriffsbildung eher Idealtypen sind, ist ihm die angestrebte Synthese nicht gelungen; seine Realtypen sind genauso wenig empirisch überprüfbar wie die Idealtypen. Sie basieren vielmehr auf dem erkenntnistheoretischen Fundament einer verstehenden Begriffsbildung.

Der gleichen Gefahr ist das *Albert*sche Programm der Nationalökonomie ausgesetzt. Die Allgemeinheit der Theorie wird reduziert auf ein niedrigeres Niveau, ohne daß die Theorie den Ansprüchen des *Popper*-Kriteriums genügt; denn die bekannten Theorien und Ansätze der Soziologie vermögen ebenfalls den Ansprüchen des *Popper*-Kriteriums nicht zu entsprechen. Sie beinhalten alle mehr oder weniger Elemente des Verstehens, und insbesondere halten sie nicht allen Versuchen stand, sie nach empiristischen Grundsätzen zu falsifizieren, soweit sie überhaupt falsifizierbar sind. Letztlich würde der homo oeconomicus nur durch den homo sociologicus ersetzt. Das Problem des *Albert*schen Programms liegt in den Konsequenzen der eigenen Argumentation. *Albert* lehnt die neoklassische Wirtschaftstheorie deswegen ab, weil ihre idealisierten Annahmen nicht den Überprüfungsanforderungen des Empirismus entsprechen. Zwar kann nicht von der Hand gewiesen werden, daß ökonomische Theorien, die von bestimmten Motivstrukturen ausgehen oder Rollenerwartungen enthalten, eher der Realität entsprechen als die Logik der rationalen Wahl, doch das Problem liegt darin, daß solche Theorien auch nicht dem *Popper*-Kriterium genügen. Soweit sie überhaupt falsifizierbar sind, würde ja nach dem *Popper*-Kriterium schon eine Falsifikation ausreichen, damit die Theorien verworfen werden. Die strikte Anwendung der empiristischen Methodenlehre hätte dann nur die Konsequenz, daß es überhaupt keine Theorien gäbe; denn auch die soziologischen und psychologischen Theorien bewegen sich in einem nicht abfälligen Sinne in den Kategorien der Plausibilität. Die Spannung zwischen logischer Allgemeingültigkeit und empirischer Überprüfbarkeit kann nur durch neue Paradigmen, nicht jedoch durch methodologische Lösungen überwunden werden.

Der erfahrungswissenschaftliche oder empiristische Charakter der Nationalökonomie kann daher nicht von einer Methodenlehre abhängig

---

[47] Siehe W. *Eucken:* Die Grundlagen der Nationalökonomie, op. cit., S. 18 ff.

gemacht werden, deren innere Konsistenz selber zweifelhaft ist, wie die obigen Überlegungen insbesondere zum Basisproblem und zur Funktion der Beobachtung gezeigt haben[48], — vor allem deswegen nicht, weil sie selbst die naturwissenschaftliche Theoriebildung nicht erklären kann. Die quantenphysikalische Theorie analysiert ebenfalls nicht eine reale Welt; „die Kenntnis des ‚Faktischen' ist also, von der Quantentheorie aus gesehen, ihrem Wesen nach stets eine unvollständige Kenntnis"[49]. Die Exaktheit der mathematischen Relationen bildet nicht die reale, sondern eine potentielle Welt ab, die eine Welt des Denkens und deren Exaktheit daher nicht falsifizierbar ist. Das gilt auch für die ökonomische Theorie. Der Exaktheit und logischen Allgemeingültigkeit der Modelle und Theorien steht die Individualität der Erscheinungen entgegen, und der Theoriebildung haftet in Anbetracht der Realität immer ein gewisses Maß an Willkür an. *Brandt* hat dies am Beispiel der Marktformenlehre analysiert: „Über eines darf man sich aber nicht hinwegtäuschen. Die Klassifizierung der Marktstrukturen erbringt keine naturhafte, den Dingen an sich innewohnende Ordnung, die wir nur aus der Wirklichkeit herauslösen müssen; sie bleibt eine willkürliche Ordnung, die wir den diffusen Phänomenen aufzwingen, um eine Kasuistik für Modellfolgen zu gewinnen, gedankliches Instrumentarium einer Typisierung, die uns das Eindringen in die mannigfaltigen ‚Lebensformen' der realen Marktabwicklung erleichtert[50]."

Brandt steht damit einerseits in kantischer Tradition: es ist die Vernunft, die den Dingen die Ordnung bringt; doch das Zitat enthält andererseits auch einen verborgenen Hinweis auf die hermeneutische Grundlage der ökonomischen Theoriebildung: es sind die in Anbetracht der Realität prinzipiell willkürlichen, jedoch in sich sinnhaften Gedanken- und Ideengebäude der Theoriebildung in der Marktformenlehre und darüber hinaus in der Nationalökonomie überhaupt, durch die und an Hand deren die Realität verstanden wird. Das Problem der empirischen Überprüfung nationalökonomischer Theorien zeigt, daß die *Kant*sche Lösung, wonach die Vernunft der Wirklichkeit ihre Gesetze aufzwingt, nicht mehr vertretbar ist. Die logischen Gebilde der mathematischen Wirtschaftstheorie sind selber Formalwissenschaft und nicht Realwissenschaft, und als solche stellen sie keine Seinsbehauptungen auf. Die Trennung von ideeller Sphäre und realer Sphäre, die schon bei *Hoppmanns*[51] Behandlung ökonomischer Gesetze auftritt, findet in der formalen Wirt-

---

[48] Siehe Abschnitt II, C.

[49] W. *Heisenberg:* Die Entwicklung der Deutung der Quantentheorie, op. cit., S. 426.

[50] K. *Brandt:* Methodologische Bemerkungen zur Marktformenlehre, op. cit., S. 125.

[51] E. *Hoppmann:* Die Periodenanalyse, op. cit., S. 30 ff.

schaftstheorie ihre Vollendung. Ein Versuch, die ökonomische Theorie empiristisch zu begründen, verkennt daher ihren Charakter; dieser Ansatz kann nur dazu führen, daß, wie *Albert* es fordert, die Theorie sich zu ändern hat. Eine erkenntnistheoretische Begründung der reinen Theorie muß anderswo gefunden werden. Ein empiristischer Charakter der Nationalökonomie im Sinne des frühen *Popper* muß daher abgelehnt werden. Der erfahrungswissenschaftliche Charakter dagegen ist dadurch dann nicht betroffen, wenn man, wie es der späte *Popper* tut, die Lösung in einem weiteren Begriff der Erfahrung sucht.

C. Der hermeneutische Charakter der Nationalökonomie

Eine erkenntnistheoretische Begründung der reinen Theorie in der Nationalökonomie steht damit noch aus. Die logische Betrachtung der Wirtschaftstheorie führt dazu, daß diese zwar als eine Formalwissenschaft betrieben werden kann, dann aber aufgrund ihres analytischen Charakters inhaltsleer und bar jeden empirischen Gehalts ist. Darüber hinaus kann eine rein logisch und formal verstandene Wirtschaftstheorie die Frage nach ihrem eigenen Sinn nicht beantworten; das Mathematische wird um den Preis des Tautologischen erkauft. Die empiristische Betrachtung führt dazu, daß die ökonomische Theorie, so wie sie sich darbietet, als „Modellplatonismus" angesehen werden muß, was aus positivistischer Sicht eine vornehme Umschreibung für einen metaphysischen Unsinn bedeutet. Das *Albert*sche Programm einer dualistischen Wirtschaftstheorie mit einerseits einer Entscheidungslogik und andererseits einer Marktsoziologie hat die erkenntnistheoretische Konsequenz, daß der entscheidungslogische Teil nicht begründet ist und der marktsoziologische Teil nur als Programm besteht und von der Hoffnung lebt. Darüber hinaus sind wesentliche Teile der Theorie wie die Produktionstheorie, die postkeynesianische und die neoklassische Wachstumstheorie sowie die entsprechende Verteilungstheorie, die Kreislauftheorie und einige Zinstheorien weder entscheidungslogisch noch marktsoziologisch begründbar.

Das Problem der reinen Theorie und damit die Notwendigkeit, diese erkenntnistheoretisch zu begründen, tritt erstmals mit *Ricardo* auf[52]. Während *Smith* ein spontanes System darstellen wollte, sucht *Ricardo* einen Gedankenapparat begrifflich zu erfassen. Das Wissen gewinnt dadurch einen instrumentalen Charakter. Die Suche nach den Naturgesetzen der wirtschaftlichen Wirklichkeit führt bei *Ricardo* zu einer Theorie, die nicht lehrt, was ist, sondern zeigt, was notwendig ist. Das Chaos bei *Smith* weicht der Ordnung logischen Denkens, die ihre Exaktheit aus

[52] Zur Geschichte der reinen Theorie siehe F. *Jonas:* Das Selbstverständnis der ökonomischen Theorie, op. cit.

ihrem Charakter als Prinzipienlehre gewinnt. Das oberste Prinzip dieser Lehre ist das Wertgesetz; es beinhaltet den Angelpunkt der nationalökonomischen Theoriebildung. Die logische Deduktion aus den Prämissen erlaubt den Theoretikern langfristige „Prognosen", die je nach Grundhaltung zu optimistischen oder pessimistischen Ergebnissen gelangen. Den Epigonen stellt sich nur noch das Problem, das begriffliche Instrumentarium weiter auszubauen. Während jedoch die Väter der Theorie, insbesondere *Malthus,* den Möglichkeiten der theoretischen Betrachtung die notwendige Skepsis entgegenbringen, sind die Nachfolger der Auffassung, sie hätten es mit der Wirklichkeit zu tun.

Die *historische Schule* stellt in der Betrachtung der reinen Theorie nur ein methodologisches Zwischenspiel dar. Erst die endgültige Verdrängung der objektiven Wertlehre durch das neue Paradigma der subjektiven Wertlehre schafft einen neuen „archimedischen Punkt" für die reine Theorie. Nicht nur in den meisten Ergebnissen, sondern auch erkenntnistheoretisch unterscheiden sich die beiden Paradigmen nur unerheblich. Während die ältere Wertlehre den wirtschaftlichen Prozeß aus dem objektiven Wert der Ware erklärt, findet die subjektive Wertlehre das entscheidende Prinzip in der inneren Natur des Menschen. Beide Ansätze stellen Deduktionen aus Prinzipien dar, und beide gehen davon aus, in dem grundlegenden Prinzip die Natur der Wirtschaft und des wirtschaftlichen Systems gefunden zu haben. Beide erheben den Anspruch auf die Erfahrung und Empirie, erhalten ihre Begründung jedoch aus einer apriorisch konstruierten Herleitung über die Natur der Ware bzw. des Menschen. Auch der Ausbau dieser Paradigmen, beispielsweise bei *Marx* oder im *Walras-Cassel*schen System, verläßt die Fundamente des Paradigmas nicht; der Unterschied zwischen diesen beiden Beispielen ist allerdings, daß *Walras* und *Cassel* eher ein Gleichgewicht in einem potentiellen System darstellen wollten, während *Marx* glaubte, die Entwicklungsgesetze seien unumstößlich; die Modelle der einfachen und erweiterten Reproduktion sind allerdings auch bei ihm theoretische Konstrukte mit instrumentellem Charakter.

Die erste große Besinnung auf das Verhältnis von Denken und Wirklichkeit erfolgt bei *Menger*[53]. *Mengers* Vorteil war, daß aufgrund der vorangegangenen Methodendiskussionen in der *historischen Schule* und bei den Vertretern der theoretischen Richtung der Gegensatz dieser beiden Forschungsrichtungen so groß erschien, daß er nicht eine Synthese der beiden Ansätze wie nach ihm beispielsweise v. *Wieser*[54] oder *Eucken*[55]

---

[53] C. *Menger:* Untersuchungen über die Methode der Sozialwissenschaften, und der Politischen Ökonomie insbesondere, Gesammelte Werke, Bd. II, Tübingen 1969.

[54] F. *v. Wieser:* Grundriß der Sozialökonomie, Tübingen 1914.

suchte, sondern die Alternative von Theorie und Geschichte als eine Entscheidung zwischen Forschungsrichtungen begriff[56]. *Mengers* Entscheidung für die theoretische Forschung geht daher zunächst nicht von methodologischen Überlegungen, sondern vom Erkenntnisziel aus; erst nachdem er vom erkenntnistheoretischen Anliegen her zur Theorie gekommen ist, stellt sich ihm die Aufgabe, die reine Theorie methodologisch zu begründen. Dies ist es auch, was die Polemik im Streit mit *Schmoller* ausmacht; weil es kein Methodenstreit, sondern eine Auseinandersetzung über alternative Forschungsrichtungen ist, kommt es nicht zu einer sachlichen Erörterung der instrumentalen Eignung von bestimmten Methoden zur Erreichung eines gemeinsamen Ziels, sondern verschiedene Ziele stehen zur Diskussion; es ist gar keine gemeinsame Plattform vorhanden[57].

Die Entwicklung hat sich der Entscheidung *Mengers* für die theoretische Richtung angeschlossen. *Mengers* erkenntnistheoretische Begründung der reinen Theorie erscheint daher relevant. *Menger* geht von der Feststellung von Erscheinungen und Relationen aus. Hinzu kommt die Unterscheidung zwischen dem Generellen oder Typischen und dem Konkreten oder Individuellen[58]. Die Grundlegung der reinen Theorie erfolgt nun durch eine Vermischung von ontologischer und erkenntnistheoretischer Argumentation. Ontologisch enthalten die Erscheinungen und Relationen das Generelle; die Suche nach dem Generellen ist also ontologisch begründet. Von der erkenntnistheoretischen Zielsetzung her ist das Generelle oder Typische ebenfalls die Aufgabe der Theorie. Hierbei ist die Theorie nicht das Aufstellen der Gesetze, sondern die Ergründung des Wesens: „Die theoretische Volkswirthschaftslehre hat uns nicht lediglich die ‚Gesetze' der volkswirthschaftlichen Erscheinungen, sondern ihr ‚generelles Wesen' darzulegen[59]." Dieses Wesen ist das Typische der Erscheinungen oder Erscheinungsformen und der Relationen.

Im Hinblick auf die Wirklichkeit nimmt *Menger* bewußt eine Diskrepanz von Theorie und Realität in Kauf: „Das Streben: ‚alle empirischen

---

[55] W. *Eucken:* Grundlagen der Nationalökonomie, op. cit.

[56] Siehe T. W. *Hutchison:* Some Themes from Investigations into Method, op. cit., S. 15 ff.

[57] Die Neuinterpretation des Methodenstreits durch *Hansen* unter Berücksichtigung der empiristischen Wissenschaftstheorie kommt zu dem Ergebnis, daß *Schmoller* eher ein Vorläufer des methodischen Empirismus sei, während *Menger* eher ein Vertreter der metaphysischen Spekulation sei; siehe R. *Hansen:* Der Methodenstreit in den Sozialwissenschaften, op. cit., S. 137 ff. Dem ist insofern zuzustimmen, als *Mengers* Anliegen die Theorie ist. Die Qualifikation des *Menger*schen Ansatzes als spekulativ oder metaphysisch ist dadurch zu erklären, daß der von *Hansen* gewählte erkenntnistheoretische Bezugsrahmen das theoretische Anliegen nicht zu fassen vermag.

[58] Siehe C. *Menger:* Untersuchungen über die Methode, op. cit., S. 4.

[59] Ebenda, S. 240.

Wirklichkeiten' (ihrem vollen Inhalte nach) umfassende strenge Kategorien von Erscheinungsformen festzustellen, ist deshalb ein unerreichbares Ziel der theoretischen Forschung[60]." Das gleiche gilt für die Erfassung der Relationen in den Gesetzen; eine vollkommene Berücksichtigung der realen Verhältnisse zerstört die Theorie und geht in eine Beschreibung über. *Menger* sieht das Charakteristische der Theorie in der abstrahierenden Schau, in der die synthetische Leistung des Objekts die Erkenntnis konstituiert. Konsequenterweise lehnt er auch eine Unterscheidung von Natur- und Wirtschaftswissenschaft ab; er sieht vielmehr den Gegensatz zwischen realistisch-empirischer und exakt-theoretischer Forschung. Die Überbrückung dieses Gegensatzes erfolgt auf hermeneutische Weise: der Zweck der Theorie ist das Verstehen, die Phänomene werden durch die Theorien verstanden[61].

Während jedoch bei *Menger* die reine Theorie im Typischen noch einen ontologischen Bezug hat, will *Schumpeter*[62] in seiner Grundlegung der reinen Theorie die Ontologie umgehen. Das Erkenntnisobjekt der reinen Theorie ist nicht die faktisch-reale Welt, sondern eine nach gewissen formalen Regeln umfingierte Wirtschaft. Die Ontologie wird dadurch umgangen, daß nicht die Realität, sondern die Fiktion zum Objekt erhoben wird: „Die reine statische Ökonomie ist nichts anderes als ein abstraktes Bild gewisser wirtschaftlicher Tatsachen, ein Schema, das zur Beschreibung derselben dienen soll. Es beruht auf gewissen Annahmen und ist soweit ein Geschöpf unserer Willkür, ganz ebenso wie das jede andere exakte Wissenschaft ist[63]." Die Willkür der reinen Theorie wird durch nichts anderes als den Umstand eingegrenzt, daß sie im Hinblick auf die Realität entworfen ist. Beispielhaft ist das Wertprinzip: „Eine hypothetische Funktion, an sich unreell und prinzipiell willkürlich, zu der wir aber durch Tatsachenbeobachtung veranlaßt werden[64]." Die in der Theoriebildung zum Ausdruck kommende Erkenntnisleistung verbindet Theorie und Realität: „Einerseits haben wir die prinzipielle Willkürlichkeit unserer Theorie, auf der ihr System, ihren Strenge und Exaktheit beruht, und andererseits ihr Passen auf und Bedingtsein durch die Erscheinungen, welche allein ihr Inhalt und Wert geben[65]."

---

[60] Ebenda, S. 35.

[61] „Der Zweck der theoretischen Wissenschaft ist das Verständnis, die über die unmittelbare Erfahrung hinausreichende Erkenntnis und die Beherrschung der realen Welt. Wir verstehen die Erscheinungen durch Theorien, indem dieselben in jedem concreten Falle lediglich als Exemplificationen einer allgemeinen Regelmäßigkeit vor unser Bewußtsein treten, ..." C. *Menger:* Untersuchungen über die Methode, op. cit., S. 33.

[62] J. *A. Schumpeter:* Das Wesen und der Hauptinhalt, op. cit. Die folgenden Ausführungen gelten nicht für *Schumpeters* Theorie der dynamischen Wirtschaft.

[63] J. A. *Schumpeter:* Das Wesen und der Hauptinhalt, op. cit., S. 527.

[64] Ebenda, S. 73.

Die Behandlung der Gesetze der reinen Theorie erfolgt in diesem Sinne. *Schumpeter* will das Problem, ob die Wirklichkeit eine gesetzliche Struktur hat oder nicht, umgehen; denn er sieht es als metaphysisch und nicht entscheidbar an[66]. Er begreift sie vielmehr aus ihrer Bedeutung und Funktion für das Erkennen: „Nicht was solche Behauptungen im allgemeinen bedeuten und ob sie allgemein wahr sind, ist für uns wichtig, sondern was sie für uns bedeuten und ob sie sich in jenen Fällen, in denen wir sie brauchen, bewähren[67].“ *Schumpeter* geht von der bestehenden Theorie aus und verkennt hierbei nicht, daß diese keine Wiedergabe der Realität ist. Der fiktive Charakter der Theorie wird nicht durch den Mangel an Wahrheit tangiert, sondern hängt davon ab, wieweit er dennoch auf die Realität paßt.

Back[68] dagegen bringt eine Rückkehr zur ontologischen Betrachtung. Seines Erachtens will die reine Theorie „allgemeingültige Urteile über gesetzmäßige Zusammenhänge der reinen Wirtschaft gewinnen“[69]. Daher lehnt er auch den *Schumpeter*schen Ansatz ab, daß die reine Theorie ihr Objekt selber fingiert. Statt dessen identifiziert er die reine Theorie mit der Ontologie der Wirtschaft; sie ist „Wesenswissenschaft“ und als solche eine Seinslehre. Nicht das konkrete oder empirische Sein der Wirtschaft, sondern ihre ontische Wirklichkeit und Möglichkeit, von der die konkrete Wirklichkeit nur eine Ausprägung darstellt, ist das Objekt der Theorie. „Das ontische Sein der Wirtschaft ist an der wirklichen Wirtschaft in den Blick zu bekommen, aber nur, wenn man die wirkliche Wirtschaft nicht als faktisch-reale, sondern als mögliche betrachtet und sie auf die Voraussetzungen und Bestimmungen ihrer Möglichkeit hin untersucht[70].“ Die reine Theorie bei *Back* beruht also auf der Unterscheidung von Wesen und Erscheinung, und sie ist insofern eine Erfahrungs- oder Wirklichkeitswissenschaft, als die Analyse des Wesens auf der Analyse der Erscheinung beruht, gleichzeitig jedoch über diese hinausgeht. Daher kann die reine Ökonomie die Realität in ihrer ganzen Seinsweise niemals erfassen, vielmehr hat sie es immer nur mit bestimmten Seinsweisen zu tun. Die Wirtschaft ist die Einheit des Denkens und nicht des sinnlichen Erlebens.

Was *Back* sucht, ist eine nicht-sinnliche Seinsbestimmung der Wirklichkeit Wirtschaft. Er will ein gegebenes, geordnetes Sein, die wesensnotwendige Struktur und bestimmte Wesensgesetzmäßigkeiten wirtschaft-

---

65 Ebenda, S. 533.

66 Hierin ist *Schumpeter* zuzustimmen; siehe E. *Streissler:* Wesen und Inhalt ökonomischer Gesetzmäßigkeiten, op. cit., S. 85 ff.

67 J. A. *Schumpeter:* Das Wesen und der Hauptinhalt, op. cit., S. 25 f.

68 J. *Back:* Die Entwicklung der reinen Ökonomie, op. cit.

69 Ebenda, S. 4.

70 J. *Back:* Die Entwicklung der reinen Ökonomie, op. cit., S. 15.

licher Zusammenhänge freilegen, die unabhängig von der realen Ausprägung und dennoch existent sind. Seine erkenntnistheoretische Grundlage hierzu ist die Phänomenologie, seine Methode die eidetische Reduktion. Das reale Sein wird auf die ontische Wirklichkeit zurückgeführt, von der die faktische Wirklichkeit nur eine Möglichkeit darstellt.

Back steht damit in einem strengen Gegensatz zu *Schumpeter,* während *Menger* eher eine vermittelnde Stellung innehat. *Backs* Rückgriff auf die Ontologie stellt daher einen Rückschritt dar, der durch die Entwicklung zur formalen Wirtschaftstheorie widerlegt worden ist; denn diese ist frei von ontologischem Gehalt. Darüber hinaus hat schon vorher *Schumpeter* auf den metaphysischen Charakter der wesenhaften Seinsgesetze hingewiesen. Diese Kritik trifft auch *Menger,* soweit bei ihm die Begründung der reinen Theorie von der Ontologie beeinflußt ist. Es blieb dann *Sombart*[71] vorbehalten, auf den instrumentalen Charakter der reinen Theorie hinzuweisen. Interessant hieran ist: obwohl *Sombart* von einem falschen Verständnis der mathematischen Wirtschaftstheorie ausging — er sah diese als naturwissenschaftliches Denken an —, muß seine Behauptung anerkannt werden, die mathematische oder exakte Wirtschaftstheorie müsse auf Wesenserkenntnis verzichten[72]. Die Neuinterpretation der Logik und damit der Mathematik hat ihnen im nachherein recht gegeben. Dadurch, daß die mathematische Wirtschaftstheorie in eine Formalwissenschaft überführt wird, ist sie empirisch leer und ontologisch indifferent.

Hiervon muß eine erkenntnistheoretische Begründung der reinen Theorie ausgehen: die reine Theorie ist — logisch betrachtet — eine formalwissenschaftliche Disziplin, der aber dennoch ein erfahrungswissenschaftlicher Sinn zuerkannt werden muß; die reale Welt wird in den formalen Kategorien der Mathematik analysiert. Der Abstand zwischen der reinen Ökonomie und der ökonomischen Wirklichkeit ist damit größer denn je. Während *Menger* noch davon ausgehen konnte, daß die reine Theorie das Generelle oder Typische in den Erscheinungsformen und Relationen freilegt, und *Schumpeter* noch unterstellte, daß die reine Theorie zwar nicht die reale Welt, aber immerhin noch eine umfingierte ökonomische Welt betrachtet, die letztlich immer noch auf die tatsächliche Welt paßt, erhebt die moderne Entscheidungslogik gar nicht den Anspruch auf die wirkliche Welt, wenn sie Handlungsalternativen aus Freiheitsgraden deduziert. Auch die *Amonn*sche Lehre vom Erfahrungsobjekt und Erkenntnisobjekt[73] ist nur noch bedingt vertretbar. Sie charak-

[71] Siehe W. *Sombart:* Die drei Nationalökonomien, op. cit., S. 29 ff.; siehe auch A. *Spiethoff:* Anschauliche und reine volkswirtschaftliche Theorie und ihr Verhältnis zueinander, in E. *Salin* (Hg.): Synopsis, Festgabe für Alfred Weber, Heidelberg o. J., S. 567 ff.

[72] Siehe W. *Sombart:* Die drei Nationalökonomien, op. cit., S. 112 ff.

terisiert eher eine erkenntnistheoretische Grundlage, wie sie in *Schumpeters* Auffassung noch implizit enthalten ist. Die Verbindung zwischen Erfahrungsobjekt und Erkenntnisobjekt wird vielmehr immer dünner. War es noch bei *Menger* das Interesse am Generellen, bei *Schumpeter* das Interesse am exakten Denken und bei *Back* das Interesse am Wesen, wodurch im *Amonn*schen Sinne das Erkenntnisobjekt aus dem Erfahrungsobjekt konstituiert wird, so ist in der gegenwärtigen Theorie in *Amonn*scher Terminologie das Erkenntnisobjekt materiell ein formalwissenschaftliches. Man kann hiergegen einwenden, daß auch schon bei *Amonn* das Erkenntnisobjekt ideellen und nicht realen Charakter hat, doch dem ist entgegenzuhalten, daß das *Amonn*sche Erkenntnisobjekt ein gedankliches Gebilde der Wirklichkeit oder eine gedankliche Abbildung der Realität darstellt. Diesen Anspruch erheben schon einige Bereiche der gegenwärtigen Theorie wie die Entscheidungslogik oder die Spieltheorie nicht mehr, und die Kritik am „Modellplatonismus" beispielsweise der Wachstumstheorie[74] wird wahrscheinlich auch dazu führen, daß der Anspruch, auf ideelle Weise die Wirklichkeit zu behandeln, aufgegeben wird, wenn der formale und damit empirisch leere Charakter der Wachstumstheorie anerkannt und somit die Berechtigung der *Albert*schen Kritik eingesehen wird. Der bei *Back* so betonte ontologische Charakter der reinen Theorie ist damit vollkommen ad absurdum geführt. Eine Begründung der reinen Theorie, die vom Erfahrungsobjekt und vom Erkenntnisziel her erfolgt, muß daher abgelehnt werden.

Die erkenntnistheoretische Grundlegung kann vielmehr nur vom logischen Charakter der Gebilde der reinen Theorie und vom erkenntnistheoretischen Anliegen her erfolgen. Was den logischen Charakter anbetrifft, so ist *Hutchison* weitgehend zuzustimmen: „Sie (die theoretischen Sätze — G. S.) sagen nichts über Tatsachen, weil sie nicht von Tatsachen handeln, sondern von der Art und Weise, wie wir von Tatsachen sprechen. Die hypothetische oder reine Theorie verschafft ein Sprachsystem, einen Begriffsapparat zur Besprechung der Tatsachen[75]." Was das Erkenntnisziel anbetrifft, so handelt es sich um mathematisierte Entwürfe über die Welt, die dazu dienen, die Welt zu verstehen. Dadurch daß sie hypothetisch sind, können sie nicht mehr den Anspruch erheben, die Welt in dem Sinne zu erklären, daß sie Ursachen oder Kausalzusammenhänge der Realität analysieren. Sie sind vielmehr ein reines Ideen- oder Sprachsystem, dessen Wahrheit in sich selber begründet ist, d. h. in seiner logischen Konsistenz. Zu ihrer Rechtfertigung ist daher nur ihre funktionale oder instrumentale Betrachtung vertretbar; weil sie prinzipiell

---

[73] Siehe A. *Amonn:* Theoretische Nationalökonomie, op. cit., S. 140 ff.

[74] Siehe H. *Albert:* Wachstumsmodelle und Realität, in: Marktsoziologie und Entscheidungslogik, op. cit., S. 385 ff.

[75] T. W. *Hutchison:* Theoretische Ökonomie als Sprachsystem, op. cit., S. 197.

willkürlich sind, basieren sie auf einer hermeneutischen Grundlage und tragen ihren Sinn in sich selber. Nur so ist es auch zu erklären, wieso die tautologischen Umformungen der Theorie und die Theorien überhaupt trotz ihres tautologischen Charakters letztlich sinnvoll sind. Um es noch drastischer zu sagen: sie sind nicht trotz, sondern wegen ihrer tautologischen Umformungen sinnvoll; denn die Tautologien dienen dazu, das sprachlich dargelegte Ideensystem, anhand dessen die Realität verstanden wird, zu vervollständigen und weiter auszubauen. Daher haben die Tautologien, obwohl sie nichts über die Realität aussagen, eine Erkenntnisleistung im weiteren Sinne. Sie bauen das zum Verstehen erforderliche Ideensystem aus.

In diesem Sinne läßt sich auch die Erkenntnisleistung von Analogiemodellen würdigen. Die Kreislaufanalogie, die mechanische Analogie oder die organische Analogie beispielsweise sowie die naturwissenschaftliche Analogie überhaupt stellen weder eine unzulässige Übertragung artfremden Denkens noch eine unzulässige Ontologisierung der Wirtschaft dar, sondern sind, wenn sie erkenntnistheoretisch richtig begründet werden, Ideensysteme aus anderen Disziplinen, die von dort her bereits relativ ausgebaut sind und sich als fruchtbar zum Verstehen der dortigen Objekte erwiesen haben. Wenn daher die Wirtschaft mechanisch gedacht wird, so können nur naive Erkenntnistheoretiker der Meinung sein, das Objekt selber werde hierdurch mechanisiert; der mechanische Entwurf — um bei dem Beispiel zu bleiben — ist vielmehr daran zu messen, wieweit ein Verstehen wirtschaftlicher Phänomene dadurch möglich ist, daß die Prinzipien der Mechanik verstanden werden. Einzig die Isomorphie ist das Problem. Sie kann hier nur mit Hilfe der *Amonnschen* Unterscheidung von Erkenntnis- und Erfahrungsobjekt zwar nicht gelöst, aber umgangen werden.

Das wohl erfolgversprechendste Beispiel für diese Überlegungen in neuerer Zeit ist die „neue politische Ökonomie“[76]. Die überkommene Politikwissenschaft hat es nur zu einer rudimentären Theoriebildung gebracht; erst die Übertragung des Marktmodells auf den Bereich politischen Handelns hat für die politischen Phänomene ein ausgebautes Ideen- und Prinzipiensystem geschaffen, anhand dessen das politische Handeln verstanden werden kann. Es ist wie bei allen theoretischen Entwürfen: ein Ideengebilde, das sich anschaulich am besten als ein Netz charakterisieren läßt, wird über einen Objektbereich geworfen, den man in dem Gedankennetz zu fangen versucht. Und die Eignung oder Qualität dieses Entwurfs ist danach zu beurteilen, wieweit er das Objekt in seinen Ma-

[76] Siehe B. S. *Frey:* Die ökonomische Theorie der Politik oder die neue politische Ökonomie: Eine Übersicht, in: Zeitschrift für die gesamte Staatswissenschaft, Bd. 126, 1970, S. 1 ff.; P. *Bernholz:* Grundlagen der politischen Ökonomie, Tübingen 1972.

schen zu fangen vermag, wieweit der Entwurf das bisher wenig griffige Objekt strukturiert. Daß es hierbei zu begrifflichen Umdeutungen kommt, daß aus dem Gewinnmaximierer ein Stimmenmaximierer entsteht, betrifft nur begriffliche Uminterpretationen. Erkenntnistheoretisch entscheidend ist, daß der Objektbereich durch den Marktmechanismus verstanden wird, mag sich auch inzwischen herausgestellt haben, daß dessen Grundlagen in der Ökonomie Tautologien sind.

Wird der Prozeß der Theoriebildung und die erkenntnistheoretische Funktion der Theorie auf diese Weise gesehen, so erklärt sich auch, daß die Idee der empirischen Überprüfung von Ideen in der Wissenschaftsgeschichte nur eine subsidiäre Rolle spielt und von der Natur der Sache her auch nur spielen kann, wie *Kuhn*[77] für die Geschichte der Naturwissenschaften und die „new philosophy of science“[78] für die Wissenschaften überhaupt dargelegt haben. Primär ist es der Vergleich der Ideengebilde untereinander und nur sekundär der Vergleich mit der Realität, wodurch die Entwicklung der Wissenschaft bestimmt ist. Und dies ist die Begründung für die Notwendigkeit des Pluralismus in der Wissenschaft.

[77] Siehe T. S. *Kuhn:* The Structure of Scientific Revolutions, op. cit., S. 77, S. 93 f.

[78] Siehe P. K. *Feyerabend:* Consolations for the Specialist, op. cit., S. 215 ff.; I. *Latakos:* History of Science and its Rational Reconstructions, op. cit., S. 91 ff.; ders.: Falsification and the Methodology, op. cit., S. 103 ff.; ders.: Popper zum Abgrenzungs- und Induktionsproblem, op. cit., S. 75 ff.

Schluß: Status und Entwicklung des Wissens

Nachdem dargelegt ist, wieweit die Wissenschaft auf einer hermeneutischen Grundlage beruht, die aus empiristischer Sicht als Metaphysik erscheint, und wieweit hermeneutische Elemente in die Wissenschaft einfließen, erhebt sich die Frage nach dem erkenntnistheoretischen Status des Wissens überhaupt. In diesem Sinne ist das Wissen das Resultat oder das Produkt des Erkennens, und es erscheint prima facie als plausibel, daß die gleichen Überlegungen, die für die Gewinnung des Wissens, also für das Erkennen gelten, auch für das Resultat des Erkennens ihre Gültigkeit haben. Dennoch muß dieses nicht unbedingt der Fall sein; denn während das Erkennen eine geistige Handlungsweise des erkennenden Subjekts darstellt, deren intersubjektive Nachvollziehbarkeit nur bedingt gegeben ist, ist das Wissen als das Resultat dieser Handlungsweise objektiviert, da und indem es als Sprache oder sprachliches Gebilde der intersubjektiven Mitteilbarkeit unterliegt. Objektivität des Erkennens und Objektivität des Wissens sind daher einerseits identische Probleme, da das Wissen stets nur das Resultat des Erkennens sein kann; andererseits sind sie jedoch verschiedene Probleme, da die Intersubjektivität des Wissens eine andere ist als die des Erkennens.

Gemäß dieser Unterscheidung hat das empiristische Denken zwei Phasen durchlaufen: Der ältere Empirismus sucht die Objektivität des Wissens und des Erkennens in der Objektivität des Erkennens selber. Ein Wissen, das aufgrund eines Verfahrens gewonnen wurde, das objektiv ist, muß auch als Resultat selbst objektiv sein. Die Idee einer absoluten Erfahrungserkenntnis, wie sie dem älteren Empirismus und auch noch dem logischen Empirismus beispielsweise in der Protokollsatztheorie oder der Theorie einer physikalischen Basis zugrunde liegt, hat sich jedoch als nicht durchführbar erwiesen.

Die Aporien des Empirismus führen unweigerlich in den Konventionalismus, der zwar eine in mancher Hinsicht praktikable Plattform für die Praxis der Forschung darstellt, dessen Pragmatismus aber die Illusion eines festen Fundamentes erzeugt, das in Wirklichkeit eine äußerst brüchige und schwammige Grundlage darstellt. Auch der Konventionalismus vermag die Objektivität des Erkennens nicht zu gewährleisten; er erzeugt nur das trügerische Gefühl der Sicherheit. Andererseits erscheint er als ein notwendiges Zwischenstadium; denn erst das Wissen um die Aporien des Konventionalismus ebnet den Weg für eine hermeneutische

Lösung des Problems. Erst nachdem die Unmöglichkeit einer festen Grundlage der Erkenntnis und eines objektiven Erkennens dargelegt ist, kann die Subjektivität der Hermeneutik von dem Ruch apriorischer Inferiorität befreit werden.

Die zweite Phase des Empirismus dagegen sucht in der Methode die Objektivität, die die erste Phase im Erkennen selbst nicht zu finden vermochte. Die Regeln des Spiels Wissenschaft sollen auf methodischem Wege das Resultat des Erkennens, nämlich das Wissen, dorthin führen, wohin das Erkennen aus eigenen Stücken nicht zu gelangen vermag: zum objektiven Wissen. Nicht mehr das Erkennen bringt die Wahrheit, sondern die Methode; Erkenntnistheorie degeneriert zur Methodenlehre. Voraussetzung hierfür ist, daß nicht mehr die Aktivität Erkennen zum Objekt erhoben wird, sondern nur noch das Wissen als das Resultat des Erkennens von Interesse ist. Dem entspricht die Definition der Methodenlehre[1]; diese kümmert sich nicht um die Entstehung des Wissens, sondern nur um das Resultat. Wissen und Erkennen werden auseinanderdividiert; das Erkennen wird in die Grauzone der Heuristik verbannt. Die Logik der Bestätigung soll für das Resultat des Erkennens jenen Status der Objektivität erzeugen, der für das Erkennen selbst so vergeblich gesucht wurde; die Methode wird Träger und Ursprung der Wahrheit und Objektivität.

Damit erhebt sich die Frage, ob das Wissen jenen Status erreichen und einnehmen kann, der dem Erkennen versagt bleibt. Letztlich ist es die Frage, ob die Methodologie jenen „archimedischen Punkt" darstellen kann, der im Erkennen nicht nur nicht gefunden worden ist, sondern dessen Unmöglichkeit im Bereiche des Erkennens sogar nachgewiesen ist[2]. *Popper* hat das plausibel erscheinende Postulat aufgestellt, um das Wachstum des Wissens zu studieren, studiere man am besten das Wachstum der Wissenschaft[3]. Gelingt es dann, jene Regeln festzustellen, die das Wachstum der Wissenschaft begleiten und lenken, so scheint das Erkenntnisproblem im Wege der Methodologie lösbar zu sein. Dies ist insofern zutreffend als die Entwicklung des Wissens zweifelsohne ihren Niederschlag in der Entwicklung der Wissenschaft findet. Eine andere Frage ist jedoch, ob man die Entwicklung der Wissenschaft als einen Prozeß deuten kann, in dem das Wissen sich von Stadien geringer Wahrheit zu Formen höherer Wahrheit fortentwickelt. Dies würde bedeuten, daß darwinistisches Denken nicht nur auf die Entwicklung des Wissens anwendbar ist, sondern daß die Entwicklung der Wissenschaft und des Wissens sich selber im Sinne eines erkenntnistheoretischen Darwinismus vollzieht und die Methodologie die Gesetze dieses Darwinismus beinhaltet. Die Konsequenz

---

[1] Siehe H. *Albert:* Traktat über kritische Vernunft, op. cit., S. 37 ff.

[2] Siehe ebenda, S. 11 ff. und F. *Bollnow:* Philosophie der Erkenntnis, op. cit., S. 13 ff.

[3] Vgl. K. R. *Popper:* Logik der Forschung, op. cit., S. XV.

wäre, daß erstens das jeweilige Wissen die höchstentwickelte Form des Wissens darstellt und daß zweitens die Richtung des Fortschritts auf das Ziel der Entwicklung — in diesem Falle die Wahrheit oder die Objektivität des Wissens — hinweist.

Gerade dieser zweite Aspekt steht im Mittelpunkt der *Popper*schen Wachstumstheorie des Wissens[4]. *Popper* sieht den Prozeß so, daß die Entwicklung des Wissens nicht nur eine Abfolge von sich ändernden Zuständen ist, sondern daß auch ein Fortschritt im wertenden Sinne des Wortes vorliegt. *Popper* versucht diesen Fortschritt durch den Begriff der „verisimilitude“[5] zu charakterisieren. Eine Theorie T_2 ist wahrheitsähnlicher als eine Theorie T_1, wenn

(1) T_2 genauere Aussagen macht als T_1 und diese genaueren Aussagen genaueren Überprüfungen standhalten,

(2) T_2 mehr Tatsachen berücksichtigt und erklärt als T_1,

(3) T_2 die Tatsachen detaillierter beschreibt oder erklärt als T_1,

(4) T_2 Überprüfungen bestanden hat, die T_1 nicht bestanden hat,

(5) T_2 neue experimentelle Überprüfungsmöglichkeiten entwickelt und besteht, die vor der Entstehung von T_2 noch nicht angewandt wurden, und

(6) T_2 Probleme vereinigt oder verbindet, die bisher verschieden und unzusammenhängend waren[6].

Der Übergang von einer Theorie T_1 zu einer anderen T_2, die diesen Kriterien mehr entspricht als T_1, würde nach *Popper* eine positive Änderung des Wissens bedeuten, wodurch der Status des Wissens in Richtung eines Mehr an Wahrheit oder an Wahrheitsähnlichkeit verändert würde. Wird nun die Methodologie so ausgestaltet, daß dieser Selektionsprozeß zwischen alternativen Theorien möglichst rational abläuft, so müßte sich als Konsequenz dieser Entwicklung ergeben, daß zwar die Wahrheit vielleicht niemals vollkommen erreicht wird, hierbei jedoch das Wissen so wahrheitsähnlich wird, daß man von einem wahrheitsgleichen Status des Wissens sprechen kann. Die Konsequenz wäre, daß unter der Bedingung einer entsprechend rationalen Methodologie das Wahrheitsproblem bei genügend langer Dauer und Häufigkeit der Selektion gelöst würde.

Der Gedanke an die Möglichkeiten, die die Methodologie für den Status des Wissens eröffnen kann, ist bestechend. Fraglich bleibt jedoch, ob die

---

[4] Siehe K. R. *Popper:* Truth, Rationality, and the Growth of Scientific Knowledge, in: Conjectures and Refutations, op. cit., S. 215 ff.

[5] Ebenda, S. 228 ff.

[6] Vgl. K. R. *Popper:* Truth, Rationality, and the Growth of Scientific Knowledge, in: Conjectures and Refutations, op. cit., S. 232.

Idee einer Wahrheit durch Methode nicht mit ähnlichen Aporien behaftet ist wie die Vorstellung des objektiven Erkennens, d. h. ob die Methodologie grundsätzlich geeignet ist, einen wesentlichen Beitrag zur Objektivität des Wissens zu leisten. Hinter dieser Vorstellung steht der Gedanke, daß durch Vergleich die Wahrheit oder Wahrheitsähnlichkeit festgestellt werden kann. Verglichen werden zwei Theorien T_1 und T_2 und eine unbekannte Größe, nämlich die Wahrheit. Hierbei erweist sich der Umstand, daß die Wahrheit nicht bekannt ist, als das größte Manko dieses Ansatzes; denn wäre die Wahrheit bekannt, so könnte die Wahrheitsähnlichkeit oder das Ausmaß an Wahrheitsgleichheit ja durch den direkten Vergleich der jeweiligen Theorie mit der Wahrheit bestimmt werden; der Umweg über einen Vergleich der beiden Theorien untereinander wäre nicht erforderlich. Da jedoch die Wahrheit nicht bekannt ist, ist dieser Umweg zwar erforderlich, was jedoch nicht notwendigerweise bedeutet, daß aus dem Umweg eine Mehrergiebigkeit für das Wissen resultieren muß.

Die Frage ist, ob eine Theorie oder Hypothese, die eine Anzahl von Kriterien, die unter dem Sammelkriterium „besser" zusammengefaßt werden können, mehr erfüllt als eine andere, auch mit dem Prädikat „wahrheitsähnlicher" versehen werden kann. Schon der komparative Gehalt des Ausdrucks „wahrheitsähnlich" weist auf die Bedenken eines solchen Schlusses hin. Die Bestimmung der Wahrheitsähnlichkeit des Wissens setzt logisch voraus, daß die Wahrheit bekannt ist. Dies ist jedoch nicht der Fall; weder die Wahrheit noch ein methodisch einwandfreier, außerlogischer und nicht-hypothetischer Wahrheitsbegriff ist bekannt. Damit ist jedoch der Schluß aus dem Vergleich zweier Theorien auf eine unbekannte dritte Größe ein Fehlschluß. Zweifelsohne mag es bei dem Vergleich zweier Theorien gute Gründe geben, deretwegen die eine Theorie der anderen vorgezogen wird, doch läßt sich hieraus nicht auf den Status des Wissens in Hinblick auf die Wahrheit schließen. Entscheidend ist, daß in der unbekannten Größe Wahrheit keine Bezugseinheit für den wahren oder wahrheitsähnlichen Status von Theorien oder des Wissens geschaffen werden kann. Der Status eines bestimmten Wissens kann nicht durch eine unbekannte Größe festgelegt werden, sondern nur durch die Relation zu einer anderen bekannten Größe, die eine Bezugsbasis für den Vergleich beinhaltet.

Hier ließe sich einwenden, daß die geforderte Wahrheitsähnlichkeit durch einen Vergleich der Theorie mit der Realität bestimmt werden könne. Das setzt jedoch voraus, daß ein Vergleich mit der Realität an sich möglich ist. Gleichgültig, ob nun die *Kant*ische Idee eines „Ding an sich" eine transzendentale Konstruktion ist oder nicht, der Vergleich mit der Realität kann immer nur ein Vergleich mit dem Wissen um die Realität sein. Da jedoch dieses Wissen von der Realität den Status einer Deutung oder Auslegung hat — wissenschaftstheoretisch gesprochen den

Status einer anerkannten Hypothese, also einer Theorie — bildet immer das vorhandene Wissen von der Realität eine wesenhaft unsichere Bezugseinheit für die Beurteilung neuen oder anderen Wissens. Da jedoch der grundsätzliche Status des Wissens — auch des Wissens von der Realität — der einer Deutung ist, konkurrieren stets nur Deutungen miteinander. Mithin ist das, was das Prädikat „besser" bezeichnet, nicht ein Bezug auf die Realität, sondern eine Relation zu den Deutungen über die Realität. Das Urteil, eine Theorie oder ein bestimmtes Wissen sei wahr, kann damit auch nur eine Relation zu anderem Wissen sein.

Auch hieraus folgt, daß die Hermeneutik mit Recht auf die Grenzen des methodischen Wahrheitsanspruches hinweist, indem sie das eigentliche Wahrheitsproblem in der Metaphysik ansiedelt. Der Schluß, daß die bisherige Entwicklung den Status des Wissens in Richtung auf ein Mehr an Wahrheit verändert hat, dürfte daher eine metaphysische Behauptung sein. Dem steht nicht entgegen, daß die Entwicklung des Wissens als ein Fortschritt im wertenden Sinne des Begriffs bezeichnet wird; denn entscheidend für die Verwendung des Terminus „Fortschritt" ist, daß die Beurteilung neuen Wissens oder neuer Theorien stets nur im Hinblick auf das bekannte Wissen bzw. die bekannten Theorien erfolgen kann, nicht jedoch in Hinblick auf die Wahrheit, die nicht bekannt ist. Nur das bereits Vorhandene kann ein Bezugssystem für das Neue abgeben. Natürlich ändert sich das Wissen auf diese Art und Weise immer, sobald etwas Neues auftritt und dieses Wissen akzeptiert wird; aber die Behauptung, dieser Vorgang bringe das Wissen der Wahrheit näher, ist durch nichts gerechtfertigt.

Der Vergleich zwischen vorhandenem Wissen und neuen Theorien ist immer nur ein Vergleich zwischen zwei sich möglicherweise widersprechenden Arten des Wissens, die beide jedoch hypothetisch sind. Solange der Nachweis sicheren Wissens, d. h. der Wahrheit, nicht erbracht ist, solange konkurrieren nur Deutungen, Interpretationen und Vermutungen um die Anerkennung des relevanten Publikums. Und es ist ja gerade der Umstand, daß alles Wissen vom Wesen her unsicher ist, der das Geschäft der Methodologie zu einem so schwierigen Unterfangen macht; denn gäbe es in irgendeinem Punkt oder Bereich vollkommen sicheres Wissen, so wäre ja hier der „archimedische Punkt" gefunden, der einen Aufhänger für die Beurteilung des übrigen Wissens böte. Das schließt nicht aus, daß ein erheblicher Teil des vorhandenen Wissens als ziemlich sicher und bewährt angesehen wird. Würde es jedoch als vollkommen sicher angesehen werden, so würde hierdurch jede künftige Veränderung dieses Wissens für alle Ewigkeit ausgeschlossen. Das bedeutet, daß die Qualifikation des jeweiligen Wissens als unsicher eine logische Voraussetzung für die Entwicklung des Wissens darstellt. Man könnte die Hypothese wagen, daß ceteris paribus die Veränderung des Wissens und damit der Fortschritt des

Wissens um so geringer ausfallen müssen, je höher die Sicherheit des vorhandenen Wissens eingeschätzt wird und vice versa. Offenheit für das Neue, die Bereitschaft, das Vorhandene in Frage zu stellen, Skepsis gegenüber dem Alten und kritische Sympathie für das Unkonventionelle — kurz: Wissenschaft als Haltung — scheinen eher geeignet, einen Fortschritt des Wissens zu bewirken und zu begünstigen als eine aufwendige Methodologie. Das ist nicht ein Aufruf, die Methodologie zu liquidieren, sondern nur eine Warnung vor ihren Möglichkeiten. Die Methodologie vermag die Frage nach der Objektivität oder der Wahrheit des Wissens genauso wenig zu lösen, wie objektives Erkennen möglich ist. Gefährlich wird sie in dem Augenblick, wo sie als wohl etablierte Disziplin eine Eigendynamik entwickelt, die den Eindruck produziert, sie beinhalte den Hort und die Quelle der Wahrheit. In diesem Augenblick vermag sie der Sache, der sie dienen soll, eher zu schaden, als daß sie sie vorwärts bringt; denn was sie dadurch schafft, ist nichts anderes als ein dogmatisches System.

Literaturverzeichnis

Abel, Th.: The Operation Called Verstehen, in: H. Albert (Hg.): Theorie und Realität, Tübingen 1964, S. 177 - 187.

Adorno, Th. u. a.: Der Positivismusstreit in der deutschen Soziologie, Neuwied und Berlin 1970.

Achinstein, P.: On the Meaning of Scientific Terms, in: The Journal of Philosophy, Bd. 61, 1964, S. 497 - 509.

Agassi, J.: The Nature of Scientific Problems and their Roots in Metaphysics, in M. Bunge (Hg.): The Critical Approach to Science and Philosophy, London 1964, S. 189 - 211.

Albert, H.: Entmythologisierung der Sozialwissenschaften. Die Bedeutung der analytischen Philosophie für die soziologische Erkenntnis, in: Kölner Zeitschrift für Soziologie und Sozialpsychologie, Bd. 8, 1956, S. 243 - 271.

— Probleme der Wissenschaftslehre in der Sozialforschung, in: R. König (Hg.): Handbuch der empirischen Sozialforschung, Bd. I, Stuttgart 1967, S. 39 - 63, S. 690 - 696.

— Marktsoziologie und Entscheidungslogik, Neuwied 1967.

— Traktat über kritische Vernunft, Tübingen 1969.

— Plädoyer für kritischen Rationalismus, München 1971.

— Theorien in den Sozialwissenschaften, in: ders. (Hg.): Theorie und Realität, Tübingen 1972.

— Konstruktion und Kritik, Hamburg 1972.

— Ökonomische Ideologie und politische Theorie, Göttingen 1972.

Albert, H., *Topitsch*, E. (Hg.): Werturteilsstreit, Darmstadt 1971.

Amonn, A.: Objekt und Grundbegriffe der theoretischen Nationalökonomie, Leipzig und Wien 1911.

Apel, K. O.: „Das Verstehen (eine Problemgeschichte als Begriffsgeschichte)“, in: Archiv für Begriffsgeschichte, Bd. I, 1955, S. 142 - 199.

— Das Leibapriori der Erkenntnis, in: Archiv für Philosophie, Bd. 12, 1964, S. 152 - 172.

— „Die Entfaltung der ‚sprachanalytischen‘ Philosophie und das Problem der ‚Geisteswissenschaften‘“, in: Philosophisches Jahrbuch, Bd. 72, II., 1965, S. 239 - 289.

— Wittgenstein und das Problem des hermeneutischen Verstehens, in: Zeitschrift für Theologie und Kirche, 63. Jg., 1966, S. 49 - 87.

— Heideggers philosophische Radikalisierung der „Hermeneutik“ und die Frage nach dem „Sinnkriterium“ der Sprache, in: O. Loretz, W. Strolz (Hg.): Die hermeneutische Frage in der Theologie, Freiburg 1968, S. 86 - 152.

— Szientistik, Hermeneutik, Ideologiekritik, in: ders. u. a.: Hermeneutik und Ideologiekritik, Frankfurt 1971, S. 7 - 44.

Apel, K. O.: Die Kommunikationsgemeinschaft als transzendentale Voraussetzung der Sozialwissenschaften, in: Neue Hefte für Philosophie, Heft 2/3, 1972, S. 1 - 40.

Ast, D. F.: Grundlinien der Grammatik, Hermeneutik und Kritik, Landshut 1808.

— Grundriß der Philologie, Landshut 1808.

Ayer, A. J.: Sprache, Wahrheit und Logik, Stuttgart 1970.

Back, J.: Der Streit um die nationalökonomische Wertlehre, Jena 1926.

— Die Entwicklung der reinen Ökonomie zur nationalökonomischen Wesenswissenschaft, Jena 1929.

Bauer, L.: Wissenschaftstheoretische Überlegungen zu Grundannahmen der Nationalökonomie, insbesondere des mikroökonomischen Ansatzes, Berlin 1969.

Bernholz, P.: Grundlagen der politischen Ökonomie, Tübingen 1972.

Betti, E.: Allgemeine Auslegungslehre als Methodik der Geisteswissenschaften, Tübingen 1967.

Beveridge, W. I. B.: The Art of Scientific Investigation, Melbourne, London, Toronto 1953.

Bochenski, J. M.: Formale Logik, Freiburg, München 1970.

— Die zeitgenössischen Denkmethoden, München 1971.

Bohnen, A.: Zur Kritik des modernen Empirismus. Beobachtungssprache, Beobachtungstatsachen und Theorien, in: H. Albert (Hg.): Theorie und Realität, Tübingen 1972, S. 171 - 190.

Bollnow, O. F.: Philosophie der Erkenntnis. Das Vorverständnis und die Erfahrung des Neuen, Stuttgart 1970.

Bormann, C. v.: Die Zweideutigkeit der hermeneutischen Erfahrung, in: K. O. Apel u. a.: Hermeneutik und Ideologiekritik, Frankfurt 1971, S. 83 bis 119.

Born, M.: Physik im Wandel meiner Zeit, Braunschweig 1957.

Bowland, L. A.: Methodology as an Exercise in Economic Analysis, in: Philosophy of Science, Bd. 38, 1971, S. 105 - 117.

Brandt, K.: Struktur der Wirtschaftsdynamik, Frankfurt 1952.

— Entwicklung und Anwendungsbereich der graphischen Methode in der Nationalökonomie, in: R. Henn (Hg.): Operations-Research-Verfahren, Meisenheim 1963, S. 81 - 107.

— Methodologische Bemerkungen zur Marktformenlehre, in: N. Kloten u. a. (Hg.): Systeme und Methoden in den Wirtschafts- und Sozialwissenschaften, Tübingen 1964, S. 107 - 126.

— Das Spiel als Methode in der Nationalökonomie, in: Freiburger Dies Universitatis, Bd. 13, 1966, S. 109 - 128.

Bubner, R.: „Philosophie ist ihre Zeit, in Gedanken erfaßt", in: K. O. Apel u. a.: Hermeneutik und Ideologiekritik, Frankfurt 1971, S. 210 - 243.

Bühler, K.: Die Krise der Psychologie, Stuttgart 1965.

Bunge, M.: Scientific Research, Bd. I, Berlin, Heidelberg, New York 1967.

Carnap, R.: Der logische Aufbau der Welt, Berlin-Schlachtensee 1928.

— Alte und neue Logik, in: Erkenntnis, Bd. 1, 1930/31, S. 12 - 26.

Carnap, R.: Überwindung der Metaphysik durch logische Analyse der Sprache, in: Erkenntnis, Bd. 2, 1931, S. 219 - 241.

— Die physikalische Sprache als Universalsprache der Wissenschaft, in: Erkenntnis, Bd. 2, 1931, S. 432 - 465.

— Die Aufgabe der Wissenschaftslogik, Einheitswissenschaft, Heft 3, Wien 1934.

— Testibility and Meaning, in: Philosophy of Science, Bd. 3, 1936, S. 419 - 471, Bd. 4, 1937, S. 1 - 40.

— Introduction to Semantics, Cambridge 1944.

— Intellectual Autobiography, in: P. A. Schilpp (Hg.): The Philosophy of Rudolf Carnap, La Salle, Ill. 1963, S. 3 - 84.

— Scheinprobleme in der Philosophie, Frankfurt 1966.

Cassel, D.: Methodologische Systeme der Wirtschaftswissenschaft, Diss. Marburg 1968.

Cassirer, E.: Zur modernen Physik, Darmstadt und Oxford 1957.

Collingwood, R. G.: Philosophie der Geschichte, Stuttgart 1955.

Comte, A.: Cours de philosophie positif, ed. Verrier, Paris o. J., Bd. II.

Coreth, E.: Grundfragen der Hermeneutik, Freiburg, Basel, Wien 1969.

Cournot, A.: Untersuchungen über die mathematischen Grundlagen der Theorie des Reichtums, Jena 1924.

Danto, A. C.: Analytical Philosophy of History, Cambridge 1965.

Dember, W. N.: The Psychology of Perception, New York, Chicago, San Francisco, Toronto, London 1965.

Diemer, A.: Was heißt Wissenschaft?, Meisenheim am Glan 1964.

— Die Begründung des Wissenschaftscharakters der Wissenschaft im 19. Jahrhundert — Die Wissenschaftstheorie zwischen klassischer und moderner Konzeption, in: ders. (Hg.): Beiträge zur Entwicklung der Wissenschaftstheorie im 19. Jahrhundert, Meisenheim am Glan 1968, S. 3 - 62.

— Der Wissenschaftsbegriff in historischem und systematischem Zusammenhang, in: ders. (Hg.): Der Wissenschaftsbegriff. Historische und systematische Untersuchungen, Meisenheim am Glan 1970, S. 3 - 20.

Dilthey, W.: Der Aufbau der geschichtlichen Welt in den Geisteswissenschaften. Einleitung von M. Riedel, Frankfurt 1970.

Dray, W.: Laws and Explanation in History, London 1964.

Droysen, J. G.: Historik, München 1960.

Eucken, W.: Die Grundlagen der Nationalökonomie, Heidelberg und Berlin 1949.

Faber, K.-G.: Theorie der Geschichtswissenschaft, München 1971.

Feibleman, J. K.: The Scientific Philosophy, in: Philosophy of Science, Bd. 28, 1961, S. 238 - 259.

Feyerabend, P. K.: An Attempt at a Realistic Interpretation of Experience, in: Proceedings of the Aristotelian Society, Bd. 58, 1958, S. 143 - 170.

— Explanation, Reduction and Empiricism, in: H. Feigl, G. Maxwell (Hg.): Scientific Explanation, Space and Time, Minneapolis 1962, S. 28 - 97.

— Problems of Empiricism, in: R. G. Colodny (Hg.): Beyond the Edge of Certainity, Englewood Cliffs, N. J. 1965, S. 145 - 260.

Feyerabend, P. K.: On the „Meaning" of Scientific Terms, in: The Journal of Philosophy, Bd. 62, 1965, S. 266 - 274.

— Consolations for the Specialist, in: I. Latakos, A. Musgrave (Hg.): Criticism and the Growth of Knowledge, Cambridge 1970, S. 197 - 230.

— Wie wird man ein braver Empirist? Ein Aufruf zur Toleranz in der Erkenntnistheorie, in: L. Krüger (Hg.): Erkenntnisprobleme der Naturwissenschaften, Köln, Berlin 1970, S. 302 - 338.

— Von der beschränkten Gültigkeit methodologischer Regeln, in: Neue Hefte für Philosophie, Heft 2/3, Göttingen 1972, S. 124 - 171.

— Über die Interpretation wissenschaftlicher Theorien, in: H. Albert (Hg.): Theorie und Realität, Tübingen 1972, S. 59 - 66.

Feys, R.: Logik, in: F. Heinemann (Hg.): Die Philosophie im XX. Jahrhundert, Stuttgart 1963, S. 313 - 333.

Fiedler, F.: Einheitswissenschaft oder Einheit der Wissenschaft, Berlin 1971.

Fijalkowski, J.: Methodologische Grundorientierungen soziologischer Forschung, in: Enzyklopädie der geisteswissenschaftlichen Arbeitsmethoden, 8. Lieferung, München und Wien 1967, S. 131 - 162.

Fleck, L.: Entstehung und Entwicklung einer wissenschaftlichen Tatsache, Basel 1935.

Fleischmann, G.: Nationalökonomie und sozialwissenschaftliche Integration, Tübingen 1966.

Frey, B. S.: Die ökonomische Theorie der Politik oder die neue politische Ökonomie: Eine Übersicht, in: Zeitschrift für die gesamte Staatswissenschaft, Bd. 126, 1970, S. 1 - 23.

Frey, G.: Möglichkeiten und Grenzen einer wissenschaftlichen Philosophie, in: Zeitschrift für allgemeine Wissenschaftstheorie, Bd. 2, 1971, S. 14 - 26.

Gablentz, O. H. v. d.: Sache und Methode der politischen Wissenschaft, in: Politische Vierteljahresschrift, Bd. 10, 1969, S. 487 - 532.

Gadamer, H. G.: Wahrheit und Methode, Tübingen 1965.

— Rhetorik, Hermeneutik, Ideologiekritik. Metakritische Erörterungen zu „Wahrheit und Methode", in: K. O. Apel u. a.: Hermeneutik und Ideologiekritik, Frankfurt 1971, S. 57 - 82.

— Kleine Schriften III, Idee und Sprache, Tübingen 1972.

Gäfgen, G.: Theorie der wirtschaftlichen Entscheidung, Tübingen 1963.

— Formale Theorie des politischen Handelns: Wissenschaftliche Politik als rationale Wahl von Strategien, in: H. Maier u. a. (Hg.): Politik und Wissenschaft, München 1971, S. 209 - 257.

Gahlen, B.: Der Informationsgehalt der neoklassischen Wachstumstheorie für die Wirtschaftspolitik, Tübingen 1972.

Gellner, E.: Der neue Idealismus — Ursache und Sinn in den Sozialwissenschaften, in: H. Albert (Hg.): Theorie und Realität, Tübingen 1972, S. 87 - 112.

Giedymin, J.: The Paradox of Meaning Variance, in: The British Journal for the Philosophy of Science, Bd. 21, 1970, S. 257 - 268.

Gomperz, H.: Über Sinn und Sinngebilde, Verstehen und Erklären, Tübingen 1929.

Grene, M.: The Knower and the Known, London 1966.

Grunberg, E.: Bemerkungen über die Verifizierbarkeit ökonomischer Gesetze, in: H. Albert (Hg.): Theorie und Realität, Tübingen 1972, S. 203 - 220.

Habermas, J.: Theorie und Praxis, Neuwied am Rhein und Berlin 1971.

— Der Universalitätsanspruch der Hermeneutik, in: K. O. Apel u. a.: Hermeneutik und Ideologiekritik, Frankfurt 1971, S. 120 - 159.

— Technik und Wissenschaft als ‚Ideologie', Frankfurt 1971.

— Erkenntnis und Interesse, Frankfurt 1971.

— Zur Logik der Sozialwissenschaften, Frankfurt 1971.

Hansen, R.: Der Methodenstreit in den Sozialwissenschaften zwischen Gustav Schmoller und Karl Menger — Seine wissenschaftshistorische und wissenschaftstheoretische Bedeutung, in: A. Diemer (Hg.): Beiträge zur Entwicklung der Wissenschaftstheorie im 19. Jahrhundert, Meisenheim am Glan 1968, S. 137 - 173.

Hanson, N. R.: Patterns of Discovery, Cambridge 1958.

Hayek, F. A.: Mißbrauch und Verfall der Vernunft, Frankfurt 1959.

— Studies in Philosophy, Politics and Economics, London 1967.

Heidegger, M.: Kant und das Problem der Metaphysik, Frankfurt 1965.

— Sein und Zeit, Tübingen 1972.

Heisenberg, W.: Die Entwicklung der Deutung der Quantentheorie, in: L. Krüger (Hg.): Erkenntnisprobleme der Naturwissenschaften, Köln, Berlin 1970, S. 412 - 427.

Hempel, C. G.: Aspects of Scientific Explanation and Other Essays in the Philosophy of Science, New York, London 1965.

— Wissenschaftliche und historische Erklärung, in: H. Albert (Hg.): Theorie und Realität, Tübingen 1972, S. 237 - 263.

Hennis, W.: Politik und praktische Wissenschaft, Neuwied und Berlin 1963.

Hesse, M. B.: Positivism and the Logic of Scientific Theories, in: P. Achinstein, St. F. Barker (Hg.): The Legacy of Logical Positivism, Baltimore 1969, S. 85 - 114.

— Is There an Independent Observation Language?, in: R. G. Colodny (Hg.): The Nature and Function of Scientific Theories, Pittsburgh 1970, S. 35 - 77.

Hoppmann, E.: Die Periodenanalyse als Theorie der volkswirtschaftlichen Dynamik, Berlin 1958.

Humboldt, W. v.: Werke, Bd. IV, Darmstadt 1960.

Hutchison, T. W.: Theoretische Ökonomie als Sprachsystem, in: H. Albert (Hg.): Theorie und Realität, Tübingen 1972, S. 191 - 202.

— Some Themes from Investigations into Method, in: J. R. Hicks, W. Weber (Hg.): Carl Menger and the Austrian School, Oxford 1973, S. 13 - 37.

Jehle, E.: Über Fortschritt und Fortschrittskriterien in betriebswirtschaftlichen Theorien, Stuttgart 1973.

Jonas, F.: Das Selbstverständnis der ökonomischen Theorie, Berlin 1964.

Juhos, B.: Die methodologische Symmetrie von Verifikation und Falsifikation, in: Zeitschrift für allgemeine Wissenschaftstheorie, Bd. 1, 1970, S. 41 - 70.

— Formen des Positivismus, in: Zeitschrift für allgemeine Wissenschaftstheorie, Bd. 2, 1971, S. 27 - 62.

Kade, G.: Die logischen Grundlagen der mathematischen Wirtschaftstheorie als Methodenproblem der theoretischen Ökonomie, Berlin 1958.

— Die Grundannahmen der Preistheorie, Berlin und Frankfurt 1962.

Kambartel, F.: Erfahrung und Struktur, Frankfurt 1968.

Kant, I.: Kritik der reinen Vernunft, ed. W. Weischedel, Darmstadt 1968.

Kaufmann, F.: Methodenlehre der Sozialwissenschaften, Wien 1936.

Kempski, J .v.: Recht und Politik. Studien zur Einheit der Sozialwissenschaften, Stuttgart 1965.

— Handlung, Maxime und Situation. Zur logischen Analyse der mathematischen Wirtschaftstheorie, in: H. Albert (Hg.): Theorie und Realität, Tübingen 1972, S. 139 - 152.

Kiesel, Th.: Zu einer Hermeneutik naturwissenschaftlicher Entdeckungen, in: Zeitschrift für allgemeine Wissenschaftstheorie, Bd. 2, 1971, S. 195 - 221.

Kloten, N.: Der Methodenpluralismus und das Verstehen, in: ders. u. a. (Hg.): Systeme und Methoden in den Wirtschafts- und Sozialwissenschaften, Tübingen 1964, S. 207 - 236.

Koch, H.: Die theoretische Ökonomie als individualanalytische Handlungstheorie, in: Zeitschrift für die gesamte Staatswissenschaft, Bd. 127, 1971, S. 686 - 743.

Kolakowski, L.: Die Philosophie des Positivismus, München 1971.

Krauth, L.: Die Philosophie Carnaps, Wien, New York 1970.

Kraft, V.: Der Wiener Kreis. Der Ursprung des Neopositivismus, Wien 1950.

— Erkenntnislehre, Wien 1960.

Kreckel, R.: Soziologische Erkenntnis und Geschichte, Opladen 1972.

Krupp, H. J.: Der Systemcharakter der Wirtschaft und die Notwendigkeit des Methodenpluralismus. Diss. Darmstadt 1961.

Kuhn, T. S.: The Structure of Scientific Revolutions, Chicago 1962.

— The Function of Dogma in Scientific Research, in: A. C. Crombie (Hg.): Scientific Change, London 1963, S. 347 - 369.

— Tradition and Innovation in Scientific Research, in: C. W. Taylor, F. Baron (Hg.): Scientific Creativity: Its Recognition and Development, New York, London, Sidney 1963, S. 341 - 354.

— Logic of Discovery or Psychology of Research?, in: I. Latakos, A. Musgrave (Hg.): Criticism and the Growth of Knowledge, Cambridge 1970, S. 1 - 24.

Kühne, O.: Über die mathematische Methode in der deutschen Theoretischen Nationalökonomie, in: Jahrbücher für Nationalökonomie und Statistik, Bd. 123, 1925, S. 653 - 688.

Latakos, I.: Falsification and the Methodology of Scientific Research Programmes, in: ders., A. Musgrave (Hg.): Criticism and the Growth of Knowledge, Cambridge 1970, S. 91 - 196.

— Popper zum Abgrenzungs- und Induktionsproblem, in: H. Lenk (Hg.): Neue Aspekte der Wissenschaftstheorie, Braunschweig 1971, S. 75 - 110.

— History of Science and its Rational Reconstructions, in: Boston Studies in the Philosophy of Science, Bd. 8, 1971, S. 91 - 136.

Laun, R.: Die Grundlagen der Erkenntnis, Tübingen 1946.

Lay, R.: Grundzüge einer komplexen Wissenschaftstheorie, Frankfurt, Bd. I 1971, Bd. II 1973.

Lorenz, K.: Elemente der Sprachkritik, Frankfurt 1970.

Luhmann, N.: Sinn als Grundbegriff der Soziologie, in: J. Habermas, N. Luhmann: Theorie der Gesellschaft oder Sozialtechnologie, Frankfurt 1971, S. 25 - 100.

Luhmann, N.: Systemtheoretische Argumentation, in: J. Habermas, N. Luhmann: Theorie der Gesellschaft oder Sozialtechnologie, Frankfurt 1971, S. 291 - 398.

— Soziologische Aufklärung, Opladen 1971.

— Zweckbegriff und Systemrationalität, Frankfurt 1973.

Mach, E.: Erkenntnis und Irrtum, Leipzig 1905.

— Analyse der Empfindungen, Leipzig 1911.

Machlup, F.: If Matter Could Talk, in: S. Morgenbesser u. a. (Hg.): Philosophy, Science and Method, New York 1969, S. 286 - 305.

Malewski, A.: Verhalten und Interaktion, Tübingen 1967.

Marshall, A.: Principles of Economics, London 1920.

Martin, J. R.: Another Look at the Doctrine of Verstehen, in: British Journal for the Philosophy of Science, Bd. 20, 1969, S. 53 - 67.

Masterman, M.: The Nature of a Paradigm, in: I. Latakos, A. Musgrave: Criticism and the Growth of Knowledge, Cambridge 1970, S. 59 - 91.

Mathias, W.: Wirtschaftswissenschaftliche Theorie- und Modellbildung aus der Sicht der modernen Wissenschaftstheorie, Diss. Köln 1971.

Menger, C.: Untersuchungen über die Methode der Socialwissenschaften, und der Politischen Ökonomie insbesondere, Gesammelte Werke, Bd. II, Tübingen 1969.

Morgenstern, O.: Spieltheorie und Wirtschaftswissenschaft, Wien 1963.

— Logistik und Sozialwissenschaft, in: E. Topitsch (Hg.): Logik der Sozialwissenschaften, Köln, Berlin 1971, S. 315 - 336.

Müller, J. H.: Zur ökonomischen Problematik des Ertragsgesetzes, in: Zeitschrift für die gesamte Staatswissenschaft, 1955, Bd. 111, S. 71 - 79.

— Die ökonomische Theorie zwischen logischem Formalismus und empirischer Aussage, in: N. Kloten u. a. (Hg.): Systeme und Methoden in den Wirtschafts- und Sozialwissenschaften, Tübingen 1964, S. 291 - 304.

Nagel, E.: The Structure of Science, London 1961.

Narr, W.-D.: Logik der Politikwissenschaft — eine propädeutische Skizze, in: G. Kress, D. Senghaas (Hg.): Politikwissenschaft, Frankfurt 1971.

Neurath, O.: Soziologie im Physikalismus, in: Erkenntnis, Bd. 2, 1931, S. 393 bis 431.

Oberndörfer, D.: Politik als praktische Wissenschaft, in: ders. (Hg.): Wissenschaftliche Politik, Freiburg 1966, S. 9 - 58.

Palmer, R. E.: Hermeneutics, Evanston 1969.

Pap, A.: Analytische Erkenntnistheorie, Wien 1955.

— An Introduction to the Philosophy of Science, New York 1962.

Pareto, V.: Allgemeine Soziologie, Tübingen 1955.

Patzig, G.: Logik, in: Das Fischer-Lexikon, Bd. 11, Philosophie, Hg. A. Diemer, I. Frenzel, Frankfurt 1967, S. 130 - 144.

— Logistik, in: Das Fischer-Lexikon, Bd. 11, Philosophie, Hg. A. Diemer, I. Frenzel, Frankfurt 1967, S. 144 - 156.

Pilch, H.: Sprache als Spiel und Methode, in: Freiburger Dies Universitatis, Bd. 13, 1966, S. 51 - 65.

Polanyi, M.: Personal Knowledge, New York and Evanston 1964.

— Science, Faith and Society, Chicago, London 1964.

Polanyi, M.: The Tacit Dimension, London 1967.

— Knowing and Being, London 1969.

Popper, K. R.: Conjectures and Refutations, London 1963.

— Das Elend des Historizismus, Tübingen 1969.

— Die Logik der Sozialwissenschaften, in: Th. Adorno u. a.: Der Positivismusstreit in der deutschen Soziologie, Neuwied und Berlin 1970, S. 103 - 124.

— Die offene Gesellschaft und ihre Feinde, Bd. I. Der Zauber Platons, Bd. II. Falsche Propheten, Bern und München 1970.

— Logik der Forschung, Tübingen 1971.

— Naturgesetze und theoretische Systeme, in: H. Albert (Hg.): Theorie und Realität, Tübingen 1972, S. 43 - 58.

— Objective Knowledge, Oxford 1972.

Putnam, H.: What Theories Are Not., in: E. Nagel u. a. (Hg.): Logic, Methodology and Science, Stanford 1962, S. 240 - 251.

Radnitzky, G.: Contemporary Schools of Metascience, Bd. I, Anglo-Saxon Schools of Metascience, Bd. II, Continental Schools of Metascience, Göteborg 1970.

— Theorienpluralismus — Theorienmonismus: Einer der Faktoren, die den Forschungsprozeß beeinflussen und die selbst von Weltbildannahmen abhängig sind, in: A. Diemer (Hg.): Der Methoden- und Theorienpluralismus in den Wissenschaften, Meisenheim am Glan 1971, S. 135 - 184.

Reigrotzki, E.: Exakte Wirtschaftstheorie und Wirklichkeit, Göttingen 1948.

Rickert, H.: Kulturwissenschaft und Naturwissenschaft, Tübingen 1899.

— Die Grenzen der naturwissenschaftlichen Begriffsbildung, Tübingen 1902.

Ringel, J.: Geldtheoretische Ansätze im Lichte der modernen Wissenschaftstheorie, Tübingen 1970.

Robbins, L.: An Essay on the Nature and Significance of Economic Science, London 1946.

Ruffner, A.: Wissenschaftstheoretische Überlegungen zur Betriebswirtschaftlichen Organisationslehre, in: G. Dlugos u. a. (Hg.): Wissenschaftstheorie und Betriebswirtschaftslehre, Düsseldorf 1972, S. 185 - 208.

Ryle, G.: Dilemmas, Cambridge 1956.

Schaff, A.: Einführung in die Semantik, Frankfurt, Wien 1969.

Schams, E.: Wirtschaftslogik, in: Schmollers Jahrbuch, 58. Jg. 1934, S. 513 - 533.

Scheffler, I.: Science and Subjectivity, Indianapolis, New York, Kansas City 1967.

— Möglichkeiten eines bescheidenen Empirismus, in: L. Krüger (Hg.): Erkenntnisprobleme der Naturwissenschaften, Köln, Berlin 1970, S. 99 - 134.

Scheibe, E.: Einführung, in: L. Krüger (Hg.): Erkenntnisprobleme der Naturwissenschaften, Köln, Berlin 1970, S. 405 - 411.

Schleiermacher, F. D. E.: Hermeneutik, Hg. H. Kimmerle, Heidelberg 1959.

— Werke, Bd. IV, Aalen 1967.

Schmitz, M.: Politikwissenschaft zwischen Common-Sense und Scientismus, in: D. Oberndörfer (Hg.): Systemtheorie, Systemanalyse und Entwicklungsländerforschung, Berlin 1971, S. 11 - 62.

Schnädelbach, H.: Erfahrung, Begründung und Reflexion. Frankfurt 1971.

Schneider, H. K.: Methoden und Methodenfragen der Volkswirtschaftstheorie, in: W. Ehrlicher u. a. (Hg.): Kompendium der Volkswirtschaftslehre, Bd. I, Göttingen 1969, S. 1 - 14.

Schumpeter, J. A.: Das Wesen und der Hauptinhalt der theoretischen Nationalökonomie, Leipzig 1908.

Schunck, K.: Verstehen und Einsehen, Halle 1926.

Seiffert, H.: Einführung in die Wissenschaftstheorie, München Bd. I, 1969, Bd. II, 1970.

Shapere, D.: Notes Toward a Post-Positivistic Interpretation of Science, in: P. Achinstein, St. F. Barker (Hg.): The Legacy of Logical Positivism, Baltimore 1969, S. 115 - 162.

— Meaning and Scientific Change, in: R. G. Colodny (Hg.): Mind and Cosmos, Pittsburgh 1966, S. 41 - 85.

Singer, G.: Das Objekt der Nationalökonomie als ontologisches und erkenntnistheoretisches Problem, Diss. Erlangen-Nürnberg 1966.

Sombart, W.: Die drei Nationalökonomien, München und Leipzig 1930.

— Noo-Soziologie, Berlin 1956.

Spiethoff, A.: Anschauliche und reine volkswirtschaftliche Theorie und ihr Verhältnis zueinander, in: E. Salin (Hg.): Synopsis, Festgabe für Alfred Weber, Heidelberg o. J., S. 567 - 664.

Stegmüller, W.: Das Wahrheitsproblem und die Idee der Semantik, Wien 1957.

— Metaphysik, Skepsis, Wissenschaft, Berlin, Heidelberg, New York 1969.

— Hauptströmungen der Gegenwartsphilosophie, Stuttgart 1969.

— Probleme und Resultate der Wissenschaftstheorie und analytischen Philosophie, Bd. I, Wissenschaftliche Erklärung und Begründung, Berlin, Heidelberg, New York 1969.

— Das Problem der Induktion: Humes Herausforderung und moderne Antworten, in: H. Lenk (Hg.): Neue Aspekte der Wissenschaftstheorie, Braunschweig 1971, S. 13 - 74.

Strauß, L.: Naturrecht und Geschichte, Stuttgart 1953.

Streissler, E.: Wesen und Inhalt ökonomischer Gesetzmäßigkeiten, Freiburger Dies Universitatis, Bd. 12, 1965, S. 85 - 121.

Tarski, A.: Der Wahrheitsbegriff in formalisierten Sprachen, in: Studia Philosophica, I, Leopoldi 1936, S. 261 - 405.

Theocharis, R. D.: Early Developments in Mathematical Economics, London 1961.

Törnebohm, H., Radnitzky, G.: Forschung als innovatives System: Entwurf einer integrativen Sehweise, in: Zeitschrift für allgemeine Wissenschaftstheorie, Bd. 2, 1971, S. 239 - 290.

Topitsch, E.: Das Verhältnis zwischen Sozial- und Naturwissenschaften, in: ders. (Hg.): Logik der Sozialwissenschaften, Köln, Berlin 1971, S. 57 - 71.

Toulmin, St.: Voraussicht und Verstehen, Frankfurt 1968.

Wach, J.: Das Verstehen, Bd. I, Die großen Systeme, Tübingen 1926.

Waffenschmidt, W. G.: Wirtschaftsmechanik, Stuttgart 1957.

— Denkformen und Denktechnik, Meisenheim/Glan 1961.

Watkins, J. W. N.: Epistemology and Politics, in: Proceedings of the Aristotelian Society, N. S., Bd. 58, 1958, S. 79 - 102.

Weber, M.: Methodologische Schriften, Frankfurt 1968.

Wellmer, A.: Methodologie als Erkenntnistheorie, Frankfurt 1967.

Whitehead, A. N., *Russell*, B.: Principia Mathematica, Cambridge 1927.

Wieser, F. v.: Grundriß der Sozialökonomie, Tübingen 1914.

Wild, J.: Grundlagen und Probleme der betriebswirtschaftlichen Organisationslehre, Berlin 1966.

— Probleme der theoretischen Deduktion von Prognosen, in: Zeitschrift für die gesamte Staatswissenschaft, Bd. 126, 1970, S. 553 - 576.

Winch, P.: Die Idee der Sozialwissenschaft und ihr Verhältnis zur Philosophie, Frankfurt 1966.

Windelband, W.: Präludien, Bd. II, Tübingen 1915.

Wittgenstein, L.: Schriften, Bd. I, Frankfurt 1960.

Wohlgenannt, R.: Was ist Wissenschaft?, Braunschweig 1969.

Wuchterl, K.: Struktur und Sprachspiel bei Wittgenstein, Frankfurt 1969.

Volkswirtschaftliche Schriften

1 **Grundlagen der Preisbildung.** Von E. Carell. 138 S. 1952. DM 18,80

2 **Schöpferischer Wettbewerb und klassenlose Gesellschaft.** Von H. Arndt. 148 S. 1952. DM 22,60

3 **Sozialprodukt und Volkseinkommen.** Von O. Kraus. 123 S. 1952. DM 15,60

4 **Der Mensch als wirtschaftliches „Datum".** Von H. Droege. 72 S. 1952. DM 11,80

5 **Weltwirtschaftlicher Solidarismus.** Von R. Fleck. 128 S. 1952. DM 18,80

6 **Die Konkurrenz und ihre Fehlentwicklungen.** Von B. Röper. 243 S. 1952. DM 23,60

7 **Der organisierte Teilzahlungskredit.** Von H. Reuschel. 114 S. 1953. DM 16,80

8 **Kreislauf und Entwicklung der Volkswirtschaft.** Von O. Kraus. 112 S. 1953. DM 14,60

9 **Notenbankverfassung und Notenbankentwicklung in USA und Westdeutschland.** Von R. P. Geisler. 213 S. 1953. DM 39,—

10 **Der freie und der gebundene Arbeitsmarkt.** Von Ch. E. Weber. 180 S. 1953. DM 19,80

11 **Die volkswirtschaftliche Gesamtrechnung.** Von W. Hofmann. 271 S. 1954. Vergr.

12 **Das Konkurrenzproblem im Oligopol.** Von R. Richter. 112 S. 1954. DM 14,60

13 **Nivellierung und Differenzierung der Arbeitseinkommen in Deutschland seit 1925.** Von J. H. Müller. 175 S. 1954. DM 23,60

14 **Das Akzelerationsprinzip.** Von W. Mieth. 118 S. 1954. DM 15,60

15 **Wohin steuert die Sowjetwirtschaft?** Von W. Hofmann. 141 S. 1955. DM 19,80

16 **Kapitalbeteiligung des Arbeitnehmers am arbeitgebenden Unternehmen.** Von W. G. Schmitz. 96 S. 1955. DM 12,80

17 **Kupfer in der Weltwirtschaft.** Von M. H. Hess. 122 S. 1955. DM 18,80

18 **Gewerbefreiheit als wirtschaftspolitisches Problem.** Von E. Tuchtfeldt. 220 S. 1955. Vergr.

19 **Der amerikanische Arbeitsmarkt.** Von E. Kröller. 215 S. 1956. DM 24,80

20 **Die Periodenanalyse als Theorie der volkswirtschaftlichen Dynamik.** Von E. Hoppmann. 225 S. 1956. DM 31,60

21 **Wohnungsbau für Minderbemittelte.** Hrsg. von M. Schneider. 124 S. 1956. DM 11,60

22 **Die Arbeitsverfassung der Sowjetunion.** Von W. Hofmann. XIX, 542 S. 1956. DM 44,—

23 **Die finanzielle Einheit der Französischen Union.** Von W. Vollrodt. 185 S. 1956. DM 23,60

24 **Die deutschen und angelsächsischen Kreditbanken im Lichte ihrer Bilanzen.** Von W. Fischöder. 116 S. 1956. DM 16,60

25 **Lohnwertbildung und Eigentumsordnung in der modernen Marktwirtschaft.** Von Ch. E. Weber. 108 S. 1957. DM 11,80

26 **Die Kaufkraft der Rupie.** Von W. O. Habermeier. 115 S. 1957. DM 16,60

27 **Wirtschaftsintegrationen und Integrationsstatistik.** Von F. Below. 114 S. 1957. DM 19,80

28 **Der Unternehmungsgewinn.** Von S. Varga. 158 S. 1957. DM 18,80

29 **Vertikale Preisbindung und Handel.** Von E. Hoppmann. 64 S. 1957. DM 8,—

30 **Der Geldschöpfungskoeffizient der Kreditbanken in der Bundesrepublik.** Von H.-J. Lierow. 69 S. 1957. DM 9,60

31 **Die Industrialisierung der wirtschaftlich unterentwickelten afrikanischen Länder und ihre Auswirkungen auf die Weltwirtschaft.** Von A. Muddathir. 331 S. 1957. DM 38,60

32 **Das neutrale Geld.** Von W. R. Paede. 82 S. 1957. DM 11,80

33 **Die eisenschaffende Industrie Brasiliens.** Von E. A. Boas. 184 S. 1957. DM 27,—

34 **Das System der Einkommensverteilung in der sozialistischen Marktwirtschaft Jugoslawiens.** Von I. Weitzmann. 147 S. 1958. DM 21,60

35 **Steuerüberwälzungslehre.** Von H. C. Recktenwald. 2. Aufl. 219 S. 1966. Ln. DM 38,60

36 **Verkaufswerbung — ihre Technik, Psychologie und Ökonomie.** Von G. Friedrichs. 183 S. 1958. DM 26,60

37 **Die Kategorien des ökonomischen Denkens.** Von Ch. E. Weber. 120 S. 1958. DM 14,60

38 **Der Lagerzyklus.** Von H. Schimmler. 113 S. 1958. DM 18,—

39 **Funktionsfähige Konkurrenz.** Von K. Kühne. VII, 282 S. 1958. DM 39,—

40 **Das Kapital und seine Besteuerung.** Von G. Schmidt. 247 S. 1959. DM 33,60

41 **Die Probleme der Währungskonvertierbarkeit.** Von K. R. Hartung. 147 S. 1959. DM 22,60

42 **Faktorelastizität und Beschäftigungsverlauf.** Von H. Kasten. 84 S. 1959. DM 12,80

43 **Konkurrenz und Kooperation.** Von H. H. Habisreitinger. 110 S. 1959. DM 16,60

44 **Marktwirtschaftliche Theorie des neutralen Geldes.** Von H. H. Lechner. 120 S. 1959. DM 17,80

45 **Europa-Markt und Wettbewerb.** Von W. Hofmann. 48 S. 1959. DM 6,80

46 **Die Veränderungen der Lohnstruktur.** Von J. Klaus. 116 S. DM 17,60

47 **Die wirtschaftliche Problematik der Raumordnung.** Von D. Storbeck. 201 S. 1959. DM 27,—

48 **Der Unternehmer und die volkswirtschaftliche Entwicklung.** Von F. Rexhausen. 129 S. 1960. DM 19,60

49 **Über die Problematik der internationalen währungspolitischen Kooperation.** Von H. W. Prill. 258 S. 1960. DM 33,60

50 **Welfare Economics.** Von J. Pahlke. 84 S. 1960. DM 11,80

51 **Außenhandel und Außenwirtschaftspolitik des Iran.** Von A. Adli. 314 S. 1960. DM 47,60

52 **Die Berechtigung sittlicher Werturteile in den Sozialwissenschaften.** Von G. Weigand. 120 S. 1960. DM 17,80

53 **Der gerechte Lohn.** Von W. Baldamus. 85 S. 1960. DM 14,—

54 **Die Theorie der Standortwahl.** Von W. Meyer. 298 S. 1960. DM 39,—

55 **Der Neoliberalismus und die Gestaltung der Wirtschaftsverfassung in der Bundesrepublik Deutschland.** Von R. Behlke. 223 S. 1961. DM 33,60

56 **Produktivität und Distribution im Lichte der deutschen gewerkschaftlichen Lehrmeinungen der Weimarer Epoche (1918 - 1933).** Von K. M. Wrede. 195 S. 1960. DM 23,60

57 **Zur Problematik des Miteigentums.** Von A. von Loesch. 102 S. 1961. DM 15,60

58 **Die Schweizer Bankobligationen unter Ausschluß der Pfandbriefe.** Von H. Mohr. 120 S. 1961. DM 17,80

59 **Deflationierungsmethoden im Rahmen der volkswirtschaftlichen Gesamtrechnung.** Von B. Friedmann. 156 S. 1961. DM 27,—

60 **Die Rolle des Staates in den Frühstadien der Industrialisierung.** Von U. P. Ritter. 176 S. 1961. DM 27,—

61 **Der langfristige Lieferantenkredit im Außenhandel (Exportkredit).** Von S. Frhr. v. Stetten. 151 S. 1962. DM 22,60

62 **Produktionstechnik, Kapital und Fortschritt.** Von P. Bünte. 107 S. 1961. DM 23,60

63 **Der Geldkreislauf.** Von Cl. Köhler. 229 S. 1962. DM 31,60

64 **Der Lohn.** Von E. Bandholz. 208 S. 1962. DM 31,60

65 **Automation.** Von H. Tagwerker. 151 S. 1962. DM 22,60

66 **Die Lombardpolitik der Zentralnotenbanken.** Von H. Haase. 237 S. 1962. DM 39,80

67 **Der Güterbegriff in der Theorie des Qualitätswettbewerbs.** Von H. R. W. Rieger. 96 S. 1962. DM 15,60

68 **Vertikale Preisbindung.** Von P. Wörmer. 338 S. 1962. DM 57,60

69 **Die Recession der Jahre 1957/58 in den Vereinigten Staaten von Amerika unter besonderer Berücksichtigung des Preisverhaltens.** Von P. Bohley. 190 S. 1963. DM 29,80

70 **Der Rentenbegriff in der Wirtschaftstheorie.** Von M. Klafkowski. 215 S. 1963. DM 31,60

71 **Der freie Wechselkurs.** Von D. Pentzek. 96 S. 1963. DM 15,60

72 **Die Preisbildung der öffentlichen Unternehmen.** Von H.-D. Lösenbeck. 121 S. 1963. DM 19,80

73 **Das Selbstverständnis der ökonomischen Theorie.** Von F. Jonas. 236 S. 1964. DM 34,60

74 **Wettbewerbsordnung und Eliminierungsplanung.** Von H. Braeutigam. 134 S. 1964. DM 19,80

75 **Theorie des Datenrahmens.** Von K. Holzer. 135 S. 1964. DM 22,60

76 **Fiscal Policy in Großbritannien.** Von K. Schierloh. 227 S. 1964. DM 39,80

77 **Die Wirkungen internationaler Präferenzsysteme auf Preise und Handelsströme.** Von K. Poser. 160 S. DM 27,60

78 **System und Politik der Mindestreserve.** Von K. P. Tudyka. 168 S. 1964. DM 29,80

79 **Die Erbschaftsteuer als Mittel der Vermögensredistribution.** Von K. P. Kisker. 200 S. 1964. DM 39,80

80 **Die Grundsätze der pluralistischen Wirtschaft.** Von J. Solterer. 112 S. 1964. DM 22,60

81 **Wissenschaftliche Agrarpolitik im Königreich Norwegen.** Von V. Frhr. v. Malchus. 129 S. 1964. DM 23,60

82 **Finanzpolitische Willensbildung in der Bundesrepublik Deutschland.** Von R. Glaeser. 234 S. 1964. DM 46,60

83 **Determinanten der internationalen Güterströme.** Von P. Düesberg. 180 S. 1965. DM 35,60

84 **Lohnbildung im Wechselspiel zwischen politischen und wirtschaftlichen Kräften.** Von B. Külp. 401 S. 1965. DM 67,60

85 **Die Interpretation der Theorie David Ricardos als geschlossenes nichtarbeitswert-axiomatisches Gleichgewichtssystem.** Von H. Bydekarken. 154 S. 1965. DM 35,60

86 **Organisationstheorie, Theorie der Unternehmung und Oligopol.** Von H.-G. Krüsselberg. 217 S. 1965. DM 35,80

87 **Neue landwirtschaftliche Unternehmenstypen in der Bundesrepublik?** Von A. Nienaber. 323 S. 1965. DM 57,60

88 **Die Vergrößerung der Bandbreite für Devisenkursschwankungen.** Von G. H. Halm. 68 S. 1965. DM 9,60

89 **Die Lehre von der optimalen Bevölkerungszahl.** Von H. Adebahr. 150 S. 1965. DM 27,60

90 **Finanzierungsprobleme in den Entwicklungsländern.** Von T. Scharf. 126 S. 1965. DM 22,60

91 **Grundlagen und Formen der Preisdifferenzierung im Lichte der Marktformenlehre und der Verhaltenstheorie.** Von L. M. Schmid. 158 S. 1965. DM 29,80

92 **Absatztheorie der Einsatzprodukte.** Von G. v. Beckerath. 110 S. 1965. DM 23,60

93 **Der Sozial-ökonomische Rat der niederländischen Wirtschaft.** Von M. Estor. 208 S. 1965. DM 39,80

94 **Die Bedeutung staatlicher Entwicklungsplanug für die wirtschaftliche Entwicklung unterentwickelter Länder.** Von W. E. Behrens. 165 S. 1966. DM 31,60

95 **Aufbau und Verfassung der britischen und amerikanischen Gewerkschaften.** Von A. Villiger. 208 S. 1966. DM 43,60

96 **Zur Problematik des flexiblen Wechselkurses der Währung eines relativ preisstabilen Landes.** Von R. Meimberg. 44 S. 1966. DM 8,—

97 **Die demokratischen Grundlagen der funktionalen Finanzwirtschaften.** Von J. Ufer. 105 S. 1966. DM 19,—

98 **Gesellschaftsschädigungen und Wohlfahrtsökonomik.** Von K. H. Steinhöfler. 122 S. 1966. DM 27,—

99 **Externe Effekte der Produktion und ihre Bedeutung für die Wirtschaftspolitik.** Von K. Heinemann. 149 S. 1966. DM 33,60

100 **Die eisenschaffende Industrie Lateinamerikas.** Von E. A. Boas. 174 S. 1966. DM 33,60

101 **Strukturwandlungen der westdeutschen Automobilindustrie.** Von K. W. Busch. 208 S. 1966. DM 39,80

102 **Zölle und Lohnquote.** Von R. Peffekoven. 238 S. 1966. DM 46,60

103 **Die Verteilungstheorie von Kenneth E. Boulding.** Von W. Kerber. 178 S. 1966. DM 35,60

104 **Der Einfluß des technischen Fortschritts auf die Preise landwirtschaftlich genutzten Bodens in Industrieländern.** Von H. Griesbach. 126 S. 1966. DM 23,80

105 **Wichtige Erscheinungsformen der Lohnquote.** Von P. Klemmer. 134 S. 1967. DM 23,80

106 **Zur Theorie der Außenwirtschaft.** Von M. Klafkowski. 325 S. 1967. DM 69,80

107 **Die Kreditplafondierung, eine geld- und kreditpolitische Notwendigkeit.** Von K. Klein. 246 S. 1967. DM 47,80

108 **Der französische Trésor.** Von H. Zuber. 210 S. 1967. DM 46,60

109 **Monetäre Voraussetzungen der gesamtwirtschaftlichen Nachfragesteuerung.** Von E.-A. Gramann. 124 S. 1967. DM 27,—

110 **Das wirtschaftspolitische Instrumentarium.** Von R. Krüger. 141 S. 1967. DM 28,80

111 **Volkswirtschaftliche Theorie des technischen Fortschritts.** Von R. Eder. 150 S. 1967. DM 29,60

112 **Die Industrialisierung Indiens unter dem Druck der steigenden Auslandsverschuldung.** Von H. Breuer. 162 S. 1967. DM 35,60

113 **Steigender Steuerdruck bei sinkendem Geldwert.** Von A. Tautscher. 73 S. 1967. DM 15,60

114 **Entwicklung der Wirtschaft.** Von H. Stephenson. 122 S. 1967. DM 23,80

115 **Bürgschaften und Garantien als Mittel der Wirtschaftspolitik.** Von E.-A. Conrad. 191 S. 1967. DM 35,60

116 **Der Internationale Ausgleich der Faktorpreise.** Von K. Mackscheidt. 258 S. 1967. DM 53,60

117 **Entlohnungssysteme und sozialer Konflikt.** Von F. Michl. 150 S. 1968. DM 31,60

118 **Behandlung und Erkenntniswert der Erwartungen in der Wirtschaftstheorie.** Von P. Machinek. 205 S. 1968. DM 43,80

119 **Das Kartell.** Von D. Eckel. 334 S. 1968. DM 72,—

120 **Umverteilung und wirtschaftliche Entwicklung.** Von E. Weissel. 101 S. 1968. DM 19,80

121 **Die Theorie der Domination von François Perroux.** Von U. Jeck. 148 S. 1968. DM 31,60

122 **Markttransparenz und Preispolitik.** Von E. Lindemann. 142 S. 1968. DM 29,60

123 **Die Entwicklungspolitik der Volksrepublik China 1949 bis 1962.** Von U. E. Simonis. 196 S. 1968. DM 53,60

124 **Die Wirkungen zwischenstaatlichen Kapitalverkehrs auf Wechselkurse und Zahlungsbilanzen.** Von E. v. Wangenheim. 137 S. 1968. DM 38,80

125 **Die Politik der Reichsbank von 1876 - 1914 im Lichte der Spielregeln der Goldwährung.** Von M. Seeger. 161 S. 1968. DM 35,60

126 **Wird die kleine und mittlere industrielle Unternehmung diskriminiert?** Von B. Gellner. 189 S. 1968. DM 39,80

127 **Theorie der personellen Einkommensverteilung.** Von H. J. Krupp. 260 S. 1968. DM 46,80

128 **Wirtschaftssystem und Industrialisierung in den Entwicklungsländern.** Von H. Effenberger. 167 S. 1968. DM 35,60

129 **Ordnungspolitische Probleme des Warentests.** Von D. Meiners. 215 S. 1968. DM 51,—

130 **Zur Theorie der Devisenterminmärkte.** Von J. Schröder. 148 S. 1969. DM 35,80

131 **Der metallische Rohstoff Zinn.** Von W. Gocht. 260 S. 1969. DM 68,—

132 **Makroökonomische Wirkungen der sozialen Sicherung.** Von S. Schultz. 163 S. 1969. DM 35,60

133 **Effektivität und Legitimität der Tarifautonomie.** Von H. Weitbrecht. 267 S. 1969. DM 58,—

134 **Die Koordination von gesamtwirtschaftlicher, regionaler und lokaler Planung.** Von R. Krüger. 192 S. 1969. DM 42,80

135 **Wirtschaftslenkung und Preisintervention.** Von A. Hegelheimer. 312 S. 1969. DM 69,80

136 **Wissenschaftstheoretische Überlegungen zu Grundannahmen der Nationalökonomie.** Von L. Bauer. 153 S. 1969. DM 35,60

137 **Arbeitsmobilität, regionales Wachstum und Integration.** Von H.-J. Bodenhöfer. 196 S. 1969. DM 42,80

138 **Grundbegriffe der Statistik.** Von G. Marinell. 99 S. 1969. DM 18,60

139 **Die Rolle der Offiziere in der deutschen Wirtschaft nach dem Ende des Zweiten Weltkrieges.** Von M. Lesch. 179 S. 1970. DM 38,60

140 **Rationales Handeln in der Ökonomie.** Von D. Eckel. 136 S. 1970. DM 29,60

141 **Gebändigter Klassenkampf. Tarifautonomie in der Bundesrepublik Deutschland.** Von C. Noé. 351 S. 1970. DM 69,80

142 **Investitionsquote, Wachstum und Gleichgewicht.** Von H.-J. Rüstow. 62 S. 1970. DM 18,60

143 **Forschungspolitik und Forschungsplanung.** Von J. F. Reuter. 193 S. 1970. DM 42,80

144 **Die Wirkung der Besteuerung auf das Arbeitsangebot.** Von A. Blazek. 137 S. 1970. DM 33,60

145 **Die Steuerwirkungen.** Von R. Eppler. 184 S. 1970. DM 53,40

146 **Gemeinwirtschaftlichkeit als Ordnungsprinzip.** Von T. Thiemeyer. 347 S. 1970. DM 66,—

147 **Zur Theorie der Einkommensverteilung.** Von U. Schleehauf. 154 S. 1970. DM 33,60

148 **Planung und Information.** Von E. Wille. 284 S. 1970. DM 57,80

149 **Ziel-Mittel-Konflikte als Problem der Wirtschaftspolitik.** Von F. Mehler. 444 S. 1970. DM 93,80

150 **Das geldtheoretische und geldpolitische Werk Walter Euckens.** Von W. Folz. 221 S. 1970. DM 54,60

151 **Die Gemeinde als wirtschaftspolitisches Entscheidungszentrum.** Von R. Schneider. 275 S. 1971. DM 54,60

152 **Einführung in die Theorie der wirtschaftlichen Werbeleistungen.** Von H. Steiner. 215 S. 1971. DM 39,60

153 **Ökonometrische Modelle.** Von W. Meißner. 178 S. 1971. DM 48,—

154 **Zeitablauf und Angebotspolitik.** Von D. Eckel. 134 S. 1971. DM 29,80

155 **Geldtheoretische Analysen der Deutschen Bundesbank als Elemente einer Strategie der Überredung.** Von R. Pohl. 102 S. 1971. DM 28,60

156 **Theorie der Lohnpolitik.** Von E. R. Dall'Asta. 171 S. 1971. DM 38,60

157 **Steuerpolitische Ansatzpunkte der Anbieterinflationsbekämpfung.** Von D. Cansier. 228 S. 1971. DM 44,60

158 **Rahmenplanung des Städtebaues.** Von K. Wittkau. 133 S. 1971. DM 26,—

159 **Die Vermögensteuer im Rahmen der modernen allgemeinen Einkommensteuer.** Von B. B. Gemper. 300 S. 1971. DM 58,—

160 **Handlungs- und Wirkungsvermögen in der Wirtschaftspolitik.** Von T. Winter. 154 S. 1971. DM 29,60

161 **Ruinöser Wettbewerb.** Von M. Tolksdorf. 219 S. 1971. DM 44,60

162 **Kapital als wirtschaftliche Energie und Geld als ihr Maßstab.** Von E. Eckelt. 420 S. 1971. DM 78,60

163 **Der Funktionswandel der Genossenschaften in industriellen Marktwirtschaften.** Von W. W. Engelhardt. 127 S. 1971. DM 26,60

164 **Die Ursachen der Einkommensunterschiede in landwirtschaftlichen Betrieben und ihre Quantifizierung.** Von W. Ort. 244 S. 1971. DM 56,60

165 **Lohnbildung durch Kollektivverhandlungen.** Von G. Himmelmann. 240 S. 1971. DM 48,—

166 **Verbändelehre bei Goetz Briefs.** Von J. Niggemann. 147 S. 1971. DM 29,80

167 **Wirtschaft und Wissenschaft.** Von K. Engelmann. 269 S. 1971. DM 48,—

168 **Zur Theorie der Nachfrage.** Von R. Porstmann. 312 S. 1971. DM 58,60.

169 **Die Konzentration im Bereich der deutschen Konsumgenossenschaften nach dem zweiten Weltkrieg.** Von E. Gandenberger. 161 S. 1971. DM 36,—

170 **Die volkswirtschaftliche Bedeutung und rechtliche Zulässigkeit von Verkaufssyndikaten.** Von U. Martin. 158 S. 1971. DM 33,60

171 **Produkttechnischer Fortschritt und Profite.** Von H. Bortis. 135 S. 1971. DM 39,80

172 **Koordination des Einsatzes geld- und finanzpolitischer Instrumente.** Von K. Socher. 140 S. 1971. DM 32,60

173 **Investitionstätigkeit und Investitionspolitik in der internationalen Mineralölindustrie.** Von R. B. Eich. 252 S. 1971. DM 68,—

174 **Mobilitätsorientierung und Fluktuationsbereitschaft.** Von K. Krahn. 160 S. 1971. DM 38,60

175 **Ökonomische Gesetze als Bestimmungsfaktoren von Produktion und Konsum.** Von D. Eckel. 146 S. 1971. DM 29,80

176 **Programmierte Instruktion.** Von H.-G. Braun. 165 S. 1971. DM 38,60

177 **Die ideologischen Elemente in der neoklassischen Theorie.** Von F. Romig. 68 S. 1971. DM 14,80

178 **Wohlfahrtsökonomische Aspekte der Besteuerung.** Von H. Henschel. 148 S. 1971. DM 29,80

179 **Die Fluktuation der Arbeitskräfte.** Von H. Adebahr. 262 S. 1971. DM 53,60

180 **Der flexible Wechselkurs als Instrument außenwirtschaftlicher Absicherung einer autonomen Wirtschaftspolitik.** Von W.-R. Pohlmann. 150 S. 1971. DM 29,60

181 **Unternehmenskonzentration als Ergebnis und Mittel nationalsozialistischer Wirtschaftspolitik.** Von D. Swatek. 172 S. 1972. DM 38,60

182 **Gleitende Paritäten und erweiterte Bandbreiten.** Von E. Stoffers. 128 S. 1972. DM 28,60

183 **Die Banque de France: Organisation und Operationen.** Von M. Mersch. 299 S. 1972. DM 68,60

184 **Theorie der öffentlichen Güter und optimale Struktur einer Föderation.** Von C. Liedtke. 176 S. 1972. DM 38,60

185 **Investitionskriterien und Preismechanismus in Entwicklungsländern.** Von A. Konrad. 133 S. 1972. DM 38,60

186 **Grundlagen des Debt Management.** Von G. Jurke. 150 S. 1972. DM 39,60

187 **Wachstum und Verteilung in neoklassischer und postkeynesianischer Sicht.** Von P. Kalmbach. 232 S. 1972. DM 64,60

188 **Auf dem Weg zur gemeinsamen Mineralölpolitik.** Von A. Mulfinger. 335 S. 1972. DM 66,60

189 **Das Hickssche Konjunkturmodell und seine monetäre Problematik.** Von D. Römheld. 90 S. 1972. DM 28,60

190 **Abwertung und gesamtwirtschaftliches Gleichgewicht.** Von D. Bender. 198 S. 1972. DM 48,—

191 **Italienische Agrarreform.** Von G. Giorgi. Hrsg. von A. Tautscher. 100 S. 1972. DM 19,60

192 **Grundlagen konjunkturbeeinflussender Haushaltspolitik.** Von B. Rahmann. 148 S. 1972. DM 36,60

193 **Marktstruktur und wirtschaftliche Entwicklung.** Von K. Schmidt. 211 S. 1972. DM 44,60

194 **Zur wohlfahrtstheoretischen Behandlung von Verteilungsproblemen.** Von J. Hackmann. 222 S. 1972. DM 48,60

195 **Grundlagenkritik preistheoretischer Modelle.** Von G. Gerdsmeier. 234 S. 1972. DM 56,—

196 **Preis- und Investitionspolitik für Autobahnen.** Von H.-M. Schellhaaß. 220 S. 1972. DM 58,60

197 **Siedlungsstruktur und wirtschaftliche Entwicklung.** Von U. P. Ritter. 177 S. 1972. DM 36,60

198 **Die Wettbewerbsfunktion der deutschen Sparkassen und das Subsidiaritätsprinzip.** Von B. Röper. 200 S. 1973. DM 48,—

199 **Altersstrukturveränderungen der Bevölkerung, Ersparnis und wirtschaftliches Wachstum.** Von K. Jaeger. 193 S. 1973. DM 76,—

200 **Devisentermingeschäfte als Instrument der Währungspolitik.** Von S.-T. Ehrig. 204 S. 1973. DM 56,—

201 **Wachstum und Terms of Trade.** Von M. Krüper. 136 S. 1973. DM 48,—

202 **Die Jagd nach dem künstlichen Gold.** Von R. Kerschagl. 123 S. 1973. DM 22,60

203 **Arbeitsteilung, Koordination und Wirtschaftssystem.** Von H. Immler. 244 S. 1973. DM 54,60

204 **Sozialpolitische Analyse der Konjunkturpolitik.** Von H.-D. Weger. 219 S. 1973. DM 48,60

205 **Stabilisierung des Preisniveaus.** Von H.-J. Rüstow. 54 S. 1973. DM 14,60

206 **Die Gehaltsstruktur der Angestellten in der Bundesrepublik Deutschland.** Von N. Steinebach. 314 S. 1973. DM 76,—

207 **Der technische Fortschritt in der Industrie.** Von J. Frohn, R. Krengel, P. Kuhbier, K.-H. Oppenländer, L. Uhlmann. 350 S. 1973. Lw. DM 78,60

208 **Das wirtschaftspolitische Programm der ‚Freiburger Kreise'.** Von Ch. Blumenberg-Lampe. 180 S. 1973. DM 38,60

209 **Konzentration und Wettbewerb der Herstellung und im Vertrieb von Lastkraftwagen in der Bundesrepublik Deutschland.** Von P. Dautel. 226 S. 1974. DM 66,60

210 **Simulationsexperimente zur Einkommens- und Vermögensverteilung.** Von A. Zerwas. 149 S. 1974. DM 58,60

211 **Probleme der mehrjährigen öffentlichen Finanzplanung.** Von K. Gresser. 254 S. 1974. DM 66,60

212 **Internationale Personalorganisation.** Von G. Cisek. 143 S. 1974. DM 38,60

213 **Der Wandel der Unternehmerfunktion in der Bundesrepublik Deutschland unter dem Einfluß der Konzertierten Aktion.** Von W. Schmidt. 138 S. 1974. DM 33,60

214 **Technischer Fortschritt in Input-Output-Modellen.** Von J. Senger. 144 S. 1974. DM 58,60

215 **Erdöl in der Weltwirtschaft und Weltpolitik.** Von A. Michaelis. 240 S. 1974. DM 48,—; Lw. DM 56,—

216 **Dauerhafte Konsumgüter und „Permanent Income"-Hypothese.** Von G. Faltin. 117 S. 1974. DM 48,60

217 **Möglichkeiten und Grenzen der Entwicklung einer gesamtwirtschaftlichen Preistheorie.** Von C. Baum. 174 S. 1974. DM 48,—

218 **Theorien der Kollektivverhandlungen.** Von B. Keller. 237 S. 1974. DM 66,60

219 **Systemstabilisation durch Vermögenspolitik.** Von H.-G. Schlotter. 104 S. 1974. DM 29,80

220 **Möglichkeiten und Grenzen dezentraler Umweltschutzpolitik.** Von E. Knappe. 167 S. 1974. DM 48,60

221 **Bevölkerungswachstum und Wirtschaftsentwicklung.** Von G. Steinmann. 191 S. 1974. DM 66,—

222 **Die Wende in der Wirtschaftsentwicklung: von den ökonomischen Quanten zum Quale des Menschen.** Von A. Tautscher. 94 S. 1975. DM 18,60

223 **Öffentliche Infrastruktur oder privates Vermögen.** Von K. Bartel. 229 S. 1975. DM 68,—

224 **25 Jahre Welthandelspolitik.** Von U. Frantz. 158 S. 1975. DM 38,60

225 **Konsumentensouveränität in der Marktwirtschaft — Idee, Kritik, Realität.** Von D. Jeschke. 278 S. 1975. DM 68,—

226 **Möglichkeiten und Probleme der fiskalpolitischen Effizienzkontrolle.** Von A. Schmid. 180 S. 1975. DM 58,—

227 **Verteilung öffentlicher Tätigkeiten.** Von G. Hesse. 350 S. 1975. DM 76,—

228 **Integrierte Entwicklungsplanung.** Von H. de Haen, I. Evers, O. Gans und W. Henrichsmeyer. 182 S. 1975. DM 58,—

229 **Zur Politik flexibler Wechselkurse in Entwicklungsländern.** Von H.-P. Nissen. 184 S. 1975. DM 66,—

230 **Konjunkturpolitik mit „Staatlichen Geschenken".** Von Ch. Rempel. 134 S. 1975. DM 36,—

231 **Konjunkturtheoretische Vorstellungen des Sachverständigenrates zur Begutachtung der gesamtwirtschaftlichen Entwicklung.** Von H. G. Fabritius. 151 S. 1975. DM 58,—

232 **Kritik der traditionellen Wirtschaftstheorie und der herkömmlichen Wirtschaftspolitik.** Von P. Binder. 116 S. 1975. DM 28,60

233 **Der Zusammenhang zwischen der Höhe des Volkseinkommens und der Geldmenge.** Von G. Kulke. 216 S. 1975. DM 56,60

234 **Geldangebot und Geldbasiskontrolle in der Bundesrepublik Deutschland.** Von V. Alexander. 145 S. 1975. DM 49,60

235 **Probleme der internationalen Geldreform.** Von G. N. Halm. 138 S. 1975. DM 28,60

236 **Gesamtwirtschaftliche Verhaltensgleichungen und Anpassungsprozesse.** Von R. Dillmann. 432 S. 1975. DM 58,—

DUNCKER & HUMBLOT / BERLIN